政治与行政学系列教材

当代中国政治制度

浦兴祖 主编

復旦大學出版社

本书被列为复旦大学重点建设的教材之一

内 容 介 绍

本书以简洁的语言，概述了当代中国政治制度的主要内容，诸如人民代表大会制度、选举制度、国家行政制度、国家公务员制度、民族区域自治制度、特别行政区制度、共产党领导的多党合作制度、政治协商制度，分析了其由来、组成与运行、发展等，分析、阐述系统、完整，数据引用可靠，同时融入了学术界最新研究成果。

当代中国政治制度是我国高校政治学、行政学等学科的专业基础课，本书适宜于作为这方面的基础课教材。

主编前言

当代中国政治制度,是指1949年10月以来的中华人民共和国的政治制度。

所谓“政治制度”——按照我们的理解——是指社会政治领域中要求各类政治实体加以遵循的相对稳定的行为准则。它是整个社会制度的一个重要构成部分,与社会经济制度、文化制度一起,规范着社会成员(包括社会组织)的行为,以确保整个社会有序生存、正常运行与健康发展;它以规范国家政权行为的准则为主要内容,同时也包含那些本身虽非国家政权,但与国家政权密切相关的其他政治实体(政党、公民等)的行为准则;它是多层次的结构,内层是国体,中层是政体、国家结构形式以及政党、公民政治行为的基本准则等,外层是一系列具有明显可操作性的规则、程序、方式等。外层体现中层,中层体现内层。三个层次均属政治制度范畴。为区分具体制度与基本制度,通常又称外层为“政治体制”;它包括“法内制度”与“法外制度”两种形态。前者是指由国家法律、法规等明文规定的那些政治行为准则,后者是指法律、法规等以外的、在实际政治生活中自然形成的那些准则,如传统、惯例等。两者既有区别,又有联系,且可在一定条件下相互转化;它处于动态的稳定之中。制度具有相对稳定性,但随着各类环境因素的变化,制度也会通过一定的方式发生或大或小的调整、变迁。一般来说,其内层稳定性最强,中层次之,外层可变性较为明显。通常所说的“政治体制改革”,主要就是改革、调整外层,当然,会不同程度地影响中层，乃至内层。

鉴于上述理解，我们认为，当代中国政治制度的基本框架应由以下诸项制度构成：人民民主专政制度、人民代表大会制度、选举制度、国家元首制度、国家行政制度、干部人事制度、司法制度、军事制度、民族区域自治制度、特别行政区制度、人民直接参与制度、中国共产党领导的多党合作制度、政治协商制度。不难看出，前十项制度是属于国家制度范畴，是国家政权的行为准则；后三项制度属于非国家制度范畴，是与国家政权密切相关的其他政治实体的行为准则。

人民民主专政制度是指工人阶级领导、以工农联盟为基础、在人民内部实行民主、对敌人实行专政的一种制度。它作为国体，规范的是哪些阶级、哪些人有权掌握与行使国家权力，也就是各阶级、各阶层在国家中的地位。按照人民民主专政制度的规定，新中国成立之初，工人阶级、农民阶级、城市小资产阶级与民族资产阶级等构成"人民"，作为国家的主人，掌握和行使国家政权；1956年后，由于对生产资料私有制的社会主义改造已经基本完成，民族资产阶级作为阶级已不复存在，掌握与行使国家政权的"人民"，主要由三个"者"构成，即社会主义劳动者、拥护社会主义的爱国者与拥护祖国统一的爱国者。从工人阶级领导、工农联盟，尤其是历史任务这些特点看，现阶段的人民民主专政实质上就是无产阶级专政，是具有中国特色的无产阶级专政。

国体应该是全部政治制度的"内层"，决定着一国的国家性质，制约着其他各项政治制度。众所周知，人民代表大会制度是我国的根本政治制度。那么，从"国体决定政体"的原理出发，就必须确认人民民主专政制度更应该是我国的根本政治制度。中共十五大政治报告中将我国的国体与政体结合起来称为"这个根本政治制度"，是符合政治理论逻辑的。人民民主专政制度在当代中国政治制度中的显要地位确定无疑。但，本教材没有为它单独设立一章，而将它有机地融入于“人民代表大会制度”等章节之中，这主要是从制度类教材的体系安排考虑的。

国家元首制度、司法制度、军事制度与人民直接参与制度均是重要的政治制度，本教材未列专章分别加以阐述，是出于控制教材篇幅之考虑。

本教材着重阐释了人民代表大会制度、选举制度、国家行政制度、国家公务员制度（干部人事制度的重要组成部分）、民族区域自治制度、特别行政区制度、中国共产党领导的多党合作制度及政治协商制度。主要从这些制度的形成、沿革、现状及改革趋势诸角度加以系统的阐述与分析。

“当代中国政治制度”是我国高校政治学、行政学等学科的专业基础课。它较为系统地阐述与分析了中华人民共和国主要政治制度的理论依据、历史沿革、基本框架、实际运行及未来走势。

1984年，复旦大学为国内第一批政治学本科生开设此课时，很可能还只是“独家经营”（有人说是“率先”），没有教材，没有经验，只有领导的鼓励、学生的配合。如今，这门课程已在不少高校开设。由此也可见政治学学科在中国发展之一斑。

教学需要教材。展示在读者面前的这本新教材是在修订拙作《当代中国政治制度》上海人民出版社1990年版的基础上编撰而成的。

需要说明的有以下几点。

一、拙作《当代中国政治制度》（浦兴祖主编，丁荣生、孙关宏、胡金星、江济和参编）是由上海人民出版社于1990年2月出版的。我的老师、著名政治学家王邦佐教授当时誉之为“零的突破”，肯定它是同类著作的第一部。这显然是对学生的鼓励与鞭策。

不久，此书两度加印，远销全国各地（包括港澳台地区）以及美、日、德、法等国。国内（含香港）不少高校政治学、行政学等系科将其选为教材或重要参考书。1994—1996年间,《当代中国政治制度》还相继获得上海市哲学社会科学优秀成果(著作)三等奖、第三届全国普通高校优秀教材二等奖、上海市普通高校优秀教材二等奖。

应该说,原作《当代中国政治制度》的基础是好的。但是,也有缺陷。如,对某些制度的阐析尚欠理论深度;对某些制度的实际运作少有述及;有些内容今天已落后于制度的最新发展。还有,作为教材——正如有些学生反映——内容略嫌庞杂。所有这些,促使我们早就考虑要对原作进行一番修订。

二、5年前,香港三联书店有限公司约请本人提供一部关于中华人民共和国政制的书稿,以适应"'97回归"前后港岛读者渴望了解祖国政制之需。1995年9月,《中华人民共和国政治制度》(浦兴祖、丁荣生、孙关宏、胡金星著)在香港出版,读者反响颇佳。香港版实际上是对《当代中国政治制度》的第一次修订,但只是一种"微调"。由于书价等原因,此版在内地极少见到,无法作为教材使用。

三、1997年初,复旦大学为加强教材建设,确定了编写或修订若干部重点教材的计划。拙作的修订也被列入其中。后来,"当代中国政治制度"又被确定为复旦大学面向21世纪重点建设课程之一。因此,本次修订《当代中国政治制度》是侧重于高校教材的要求而展开的。

根据我们对"高校教材要求"的理解,在修订中注意了这样一些方面:

"精"。当代中国政制内涵很广。原作中有12个制度专列章节。本次修订时,有些制度(尽管都是重要的)未列专章。目的是为减少教材篇幅,同时又能突出那些最为重要或最具特色的制度,如人民代表大会制度、国家行政制度、民族区域自治制度、特别行政区制度、共产党领导的多党合作制度及政治协商制度等。

"新"。1990年出版《当代中国政治制度》以来,我国政治制度(体制)在改革实践中又有不少新的发展,作者对我国政治制度的研究也取得了一些新的收获。近10年中,有关阐析中国政治制度(或中国政治与政府)的专著、教材已先后出版不下十部,至于从不同角度研究中国政制的文章更是大量面世。本次修订中,尽可能地充实了制度的新发展,也吸收了理论界(包括我们自己)的一些最新研究成果。

"思"。此次修订中,对制度的有关问题(如人大制度的特色、中国搞不搞竞选以及各项制度如何继续完善等)增加了一些分析。但较为概括,未做充分展开;有些观点纯属撰稿者个人所见,主编虽不尽赞同,也未作改动。主要考虑到高校教材中的有些观点点到为止,也许更能给学生多留一些思考空间;高校教材中的有些学术观点仅作为一家之言,也许更能引发学生独立思考,开展不同见解之间的切磋。这有利于教师组织课堂讨论,开展启发式教学。

"活"。按理说,当代中国政治制度课程最应当也最可以联系实际。教材需要体现这一点。本次修订中,我们在这方面作了些努力,但限于资料和教材篇幅,仍嫌不足。为了使制度"活"起来,我们建议,使用本教材的有关教师在组织教学时能否多作一些实例分析(或请相关的实际工作者作些辅导报告),也可组织学生在学期内或学期结束后作若干次实地调查,去收集与分析中国政制实际运作的个案。近年来,复旦大学国际政治系对本课程的考核采取两个"50分"结合的办法。一是书面考基础理论、基本知识,并参考平时课堂讨论情况,计50分;二是要求学生利用假期,做社会调查,运用所学理论知识写出实例分析报告,计50分。效果较好,谨供参考。

"参"。教材要求少而精。但有些学有余力的学生又希望学得多一些、深一些。为此,我们在书末开列了有关参考书目,学生可根据自己的情况有选择地阅读、思考。

四、此次修订时，原作的四名参撰者因另有重任或长期出国，未能参加。但我始终不忘他们曾为编撰《当代中国政治制度》（上海人民1990版）与《中华人民共和国政治制度》（香港三联1995版）所作出的贡献。

本教材的编撰，由本人任主编，参与修订与撰写的是复旦大学法学院国际政治系政治学、行政管理学专业的一批研究生。主编负责构建全书的框架并确定写作原则。参撰者大多是一人写出一章的初稿，再根据主编逐章提出的修改意见改出二稿（有的还改出三稿）。最后由主编统改、定稿。各章具体分工是：

第一章　李春成

第二章　王世雄

第三章　刘　晔

第四、五章　雷　雨　陈周旺　陈银芸

第六章　江美塘

第七章　金　鹏

第八章　王　庆

第九章　汪丽萍

第十章　戴敏敏

应当感谢这批年轻的研究生，他们的参与、配合是顺利完成本教材编撰工作的重要保证。尤其是王世雄，除了撰稿外，还为此次修订与编撰承担了大量的文书与联络事务，李春成也做了一些工作，应特别感谢他们。当然，我们的研究生在参撰过程中也不断充实、提高着自己，应该说也是一次很好的学习——就像我本人一样，每项研究与写作都是一次再学习、再提高。

应当感谢孙关宏教授，他虽未正式参加此次修订与编撰，但却不时地关心着此项工作。在酝酿阶段，他就提供过一些很好的建议。

应当感谢许多以其研究成果不同程度上启迪过我们的学者、

专家,以及曾对上海人民1990版《当代中国政治制度》发表过各类意见(无论是褒扬或批评)的读者朋友。各种启迪与意见,都有助于我们的此次修订与编撰。请求原谅的是,在此不一一列出各位的尊姓大名了。

还应当感谢复旦大学法学院国际政治系的领导,他们重视和支持此项教材的修订、编撰工作;感谢法学院电脑室张敏老师、国际政治系资料室多位老师,他们为作者提供了不同形式的写作条件;感谢复旦大学出版社邬红伟先生,他为我们的出版工作花费了大量心血。

五、真诚地期望本教材的读者朋友,对于书中可能存在的任何错漏或值得探讨之处提出批评。前面提到过的有关"精"、"新"、"活"、"思"等方面的处置,相对于原作来说可能也算是一种"推进",但更多的是一种尝试。究竟合理、可行与否,还需要各方评议。目的只有一个:为了今后进一步完善本课程的教材建设。

浦兴祖

1999年元旦于复旦中心村

第十次印刷附言

本书自1999年8月出版至今三年半内,已印刷十次,总印数达87 000余册。许多普通高等院校(包括不少重点高校)以及党校、电大将其选作为教材或考研参考书,社会其他方面的读者也付之以厚爱。由此可以欣喜地感受到,我国政治学教学与研究正越来越重视本国的政治制度问题,同时,也能感受到,越来越多的人们正在学习与了解有关我国政治制度的知识。这与发展社会主义政治文明、全面建设小康社会的宏伟目标是一致的。

日益增长的社会需求,向我们提出了更高的要求,或曰,给我们增加了更大的压力。如何不断提高这部教材的质量,是本书主编经常在考虑的一个问题。虽然本教材是在修订国内第一部同类教材(1990年版)的基础上形成的,具有良好的社会反响;虽然其先后被列为复旦大学"重点建设教材"与"创名牌课程教材",并于2002年获得"全国普通高等学校优秀教材二等奖",但是,我们清醒地意识到,这部教材仍存在着一些有待改进或探讨之处。令人感动的是,有的读者怀着十分负责的态度来函指出了这方面的一些问题。例如,中央电视大学教务处赵老师、福建省泉州华侨大学中文系袁思邈同学列举出若干文字(或数字)性错漏(本次印刷已按此作了修正)。还有,河北大学实验学院文秘与办公自动化专业李英老师就本书的体系与篇幅问题发表了自己的见解,河南省郑州市宋立功同志,苏州铁道师范学院焦成举同志分别建议充实本书有关章节的内容。值此再印之际,先向上述各位表示深切的感谢,同时欢迎更多的读者朋友对本教材提出批评。我们会在不久的将来对全书作一次认真的修订,会尽可能地吸收各方面的合理意见,目的在于进一步完善本课程的教材建设。

(本书主编 E-mail 地址:justmaybe@ citiz. net)

浦兴祖

于2003年2月16日

目 录

第一章　人民代表大会制度(上)

第一节　概　　述

一、中国的社会主义代议民主共和制政体

人民代表大会制度是指全国各族人民按照民主集中制的原则,依法定期选举产生自己的代表,组成各级人民代表大会作为行使国家权力的机关,并由人民代表大会组织其他国家机关,以实现对整个国家和社会的有效管理的一种政治制度。

如果将人大制度放到古今中外各种政体形式中加以考察,那末我们可以说,人大制度是中国的社会主义民主共和制政体。

(一) 人大制度是一种代议民主共和制政体

所谓政体,也即是国家政权组织形式,它指的是国家权力如何配置、如何构成的方式。从古至今,国家政体形式千变万化,纷繁复杂,但大致可以划分为两大类:君主制和共和制。君主制一般以世袭产生的、终身任职的个人掌握全部或部分最高权力为基本特征。依据君主权力的大小,又可将君主制分为“无限君主制”(专制君主制)和“有限君主制”(君主立宪制)两类。而共和制,作为君主制的对立面,是指通过选举产生最高国家权力机关和国家元首,且实行任期制的一种政治制度。

共和制大致上可以分为两类:贵族共和制和民主共和制。这种划分的核心依据是国家最高权力的归属。如果国家的最高权力

掌握在由少数人(贵族)才享有选举和被选举权的机关(如元老院)手里,那么我们称之为贵族共和制。例如,公元前5世纪至1世纪的罗马共和国就是采用这种政体的典型国家。相反,如果国家的最高权力掌握在由广大公民组成的或选举产生的最高国家权力机关手里,那么,就属于民主共和制。

进一步看,民主共和制又可以分为直接民主共和制和间接民主共和制。直接民主是指由广大公民直接组成最高国家权力机关,亲自行使国家权力。间接民主是指由人民依法选出的代表组成代议机关,代表人民行使国家权力。所以,间接民主也叫代议制民主或代表制民主。代议制是近现代民主国家的通用政体。通常所讲的民主共和制就是指代议民主共和制。

我国宪法第二条规定:“中华人民共和国的一切权力属于人民。”“人民行使国家权力的机关是全国人民代表大会和地方各级人民代表大会。”具体来说,包括三个方面:第一,人民是权力的终极来源。人民代表大会是由经广泛的、平等的定期选举产生的人民代表所组成的,人民有权监督、罢免其代表;第二,人民代表大会作为国家权力机关,统一行使国家权力;第三,由作为国家权力机关的人民代表大会定期选举或任命产生其他国家机关,并依法对其进行监督。所以说,我国人大制度是一种代议民主共和制政体。

(二)人大制度是社会主义的代议民主共和制政体

马克思主义国家学说认为,政体是由国家的阶级本质(亦称国体,即社会各阶级在国家中所处的地位)所决定、并与之相适应的。但是,国体与政体之间并不存在严格的一一对应关系。阶级本质属同一类型的国家,由于受到一国特定的社会历史条件、政治经济文化发展状况、民族特点和国际环境等因素的影响,政权的组织形式便会呈现出多样性。国体不同的国家却可能采用相同类型的政权组织形式。社会主义国家和大多数现代资本主义国家一样,都采用代议民主共和制政体。

社会主义国家之所以要采用民主共和制政体,是由社会主义国家的基本特征决定的。以工人阶级为领导的全体人民群众在共同享有对生产资料的不同形式的所有权和支配权的基础上,平等地享有管理国家的权利。在社会主义制度下,人民是国家的主人,国家的一切权力属于人民。人民有权管理国家、管理各项经济文化事业,人民享有人身、言论、出版、集会、结社等自由权利。这就决定了社会主义国家必须实行共和制而非君主制;必须实行民主共和制而非贵族共和制。恩格斯曾经明确地指出,"如果说有什么是毋庸置疑的,那就是我们的党和工人阶级只有在民主共和国的这种政治形式下,才能取得统治。"①

社会主义国家的代议民主共和制与资本主义国家的代议民主共和制就政体形式而言,属于同一类型,都具有代议民主共和制政体的一般特征。两者之间具有某些历史继承性和一定的共同性,在实践中可以互相借鉴、取长补短。然而,由于各自所依存的国体之间有着质的区别,所以两者之间也存在某些不同之点。马克思、恩格斯、列宁批判资产阶级议会只代表少数有产者的利益,而非代表民意;是虚假的、"清谈"的,而没有真正的权力;国家权力的行使缺乏效率;选举是少数有钱人操纵的,排除了劳动人民,是根本不平等的。针对这些,他们提出,新的政权必须是代表民意的,真正掌握国家一切权力的、一元化的权力机关;而且这个机关是在普遍、平等、直接、秘密投票的条件下产生的;社会主义民主,作为人类历史上最高类型的民主,必须要比资产阶级民主更广泛、更真实、更平等、更有保障。各社会主义国家的政权组织正是在这一理论的指导下,结合本国历史的和当时的实际情况所建立的。

概括地说,社会主义国家的代议民主共和制政体都具有以下一些共同特征:(1)"国家权力属于人民"。国家权力机关由全体

① 《马克思恩格斯全集》第22卷,第274页。

人民以普选的方式直接或间接地选出代表组成,代表人民统一行使国家的全部权力。(2)“议行合一”。国家权力机关统一掌管立法、行政等全部国家权力。其他国家机关都由国家权力机关产生,对它负责、受它监督。(3)在全体代表大会闭会期间,由常设机关行使国家权力。(4)实行民主集中制原则。

我国人大制度作为一种民主共和制政体,所依存的国体是以工人阶级为领导的,以工农联盟为基础的人民民主专政。其组织和活动原则完全符合社会主义国家政体形式的基本要求。所以说,我国人大制度是社会主义的代议民主共和制政体。

(三)人大制度是有中国特色的社会主义代议民主共和制政体

社会主义代议民主共和制政体的具体形式呈现出多样性。虽然社会主义国家在本质上都是无产阶级领导的、以生产资料公有制为基础的国家,但是由于各国具体国情和革命特点的不同,人民行使国家权力的组织形式,即政体也必然各有特色。马克思主义说社会主义国家只能实行民主共和制政体,是就这种政体的基本特征而言的。也就是说,各社会主义国家中大多数的公民应该平等地享有政治权利,国家的最高权力机关必须是由人民选举产生的、有一定任期的。但这绝不意味着社会主义国家的政权组织形式在各个具体方面都是完全相同的。相反,马克思主义历来主张,每个社会主义国家都应根据国家的实际情况选择适合的民主共和制的具体表现形式(巴黎公社也仅是其“一定的形式”)。事实上,苏维埃制(前苏联)、代表团制(南斯拉夫)、人民会议制(朝鲜)、国民议会制(前罗马尼亚)等都是各具特点的社会主义代议民主共和制政体的具体表现形式。而在中国则是人民代表大会制度。

相对于其他社会主义国家的政体而言,我国人大制度由于特定的国情所致,具有以下特点(即“中国特色”)。

1. *民主的基础更为广泛* 我国人大制度下享有政治权利的

"人民"是指全体社会主义劳动者、拥护社会主义的爱国者、拥护祖国统一的爱国者,包括港、澳、台同胞,国外侨胞中的爱国者。可见,就民主的基础而言,人大制度较之其他社会主义国家的代议民主共和制政体更加广泛。

2. *全国人大的常设机关——全国人大常委会拥有比其他社会主义国家的同类机关更大的权力*　这是由于我国人多地大,全国人大代表的人数不宜太少,但太多了又不便经常集中开会;每次会议的会期也不能过长,以免人民代表经常脱离其所在工作岗位。从而,扩大全国人大常委会的职权,就成了必要之事。

3. *作为爱国统一战线组织的中国人民政治协商会议,使我国人大制度的实际运作呈现出一定的特色*　政治协商会议是我国人民管理国家事务和社会事务的一种重要途径和方式。一般来说,人大开会时,同级政协也同时召开会议,对人大讨论的问题提出意见和建议,从而对人大的决定发挥重大的积极影响,并有权利对国家机关和工作人员进行批评监督,因而在我国国家生活中起着重要的政治协商和民主监督的作用。

4. *中国共产党领导的多党合作制度与人大制度紧密相连*　众所周知,在国家政权的政治领导方面,我国同某些社会主义国家的一党领导制有所不同,我国是一党领导、多党参政、共同合作。坚持中国共产党的领导,是我国人大制度的一项基本原则;同时,在我国全国人大和地方各级人大中,都有民主党派的领导成员参加人大常委会,担任领导职务;各级人大的代表中,民主党派的成员都占有一定的名额。

综上所述,人民代表大会制度是有中国特色的社会主义代议民主共和制政体。它是人民民主专政的实现形式,反映着我国政治生活的全貌。它直接关系到中国政治生活中最根本的问题——政权的行使问题,因此,它和人民民主专政的国体一样,都是中华人民共和国的根本政治制度。

二、人大制度的主要原则

人民代表大会制度，作为中国的政权组织形式，遵循的主要原则有以下几条。

（一）一切权力属于人民

"中华人民共和国的一切权力属于人民"。这就是说，人民是一切权力的根源和所有者。人民为了有效地运用国家权力，通过普选，将全部国家权力委托给自己选出的代表，让他们组成各级人民代表大会去统一行使；人民代表大会又通过选举或表决，代表人民将行政权、审判权、检察权、军事领导权、国家元首权分别委托给它所产生的政府、法院、检察院、中央军委、国家主席等国家机关，由它们各自行使。

只有人民代表大会等国家机关可以代表人民直接行使国家权力，因为唯有人民代表大会获得了人民（通过普选行为所明示）的权力委托，唯有政府等国家机关间接地获得了人民（通过人民代表大会的选举行为所明示）的权力委托。但是"权力委托"并不等于"权力丧失"。人民委托出去的是国家权力的直接行使权，而人民始终保留的是国家权力的所有权。正因为如此，人民可以、而且应当随时以国家权力的所有者的身份关注自己的国家权力被直接行使的情况。也就是说，人民必须通过各种有效的途径监督自己的代表以及所有国家机关的工作人员，要求他们忠实地当好人民的公仆，对人民负责，为人民行使好国家权力。此其一。其二，必要时，人民有权以主人的身份直接或通过人民代表大会间接地撤换其公仆，从而保障国家权力永远属于人民、受人民的支配和控制。人民主权原则是人民代表大会制度的灵魂与基石。只有切实地、始终地遵循这一根本原则，才能保障人民代表大会制度真正代表人民的意志与利益。

(二) 中国共产党的领导

中国的国家性质决定了工人阶级在整个国家生活中的领导地位。而工人阶级的领导是通过自己的先锋队中国共产党的领导来实现的。共产党的领导和“一切权力属于人民”并不矛盾。首先,人民正是在共产党的领导下经过革命战争,才取得国家政权的。其次,新中国的人民是一支极为庞大的队伍,必须有一个强大的领导核心,才能凝聚成一股巨大的力量,有效地当家作主。而能担当领导核心的政治组织只有中国共产党。我们说,一切权力属于人民,只有人民通过普选产生的人民代表大会以及其他国家机关才能根据人民的委托直接行使国家权力。但这并不排除中国共产党通过适当的途径,以其正确的路线、方针、政策,去领导(即组织、支持)人民选举和监督自己的代表机关,去领导(即支持、保证)人民代表大会及其他国家机关为人民行使好国家权力。相反,坚持中国共产党的领导是健全和加强人民代表大会制度的根本保证。

(三) 民主集中制

对于我国人大制度来说,民主集中制既是一种组织原则,又是一种活动原则。作为组织原则,主要体现在三层关系上:(1)人民与国家机关的关系上。各级人大都由选民或选举单位民主选举产生,其他国家机关都由本级人大代表人民的意志选举或表决产生。所有国家机关都必须经常保持同人民的密切联系,倾听人民的意见和建议,接受人民的监督。这才能保证国家机关具有坚实的民主基础;(2)人大与其他国家机关的关系上。人大集中代表人民的共同意志,统一掌握全部国家权力(或曰“整体意义上的国家权力”)。正是在此意义上,各级人大被宪法规定为“国家权力机关”。全国人大不是单纯的立法机关,而是最高国家权力机关。它不仅有权立法,还有权讨论、决定国家的重大事项,有权产生中央一级国家行政、审判、检察和军事领导等机关,并分别将国家权力中的行政权、审判权、检察权和军事领导权等委托给这些机关,有权监督这些国家机关的工作。地方各级人大,均是相应一级的地方国家权力机关,有权讨论、决定本行政区域内的重大事项,有权产生本级的“一府两院”(政府、法院与检察院),分别委以相应的职权,有权监督“一府两院”的工作,省级和部分市人大还有权行使地方立法权。而各级政府、法院、检察院等国家机关作为国家行政、审判、检察等机关,必须对同级人大负责,接受同级人大监督。各级人大与同级的其他国家机关之间,不是并列的关系,而是后者从属于前者;不是相互制衡的关系,而是后者受前者的监督。同时,它们之间又实行必要的分工,以便充分发挥各个国家机关的效能;(3)中央国家机关与地方国家机关的关系上。我国宪法第三条规定“在中央的统一领导下,充分发挥地方的主动性和积极性”。这是我国处理中央与地方关系的基本准则。一方面,中央制定的宪法、法律和行政法规以及决议、决定等,地方必须执行;从中央到基层,上级人大及其常委会对下级人大及其常委会进行指导和法律监督(不是领导);国务院统一领导地方各级政府,上级政府对下级政府实行领导;上级人民法院对下级人民法院的审判工作实行监督;上级人民检察院对下级人民检察院的工作实行领导。这些都有利于维护中央的统一领导和国家权力运作的整体性;另一方面,省级和部分市人大及其常委会有权依法制定地方性法规;地方各级人大及其常委会有权讨论并决定本地区的重大事项;地方人民政府有权因地制宜地管理本地区的各项行政工作。这些有利于发挥地方的主动性和积极性。

作为活动原则,民主集中制主要体现在国家机关的决策过程中。任何国家机关都必须充分发挥民主,在民主的基础上集中正确的意见作出决定,然后再贯彻下去。亦即“从群众中来,到群众中去”。但是,民主集中制在不同的国家机关的决策过程中的具体表现形式有所差别:一是在国家权力机关(即人大)中,一切重大问题必须经过充分讨论,然后付诸表决,按少数服从多数的原则作出决定。这叫做集体负责制(或称会议制、委员会制);二是在国家行政机关中,对于一切重大问题进行充分民主讨论后,行政首长有权采纳正确的意见,作出最后的决策。这叫做首长负责制。

(四) 民族平等与民族团结

中国是一个多民族的国家。坚持各民族一律平等,维护和发展各民族之间的平等、团结、互助关系,对于巩固国家的统一,取得社会主义事业的胜利具有极为重要的意义。人民代表大会制度遵循这一原则,主要表现在以下几个方面:(1)宪法和法律规定,在全国人大中,各少数民族都应当有适当名额的代表,人口特少的民族,至少也应有代表一名;全国人大常委会和地方各级人大中,都应当有适当名额的少数民族代表。这样可以保障各民族通过自己的代表,平等地决定和管理国家大事。(2)各国家机关通过自己的活动,保障少数民族的权利,帮助他们加速经济和文化的发展。全国人大以及由它产生的国务院分别设立了专门从事民族工作的机构,在民族事务较为突出的地区,地方国家行政机关也都设立类似的机构,从组织上保证民族平等和团结原则的实施。(3)按照宪法规定,各少数民族聚居的地方实行区域自治。那里的人大和人民政府,即自治机关依法行使自治权。

三、人大制度的孕育

人大制度是马克思主义国家学说与中国实际相结合的产物。它虽然正式确立于1954年,但从历史的观点来看,这一制度是在长期的革命战争年代中逐步孕育起来的。当年的工农兵代表大会制度、“三三制”的参议会制度以及人民代表会议制度便是人大制度的胚胎或雏形。

(一) 工农兵(苏维埃)代表大会制度

早在第一次国内革命战争时期参加省港大罢工(1925年)的工人就选举产生了“罢工工人代表大会”,作为领导罢工的权力机构;1927 年 3 月,上海工人第三次武装起义胜利后,召开了"市民代表会议",作为上海市的最高权力机关。此外,在湖南等地的农村普遍建立了各级农民协会,召开了协会会员大会或会员代表大会,作为农民群众的权力机关,并由大会选出执行委员会。

大革命失败后,中国共产党主张武装夺取政权。毛泽东曾在湖南省委提出,武装夺权成功后,建设工农兵苏维埃政权的建议,但因秋收起义失败而未能实现。彭湃领导广东省海陆丰武装起义后,召开海陆丰工农兵苏维埃代表大会,并选举产生了海陆丰工农兵苏维埃政府,开创了建立工农兵苏维埃政权的先导。当年 11 月,中共中央临时政治局扩大会议把建立工农兵苏维埃政权制度作为党的一项任务正式提了出来。次年 6 月,中共六大充分肯定了上述政权建设的主张。中共六大以后,各革命根据地相继召开各级工农兵苏维埃代表大会,成立了苏维埃政府。1931 年 11 月 7 日,在江西瑞金召开了第一次全国工农兵代表大会,大会宣布成立中华苏维埃共和国,通过了《中华苏维埃共和国宪法大纲》、《苏维埃地方政府组织条例》等法律,选举产生了工农兵代表大会执行委员会,并组织了临时中央政府人民委员会。1934 年 1 月,召开了第二次全国工农兵代表大会。

按照《宪法大纲》规定,"中华苏维埃所建设的,是工人和农民的民主专政国家。苏维埃政权是工人、农民、红色战士及一切劳苦大众的。"中华苏维埃共和国的最高政权机关是全国工农兵苏维埃代表大会。在大会闭会期间,全国苏维埃临时中央执行委员会为最高政权机关。在中央执行委员会下,人民委员会负责处理日常政务,发布一切法令和决议案。

(二)"三三制"参议会制度

抗日战争时期,为了组成广泛的抗日民族统一战线,原共产党领导下的根据地政权也起了相应的变化:(1)取消中华苏维埃共和国番号,将苏维埃政权正式改为国民党的一级地方政权,称陕甘宁边区政府。(2)在陕甘宁边区所属的各县、区、乡组织普选,召开各级参议会,建立了与国民政府地方政权名称、形式相同的基层政权。但实际上,仍按照中国共产党的方针、政策行事。各级参议会均为人民的代表机关,由它选出的同级政府对它负责并报告工作。(3)为了广泛团结各种抗日力量,各级参议会及政府中实行“三三制”组织原则,即共产党员、党外进步分子及中间分子各占三分之一。

(三)人民代表会议制度

抗日战争结束后,国共两党统一战线破裂,参议会制度失去了基础;又由于苏联对华政策上的褒蒋轻共,所以当时没有再沿用根据地苏维埃政权的名称,中国共产党开始考虑自己的经验和一定程度地“走自己的路”。1940 年毛泽东同志在《新民主主义论》中第一次提出中国未来的政权组织形式是要建立人民代表大会制度。但实行人民代表大会制度需要具备一定条件,即要在取得政权后实行全国范围内的普选,从而产生代表大会。在此条件成熟之前,只能采取一定的过渡形式,这就是人民代表会议。人民代表会议与人民代表大会的不同之处,就在于代表会议可以不经普选,而经协商产生。另外,与参议会制度(包括地主阶级和官僚资产阶级在内的各阶级、阶层共同参加的爱国民族统一战线的全民政权形式)不同,人民代表会议制度以工农和其他劳动人民为政权主体,联合其他阶级参加政权管理,但排除地主和官僚资产阶级。①

解放战争时期,在新老解放区的农村,一般经过土地改革后先建立农会或贫农团。在此基础上,建立由选民直接选举产生的区、村(乡)两级人民代表会议,作为人民的权力机关,并由它选出人民政府。在区、村(乡)以上再召开县级人民代表会议、选举产生县级人民政府。有些老解放区还召开了县以上的人民代表会议。

---

① 参见蔡定剑:《中国人大制度》,社会科学文献出版社 1992 年 8 月版,第 49—53 页。

在新解放的城市里，情况比较复杂。一般由军事管制委员会和人民政府邀请各界代表人物举行座谈会，共同协商当地的重大事务。在此基础上，逐步创造条件，召开具有民主协商性质的各界人民代表会议。与会代表由各民主党派、人民团体、少数民族协商推举产生，也有部分是特邀代表。后来，随着革命形势的发展，各界人民代表会议逐步开始代行人民代表大会的职权。

总之，无论是市民代表会议还是工农兵代表大会，无论是边区参议会还是人民代表会议，尽管名称各异、情况有别，但在许多重要的方面都是相同的，如大多属于代议制民主的范畴，都以人民的权利为基础，都坚持中国共产党的领导，都实行民主集中制原则等。所有这些都为后来的人民代表大会制度所继承和发展。因此，可以说，人民代表大会制度孕育于、脱胎于新民主主义革命时期的各种人民政权制度。

四、人大制度的确立与发展

在马克思主义国家学说的指导下，在总结新民主主义革命经验的基础上，中国共产党很早就酝酿着人民代表大会制度的问题。1940 年，毛泽东就指出："中国现在可以采取全国人民代表大会、省人民代表大会、县人民代表大会、区人民代表大会直到乡人民代表大会的系统，并由各级代表大会选举政府。"①1945 年他又指出："新民主主义的政权组织，应该采取民主集中制，由各级人民代表大会决定大政方针，选举政府。……只有这个制度，才既能表现广泛的民主，使各级人民代表大会有高度的权力；又能集中处理国事，使各级政府能集中地处理被各级人民代表大会所委托的一切事务，并保障人民一切必要的民主活动。"②

1949 年 9 月，在新民主主义革命取得决定性的胜利的时刻，

①② 《毛泽东选集》（合订本），第 638 页、第 958 页。

中国共产党倡导并召开了由各阶层人民、各民主党派、各人民团体的代表参加的中国人民政治协商会议第一届全体会议。大会制定了《中国人民政治协商会议共同纲领》和政协组织法、中央人民政府组织法,选举产生了中国人民政治协商会议全国委员会和中央人民政府委员会。

起临时宪法作用的《共同纲领》正式确定人民代表大会制度为中华人民共和国的政权组织形式。它规定:"中华人民共和国的国家政权属于人民。人民行使国家政权的机关为各级人民代表大会和各级人民政府。各级人民代表大会由人民用普选的方式产生之。各级人民代表大会选举产生各级人民政府。各级人民代表大会闭会期间,各级人民政府为行使各级政权的机关。"(第12条)"各级政权机关一律实行民主集中制。"(第15条)

中华人民共和国成立之初,由于军事行动尚未完全结束,土地改革尚未全面完成,人民群众没有充分组织起来,因此还不具备进行普选、召开各级人民代表大会的条件。按照《共同纲领》规定,当时实行了一些过渡性的措施:在中央,由中国人民政治协商会议全体会议执行全国人民代表大会的职权,制定中央人民政府组织法,选举产生中央人民政府委员会并付之以行使国家权力的职权。在地方,则由各界人民代表会议逐步代行人大职权。这种过渡大致分三步走:(1)由军管会接管国民党政权。在刚解放的地区,由中央人民政府或委托前线军政机关组织军事管制委员会和地方政府,领导人民建立革命性秩序,镇压反革命;(2)在条件许可时召集各界人民代表会议。各界人民代表会议只是咨询机关,而非国家权力机关。但有权反映人民的意见和要求,对军管会和政府工作进行讨论、提出批评和建议;(3)随着革命形势的发展,各界人民代表会议逐步开始代行人民代表大会的职权。

1952年底,土地改革运动和抗美援朝的胜利,经济的恢复,政权的基本巩固,人民的组织程度和觉悟程度的较大提高等等,使我国初步具备了召开人民代表大会的条件。1952年12月24日,周恩来在政协第一届全国委员会第43次常委会(扩大)会议上,代表中国共产党提出了实行普选、召开全国和地方各级人民代表大会的建议。1953年1月,中央人民政府委员会第20次会议讨论并决定,1953年召开由人民普选产生的乡、县、省(市)各级人民代表大会。1953年2月11日,中央人民政府委员会第22次会议通过了中国第一部选举法(《全国人民代表大会及地方各级人民代表大会选举法》)。于是,从1953年下半年到1954年上半年,在全国范围内进行了第一次空前规模的普选。到1954年8月,全国除个别地区外,都先后召开了地方各级人民代表大会。在此基础上,1954年9月15日,第一届全国人民代表大会第一次会议在北京隆重召开。会议通过了宪法,全国人大、国务院、人民法院、人民检察院以及地方各级人大和人民政府四个组织法。根据这些法律,产生了全国人大常委会、国务院、最高人民法院和最高人民检察院。至此,我国人民代表大会制度正式确立。

由确立至今,我国人大制度走过了40多年的历程。这一历程大致可以分为四个阶段:(1)初步实行(1954年至1957年上半年)。在人大建立的头三年内,各级人大按照宪法的规定,积极行使自己的职权,在国家建设和发展社会主义民主法制方面,发挥了重要的作用。同时,也逐步建立和改进了人大的工作机构和工作制度。(2)建设受挫(1957年下半年反右斗争开始至1966年"文化大革命"之前)。这一时期人大制度逐步受到削弱。主要表现在:各级人大及其常委会不能按期开会;国家和地方重大事情很少提交人大及其常委会审议;立法工作趋于停顿,法制建设受到削弱;国家民主生活被严重窒息,人大代表不敢畅所欲言。(3)严重瘫痪(1966年至1976年"文化大革命"结束)。此期间人大制度几乎陷于瘫痪状态。整整10年没有召开一次全国人大会议,直到1975年才召开第四届全国人民代表大会。(4)恢复与发展(1977

年至今)。1976年粉碎“四人帮”,1978年起人民代表大会制度开始恢复。1978年底召开的中共十一届三中全会强调要加强社会主义民主与法制建设,加强人大制度的建设。此后,人大制度逐步得到健全与发展。例如:第一,改进和完善了选举制度。第二,扩大了全国人大常委会的职权;第三,加强了全国人大及其常委会的组织建设。第四,设立了县级以上地方各级人大常委会。第五,规定省、自治区、直辖市的人大及其常委会,有权制定地方性法规;省、自治区的人民政府所在地的市和经国务院批准的较大的市的人大及其常委会,可以制定地方性法规,报省级人大常委会批准后生效。第六,改变农村人民公社政社合一的体制,恢复设立乡政权。

第二节　全国人民代表大会

“全国人民代表大会”这个概念有广义和狭义之分。广义上讲,它不仅指全国人民代表大会的全体会议,而且还包括由它产生的常委会和专门委员会。狭义上讲,“全国人民代表大会”仅指它的全体会议,而不包括它的常委会和专门委员会。本节所指的“全国人民代表大会”是狭义的。

一、地位、组成与任期

(一)地位

宪法规定:“中华人民共和国全国人民代表大会是最高国家权力机关。”(第57条)这就表明了全国人民代表大会的性质和法律地位。所谓最高国家权力机关,就纵向而言,全国人大在全国自下而上整个国家权力机关系统中居于最高一级。它是在全国人民普选的基础上产生的,集中代表全国人民的意志和利益,在整个国家范围内行使最高国家权力。它所制定的宪法、法律、决议,全国各级国家机关、各政党、各社会团体、各企业事业单位以及全国公民都必须严格遵守；就横向而言，在最高（即中央）一级的国家机构中，全国人大作为最高国家权力机关也应处于最高的、首要的地位。无论是中央人民政府（国务院）、中央军事委员会，还是最高人民法院、最高人民检察院，都由它产生，受它监督，对它负责，即从属于它。总之，按照宪法规定，从中央到地方，没有一个国家机关可以超越全国人大，也没有一个国家机关能同全国人大相并列。

（二）组成

全国人大的组成先后曾有所变化。至今，我国共产生了九届全国人大。依据 1953 年选举法选举产生的第一、二届全国人大代表总额均为 1 226 人。由省、中央直辖市、人口在 50 万以上的省辖市人大、中央直辖少数民族行政单位、人民武装部队以及国外华侨选出的代表所组成。第三届全国人大代表的选举依据的是第二届全国人大第四次会议的规定，共选出代表 3 040 人。由省、自治区、直辖市、人口在 20 万以上的工业城市、工矿区和林区以及军队、归国华侨（不再是国外华侨）选出的代表组成。第四届全国人大由省、自治区、直辖市和军队的代表组成。这一届人大代表不是由普选产生的，而是先由中央分配名额，再由各省级革命委员会“协商”指派的，名额为 2 885 人。工业城市、工矿区、林区及华侨不再作为全国人大的选举单位。1978 年举行的第五届全国人大，是由省、自治区、直辖市和人民解放军选出的代表组成的，有效代表总额为 3 497 名。

依照 1979 年通过，并经 1982 年、1986 年和 1995 年三次修订后的选举法规定：(1) 全国人大由省、自治区、直辖市人大和特别行政区以及人民解放军选出的代表所组成；(2) 全国人大代表总额不超过 3 000 人（注：1979 年规定不超过 3 500 人，1986 年修改为不超过 3 000 人）；(3) 农村每一全国人大代表所代表的人口数 4 倍于城市每一全国人大代表所代表的人口数；(4) 全国少数民族的全国人大代表数由全国人大常委会参照各少数民族的人口数和分布情况分配给各省、自治区、直辖市的人大;人口特少的民族至少也应有全国人大代表一人。根据这些规定,第六、七、八、九届全国人大代表数依次为:2 978、2 970、2 978、2 979 人。

全国人大的代表组成具有广泛性和代表性。以第九届全国人大为例,其组成人员中有工农代表 563 名,占代表总数 18.89%;知识分子 628 名,占 21.07%;干部 988 名,占 33.16%;民主党派和无党派爱国人士 460 名,占 15.44%;解放军 268 名,占 8.90%;香港特区 35 名,占 1.21%;归国华侨 37 名,占 1.24%;中共党员 2 130 名,占 71.48%;全国 55 个少数民族都有本民族的代表,共 428 名,占 14.36%;妇女代表 650 名,占 21.81%。人大代表团 34 个,重庆直辖市和香港特别行政区均为第一次独立组团。这种广泛的代表性,有利于集中人民群众中各方面的意见和要求。

从第六届起,全国人大组成人员中的知识结构、年龄结构和新老代表比例日趋合理。仍以九届为例。九届全国人大代表继续年轻化。平均年龄由八届全国人大的 53.13 岁,下降为 52.27 岁。代表中,31 岁至 70 岁的代表占代表总数的 97.32%,其中 41 岁至 60 岁的占总数的 70.40%。71 岁以上的代表由上届的 109 名减少到本届的 35 名,占代表总数的 1.17%;30 岁以下的代表为 45 名,占总数的 1.51%;最年轻的代表只有 23 岁。九届全国人大代表的文化程度也有了明显的提高。具有大专以上文化程度者由八届时的 68.74% 上升到 81.20%。在 2 979 名代表中,新当选者占 74.05%,比上届提高了近三个百分点①。这既有利于代表的更新,也有利于保持国家权力机关工作的连续性和稳定性。

(三)任期

全国人大的任期,1954 年宪法曾规定为每届四年,1975 年起

① 摘自《光明日报》1998 年 3 月 1 日,第 1 版。

改为每届五年。为了保证两届全国人大之间的衔接,现行宪法恢复了1954年宪法的规定:全国人大任期届满的两个月以前,全国人大常委会必须完成下届全国人大代表的选举。如果遇到不能正常进行选举的非常情况,则可由全国人大常委会以全体组成人员的三分之二以上的多数通过,推迟选举,延长本届全国人大的任期。但在非常情况结束后一年内,必须完成下届全国人大代表的选举。

二、职权

按照现行宪法和有关法律规定,全国人大的职权可以归纳为以下五个方面。

(一)最高立法权

全国人大作为最高国家权力机关,拥有最高立法权。这既是相对于全国人大常委会以及省级国家权力机关而言,也是相对于行政立法而言(严格意义上,行政立法只是一种准立法行为)。其至高性主要体现在:(1)只有全国人大有权制定和修改宪法。我们知道,宪法是国家的根本大法,具有最高的法律效力,是全国各族人民、一切国家机关和武装力量、各政党和各社会团体、各企事业单位的根本的活动准则,是制定一切法律、行政法规和地方性法规的根本依据。正因为如此,制定宪法和对宪法内容的修改是一件极为严肃和至关重要的大事,必须由最高国家权力机关——全国人民代表大会来行使这一权力。(2)全国人大有权制定和修改基本法律。基本法律是指除宪法以外的最重要的法律,包括有关刑事、民事的基本法律(如刑法、民法、刑事诉讼法、民事诉讼法);有关国家机构的基本法律(如全国人大组织法、国务院组织法、地方各级人大及地方各级人民政府组织法、全国人大及地方人大选举法)和其他基本法律(如义务教育法、国籍法以及有关特别行政区基本法)。

(二)最高任免权

即选举、决定和罢免最高国家机关的领导人和有关组成人员。具体内容是:

1. 选举国家主席、副主席;中央军委主席;最高人民法院院长;最高人民检察院检察长;全国人大常委会委员长、副委员长、委员、秘书长;

2. 根据国家主席的提名,决定国务院总理的人选;根据国务院总理的提名,决定国务院副总理、国务委员、各部部长、各委员会主任、审计长、秘书长的人选;根据中央军委主席的提名,决定中央军委其他组成人员的人选;

3. 有权罢免由它选举或决定的上述所有人员,接受这些人员的辞职。

(三)最高决定权

1. 审查和批准国民经济和社会发展计划以及计划执行情况的报告;

2. 审查和批准国家的预算以及预算执行情况的报告;

3. 批准省、自治区和直辖市的建置;

4. 决定特别行政区的设立及其制度;

5. 决定战争与和平的问题。

(四)最高监督权

1. 监督宪法的实施;

2. 监督最高国家机关的工作,包括:听取和审查全国人大常委会、国务院、最高人民法院、最高人民检察院的工作报告;对国务院或者国务院的各部、委提出质询案,改变或撤销全国人大常委会不适当的决定。

(五)应当由最高国家权力机关行使的其他职权

由上可见,全国人大的职权应当具有广泛性、至高性、根本性等特点。

三、会议

全国人大贯彻民主集中制的原则，通过会议的方式集体行使职权，采取少数服从多数的合议制的领导体制。

全国人大会议由全国人大常委会召集。每届全国人大第一次会议，由上届全国人大常委会召集。依据其召开时间，我国全国人大会议有两类：(1) 例行会议，指法律规定必须定期召集的会议。我国宪法规定，全国人大每年举行一次会议。有关法律则具体规定会议于每年第一季度举行。现已形成的惯例是每年 3 月中下旬召开，延续至 4 月初。(2) 临时会议。我国宪法规定，如果人大常委会认为必要，或者五分之一以上的全国人大代表提议，可以临时召集全国人大会议。

依据宪法、法律规定，结合实际情况，我们可以将全国人大会议的召集与进程归纳为三个阶段：会前准备、预备会议与正式会议。各阶段的主要项目请参见图 1-1。下面主要就某些问题作些补充说明。

（一）关于"决定列席人员名单"

列席人员只有发言权，而没有表决权。全国人大会议的列席人员大致有三类：(1)"法定列席人员"，包括：国务院的组成人员、中央军委的组成人员、最高人民法院院长、最高人民检察院检察长。(2)"惯例列席人员"，即按照 1959 年起形成的惯例，全国人大与政协全国委员会基本上同时召开例会，凡不是全国人大代表的全国政协委员均被邀请列席全国人大会议。另外，按惯例，每届全国人大举行第一次会议时，不是本届代表的上届全国人大常委会组成人员也被邀请列席会议。(3)"其他列席人员"，即由全国人大常委会决定允许列席本次全国人大会议的其他机关、团体的负责人。

（二）关于"会议通知"

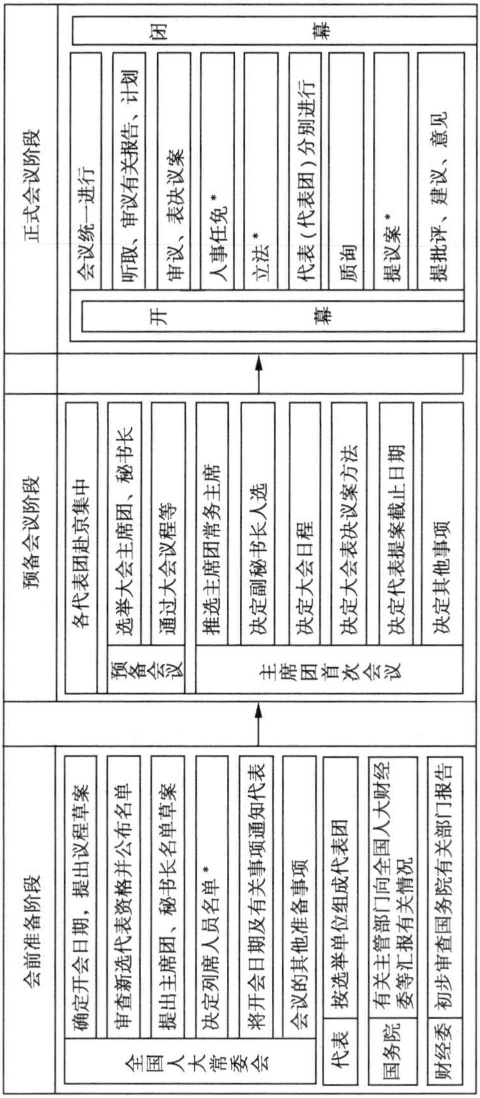

图 1-1　全国人大会议的召集与进行过程简图

现行法律规定，在全国人大会议举行的一个月之前（临时会议除外），全国人大常委会必须将开会日期以及建议会议讨论的主要事项通知代表，并将准备提请会议审议的法律草案发给代表。这样可以克服以往临时通知、仓促赴会，影响会议质量的弊端，便于代表围绕议题有针对性地开展会前视察、调查，了解民意，充分作好赴会准备。

（三）关于“预备会议”

现行法律规定，全国人大每次会议举行预备会议，选举本次会议的主席团和秘书长，通过本次会议的议程和其他准备事项的决定。预备会议由全国人大常委会主持。每届全国人大第一次会议的预备会议，由上届全国人大常委会主持。

（四）关于“会议开幕”

会议开幕需达到法定人数，全国人大会议有三分之二以上的代表出席，始得举行。人大举行会议时，代表应当出席，因病或因其他特殊原因不能出席的，必须请假。会议一般应公开举行；在必要时，由主席团征求各代表团的意见后，由有各代表团团长参加的主席团会议决定，可举行秘密会议。

（五）关于“会议的主持”

主席团主持全国人大会议。主席团互推若干人轮流担任会议的执行主席。主席团推选常务主席若干人，召集并主持主席团会议。

（六）关于“提议案”

按照法律规定：(1)全国人大主席团、全国人大常委会、全国人大各专门委员会、国务院、中央军委、最高人民法院、最高人民检察院，可以向全国人大提出属于全国人大职权范围内的议案，由主席团决定列入会议议程；(2)一个代表团或者30名以上的代表联名，有权提出议案，由主席团决定是否列入会议议程，或者交有关的专门委员会审议、提出是否列入会议议程的意见，再决定是否列入会议议程。以代表团名义提出的议案,以及质询案、罢免案,须由代表团全体代表的过半数通过。

(七)关于"人事任免"

人事任免常常是人们最为关心的人大会议活动之一。通常的做法是:(1)首先由中共中央在广泛听取各政党、团体等各方面的意见基础上,向大会主席团等有关方面提出国家主要领导人的建议人选。(2)再由大会主席团等依法正式向全国人大会议提出候选人。(3)由主席团提名的正式候选人名单(适用于由人大选举的职位)提交全国人大全体代表选举;由国家主席、国务院总理和中央军委主席提名的人选,提交全国人大全体代表表决。自七届全国人大一次会议起,主席团提出的全国人大常委会委员人选多于应选的名额,即实行差额选举。凡是由主席团提出的候选人名单均需经各代表团酝酿与协商,再由主席团根据多数代表的意见,确定正式候选人的名单。全国人大议事规则规定,全国人大会议的选举或决定任命,采用无记名投票方式,并设秘密写票处。得票数超过全体代表的半数的,始得当选或者通过。(4)人事任免包括接受辞职和罢免。主席团、三个以上的代表团或者十分之一以上的代表联名,可以提出对于由全国人大选举或决定的任何人员的罢免案。罢免应当写明罢免理由,并提供有关的材料。罢免案由主席团交各代表团审议后,提请大会全体会议表决;或由主席团提议,经大会全体会议决定,组织调查委员会,由全国人大下次会议根据调查委员会的报告审议决定。罢免案提请大会全体会议表决前,被提出罢免的人员有权在主席团会议和大会全体会议上提出申辩意见,或者书面提出申辩意见,由主席团印发会议。表决罢免案需经全国人大全体代表过半数通过。罢免表决采用无记名投票方式,特殊情况下可采用其他方式。

(八)关于"立法"

改革开放以来,随着社会主义民主与法制建设的推进,我国立法步伐逐步加快。到1998年10月为止,全国人大及其常委会共审议通过了337个法律和有关法律问题的决定。加上国务院的行政法规、地方人大及其常委会的地方性法规,使我国改变了以往那种“无法可依”的状况,在社会经济、政治、文化生活等方面基本上已经做到有法可依。中共十五大提出“依法治国,建设社会主义法治国家”的目标后,我国立法工作更加得到重视。全国人大及其常委会正抓紧拟订到2010年的立法纲要,同时制定近期立法规划,以便有计划、有重点、有步骤地开展立法工作。

立法程序是国家立法机关制定每一个法律所必经的步骤。我国人大的立法程序包括:法律议案的提出、法律草案的审议、法律草案的表决和法律的公布四个阶段。

1. 提出法律议案　(1)法律议案是有立法提案权的机关和人员依法提出的关于制定法律的建议案。根据有关规定,提出立法议案都应附有法律草案。法律草案是法律尚未被通过之前的文本。(2)宪法修正案只有全国人大常委会或五分之一以上的全国人大代表联名才有权提出。实践中多由中共中央首先提出修改宪法的建议,再由全国人大常委会或五分之一以上的全国人大代表联名提议修改宪法。(3)有权向全国人大提出法律议案的是:全国人大主席团、全国人大常委会、全国人大各专门委员会、国务院、中央军事委员会、最高人民法院、最高人民检察院、全国人大的一个代表团、30名以上的全国人大代表联名。(4)有权提出法律议案(连同法律草案)的机关、团体,可以(实践中也往往)组织或委托无权提出法案的有关机关、团体或法学家及其他领域中的专家参与法律草案(法案)的起草工作。(5)实践中,应向全国人大提出的法律草案也往往先向全国人大常委会提出;由常委会审议后,再提请全国人大全体会议审议。这样就使得提交全国人大审议的法律草案能达到较高的质量,有利于提高全国人大的立法效率。(6)按照法律规定,由国务院等机关提交全国人大的法律草案须经大会主席团决定列入会议议程。一个代表团或者30名以上代表联名提出的法律草案,由主席团决定是否列入大会议程,或者先交有关的专门委员会审议并提出是否列入大会议程的意见,再决定是否列入大会议程。

2. 审议法律草案　(1)在法律草案付诸正式审议之前,应将法律草案提前发给与会人员,并通过适当途径广泛征求专家与群众的意见。(2)提案的机关或团体有义务向大会作法律草案的说明。说明的内容包括:立法理由,起草的简要经过,草案的主要原则和精神,其中的主要问题。(3)经会议审议后的结果可能有三种情形:一致同意;原则上同意但在某些细节上存在歧义;存在重要的意见分歧。前两种情况都可付诸表决通过,第三种情况则必须提请下次会议再审议。(4)一些涉及面很广的法案,当立法机关审议到一定程序后,往往通过报刊向全社会公布,广泛听取各界专家与群众的意见(如"行政诉讼法"、"企业法");一些涉及某一领域、专业性较强的法案,则往往在有关领域中听取相关专家与群众的意见;大多法案,都下发省级人大常委会听取各方面的意见。专家、群众的意见,供立法机关再审时参考。此点实际上已成为制度,有利于在立法中充分发扬民主。

3. 法律草案的表决　(1)全国人大对宪法修正案的表决必须由全国人大全体代表的三分之二以上的多数通过;对其他法律草案的表决以全体代表的过半数通过。(2)表决方式采用的是法律草案一次性表决,而非逐条表决。过去,法律草案通常采用举手表决,现在采用电子表决器进行表决。

4. 公布法律　我国宪法规定,法律由国家主席根据全国人大和全国人大常委会的决定公布。全国人大和常委会制定的法律公布于全国人大常委会办公厅编的《全国人民代表大会常务委员会公报》和《人民日报》。

第三节　全国人大常委会

一、地位、组成与任期

（一）地位

全国人大常委会是全国人民代表大会的常设机关，是全国人大闭会期间的最高国家权力机关。全国人大常委会的地位表现在两个方面：一方面，全国人大常委会与全国人大的关系。全国人大常委会从属于全国人大，对全国人大负责，受全国人大监督，在每次全国人大开会时，向大会报告工作；全国人大有权罢免常委会组成人员，改变或者撤销常委会不适当的决定。另一方面，全国人大常委会与其他国家机关的关系。在全国人大闭会期间，国务院、最高人民法院、最高人民检察院对全国人大常委会负责并报告工作。中央军委也对全国人大常委会负责。全国人大常委会有权监督它们的工作。

（二）组成

全国人大常委会由委员长 1 人、副委员长若干人、秘书长 1 人和委员若干人组成。其人员统称为全国人大常委会组成人员。从第六届起，总人数惯定为 155 人（宪法、法律未对此加以规定）。全国人大常委会组成人员候选人，由本届一次全国人大会议主席团从代表中提出，然后经各代表团协商后，再由主席团根据多数代表的意见确定正式候选人，最后交全国人大全体代表选举产生。

委员长主持全国人大常委会的工作，有权召集与主持全国人大常委会会议。副委员长、秘书长协助委员长工作，副委员长受委员长的委托，可以代行委员长的部分职权。在国家主席、副主席都缺位时，在全国人大补选之前，由委员长暂时代理国家主席职位。委员长因健康情况不能工作或缺位时，由常委会在副委员长中推选一人代理委员长的职务,直到委员长恢复健康或者全国人民代表大会选出新的委员长为止。另外,为了保障各民族的平等权利,宪法规定全国人大常委会组成人员中,应有适当名额的少数民族代表。

现行宪法和全国人大组织法第一次规定,全国人大常委会的组成人员不得担任国家行政机关、审判机关和检察机关的职务。如果担任上述职务,必须向常委会辞去常委会的职务。这样,一是有利于全国人大常委会有效地监督其他最高国家机关。宪法授权全国人大常委会监督其他国家机关的工作,而全国人大常委会的成员若兼任这些机关的职务的话,那就违背了公正监督的基本原则:监督者与被监督者的非同一性。二是有利于集中精力搞好常委会工作。国家行政机关、司法机关的工作极其繁忙,常委会成员一旦兼任其中职务,势必牵制很大一部分精力,影响其在常委会的工作。事实上,人大常委会的职权也很广泛,经常性的工作繁重,它的组成人员必须集中精力、全力以赴才能搞好本项工作。上述“不兼职”的规定,有利于委员的专职化,以保证有足够的时间和精力经常参加法律的起草、研究和修改工作,参加常委会和专门委员会的工作。近十多年来,全国人大常委会人员专职化的比例不断提高。目前,专职成员占总成员的四分之三左右。

(三)任期

全国人大常委会的每届任期和全国人大相同,现为五年。为了保障前后两届全国人大之间的工作衔接,它行使职权至下届全国人大选举新的常委会为止。

全国人大常委会委员长、副委员长连续任职不得超过两届。现行宪法的这条新规定,有利于取消实际上存在的全国人大常委会领导职务的终身制。

二、职权

全国人大常委会的职权原来较为有限。例如,按照1954年宪法的规定,它不拥有国家立法权。虽然1955年与1959年先后授予其制定“单行法规”、修改法律的职权,但依然难以适应社会主义民主与法制建设的需要。为此,1982年修改宪法时,决定将原来属于全国人大全体会议的部分职权移交给它的常委会。这就扩大了全国人大常委会的职权,使最高国家权力能经常地、有效地得以行使。

全国人大常委会职权的扩大,是近二十年中我国政治体制改革的一个重要成果,是加强与完善人大制度的一项有效举措。现在,全国人大常委会在中国政治生活中的地位与作用日趋显耀。根据我国现行宪法、法律规定,扩大后的全国人大常委会的职权主要有:

(一)国家立法权

现行宪法第一次规定,“全国人民代表大会和全国人民代表大会常务委员会行使国家立法权。”这是全国人大常委会职权扩大的明显标志。具体包括:制定和修改除应当由全国人民代表大会制定的法律以外的其他法律;在全国人大闭会期间,对全国人民代表大会制定的法律,在不与该法律基本原则相抵触的前提下,进行部分补充和修改。

(二)法律解释权

1978年宪法第一次赋予全国人大常委会“解释宪法”的职权。凡关于宪法、法律条文本身需要进一步明确界定或作补充规定的,由全国人大常委会进行解释或加以补充。这种解释或补充规定和被解释、补充的法律规范本身具有同等的法律效力。全国人大常委会对宪法和法律的解释,属于“立法解释”,不同于“司法解释”,即由最高人民法院和最高人民检察院分别对法院审判工作与检察院检察工作中具体应用法律的问题所进行的解释;也不同于“行政解释”,即由国务院及主管部门对不属于审判工作和检察工作中的其他法律如何具体应用的问题进行的解释;更不同于研究机关或学者对法律所进行的“学理解释”。学理解释不具有法律效力,不能作为适用法律的依据。

(三)监督权

首先是监督宪法的实施。这一职权原来专属于全国人大。现行宪法第一次规定,全国人大常委会也可以行使此权。其次是监督国家机关的工作。包括:监督国务院、中央军委、最高人民法院和最高人民检察院的工作;撤销国务院制定的同宪法、法律相抵触的行政法规、决定和命令;撤销省、自治区、直辖市国家权力机关制定的同宪法、法律和行政法规相抵触的地方性法规和决议;依法对国务院和国务院各部、委提出质询案等。

(四)决定权

在全国人大闭会期间,全国人大常委会有权审查和批准国民经济和社会发展计划、国家预算在执行过程中所必须作的部分调整方案。这也是现行宪法第一次赋予全国人大常委会行使的职权。此外,还有权批准自治区人大制定的自治条例和单行条例;决定同外国缔结的条约和重要协定的批准和废除;规定军人和外交人员的衔级制度和其他专门衔级制度;规定和决定授予国家勋章和荣誉称号;决定特赦;在全国人大闭会期间,如果遇到国家遭受武装侵犯或者必须履行国际间共同防止侵略的条约的情况,决定战争状态的宣布;决定全国总动员或局部动员;决定全国或个别省、自治区、直辖市的戒严。

(五)任免权

在全国人大闭会期间,根据国务院总理的提名,决定部长、委员会主任、审计长、秘书长的人选;根据中央军委主席的提名,决定中央军委其他组成人员的人选;根据最高人民法院院长的提名,任免最高人民法院副院长、审判员、审判委员会委员和军事法院院长;根据最高人民检察院检察长的提请,任免最高人民检察院副院长、检察员、检察委员会委员和军事检察院检察长,并且批准省、自治区、直辖市的人民检察院检察长的任免;决定驻外全权代表的任免。法律第一次规定,在全国人大闭会期间,全国人大常委会有权接受全国人大常委会组成人员,国家主席、副主席,国务院组成人员,中央军委组成人员,最高人民法院院长,最高人民检察院检察长提出的辞职;有权在国务院副总理、中央军委副主席、最高人民法院副院长、最高人民检察院副检察长中决定代理缺位的国务院总理、中央军委主席、最高人民法院院长、最高人民检察院检察长职务的人选。

(六) 参与全国人大的组织工作

包括主持全国人大代表的选举;召集全国人大会议;决定延长本届全国人大的任期;主持全国人大预备会议;审查代表资格;向全国人大提出议案;在全国人大闭会期间领导全国人大各专门委员会等。

(七) 全国人大授予的其他职权

三、会议

全国人大常委会和全国人大一样,贯彻民主集中制原则,实行少数服从多数的合议制的领导体制。它必须通过会议的形式集体行使职权。其会议议程大致如下。

(一) 召集与准备

现行全国人大组织法规定,全国人大常委会会议,一般每两个月举行一次。全国人大常委会会议由委员长召集并主持。委员长也可以委托副委员长主持会议。

常委会举行会议的法定人数为:必须有常委会全体组成人员的过半数出席,才能举行会议。常委会举行会议期间,其组成人员除因病或者其他特殊原因请假的以外,均应出席会议。

常委会会议之前主要做好两项准备工作:一、由委员长会议拟订常委会会议议程草案,以备提请常委会全体会议决定;二、应当在会议举行七日以前,将开会日期、建议会议讨论的主要事项,通知常委会组成人员(临时召集的会议,可以临时通知)。

(二) 会议的列席、旁听与新闻发布

常委会会议的列席人员有:(1)国务院、中央军事委员会、最高人民法院、最高人民检察院的负责人;(2)全国人大各专门委员会中不是常委会委员的副主任委员、委员、顾问;(3)各省、自治区、直辖市的人大常委会主任或副主任一人;(4)从第六届全国人大常委会第21次会议开始,邀请与常委会审议的议题有关的全国人大代表列席;(5)其他有关部门负责人。

从七届全国人大常委会第二次会议开始,设立了旁听席,邀请工会、共青团和妇联等人民团体和群众组织的有关人员参加。同时还建立了新闻发布制度。建立全国人大常委会会议的旁听和新闻发布制度,是推进我国政务公开化的一大举措。它吸引了广大公民关注会议,了解国家大事,有利于提高公民参与国家管理的积极性,也有利于国外人士了解中国最高国家权力的运作情况。

(三) 会议的基本形式

根据议事规则,全国人大常委会开会行使职权的基本形式有三种,即全体会议、分组会议和联组会议。

1. 全体会议　这是全国人大常委会依法行使职权的基本会议形式。由出席和列席常委会会议的全体人员参加。其主要任务有两项:一是听取并决定本次常委会会议议程;听取法律案和其他议案的说明;听取"一府二院"的工作报告;听取全国人大代表团的出访报告;听取全国人大代表团出席国际会议的工作报告等;二是对法律案、人事任免案和其他议案进行表决;对各专门委员会和代表资格审查委员会向常委会所作的报告进行表决;对常委会认

为必要的、关于国务院及其各部委和最高人民法院、最高人民检察院工作报告所作出的决议(草案)进行表决等。

在会上,常委会的组成人员和列席人员的发言,不得超过10分钟;事先提出要求,经会议主持人同意的,可以延长发言时间。

2. 分组会议 即出席和列席常委会会议的全体人员分成若干小组,以小组为单位召开的会议。主要是审议议案和工作报告。分组会议的特点是由于人数较少而便于委员和列席人员对审议的议题充分发表意见。分组会议对议案或有关的工作报告进行审议时,可以提出询问。提交议案与报告的有关部门应派人到会,听取意见,并回答询问。

3. 联组会议 由出席和列席常委会会议的全体人员参加。它和常委会全体会议的区别在于:常委会全体会议可以对会议议案进行表决,而联组会议不进行表决。联组会议的主要功能是:听取和审议专门委员会对议案(包括法律案)的审议和修改意见的汇报;在分组讨论的基础上,与会全体人员互相交流意见、共同审议议案,特别是对有不同意见的问题展开进一步讨论,以便在充分发扬民主的基础上求得比较一致的意见。在进行审议时,应通知提出议案的机关负责人到会,听取意见、回答询问(也可以在联组会议上就议案作补充说明)。会上,每人第一次发言不得超过15分钟,第二次对同一问题的发言不超过10分钟;事先提出要求,经会议主持人同意的,可以延长发言时间。

(四)议案的审议程序

审议议案是常委会会议经常性的一项重要议程。其一般程序为:(1)提出议案。有权向全国人大常委会提出议案的有:委员长会议、国务院、中央军委、最高人民法院、最高人民检察院、全国人大专门委员会、常委会组成人员10人以上联名。(2)决定提请审议。国务院、中央军委、最高人民法院、最高人民检察院提出的议案,须由委员长会议决定提请常委会会议审议,或者先交有关的专门委员会审议、提出报告,再决定提请审议;常委会组成人员10人以上联名提出的议案,须由委员长会议决定提请审议或者先交有关的专门委员会审议、提出报告,再决定是否提请审议。不提请审议的,应当向常委会会议报告或向提案人说明情况。(3)听取提案者代表说明情况。(4)初审。先分组进行审议,再由有关专门委员会汇总审议。(5)复审。召开联席会议听取和审议专门委员会对议案审议意见的汇报,并再次讨论议案。(6)付之表决。对议案的审议取得较为一致的意见后,召开全体会议进行表决。此前,提案者要求撤回的,经委员长会议同意,对该议案的审议即行终止。表决议案,由常委会全体组成人员的过半数通过。表决结果由会议主持人当场宣布。交付表决的议案,有修正案的,先表决修正案。任免案逐人表决,根据情况也可以合并表决。目前的做法是:对提请决定的国务院的部长、委员会主任、审计长、秘书长人选,对提请任命的全国人大专门委员会的副主任委员、委员以及全国人大常委会副秘书长等人选逐人表决;对提请任命的最高人民法院审判员名单、最高人民检察院检察员名单、驻外大使名单等合并表决。表决议案,目前一般都采用按表决器的方式。

全国人大常委会的立法程序与全国人大的有许多相似之处。具体可见图1-2。

四、组织机构

(一)委员长会议

由委员长、副委员长、秘书长组成委员长会议负责处理常委会的重要日常工作。其主要职责有:(1)决定常委会每次会议的召开日期和会期,拟定会议议程草案;(2)向常委会提出属于常委会职权内的议案;对其他机关向常委会提出的议案和质询案,决定交由有关的专门委员会审议或提请常委会全体会议审议,决定回答质询案的方式;(3)处理就有关人事任免事项提交常委会审议的

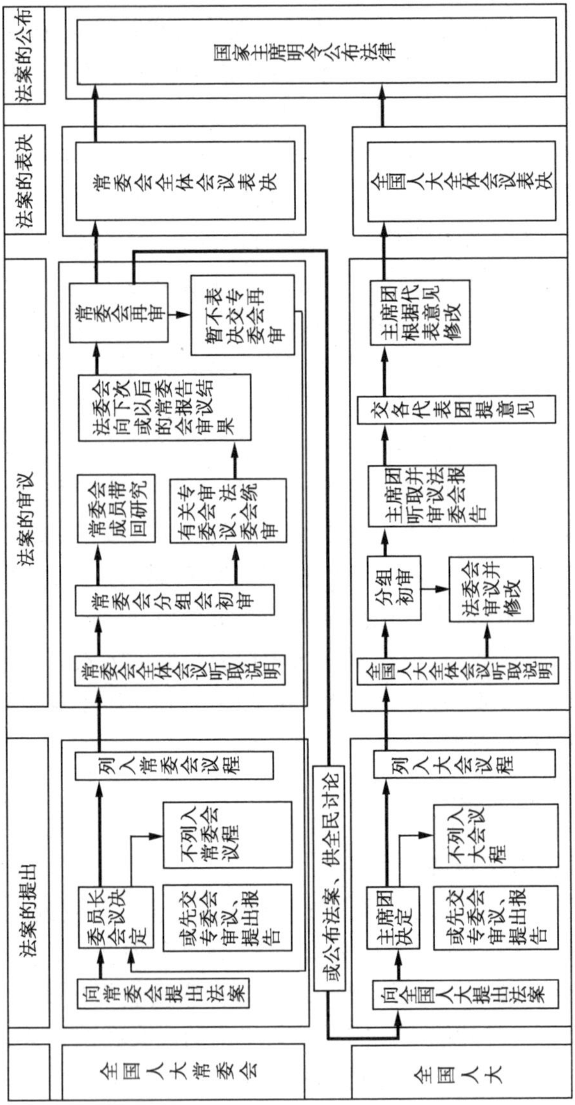

图 1-2 全国人大及其常委会立法程序简图

图 1-2 说明：1. 本图根据宪法《全国人大组织法》、《全国人大议事规则》、《全国人大常委会议事规则》及立法实践而制。
2. 在实践中，向全国人大提出的法案，亦先由常委会审议，再由常委会提请全国人大审议通过。为便于表明此顺序，故将常委会立法程序置于上。此处上下绝非地位之高低。
3. 法案付表决后，亦可能不予通过。此点，本图未显示。实践中，全国人大常委会已有《城市居民委员会组织法》(草案)(1989 年 10 月)未通过之先例。

有关程序问题;(4)指导和协调各专门委员会的日常工作;(5)决定常委会机关工作的重大事项。处理常委会其他主要日常工作。

委员长会议不是一个实体权力机构，在性质上是常委会的重要日常工作处理机构，无权代替常委会行使职权。在工作方式上实行集体负责制。

(二) 其他机构

全国人大常委会的其他机构有代表资格审查委员会，秘书处、法制工作委员会和办公厅等。

第四节　全国人大专门委员会和特定问题调查委员会

一、专门委员会

为了使全国人大及其常委会更有效地行使国家权力，宪法规定，全国人大设立若干专门委员会(简称专委会)。专门委员会作为最高国家权力机关的重要的辅助性机构，从事某一方面的专门性工作。

(一) 设立

自 1954 年起，第一届全国人民代表大会就设立了民族委员会、法案委员会、预算委员会、代表资格审查委员会，其中预算委员会和代表资格审查委员会只在大会期间开展活动，而另外两个委员会在全国人大闭会期间亦经常开展工作，属常设性机构。实践证明，设立专门委员会对于加强最高国家权力机关的建设很有必要。然而，1975 年宪法取消了这一规定。1978 年宪法原则性规定，全国人大和全国人大常委会“可以根据需要设立若干专门委员会”。

1982 年 12 月通过的新宪法规定：“全国人民代表大会设立民族委员会、法律委员会、财政经济委员会、教育科学文化卫生委员会、外事委员会、华侨委员会和其他需要设立的专门委员会”。按照新宪法规定，1983 年 5 月召开的六届全国人大一次会议正式成立了上述六个专门委员会。七届全国人大一次会议又增设了内务司法委员会，八届全国人大一次会议新增了环境与资源保护委员会，九届全国人大一次会议又增设了农业与农村委员会。

设立专门委员会的意义在于：(1)参加各专门委员会的成员大都对本专门委员会所主管的工作比较熟悉，有一定的经验和知识，从而有利于在对有关问题或议案作深入而准确的分析和判断后提出审议结果和报告，再提交全国人大及其常委会审议，这样就可以提高全国人大及其常委会审议工作的质量和效率。(2)各专门委员会可与政府各部门以及司法机关在工作上进行对口联系，随时掌握政府有关部门的工作动向，从而能协助人大及其常委会有效地监督政府的工作。(3)专门委员会还可以对人大闭会期间出现的需要大会审议、决定的问题及时地加以研究、处理，待大会开会时再向大会报告。

（二）组成

各专门委员会的成员（包括主任委员、副主任委员和委员）的人选，由全国人大主席团在代表中提名，全国人大全体会议通过。大会闭幕期间，全国人大常委会可以补充任命专门委员会的个别副主任委员和部分委员(由委员长会议提名,常委会会议通过)。

各专门委员会主任委员(近年来多由常委会副委员长兼任)主持该委员会会议和工作,副主任委员协助其工作。另外,各专门委员会可以根据工作需要,提请全国人大常委会任命专家若干人为顾问。顾问可以列席专门委员会会议,发表意见。

(三)职权

宪法规定:“在全国人民代表大会闭会期间,各专门委员会受全国人民代表大会常务委员会的领导。”它们的任务是:“在全国人民代表大会和全国人民代表大会常务委员会领导下,研究、审议和拟订有关议案。”

1. 审议

A. 审议全国人大主席团或者全国人大常委会交付的有关议案。例如,内务司法委员会主要负责审议与最高人民法院、最高人民检察院以及国务院所属公安部、国家安全部、司法部、监察部、民政部、劳动部、人事部等部门有关的议案;

B. 审议全国人大主席团或者全国人大常委会交付的质询案,听取受质询机关对质询案的答复,必要的时候向全国人大主席团或者全国人大常委会提出报告;

C. 审议全国人大常委会交付的被认为同宪法、法律相抵触的国务院的行政法规、决定和命令,国务院各部委的命令、指示和规章,省、自治区、直辖市的人民政府的决定、命令和规章,并提出报告;

D. 审议向全国人大或者全国人大常委会提出的有关法律草案。法律委员会负责统一审议向全国人大或者全国人大常委会提出的法律草案;

E. 民族委员会还审议自治区报请全国人大常委会批准的自治区的自治条例和单行条例,向全国人大常委会提出报告。

2. 提案

拟订议案;向全国人大主席团或全国人大常委会提出属于全

国人大或全国人大常委会职权范围内并同本委员会有关的议案。

3. 调研

对属于全国人大或者全国人大常委会职权范围内同本委员会有关的问题,进行调查研究,提出建议。民族委员会还可以对加强民族团结问题进行调查研究,提出建议。各专门委员会的调查研究,既包括深入基层倾听群众意见,也包括听取国家行政、审判、检察等有关部门的工作汇报,了解情况,进行磋商。

各专门委员会围绕上述任务开展工作,不是代替全国人大或者全国人大常委会行使职权,而是向全国人大或全国人大常委会提出报告、议案和建议。这些报告、议案和建议并不是具有法律效力的最后决议,而是提请全国人大或它的常委会决策的重要参考意见。只有全国人大及其常委会通过的决议,才具有法律效力。

(四)会议

专门委员会会议与前面讲的全国人大和常委会会议的性质不同,后二者是最高国家权力机关会议,能行使最高国家权力,能立法和作出有法律效力的决定。而专门委员会只是最高国家权力机关的常设工作机关,是权力机关的内部机构,不具有行使国家权力的能力,不能对社会作出有法律约束力的决定。但专门委员会会议能为全国人大及其常委会会议进行大量的准备工作,主要是向全国人大及其常委会提出议案,并为各项议案提供必要的资料和背景材料;审议大会主席团或常委会交付本委员会审议的议案,并作出审议报告。

根据有关规定,各专门委员会开会决定问题的方式有两种:一是委员会全体会议;二是委员会主任办公会议。全体会议主要讨论决定本委员会职责范围内的重大问题;研究讨论常委会或委员长会议交付的各项工作;听取"一府两院"有关部门的工作汇报等。专门委员会全体会议由主任召集,需作决定的会议,要全体委员过半数参加才能举行,表决议案,由全体委员的过半数通过。若属了解情况,讨论问题,不作决定的会议,有三分之一以上委员参加即可。全体会议一般每月一次,也有的规定两个月一次。如有必要还可临时召集会议。

专门委员会主任会议一般半个月一次。其主要任务是研究处理委员会日常重要工作,大致包括:落实常委会或委员长会议交办的事项;确定委员会全体会议的议题;决定委员会的工作计划等。有的委员会规定委员会主任会议可提出本委员会工作范围内的议案交委员会审议,并决定委员会组成人员提出的议案是否提交全体会议审议。

二、特定问题调查委员会

特定问题调查委员会(简称特调委)是我国人大的一种临时委员会。我国宪法规定:“全国人民代表大会和全国人民代表大会常务委员会认为必要的时候,可以组织关于特定问题的调查委员会,并且根据调查委员会的报告,作出相应的决议。”调查任务一经终结,即撤销。

全国人大的特定问题调查委员会可由大会主席团、三个以上的代表团或十分之一以上的代表联名提出,再由主席团提请大会决定,即可成立。特调委由主任委员、副主任委员若干人和委员若干人组成,其组成人员由大会主席团在代表中提名,大会全体会议通过。特调委可以公开聘请专家参加调查工作。

全国人大常委会认为必要时,也可组织特调委。

我国宪法规定:“调查委员会进行调查的时候,一切有关的国家机关、社会团体和公民都有义务向它提供必要的材料。”

到目前为止,全国人大及其常委会尚未组织过特定问题调查委员会。

第二章 人民代表大会制度(下)

第五节 地方各级人民代表大会

一、中国的行政区划

(一) 概念

国家将领土分级划分成若干区域，以便在各级区域范围内设立相应的一级政权机关,实现对全国的统一管理,这便是行政区划。国家为设置各级政权机关,实现对全国的管理而划成的区域,则叫行政区域。按照我国宪法规定,各级行政区域均设立相应的一级人民代表大会和人民政府。据此,应当明确,在中国,凡由一级人大与政府管辖的区域,称为一级行政区域。易言之,凡属一级行政区域,必是由一级人大与政府管辖的区域。由政府派出机构管辖的区域,不能称为一级行政区域。因为派出机构不是一级政府,亦未设一级人大。为了了解地方各级人大,有必要先熟悉中国的行政区划。

(二) 沿革

1949 年以来,随着中国政治、经济和社会的发展,行政管理经验的不断积累,全国范围内的行政区划曾作过多次调整。主要可分四个阶段。

1. 新中国成立到 1954 年　建国伊始,整个国家面临的任务千头万绪。行政区划作为一项十分重要的工作,起步相对较快。

从总体上看,当时的行政区划实行四级制、五级制和三级制。例如:大行政区—省—县—乡为四级;大行政区—省—县—区—乡为五级;大行政区—直辖市—市辖区为三级。

在省级以上,新中国成立前后相继建立了华北、东北、西北、华东、中南、西南六大行政区,简称大区,内设人民政府或军政委员会①,作为最高一级的地方政权机关,同时又是中央人民政府派出的代表机关,各自管辖若干个省级行政单位。1952 年,考虑到大规模有计划的经济建设即将启动,需要进一步加强中央的集中统一领导,因此决定各大区改设行政委员会,仅作为中央人民政府的代表机关领导、监督地方政府,而不再是一级地方政权。这样大区本身也就不再构成一级行政区域。1954 年 6 月,中央人民政府决定撤销六大行政区的建制。大行政区从"双重"性质到"单一"性质,最后被撤销,这一过程有利于中央对计划经济的集中统一领导。当然,高岗、饶漱石以大区为基地要挟中央,也是取消大区制的一个直接原因。

在此阶段中,省一级的行政区域变化也较多,总的趋势是数量由多变少,规模由小变大。新中国成立后,将原有版图上的 36 个省、1 个地方调整为 30 个省(含台湾)、1 个地方(西藏)、1 个地区(昌都)、1 个省级自治区(内蒙古)、12 个直辖市以及 5 个行署区(旅大、皖南、皖北、苏南和苏北)。不久将四川省分设为川南、川北、川东、川西共 4 个行署区,各设行政公署,相当于省级人民政府。而将旅大行署区撤销,改旅大为直辖市。1952 年至 1954 年 6 月,为了与改变大行政区机构、最后撤销大行政区建制相适应,先后合并了一些省、市,减少了一些中央直接领导的行政单位。例

① 华北人民政府成立于 1948 年 9 月。建国后不久,宣告其完成历史使命,原辖的五省二市直属中央。1950 年 11 月,中央人民政府设立华北事务部,处理华北各省、市事务。

如,1952 年撤销 8 个行署区,重设江苏、安徽和四川三省;撤销平原、察哈尔两省,并将其行政区域分别划归他省;1954 年 6 月,将辽西、辽东两省合为辽宁省,将松江、黑龙江两省合为黑龙江省,将宁夏、甘肃两省合为甘肃省;将北京、天津、上海以外的 11 个直辖市改为省辖市。同年,为贯彻民族平等原则,撤销了绥远省(该省的设立,是旧中国统治阶级镇压、分化蒙古族人民的产物),并将其并入内蒙古自治区。到 1954 年底,全国省级行政区域有 26 个省、1 个自治区、3 个直辖市、1 个地方、1 个地区。

2. 1954 年第一届全国人大召开到 1966 年"文革"前　一届全国人大一次会议通过了新中国第一部宪法。宪法规定,全国分为省、自治区、直辖市;省、自治区分为自治州、县、自治县、市;县、自治县分为乡、民族乡、镇;直辖市和较大的市分为区;自治州分为县、自治县、市。自治区、自治州和自治县都是民族自治的地方。1959 年,二届全国人大常委会根据形势的发展,决定直辖市和较大的市可以领导县和自治县。这样,我国的行政区划基本定型。

1955 年 3 月,决定设立西藏自治区筹备委员会,并将昌都地区划归该委员会管辖;7 月决定撤销热河、西康两省,其区域分别划归他省。1958 年 2 月,将天津市改为河北省省辖市。

在此阶段,民族自治地方的蓬勃发展是一个显著的现象。在省一级,先后成立了新疆维吾尔自治区(1955 年 10 月 1 日)、广西壮族自治区(1958 年 3 月 15 日,时称广西僮族自治区,1965 年 10 月改为现名)、宁夏回族自治区(1958 年 10 月 25 日)、西藏自治区(1965 年 9 月 9 日)。在省级以下,根据宪法规定,将原设的专区级、县级自治区改设为自治州、自治县,并另外增设了数十个新的自治州和自治县。同时,撤销了县以下区与乡两级的民族自治建制,依照宪法规定,建立了一批民族乡。

民族乡是指在相当于乡的少数民族聚居地方建立的一级行政区域。它不属于民族自治地方,不设民族自治机关,不行使民族自治权。但它又不同于一般的乡，应特别注意照顾当地少数民族的特殊需要。如民族乡的乡长应由组成该民族乡的少数民族公民担任；民族乡使用当地民族通用的语言文字；民族乡依照法律和有关规定，可以结合本地区的具体情况和民族特点，因地制宜地发展经济、文化、教育和卫生等事业。

还有，1958 年起，在农村普遍建立“政社合一”[①]的人民公社以取代乡、民族乡，而且大幅度扩大农村基层政权所辖的行政区域。1957 年全国有 97 000 多个乡，到 1958 年被并为 26 578 个公社。

至“文化大革命”前夕，全国省级行政区域包括 22 个省、5 个自治区、2 个直辖市。

3. 1966 年到 1976 年“文革”期间　由于“文化大革命”制造的动乱局面，使国家政权体系中负责行政区划工作的机构几乎趋于瘫痪，有关行政区划的重要变更基本上由党组织直接审批处理。在这一阶段较大的变更是：

1967 年 1 月 2 日，由中共中央批准，将天津市由省辖市恢复为直辖市。这样，全国省级行政区域有 22 个省、5 个自治区、3 个直辖市。

1969 年 7 月 5 日，由中共中央批准，将内蒙古自治区的部分区域划归辽宁、吉林、黑龙江、宁夏和甘肃五省（自治区）。

1975 年，根据修改后的宪法，原作为省、自治区政府派出机关——专员公署所辖的专区，改为由一级政权机关——人民代表大会和革命委员会管辖的一级地方行政区域，称为“地区”。

4. “文革”结束以来　随着十年内乱的结束和党的十一届三中全会的召开，当代中国各项工作逐渐纳入正常轨道，行政区划工作也不例外。

---

① 即将农村基层政权机关的功能与作为农业生产管理组织的合作社的功能相合并。

首先,1982 年新宪法第一次规定,国家在必要时得设特别行政区。在省级建制方面,主要有三项新变化:(1)1988 年 4 月,经全国人大批准,设立了海南省;(2)1997 年 3 月 14 日第八届全国人大第五次会议批准设立重庆直辖市,管辖原重庆市(四川省辖市)、万县市、涪陵市和黔江地区所辖行政区域;(3)1997 年 7 月 1 日,香港顺利回归祖国,香港特别行政区正式成立。

其次,1979 年 5 月 30 日,经中共中央、国务院批准,恢复了内蒙古自治区在 1969 年 7 月以前的行政区域范围。

再次,根据 1978 年宪法规定,“地区”不再作为省县之间的一级行政区域;直辖市、较大的市分为区和县。1983 年初起,在经济较发达地区推广地级市(较大的市)管(领导)县体制。同时,在一些地区开始推行县改为(县级)市或改为(直辖市、较大的市的)市辖区的体制,简称撤县建市和撤县建区。

还有,按照 1982 年的宪法规定,在农村实行政社分开,恢复了乡、民族乡建制;1984 年起,在部分地区开始实行乡、镇合并和以镇管村的体制,以推动小城镇的建设。

(三)现状

根据现行宪法规定,中国的行政区划是:

1. 全国分为省、自治区、直辖市;
2. 省、自治区分为自治州、县、自治县、市;
3. 县、自治县分为乡、民族乡、镇;

直辖市和较大的市分为区、县。自治州分为县、自治县、市。

自治区、自治州、自治县都是民族自治地方。

国家在必要时得设立特别行政区。

图 2-1 为 1982 年宪法规定的行政区划简图。

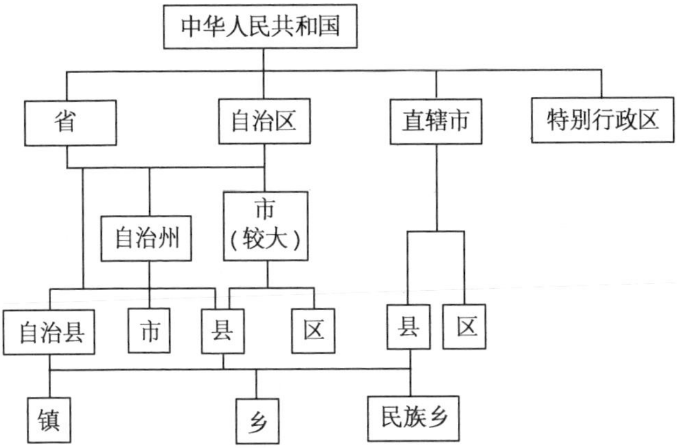

图 2-1　1982 年宪法规定的行政区划简图

从现行宪法规定看,中国行政区域的级次有几种情况①:一般是三级制,如省(自治区)—县(自治县、市)—乡(民族乡、镇);也有二级制,如直辖市—区;还有四级制,如省(自治区)—市(较大)—县(自治县)—乡(民族乡、镇)。随着市管县体制的推广,四级制日趋普遍。在实践过程中,还曾出现过五级制的一个特例,即:1984 年后的几年中,广东省—海南行政区—海南黎族苗族自治州—县(市)—乡(镇)。此制的特殊性曾引起有关专家学者的思考和讨论。

中国的行政区域主要有三种类型:一是一般的行政区域,即省、直辖市、县、市、市辖区、乡、镇等;二是民族自治地方,即省一级的自治区,省级与县级之间的(地级)自治州、县一级的自治县;三是特别行政区。此三种行政区域的重要区别在于地方政权机关的

① 因自治州、设区的市的政府,其行政地位与省、自治区政府的派出机关——地区行政公署相并列,故通常将自治州以及设区的市称之为"地级"行政区域。地区行政公署本身不是一级政府,它所辖区域不是一级行政区域。

权限不同。大体上说,特别行政区政府的权限大于民族自治地方政府的权限,民族自治机关的权限又大于一般行政区域政府的权限。

在实践中,中国尚有少数特殊称谓的行政区域,如:旗、自治旗等。旗是相当于县一级的行政区域,全国有 49 个旗,全部在内蒙古自治区内;自治旗,是相当于自治县一级的民族自治地方,全国有 3 个,也全部在内蒙古自治区内。此外,全国还有 3 个特区(属贵州省)、1 个林区(属湖北省),均为县一级的行政区域[①]。

从实践中看,近年来行政区划方面还出现了一些新的情况。如:随着地级市(较大的市)领导县体制的推广,而同时一些县又改为(县级)市,这样便形成了"市辖市"现象;随着县改为(县级)市或(直辖市、较大的市的)市辖区以后,又出现了"市辖乡、镇"和"市辖区辖乡、镇"的现象。这些现象的产生,适应了改革的需要,是由有关国家机关审批的,但在宪法上缺乏依据,应当如何看待,宜作进一步的研究。

截至 1997 年底,中国有直辖市 4 个,省 23 个,自治区 5 个,特别行政区 1 个;地级市 222 个,自治州 30 个;县 1 520 个,自治县 117 个,旗 49 个,自治旗 3 个,特区 3 个,林区 1 个,县级市 442 个,市辖区 727 个[②]。

(四)原则

任何国家都有一个行政区划及其变更的问题,但不同国家在进行行政区划时所遵循的原则不尽相同。中国的行政区划主要遵循以下的原则:

---

① 中国曾存在诸如"工农区"、"工矿区"、"山(江西井冈山)"以及云南的畹町"镇"等特殊的县级行政区域。近年来,已先后改为一般行政区域,如畹町"镇"(县级)已改为畹町市(县级)。又,此处"特区"不同于经济特区,更不同于特别行政区。

② 见《中国统计摘要》,中国统计出版社 1998 年版,第 1 页。

1. *有利于人民当家作主*　划分行政区域,尤其是划分县、区、乡、镇的区域时,要充分考虑到便利人民行使选举权和被选举权等政治权利;要便利人民群众了解和参与管理国家事务,监督国家机关的工作。

2. *有利于发展经济*　要尽可能地考虑到各地区的自然环境和经济资源,考虑到促进工业和城镇的合理布局,促进经济的发展。

3. *有利于各民族的平等和团结*　要考虑到各少数民族的居住状况和特殊需求,在各少数民族聚居区实行民族区域自治,建立民族自治地方,以保障各少数民族根据本民族、本地区的实际情况,依法管理自己的事务。同时推动全国各民族之间的互相协作和共同繁荣。

4. *有利于祖国的统一*　为了实现国家的统一,同时又能尊重历史和现实,中国在行政区划方面,需要采用必要的灵活措施。这就是对香港、澳门恢复行使主权和台湾回归祖国以后,在那里分别设立特别行政区,保留当地原有的资本主义制度。

(五) 变更及其审批

行政区划关系到国家的统一、政权的稳固和社会经济文化的发展,关系到国家能否对各区域实施有效的管理,因而是一项十分严肃、慎重的国家事务。行政区划应尽可能保持稳定,力戒朝令夕改。如果实践中确需变更时,应本着上述原则并考虑到有利于行政管理,有利于巩固国防等因素,开展周密的调查研究,制定科学的变更方案,并按级审批。

中国行政区划变更的审批权限,宪法有原则规定。此外,有关国家机关曾先后几次颁布相应的具体规定。如:《内务部关于统一行政区划变更权限的规定》(1949 年 12 月 24 日)、《政务院关于处理行政区划变更事项的规定》(1952 年 11 月 8 日)、《国务院关于行政区划管理的规定》(1985 年 1 月 15 日)等。

中国行政区划变更的审批权限主要有3级(见表2-1)。

表2-1 中国行政区划变更的审批权限

审批机关	审批事项
全国人大	1. 审议批准省、自治区、直辖市的设立、撤销、更名； 2. 决定特别行政区的设立。
国务院	1. 审批省、自治区、直辖市的行政区域界线的变更,省、自治区人民政府驻地的迁移； 2. 审批自治州、县、自治县、市、市辖区的设立、撤销、更名和隶属关系的变更以及自治州、县、自治县、市人民政府驻地的迁移； 3. 审批自治州、自治县的行政区域的变更,县、市的行政区域界线的重大变更； 4. 审批凡涉及海岸线、海岛、边疆要地、重要资源地区及特殊情况地区的隶属关系或行政区域界线的变更。
省、自治区、直辖市人民政府	1. 根据国务院授权,审批县、市、市辖区的部分行政区域界线的变更(批准变更时,须同时报送民政部备案)； 2. 审批乡、民族乡、镇的设立、撤销、更名和行政区域界线的变更；乡、民族乡、镇人民政府驻地的迁移。

表2-1说明:本表根据《中华人民共和国宪法》和国务院1985年1月15日关于行政区划管理的规定制作。

二、地方各级人大的地位、组成与职权

(一)地位

省、自治区、直辖市、自治州、县、自治县、市、市辖区、乡、民族乡、镇的人民代表大会,是根据宪法和法律规定,按照行政区域分别设立的地方国家权力机关,在本行政区域内,代表人民行使国家

权力。

(二)组成

省级(省、自治区、直辖市)和地级(自治州、设区的市)行政区域的人大由下一级人大选举的代表组成,即由选民间接选举产生的;县级(县、自治县、不设区的市、市辖区)和乡级(乡、民族乡、镇)行政区域的人大由选民直接选举的代表组成。地方各级人大组成人员(代表)的名额,曾由《选举法》(1953年)具体规定,如人口在2 000以下的乡、镇应选15—20名人大代表组成乡、镇人大,人口在2 000以上的乡、镇应选20—35名代表组成乡、镇人大。1979年后,《选举法》曾规定,地方各级人大的代表名额,由各省、自治区、直辖市的人大常委会自行决定,报全国人大常委会备案。决定代表名额时,应遵循便于召开会议、讨论和解决问题,并使各民族、各地区、各方面都能有适当数量的代表的原则。

根据多年来地方人大工作的实际经验,为了能更好地贯彻"便于召开会议、讨论和解决问题"的原则,达到精简、效能两个目标,1987年间,各省级人大常委会采纳了全国人大常委会的建议,先后决定在提高代表素质的同时,适当减少地方各级人大代表的总体名额。例如,上海市市级人大代表减少了约8.54%,区县人大代表减少了约21.13%,乡、镇人大代表减少了近40%。

按照1995年2月全国人大常委会修改后的《选举法》规定,地方各级人大的代表总名额基本上由法定的"基数"加上按人口的"增加数"组成,并以"最高数"限制。按照现行《选举法》的规定,省级人大代表名额以350名为基数,省、自治区每15万人可以增加1名代表,直辖市每2.5万人可以增加1名代表。人口超过1亿的省,代表总名额不得超过1千名;地级人大代表名额以240名为基数,每2.5万人可以增加1名代表。人口超过1千万的,代表总名额不得超过650名;县级人大代表名额以120名为基数,每0.5万人可以增加1名代表。人口超过165万的,代表总名额不得超过450名。人口不足5万的,代表总名额可以少于120名;乡级人大代表名额以40名为基数,每0.15万人可以增加1名代表。人口超过9万的乡、民族乡,代表总名额不得超过100名。人口超过13万的镇,代表总名额不得超过130名。人口不足0.2万的乡、民族乡、镇,代表总名额可以少于40名。此外,现行《选举法》还规定,自治区以及聚居的少数民族多的省,经全国人大常委会决定,代表名额还可以另加5%;聚居的少数民族多或者人口居住分散的县、自治县、乡、民族乡,经省级人大常委会批准,代表名额还可以另加5%。现行《选举法》有关地方各级人大代表名额的新规定,克服了两个弊端:一是若法律统一规定代表总额,使同级人大的代表总名额在各地基本相等,则由于各地人口总数相差悬殊,会使同级人大的每名代表所代表的人口数在不同地区差异过大;二是若单纯按人口比例确定地方人大代表总名额,又会造成同级人大的代表总额在各地区相差过大。

省级人大代表的具体名额,由全国人大常委会依照《选举法》规定加以确定;地、县两级人大代表的具体名额,由省级人大常委会依法确定,报全国人大常委会备案;乡级人大代表的具体名额,由县级人大常委会依法确定,报上一级人大常委会备案。地方各级人大代表的总名额,经确定后,一般不再变动。如果由于行政区划变动或者由于重大工程建设等原因造成人口较大变动的,该级人大代表的总名额可以依法作出重新确定。由于1995年《选举法》的修改、1997年重庆直辖市的建立、各地撤区并乡建镇活动所造成的部分行政区划的变动,以及由于近期一系列重大工程建设所形成的大批人口迁移,1998年前后县级以上各级地方人大换届选举所产生的人大代表,相比以前有所变动。总体上看,较原代表数有所减少。

(三)任期

地方各级人大的任期,前后有过变化。1954年宪法和有关法律曾规定,省人大每届任期4年,直辖市、县、市、市辖区、乡、民族乡、镇人大每届任期2年。1975年与1978年两部宪法均规定省级人大每届任期5年(与全国人大同),地级与县级人大每届任期3年,农村人民公社与镇的人大每届任期2年。1982年12月,宪法和《地方组织法》规定,由选民直接选举代表组成的县、乡两级地方人大每届任期3年;由下一级人大选举代表组成的地方人大,即省级和地级人大每届任期5年。1993年3月,第八届全国人大第一次会议通过的宪法修正案将县、不设区的市和市辖区的人大每届任期延长为5年。

(四)职权

地方各级人大的职权总体上可以概括为以下五大方面。

1. *地方立法权*　地方立法权,是相对于国家立法权而言的,是指有关地方国家权力机关根据宪法、法律的规定或者授权,依照一定程序制定、修改或废止地方性法规的职权。省、自治区、直辖市及省、自治区人民政府所在地的市和经国务院批准的较大的市的人民代表大会拥有地方立法权。

所谓"地方性法规",是指由宪法或法律授予地方立法权限的地方国家权力机关,根据本行政区域的具体情况和实际需要,在不同宪法、法律和行政法规相抵触的前提下制定和发布的,在本行政区域内具有法律效力的规范性文件。

地方立法权是由1979年7月通过的《地方组织法》首先规定的。当时规定,省级人大及其常委会根据本行政区域的具体情况和实际需要,在和国家宪法、法律、政策、法令、政令不相抵触的前提下,可以制订和颁布地方性法规,并报全国人大常委会和国务院备案。1982年12月通过的宪法第100条规定,省、自治区、直辖市的人大及其常委会,在不同宪法、法律、行政法规相抵触的前提下,可以制定地方性法规,报全国人大常委会备案。根据宪法精神,1982年12月修改后的《地方组织法》进一步规定,省、自治区人民政府所在地的市和经国务院批准的较大的市的人大常委会[①],可以拟订本市需要的地方性法规草案,提请省、自治区的人大常委会审议制定,并报全国人大常委会和国务院备案。

在总结经验的基础上,1986 年 12 月第六届全国人大常委会第十八次会议在关于修改《地方组织法》的决定中,进一步规定省、自治区人民政府所在地的市和经国务院批准的较大的市的人大及其常委会,均可以制定(不仅是“拟订草案”)地方性法规,报省、自治区人大常委会批准后施行,并由省、自治区人大常委会报全国人大常委会和国务院备案。按照现行《地方组织法》规定,以上两种市制定地方性法规的前提是,“不同宪法、法律、行政法规和本省、自治区的地方性法规相抵触。”为了适应经济特区改革开放的需要,根据全国人大授权,1992 年全国人大常委会决定授予深圳市人大及其常委会以地方立法权;1994 年,全国人大常委会又授予厦门市人大及其常委会以同样的权力。

需要指出的是宪法规定,民族自治地方的人民代表大会有权依照当地民族的政治、经济和文化的特点,制定自治条例和单行条例。这不同于上述的一般地方立法权,而属于民族自治地方的自治权(详见本书第 7 章)。

从党的十一届三中全会至 1998 年底,有地方立法权的地方人大及其常委会已制定了 6 000 多个地方性法规。地方立法权的实施,是政治体制改革的一个成果。它有利于在中央统一领导下,扩大地方的权力,充分发挥地方的积极性和主动性;有利于在保证全

① 1954 年新中国第一部宪法就使用了“较大的市”这一概念。1984 年 12 月,国务院在《关于批准唐山等市为“较大的市”的通知》中,把唐山市、大同市、青岛市、重庆市、包头市、大连市、鞍山市、抚顺市、吉林市、齐齐哈尔市、无锡市、淮南市、洛阳市等 13 个市列为“较大的市”。至 1995 年 5 月,国务院又先后批准宁波市、邯郸市、淄博市、苏州市、徐州市、本溪市等 6 个市为“较大的市”。1997 年重庆市已升级为直辖市。

国法制统一的前提下,因地制宜地制定符合地方实际、适合地方发展需要的规范性文件;也有利于补充国家立法的某些不足,为国家立法提供经验。

2. 确保宪法、法律、行政法规和有关决议的遵守与执行　地方各级人民代表大会有权,实际上也是有责任保证宪法、法律、行政法规和上级国家权力机关的有关决议在本行政区域内的贯彻落实。县级以上地方各级人大还须保证国家计划和国家预算的执行。地方各级人大保护社会主义全民所有的财产和劳动群众集体所有的财产,保护公民私人所有的合法财产。维护社会秩序,保障公民的人身自由、民主权利和其他各项权利。保护各种经济组织的合法权益。保障少数民族的权利。保障宪法和法律赋予妇女的男女平等、同工同酬和婚姻自由等各项权利。

3. 决定权　县级以上的地方各级人大有权审议和批准本行政区域内的国民经济和社会发展计划、预算及其执行情况的报告;讨论、决定本行政区域内的政治、经济、教育、科学、环境和资源保护、民政、民族等工作的重大事项。乡级人大有权根据国家计划,决定本行政区域内的经济、文化事业和公共事业的建设计划;审查和批准本行政域内的财政预算和预算执行情况的报告;决定本行政区域内的民政工作的实施计划。地方各级人大在自己的职权范围内可以通过并发布有关决议。

4. 任免权　地方各级人大选举本级人民政府的正副职领导人员(省长、副省长,自治区主席、副主席,市长、副市长,州长、副州长,县长、副县长,区长、副区长,乡长、副乡长,镇长、副镇长);有权罢免本级人民政府的组成人员。县级以上的地方各级人大选举并有权罢免本级人大常委会的组成人员;选举上一级人大代表,并有权罢免自己选出的上一级人大代表。选举和有权罢免本级人民法院院长和人民检察院检察长。选出或决定罢免本级人民检察院检察长,须报经上级人民检察院检察长提请该级人大常委会批准。乡级人大有权选举本级人民代表大会的主席和副主席。

地方各级人民政府领导人员，县级以上地方各级人大常委会组成人员，人民法院院长，人民检察院检察长，乡级人大主席、副主席，均可以向本级人大提出辞职请求，由大会决定是否接受其辞职。人民检察院检察长的辞职，须报经上级人民检察院检察长提请该级人大常委会批准。

5. 监督权　地方各级人大有权听取和审查本级人民政府的工作报告，撤销本级人民政府不适当的决定和命令。县级以上地方各级人大还有权听取和审查本级人大常委会的工作报告，改变或撤销本级人大常委会的不适当的决议；听取和审查人民法院、人民检察院的工作报告。此外，地方各级人大有权通过质询、评议等形式，监督本级人民政府及其所属各工作部门和工作人员，监督本级人民法院、人民检察院的工作。

三、地方各级人大的会议

地方各级人大遵循民主集中制原则，实行合议制，通过会议形式集体行使职权。现行《地方组织法》规定，"地方各级人民代表大会会议每年至少举行一次"，"经过五分之一以上的代表提议，可以临时召集本级人民代表大会会议"。地方各级人大每届第一次会议应在本届人大代表选举完成后 2 个月内举行。实践中，地方人大一般都是 1 年召开 1 次会议，少数也有 1 年召开 2 次的。有的乡级人大 1 年召开 3 次或 4 次会议。对于地方人大会议的召开日期，法律未作统一的规定。近年来，一般都在第一季度召集，时值全国人大会议的前后。省级地方人大的开会时间多在半月左右。其余各级地方人大开会时间一般为 1 周左右或 3—4 日。

《地方组织法》规定，县级以上的地方各级人大常委会负责召集本级人大会议，并主持每次人大会议的预备会议。每届人大第一次会议，由上届本级人大常委会召集，并主持预备会议。因此，召开代表大会的具体日期和地点,由人大常委会提前作出决定。人大常委会还建议列入代表大会的各项议程。会议召开的日期和建议列入会议的议程均提前通知到每一位代表。大会预备会议选举本次人大会议的主席团和秘书长,通过关于本次会议的议程和其他准备事项的决定。主席团负责主持本次会议,并决定若干人为本次会议的副秘书长,协助秘书长处理会议的日常工作。

乡级人大举行会议的时候,选举主席团。由主席团主持会议,并负责召集下一次的本级人大会议。有关法律没有规定乡级人大要召开预备会议。

地方各级人民政府组成人员、人民法院院长、人民检察院检察长依法列席本级人大会议;县级以上地方各级政协委员按惯例列席本级人大会议;县级以上的有关机关、团体负责人,经本级人大常委会决定,可以列席本级人大会议。近年来,有些地区(如上海市)已开始形成选民旁听人大会议的制度。

地方各级人大会议,根据宪法和法律所赋予的权限,一般开展以下活动。

(一)审议和批准有关工作报告和计划

听取和审议有关国家机关(本级人大常委会、"一府两院"①)的工作报告,审查和批准本行政区域内的国民经济和社会发展计划(县级以上)、预算及其执行情况的报告。

(二)审议和通过有关议案

地方各级人大举行会议的时候,主席团、常委会、各专门委员会、本级人民政府,可以向本级人大提出属于本级人大职权范围内的议案,由主席团决定提交人大会议审议,或者先交有关的专门委员会审议、提出报告,再由主席团审议决定提交大会表决。县级以上的地方各级人大代表10人以上联名,乡级人大代表5人以上联

① "一府两院"是人民政府、人民法院、人民检察院的简称。

名，可以向本级人大提出属于本级人大职权范围内的议案，由主席团决定是否列入大会议程，或者先交有关专门委员会审议，提出是否列入大会议程的意见，再由主席团决定是否列入大会议程。列入会议议程的议案，在交付大会表决前原提案者要求撤回议案的，经主席团同意，会议对该议案的审议即行终止。地方各级人大的议案以全体代表的过半数通过。

（三）人事任免

选举本级国家机关的领导人员往往成为每届人大第一次会议的主要活动内容，其余各次会议上也常有一些人事任免事项。按照法律规定，县级以上地方人大选举产生的是本级人大常委会组成人员、人民政府正副职领导人员、人民法院院长、人民检察院检察长；乡级人大选举产生的是乡级人大主席、副主席和人民政府正副职领导人员。在选举中，产生候选人的法定渠道主要有两种：一是由大会主席团提出；二是由人大代表依照法定程序联名提出人选。1995 年 2 月修改后的《地方组织法》对“代表联名”的人数和推选方式作了新的规定：省级人大代表 30 人以上书面联名，地级人大代表 20 人以上书面联名，县级人大代表 10 人以上书面联名，可以提出本级人大常委会组成人员、人民政府领导人员、人民法院院长、人民检察院检察长的候选人；乡级人大代表 10 人以上书面联名，可以提出本级人大主席、副主席和人民政府领导人员的候选人。主席团提名的候选人数、每一代表与其他代表联合提名的候选人数，均不得超过应选名额。同时，为了保障代表能切实行使提名权，法律规定，不同选区或者选举单位选出的代表可以共同酝酿、联合提出有关候选人。

地方各级人大选举本级国家机关领导人员时，一般应采用差额选举方式。法律规定，人大常委会主任、秘书长，乡级人大主席，“一府两院”正职领导人的候选人一般应为 2 名。如果提名的候选人只有 1 名，也可以等额选举。人大常委会副主任，乡级人大副主席,各级人民政府副职领导人的候选人数应比应选人数多1—3名。人大常委会委员的候选人数要比应选人数多1/10—1/5。地方人大在选举前,应制定本次会议的“选举办法”。根据应选人数和法定差额数,确定本次会议选举中的具体差额数。

实践中,在地方各级人大选举本级国家机关领导人员之前,中共党组织会在反复研究并广泛听取各方面意见的基础上,提出有关本级或下级地方国家机关领导人员的人选名单。并在地方人大会议期间,作为建议提请会议主席团。主席团经过研究讨论,依法向大会提名。与此同时,人大代表也可依法联名向主席团提出本级国家机关领导人员的候选人。如果经两种渠道提名的候选人数符合本次会议“选举办法”规定的差额数,则由主席团提交代表酝酿讨论后,进行选举。如果候选人数超过“选举办法”规定的差额数,则由主席团提交代表酝酿讨论后,进行预选,根据在预选中得票多少的顺序,按照“选举办法”规定的差额数,确定正式候选人名单,进行选举。为能从时间上保障发扬民主,1995年修改后的《地方组织法》规定,县级以上地方各级人大换届选举本级国家机关领导人员时,提名、酝酿候选人的时间不得少于2天。

地方各级人大选举本级国家机关领导人员时,均采用无记名投票的方式。代表对于候选人,可以投赞成票,可以投反对票,可以另选其他任何代表或者选民,也可以弃权。候选人获本级人大全体代表过半数赞成的,始得当选。

从近几年地方人大选举情况看,由于实行差额选举,主席团提名(即由中共党组织建议)的候选人落选、代表联名提出的候选人当选,甚至非候选人当选的现象已不止一次地出现。对此,中央有关方面明确指出,要严格依法办事,尊重代表们的意愿。从总体上看,党组织建议、主席团提名和人大代表的意愿较好地实现了统一。

县级以上地方各级人大举行会议时,主席团、常委会或1/10

以上代表联名，乡级人大举行会议时，主席团或 1/5 以上代表联名，可以提出对本级人大常委会组成人员，乡级人大主席、副主席，本级人民政府组成人员，人民法院院长，人民检察院检察长的罢免案，由主席团提请大会审议。被提出罢免的人员，有权在主席团会议或者大会全体会议上提出申辩意见，或者书面提出申辩意见。

（四）拥有地方立法权的地方人大制定地方性法规

省级人大，省、自治区人民政府所在地的市和经国务院批准的较大的市的人大有权制定地方性法规。关于制定地方性法规的具体程序，至今尚无全国性的统一规定。以往，一般根据《地方组织法》中有关原则性规定，参照全国人大及其常委会的立法程序开展地方立法活动。近年来，许多省级人大在总结经验的基础上，制定了本级人大及其常委会制定地方性法规的程序，使地方立法逐渐走向制度化、规范化。向人大提出的法律草案，一般先提请人大常委会审议。常委会认为有必要提交人大审议的，则由常委会列入人大会议的议程草案，由人大预备会议审议后，作为大会正式议程。列入大会议程的法规草案，应由提出该法规草案的机关或人员派代表向大会作出说明，然后由各代表团审议。同时由人大有关专门委员会就代表提出的意见进行审议，并向主席团提出审议结果的报告；再由主席团将修改后的法规草案交各代表团讨论，提出意见；最后由主席团决定将修改后的法规草案交付大会表决。表决一般采用举手方式，以本级人大全体代表的过半数赞成通过。

法规通过后，省级人大即发布公告，将法规全文公布于本地有权威性的报纸上，同时刊入本级人大会刊。按照法规本身规定的“开始实施”的日期起付诸实施。法律规定，省级人大制定地方性法规后，须报全国人大常委会和国务院备案。省、自治区人民政府所在地的市和经国务院批准的较大的市的人大通过法规后，须报省、自治区人大常委会批准后实施，并由省级人大常委会报全国人大常委会和国务院备案。

以上各项活动,均由大会主席团根据议程统一安排,全体与会代表统一进行。除此之外,代表和代表团根据法律规定,在大会举行期间,有权开展质询、询问,提出建议、批评和意见的活动(参见本章第八节)。

四、地方各级人大的工作机构

(一) 省、地级专委会

法律规定,省、地两级人大根据需要,可以设立法制(政法)委员会、财政经济委员会、教育科学文化卫生委员会等专门委员会(专委会)。各专委会是本级人大的辅助机构,受本级人大领导,在大会闭会期间,受本级人大常委会领导。各专委会的主要任务是:

1. 研究、审议本级人大及其常委会交付的有关议案;

2. 拟订并向本级人大及其常委会提出属于本级人大及其常委会职权范围的议案;

3. 对属于本级人大及其常委会职权范围内,且同本专委会有关的问题,进行调查研究,提出建议。

各专委会的主任委员、副主任委员和委员的人选,由主席团在代表中提名,大会通过。在大会闭会期间,常委会可以补充任命有关专委会的个别副主任委员和部分委员、由主任会议提名,常委会通过。

(二) 省、地、县级特调委

县级以上地方各级人大可以组织特定问题调查委员会(特调委)。组织特调委,须由主席团提议或者 1/10 以上代表书面联名提议,由主席团提请全体会议决定。特调委的组成人员,包括主任委员、副主任委员和委员由主席团在代表中提名,提请全体会议通过。特调委应当向本级人大提交调查报告,据此,人大可以作出相应的决议。人大也可以授权其常委会听取特调委的调查报告,常委会据此可以作出相应决议，报下次人大会议备案。

（三）乡级代表资格审查委员会

乡级人大设立代表资格审查委员会，负责审查本级人大代表的资格。该委员会由本级人大每届的第一次会议产生，行使职权至本届人大任期届满为止。

第六节　县级以上的地方各级人大常委会

一、建立及其意义

县级以上的地方各级人大设立常委会，是我国政治体制改革的一项重要举措。

早在 1954 年制定宪法时，就有人提议在地方各级人大设立常委会。但由于当时缺乏地方政权建设的实践经验，又考虑到地方各级人大不行使立法权，日常工作不像全国人大那样繁重，加上地方人大所辖区域相对较小，人大容易召集全体会议行使职权，故没有规定设立地方人大常委会。有关法律将应该属于地方人大常设机构的某些职权，如主持本级人大的选举、召集本级人大会议等，赋予了地方人民政府（人民委员会）。1957 年 5 月，全国人大常委会机关党组[①]向中央报告，提出在县级以上各级地方人大一律设立常委会，并拟定了常委会的各项职权，后因“反右斗争”开始而被搁置[②]。1965 年，中共中央和全国人大常委会再次提出上述建议，又因“文化大革命”爆发而再次被搁置。1975 年宪法规定，地方各级革命委员会是地方各级人大的常设机构，同时又是地方各

① 由全国人大常委会中的中共党员组成。目前地方各级人大常委会也普遍设立中共党组，受本级地方党委领导。

② 参见全国人大常委会办公厅研究室编著《人民代表大会制度建设四十年》，中国民主法制出版社 1991 年版，第 203—205 页。

级人民政府。1978年宪法规定地方各级人大会议由本级革命委员会召集。因此,在很长一段时间里,地方各级人民政府实际上既是地方各级人大的执行机关,又带有地方人大常设机构的性质。

20多年的实践证明,地方各级人大,特别是县级以上地方各级人大不设常委会至少带来两个问题:一是不利于经常性地发挥人民代表的作用。虽然法律规定地方各级人民政府兼管地方人大常设机构的某些事务,但由于人民政府本身行政工作极其繁重,很少有时间去联系人民代表,组织代表学习、视察等活动,以致人民代表在平时很难发挥作用。二是不利于地方国家权力机关对行政机关的监督。人民政府是人大的执行机关,应受人大的监督。但在地方人大闭会期间,人民政府同时又是人大的常设机关,这样,人民政府就集监督与被监督于一身,限制了监督的实效。再加上地方人大闭会期间,政府首长通过人民政府(而非地方人大常委会)任命缺额的政府组成人员,政府成员缺乏对人大负责的意识。

为了避免以上缺陷,从制度和组织上保证人民当家作主的民主权利,健全人大制度,1979年7月1日,第五届全国人大第二次会议通过关于修正1978年宪法若干规定的决议,规定县级以上的地方各级人大设立常委会,并将此规定写入同日通过的《地方组织法》。至此,县级以上的地方各级人大常委会正式获准确立。1982年宪法确认了这一改革措施,明确规定了县级以上地方各级人大常委会的组成和职权等。

从1979年下半年起,县级以上地方人大普遍建立了常委会。这是中国政治体制改革和政治发展的一项重要成果。县级以上各级地方人大常委会能经常地讨论和决定本地区的重大问题;开展对地方"一府两院"的监督;组织人民代表开展活动,发挥作用;密切联系群众,接受和反映群众对国家机关的建议和意见;做好人大会议的各项准备工作。近20年的实践证明,县级以上地方各级人大常委会的设立,有利于充分发挥地方国家权力机关的作用,完善人民代表大会制度。

二、地位、组成与职权

（一）地位

县级以上地方各级人大常委会，是本级人大的常设机关，在本级人大闭会期间，行使法律所赋予的各项职权。它由本级人大在代表中选举产生，对本级人大负责并报告工作。县级以上地方各级人大有权改变或撤销其常委会的不适当的决议，有权罢免其常委会的组成人员。

县级以上各级人民政府、人民法院及人民检察院在本级人大闭会期间，对本级人大常委会负责并报告工作。

（二）组成

县级以上地方各级人大常委会的组成须遵循以下三个方面的规定：

1. 成员规定　省、地两级人大常委会由主任、副主任若干人、秘书长、委员若干人组成；县级人大常委会由主任、副主任若干人和委员若干人组成。常委会主任因健康情况不能工作或缺位的时候，由常委会在副主任中推选1人代理主任的职务。

2. 任职规定　法律规定，人大常委会的组成人员不得担任国家行政机关、审判机关或检察机关的职务。如担任上述职务，必须向常委会辞去常委会成员的职务。这有利于委员的专职化，有利于理顺常委会和其他国家机关的关系。

3. 名额规定　根据现行《地方组织法》规定，县级以上地方各级人大常委会组成人员的名额应为：省级35—65名，人口超过8千万的省不超过85名；地级13—35名，人口超过8百万的设区的市不超过45名；县级11—23名，人口超过1百万的，不得超过29名。省级人大常委会组成人员的具体名额，由本级人大依法按人口的多少确定。地、县两级人大常委会组成人员的具体名额，由省级人大常委会依法按人口的多少确定。每届人大常委会组成人员的名额经确定后,在本届人大任期内不再变动。

(三)任期

县级以上地方各级人大常委会每届任期同本级人大每届任期相同,即每届5年。它行使职权到下届本级人大选出新的常委会为止。

(四)职权

县级以上地方各级人大常委会的职权可以归纳为以下6个主要方面:

1. *本级人大的组织工作* 县级以上地方各级人大常委会负责本级人大的有关组织工作,包括领导或主持本级人大代表的选举;召集本级人大会议;在本级人大闭会期间,领导本级人大各专委会的工作;联系本级人大代表,组织代表开展活动;补选上一级人大出缺的代表和罢免个别代表。

2. *确保宪法、法律、行政法规和有关决议的遵守和执行* 县级以上地方各级人大常委会在本行政区域内,保证宪法、法律、行政法规、上级人大及其常委会的决议的遵守和执行。

3. *地方立法权* 省、自治区、直辖市的人大常委会,省、自治区人民政府所在地的市和经国务院批准的较大的市的人大常委会,在本级人大闭会期间,根据本级行政区域的具体情况和实际需要,可以依法制定地方性法规。省、自治区、直辖市的人大常委会制定的地方性法规,须报全国人大常委会和国务院备案;省、自治区人民政府所在地的市和经国务院批准的较大的市的人大常委会制定的地方性法规,须报省、自治区人大常委会批准后实施,并由省级人大常委会报全国人大常委会和国务院备案。

4. *决定权* 包括:讨论、决定本行政区域内的政治、经济、教育、科学、文化、卫生、环境和资源保护、民政、民族等工作的重大事项;根据本级人民政府的建议,决定对本行政区域内的国民经济计划和社会发展计划、预算的部分变更;决定授予地方性的荣誉称号等。

5. 任免权 包括:在本级人大闭会期间,决定本级人民政府副职领导人的个别任免;在本级人民政府、人民法院和人民检察院正职领导人员因故不能担任职务时,从本级人民政府、人民法院和人民检察院副职领导人员中决定代理人选。决定代理检察长,须报上一级人民检察院和人大常委会备案;根据本级人民政府正职领导人的提名,决定本级人民政府其他组成人员(如秘书长、厅长、局长、委员会主任、科长)的任免,并报上一级人民政府备案。按照人民法院组织法和人民检察院组织法的规定,任免人民法院副院长、庭长、副庭长、审判委员会委员、审判员,任免人民检察院副检察长、检察委员会委员、检察员,批准任免下一级人民检察院检察长;省级人大常委会根据主任会议提名,决定本区域内中级人民法院院长的任免,根据省级人民检察院检察长提名,决定人民检察院分院检察长的任免。在本级人大闭会期间,决定撤销本级人民政府个别副职领导人员的职务;决定撤销由它任命的本级人民政府其他组成人员和人民法院副院长、庭长、副庭长、审判委员会委员、审判员,人民检察院副检察长、检察委员会委员、检察员,中级人民法院院长,人民检察院分院检察长的职务。

在本级人大闭会期间,县级以上地方各级人大常委会组成人员、人民政府领导人员、人民法院院长、人民检察院检察长,可以向本级人大常委会提出辞职,由常委会决定是否接受辞职。常委会决定接受辞职后,报本级人大备案。人民检察院检察长的辞职,须报上一级人民检察院检察长提请该级人大常委会批准。

6. 监督权 包括:监督本级"一府两院"的工作,受理人民群众对上述机关及其工作人员的申诉和意见;撤销下一级人大及其常委会不适当的决议;撤销本级人民政府不适当的决定和命令等。

三、会议

县级以上地方各级人大常委会贯彻民主集中制的原则,实行合议制,通过会议形式集体行使职权。定期召开例会是地方人大常委会行使职权的法定形式。《地方组织法》规定,县级以上地方各级人大常委会会议每两个月至少召开一次,会议由常委会主任召集。

根据宪法和法律所赋予的职权,县级以上地方各级人大常委会会议一般开展以下活动。

(一)听取并审议“一府两院”的阶段性工作报告或专题报告

听取并审议同级人民政府、人民法院和人民检察院的阶段性的全面工作报告或专题报告,是县级以上地方各级人大常委会会议的重要内容。阶段性的全面工作报告一般由“一府两院”的正职领导人到会作出,正职领导人因故不能到会的,则委托副职领导人到会报告。涉及政府某一方面工作的专题报告,往往由政府内分管的副职领导人或者主管部门负责人到会报告。目前,一些省、市往往由人大的有关专委会对“一府两院”提交的报告进行初审,如认为必要,再提请常委会会议审议。常委会根据需要,也有主动要求“一府两院”作全面工作报告或专题报告的。

专题报告的内容,多为政府工作中的重大问题,如:本地国民经济和社会发展计划、预算的执行情况,本地区人民当前普遍关注的一些大事,包括市政建设重点工程的进展情况、重大事故的发生原因和处理情况等。

(二)审议有关议案,通过相应决议

法律规定,县级以上地方各级人大常委会的主任会议可以向本级人大常委会提出属于常委会职权范围内的议案,由常委会会议审议。县级以上地方各级人民政府、人大各专委会,可以向本级人大常委会提出属于常委会职权范围内的议案,由主任会议决定提请常委会会议审议，或者先交有关专委会审议、提出报告，再提请常委会会议审议。目前，有些省制定的议事规则规定，省高级人民法院和人民检察院也可以向本级人大常委会提出属于常委会职权范围内的议案。法律规定，省、地两级人大常委会组成人员 5 人以上联名，县级人大常委会组成人员 3 人以上联名，可以向本级常委会提出属于常委会职权范围内的议案，由主任会议决定提请常委会会议审议，或者先交有关专委会审议、提出报告，再提请常委会会议审议。

常委会会议经审议后，对各项议案进行表决。按照法律规定，通过议案、作出决议，需由常委会全体成员的过半数赞成。

（三）听取并审议关于人大组织工作的报告

主要包括听取和审议：关于在本级人大闭会期间组织人民代表视察、进行有关调查研究的情况及其结果的报告；有关专委会关于本级人大会议主席团交付的代表议案的审议结果的报告；代表资格审查委员会关于本级人大代表变动情况和新选出的代表资格审查结果的报告等。

（四）人事任免

法律没有规定地方人大常委会关于人事任免的具体程序。近年来，许多地方人大常委会在这方面积累了一些有益的经验，形成了一套相对稳定的做法，有的还制定了《人事任免程序》。例如规定了：提早报送—会前考核—法制考试—如实介绍—本人答问—全面审议—逐个表决—颁证任命等具体程序。这就是：由“一府两院”正职领导人或由有关方面（一般依据中共党组织的建议名单）依法提名的拟任人选，必须在人大常委会审议前一定日期内连同考核材料和履历表报送人大常委会；人大常委会收到上述材料后，须及时组织人员（有的地方人大常委会建立了人事工作委员会）对拟任人选进行考核，然后在主任会议上进行初步审议；不少地方还对拟任人选进行法律知识考试，增进当选人员的法制意识;常委会召开会议时,有关方面须向全体委员如实介绍拟任人选的情况;拟任人选本人到场,发表一旦被任命后的打算,并回答委员们的提问;在此基础上,常委会会议进行全面分析,严格审议;表决逐一进行,采用无记名投票或按表决器的方式,由常委会全体组成人员的过半数赞成通过;表决通过后,择日召开大会,由人大常委会向任命对象颁发《任命证书》。

按照 1995 年 2 月修改后的《地方组织法》规定,新的一届人民政府领导人员依法在本级人大全体会议上选举产生后,政府正职领导人应当在 2 个月内提请本级人大常委会任命政府其他组成人员。按照法律规定,任命政府秘书长、厅长、局长、主任、科长,须报上一级人民政府备案。任命代理检察长,须报上一级人民检察院和人大常委会备案。

(五)开展地方立法

拥有地方立法权的地方人大常委会还经常制定地方性法规。实践中,地方性法规绝大多数由常委会制定,地方人大全体会议只负责少数最重要的地方性法规的制定。从当前一些地方有关制定地方性法规的暂行规定和实际情况看,人大常委会制定地方性法规的程序大致包括:

1. *法规草案的提出*　本级人大各专委会、本级人民政府、人民法院、人民检察院或人大常委会组成成员 5 名以上联名,有权向人大常委会提出地方性法规的草案。由人大常委会主任会议讨论决定,或先交付有关专委会审议、提出报告,再由主任会议决定是否列入常委会会议议程。

2. *法规草案的审议*　列入常委会会议议程的法规草案,须在会议召开前送常委会成员审阅;会议召开时,先由提出草案的机关负责人或代表就该法规草案作出说明;经会议初步讨论和审议后,一般由主任会议交提出草案的机关修改,或同时交有关专委会修改,再提请下次或以后的常委会会议审议;常委会认为基本成熟的法规草案，即由主任会议决定提请常委会全体会议表决。向常委会会议提出的法规草案，在付表决之前，提案人要求撤回的，对该法规草案的审议即行终止；常委会认为事关全局的重要法规草案，则由常委会提请本级人大全体会议审议。

3. 法规的通过和公布　对法规草案的表决，一般采取举手或按表决器的方式进行，以人大常委会全体成员的过半数赞成通过。省级人大常委会通过的地方性法规，一般由常委会发布公告，公布于本级人大会刊或常委会公报，同时在本地区有权威性的报纸上发表。省、自治区、直辖市人大常委会通过的地方性法规，须报全国人大常委会和国务院备案；省、自治区人民政府所在地的市和经国务院批准的较大的市的人大常委会通过的地方性法规，报省、自治区人大常委会批准后实施，并由省级人大常委会报全国人大常委会和国务院备案。

（六）质询等活动（参阅本章第八节）

县级以上地方各级人大常委会确定每次会议具体议题的一般做法是：在本次常委会会议上对下次常委会会议的议题提出意向性的意见；或者在每次常委会会议召开之前，常委会有关办事机构按照工作计划，结合同级党委提出的建议、人民政府和人大各专委会提出的议案，以及常委会成员临时提出的议案和建议，拟定草案报请主任会议审定。主任会议通过后作为建议提请常委会会议审议决定。

四、所属机构

县级以上地方各级人大常委会所属机构，主要有主任会议、代表资格审查委员会、办事机构和其他工作机构。必要时，还可以组织特定问题调查委员会（特调委）。

（一）主任会议

由常委会主任、副主任、秘书长（县级不设）组成，负责处理常委会的重要日常工作。主任会议不能代替人大常委会行使地方国家权力,不能作出对全社会有法律效力的决议。

(二)代表资格审查委员会

负责审查本级人大代表的选举是否符合法律规定。委员会的组成人员,包括主任委员、副主任委员和委员的人选,由常委会主任会议在常委会成员中提名,常委会会议通过。代表资格审查委员会的审查报告,由常委会会议审议,并由常委会作出决定。

(三)办事机构

负责处理常委会的日常工作。省级人大常委会一般设办公厅,由常委会秘书长领导;地级、县级人大常委会一般设办公室。有的地方还设有"人事工作委员会"一类的工作机构,专门协助常委会处理某一方面的日常工作。

特调委的建立,由主任会议提议或由1/5以上的常委会成员联名提议,经常委会会议讨论决定。特调委的组成人员包括主任委员、副主任委员和委员,由主任会议在常委会成员和其他代表中提名,提请常委会会议通过。特调委应向本级人大常委会提交调查报告,常委会据此可以作出相应决议。特调委完成特定任务后即予撤销。

(四)地区工作委员会

按照1995年2月修改后的《地方组织法》规定,下设"地区"的省、自治区人大常委会,可以在"地区"设立工作机构。实践中,一般称为"××省(自治区)人大常委会××地区工作委员会",属省级人大常委会的派出机构,和地区行政公署配套工作。

第七节　乡级人大主席团和主席

一、主席团

乡、民族乡、镇是中国社会的基层行政区域。1980年以来，乡镇恢复了乡镇人民代表大会，从而使乡级政权逐渐得到了巩固和加强。乡级人民代表大会每届任期3年，每年至少召开一次。

随着县级以上地方各级人大常委会的设立并日益发挥作用，“乡级人大要不要设立常委会”的问题再一次被提出。主张设立的理由是，为了更经常地发挥乡级人大的作用，推进基层民主政治的建设；不赞成的理由是，乡级人大所辖区域相对较小，人大代表居住相对集中，一年可以多开几次全体会议以经常行使职权，而不必专门设立常设机关。实践中，乡级人大不设常设机关毕竟带来了某些不便，为此，相当多的乡级人大很早就设立了“主席团”一类(常设)的工作机关。1986年12月，六届全国人大常委会十八次会议修改通过的《地方组织法》规定：乡镇人大举行会议的时候，选举主席团主持会议并负责召集下一次本级人大会议。这样，乡镇人大会议由以前的本级人民政府召集改为由乡级人大主席团召集。

从各地的地方立法和制定的工作制度来看，对乡级人大主席团性质的认识，主要有两种：一种认为在乡级人大闭会期间，主席团是乡级人大的办事机构，虽然要开展各种工作，但不能代行乡级人大的职权，而只能为乡级人大行使职权和人民代表发挥作用做一些服务性的具体事务；另一种认为，在乡级人大闭会期间，主席团是乡级人大的常设机关，可以代行本级人大的部分职权，主席团实际上就是“乡级人大常委会”。很显然，前一种认识比较符合法律规定，而后一种认识是违背《地方组织法》精神的。乡镇人大主席团不是乡镇人大常委会，它不能代行本级人大的职权。

目前，乡级人大主席团行使的职权，主要包括：

1. 乡级人大开会期间的活动　如：依法召集并主持乡级人大会议；向乡级人大提出属于本级人大职权范围内的议案；提名和确定乡长、副乡长，镇长、副镇长的候选人名单；决定将有关方面所提的议案列入乡级人大审议议程；决定列席乡级人大会议的人员名单等。

2. 乡级人大闭会期间的活动　如：负责筹备下一次乡级人大会议；组织人大代表视察、调查政府工作；收集、转达选民对政府工作的意见和建议；办理代表和人民群众的来信来访，并督促本级人民政府和有关机关研究办理；密切乡级人大和上级人大常委会的联系等。

二、主席、副主席

1995 年以前，在各地的实践中，为了便于工作，相当多的乡级人大主席团还设立了专职的“常务主席”，以便在乡级人大闭会期间组织主席团的一些日常性事务工作。

在总结实践经验的基础上，1995 年 2 月修改后的《地方组织法》明文规定，乡、民族乡、镇人大设主席，并可以设副主席 1—2 人。主席、副主席为本级人大主席团的“当然”成员。乡级人大主席、副主席由本级人大从代表中选举产生，任期同本级人大每届任期相同，即每届 3 年。法律规定，乡级人大主席、副主席不得同时担任国家行政机关的职务；如担任国家行政机关的职务，必须向本级人大辞去主席、副主席的职务。其目的是，保证人大主席、副主席能集中精力从事人大工作，促进人大对本级政府的监督。实践中，乡级人大主席、副主席也不应兼任乡镇人民法庭的职务，而以专职为宜。在有些地方，由乡镇党委书记（或副书记）兼任人大主席，同时配备 1 名专职人大副主席。

按现行《地方组织法》的规定，乡级人大主席、副主席的职责主要是：在本级人大闭会期间，负责联系本级人大代表；组织代表开展活动；反映代表和群众对本级人民政府工作的建议、批评和意见。可见，乡级人大主席、副主席的职责主要在于“联系”、“组织”和“反映”等方面的日常工作。实践中，乡级人大主席、副主席还担负着其他一些任务。例如，联系本级人大主席团成员；召集并主持主席团会议，讨论、决定下一次人大全体会议的有关事宜；开展与本级党委的联系，沟通与县级人大常委会的关系等，但不能像人大常委会那样行使本级人大的部分职权。事实上，乡级人大主席、副主席的现行规定人数，也不适合组成人大常委会那样的机构。

第八节　人大代表①

一、角色定位

1992年4月3日第七届全国人大第五次会议通过的《代表法》，对人大代表的角色定位和权利义务等作了明确的规定。

各级人民代表大会是由人民代表组成的。在人民普选基础上产生的人大代表，是人民权力的受托者和人民意志的表达者，是国家权力机关的组成人员，是国家权力的直接行使者。

各级人大代表依法选举产生，受原选区选民或原选举单位监督；在任期内，代表人民的利益和意志，依法参与行使国家权力；在执行代表职务的过程中，依法享有法律等多方面的保障。

在我国，人民是国家的主人，人大代表则是国家主人的代表。人大代表和人民中的其他成员一样都有权行使国家权力，但其他

① “人大代表”即人民代表大会代表的简称，从严格意义上讲，应为“人民代表”，目前习惯上都称“人大代表”。

成员主要通过人大代表而间接地行使国家权力,人大代表则通过组成国家权力机关(人民代表大会)直接行使国家权力。人大代表通过普选接受人民的权力委托,成为人民权力的受托者;人大代表的权源在于人民的委托,所以首先应当表达人民的意志,成为人民意志的表达者;人大代表还应根据人民的意志行使国家权力,成为国家权力的直接行使者;任何单个的人大代表都不能独自就某项国家事务作出决定,也不能独自向其他国家机关发布指令,人大代表必须成为国家权力机关的组成人员,集体行使国家权力。

人大代表与共产党员一样,都是以"为人民服务"为宗旨的。但是,共产党员是工人阶级的先进分子,是由共产党组织按照党章要求吸收入党的;人大代表则是人民群众(包括各阶级、各阶层)中具有代表性的先进人物,是由选民或选举单位依法选举产生的。共产党员参加本党的一个组织并在其中积极工作;人大代表则组成各级国家权力机关直接参与行使国家权力。

人大代表与国家行政、司法等机关的成员一样,都是人民的公仆,对人民负责,受人民监督。但人大代表在行政机关、司法机关面前,是以国家主人(人民)的代理者身份出现的。人大代表参与掌握整体意义上的国家权力,并参与行使立法、决定、任免、监督等权,而国家行政、司法等机关的成员则行使由整体意义上的国家权力派生出来的国家行政权、司法权等。由人大代表组成的国家权力机关,有权任免和监督其他国家机关的组成成员。

人大代表与劳动模范、先进工作者、战斗英雄一样,都受到人民的尊重。但是,"劳动模范"等是一种荣誉称号,表明某人曾经在本职岗位上作出过杰出的贡献,获得了人民和政府的表彰。而"人大代表"不是荣誉称号,它虽然也意味着人民的信任和肯定,但更重要的是表明某人肩负着人民的重托,作为国家权力机关中的一员,代表人民直接参与行使国家权力。

由上可见,人大代表与人民中的其他成员,包括共产党员、国家行政人员、司法人员、劳动模范等，最根本的区别就在于是否能组成国家权力机关，直接参与行使国家权力。人民代表中也有不少共产党员、劳动模范，他们也直接行使国家权力，然而，他们之所以能够直接行使国家权力，原因不在于他们的“党员”或“劳模”身份，而全在于他们是经人民选举产生的人大代表。所以，人大代表最本质的内涵，就是在人民普选基础上产生并组成人民代表大会，代表人民直接行使国家权力。这也是人大代表最根本的职责，同时又是人大代表与人民中的其他成员之间最重要的区别。

人大代表应该具备高度的人民性。在国家权力问题上，人大代表与人民形成了特定的代表与被代表关系，这就要求人大代表在各级国家权力机关中直接参与行使国家权力时，必须以代表人民的利益和意志为前提。任何人大代表个人的意志和私利，均不能作为行使国家权力的出发点和归宿点。

人大代表代表人民行使国家权力，必须处理好代表全局与代表局部的关系。一般说来，人大代表在反映人民要求和利益时，应着重反映本选区或原选举单位的具体利益和具体要求，即要代表局部。因为只有在大量的具体利益基础上，才能提炼出人民的共同意志和共同利益。但是，在审议与表决某项议案时，应着重考虑本级人大所属的整个行政区域（全国、省、市、县、乡等）的总体利益，即要代表全局。若某项议案虽不甚符合本选区或原选举单位的利益，但在全局上是非常必要的，那就应当赞同，而不能以局部利益为标准加以反对。反之，某项议案虽对本选区或原选举单位有利，但从全局上看很不适宜，那就应当反对。由此可见，人大代表既要代表本选区或原选举单位人民的利益，更要代表本级人大所属的整个行政区域的人民的利益，以局部服从全局。

人大代表行使职权、履行职责，必须具备较高的个人素质，这关系到国家权力机关的工作效能和权威，对社会主义民主建设具有重大的影响。一般而言，人大代表应具备良好的政治素养和法制意识,有较高的参政议政和社会活动能力,且应具有高度的事业心、责任感和一定的身体素质。

二、权利

人大代表作为人民中的一员,和其他人同等地享有宪法和法律所赋予的公民基本权利,也同等地履行宪法和法律所规定的公民基本义务。人大代表作为国家权力的直接行使者,宪法和法律又赋予了他们某些特有的权利和义务,以保障完成直接参与行使国家权力的特殊使命。人大代表的权利和义务是不可分割的。

各级人大代表的权利,除了最基本的与会权(出席本级人大会议)以及在人大中的审议权、表决权和选举权之外,主要还有以下九个方面。

(一)提案权

人大代表在本级人大开会期间,有权依照法律规定的程序,联名向本级人民代表大会提出议案,这是人大代表享有的一项重要的权利。1954 年颁布的《全国人大组织法》和《地方组织法》已有这方面的规定。现行《代表法》根据宪法精神规定,各级人大"代表有权依照法律规定的程序向本级人民代表大会提出属于本级人民代表大会职权范围内的议案"。人大代表的提案权,也包括人大常委会(县级以上)组成人员向本级人大常委会提出属于本级人大常委会职权范围内的议案。议案涉及重大问题,一旦列入会议议程并经讨论通过,就成为具有明显约束力的国家意志。因此,提案是一件非常严肃和慎重的事情,必须依照法律规定的程序进行。

根据《全国人大组织法》等规定,全国人大代表向全国人大提案:(1)必须是一个代表团或 30 名以上的代表联名;(2)可以在全国人大会议举行前提出;(3)议案应当写明案由、案据和方案;(4)提出的议案由主席团决定是否列入大会议程,或者先交有关专委会审议、提出意见,再决定是否列入大会议程;(5)列入议程的议案在交付大会表决前,提案人要求撤回的,经主席团同意,对该议案的审议即行终止;(6)对于全国人大常委会的组成人员,国家主席、副主席,国务院和中央军委的组成人员,最高人民法院院长和最高人民检察院检察长的罢免案,须有3个以上代表团或1/10以上的代表提出,由主席团提请大会审议;(7)1/5以上的全国人大代表有权提议修改宪法;(8)3个以上代表团或1/10以上的代表联名,可以提议组织特定问题调查委员会,由主席团提请人大全体会议决定。此外,宪法规定,1/5以上的全国人大代表有权提议召集全国人大的临时会议。法律未规定提出此类议案的具体程序。按逻辑分析,此类议案只能向全国人大常委会提出。全国人大常委会组成人员向全国人大常委会提出全国人大常委会职权范围内的议案:(1)必须是10名以上的全国人大常委会组成人员;(2)提出的议案由委员长会议决定提请常委会会议审议,或者先交有关专委会审议、提出报告,再决定是否提请常委会会议审议。

依照《地方组织法》规定,县级以上地方各级人大代表10人以上联名,乡级人大代表5人以上联名,可以向本级人大提出属于本级人大职权范围内的议案。提案的有关程序和要求,与上述全国人大代表提案的第②、③、④项相同。此外,县级以上地方各级人大会议期间,1/10以上代表联名,有权提出对于本级人大常委会组成人员、人民政府组成人员、人民法院院长、人民检察院检察长的罢免案。乡级人大会议期间,1/5以上代表联名,有权提出对本级人大主席、副主席及人民政府领导人员的罢免案。上述罢免案由本级人大主席团提请大会审议。县级以上地方各级人大1/10以上代表书面联名,有权依法提议组织特定问题调查委员会。在地方各级人大中,1/5以上的代表联名,有权提议召集本级人大的临时会议。

人大代表的提案根据法定属性可以分为:(1)立法案,即提请人民代表大会制定法律、法规的议案。立法案还包括对有关法律、法规的修正、废止案;(2)重大事项决议案,即提请人民代表大会就某重大事项进行审议并作出决议的议案;(3)罢免案,即向人民代表大会提出罢免有关国家机关工作人员职务的议案;(4)临时召集大会案,即向人大常委会(县级以上)或主席团(乡级)提出要求临时召集本级人民代表大会会议的议案;(5)特定问题调查案,指向人民代表大会提交的要求组织特定问题调查委员会的议案。

人大代表有提出各项议案的权利,但并不等于人大代表有决定议案立案的权利。议案的提出、范围、内容、程序等,有关法律都作了原则规定。人大代表提出议案必须符合法律规定的联名人数,能否立案须经大会主席团或常委会委员长会议(主任会议)决定。议案从提出、审议、通过到办理,都必须符合严格的法定程序。

(二)提名权

《地方组织法》规定,省级人大代表30人以上书面联名,设区的市和自治州的人大代表20人以上书面联名,县级人大代表10人以上书面联名,可以提出本级人大常委会组成人员,人民政府领导人员,人民法院院长,人民检察院检察长的候选人。乡级人大代表10以上书面联名,可以提出本级人大主席、副主席,人民政府领导人员的候选人。

(三)建议、批评权

人大代表有权向本级人大及其常委会提出对各方面工作的建议、批评和意见。这里所谓“各方面工作”,包括各类国家机关、人民团体及有关单位等的工作;“建议、批评和意见”在实践中常被统称为“书面意见”。“书面意见”和“议案”有着明显的区别。前者所涉及的内容具体而更广泛,常常越出了人大及其常委会的职权范围。法律对提出“建议、批评和意见”未作“联名”规定。代表提出的建议、批评和意见,由本级人大常委会的办事机构(乡级人大则由人大主席团)交有关机关和组织研究处理并负责在规定的时间内负责答复。代表对答复不满意的,可以提出意见,由本级人大常委会办事机构交有关机关、组织或者其上级机关、组织再作研究处理,并负责答复。

(四)询问权

人大代表在审议议案或报告时,有向本级国家机关提出询问的权利。询问的问题应与议案或报告有关,可以是本级人大职权范围内的重大问题,也可以是其他问题。询问的问题可以是事实不够清楚的、原因不够明确的,也可以是对某个问题有怀疑的。

(五)质询权

人大代表在本级人大开会期间,有权根据法律规定的程序,对有关国家机关的工作提出质问,被质问的机关必须负责答复。1982 年宪法明确规定,全国人大代表在全国人大开会期间,全国人大常委会成员在常委会开会期间,有权依照法律规定的程序提出对国务院或国务院各部、委的质询案,受质询的机关必须负责答复。

现行《代表法》规定,全国人大会议期间,一个代表团或者 30 名以上的代表联名,有权书面提出对国务院和国务院各部、委,最高人民法院,最高人民检察院的质询案。县级以上的地方各级人大代表有权依法定的程序提出对本级人民政府及其所属各部门,人民法院,人民检察院的质询案。乡级人大代表有权依法定的程序对本级人民政府提出质询案。质询案应当写明质询对象、质询的问题和内容。质询案按照主席团的决定由受质询机关答复。提出质询案的代表半数以上对答复不满意的,可以要求受质询机关再作答复。《地方组织法》规定,地方各级人大举行会议的时候,代表 10 人以上联名可以书面提出对本级人民政府及其所属各部门,人民法院和人民检察院的质询案。质询案由主席团决定交由受质询机关在主席团会议、大会全体会议或有关的专委会会议上口头答复,或者由受质询机关书面答复。在主席团会议或专委会会议上答复的,提质询案的代表有权列席会议,发表意见;主席团认为必要的时候,可以将答复质询案的情况报告印发会议。质询案以口头答复的,应由受质询机关的负责人到会答复;以书面答复的,应由受质询机关的负责人签署,由主席团印发会议或印发提质询案的代表。在常委会会议期间,省级、地级人大常委会组成人员5人以上联名,县级人大常委会组成人员3人以上联名,可以向常委会书面提出对本级人民政府、人民法院和人民检察院的质询案。

"质询"与"询问"在形式上都是提出问题,并要求回答,但两者的区别很大。第一,从内容看,质询所涉及的须是重大问题;询问则可以是一般问题。第二,从出发点看,质询的提出,是由于人大代表对"一府两院"的某方面工作不满意,需要给予批评、质问,甚至追究责任;询问的提出,是由于人大代表对议案所涉及的某些情况不熟悉、不理解,需要了解情况。第三,从性质看,质询是国家权力机关监督"一府两院"的一种方式,带有一定的强制性;询问是国家权力机关与政府等机关沟通情况的一种途径,不带强制性。第四,从程序看,法律对质询有多方面的程序规定,对询问的规定则较少。

(六)视察权

人大代表有权依法对本级或下级国家机关及有关单位的工作进行视察,通过实地观察和调查,监督并促进有关机关、单位的各项工作。现行法律规定,县级以上各级人大代表的视察,一般由本级人大常委会统一安排。乡级人大代表视察,一般由本级人大主席、副主席安排。代表在视察中,可以提出约见本级或下级有关国家机关的负责人。被约见者或其委托人应当听取代表的建议、批评和意见。除集中开展视察外,人大代表也可以持代表证就地进行经常性的分散的视察。视察时,可以向被视察单位提出建议、批评和意见,但不直接处理问题。

近十多年来,全国和地方各级人大代表普遍开展视察活动,创造了“会前视察”、“专题视察”、“应邀视察”、“随机视察”和“连续视察”等形式。这些视察活动,有利于代表更好地参政议政,反映人民的意见和要求,协助和促进政府开展各方面的工作。

(七) 发言、表决免责权

人大代表在人大各种会议上的发言和表决,不受法律追究。宪法规定,“全国人民代表大会代表在全国人民代表大会各种会议上的发言和表决,不受法律追究。”(第75条)《全国人大组织法》和《地方组织法》具体规定,全国人大代表和地方人大代表、常委会的成员,在人大和常委会各种会议上的发言和表决,不受法律追究。据此规定,任何机关、个人若对人大代表在国家权力机关各种会议上的发言、表决追究法律责任,其行为即是违宪和违法。

参加人大会议是人大代表最基本最重要的活动方式。人大代表应该如实地反映人民的要求,负责地参加对各项议案的审议和表决,大胆而慎重地表明态度:赞成、反对,或者弃权。人大代表的发言、表决免责权,能够从法律上确保人大代表排除干扰,消除顾虑,代表人民畅所欲言。

(八) 人身特别保护权

人大代表除了作为公民享有基本的人身保障外,还享有特别的法律保护。现行《代表法》规定,县级以上各级人大代表,非经本级人大会议主席团许可,在本级人大闭会期间非经本级人大常委会许可,不受逮捕或刑事审判。如果因为是现行犯被拘留,执行拘留的机关应立即向该级人大主席团或人大常委会报告。对县级以上各级人大代表,如要采取法律规定的其他限制人身自由的措施(如行政拘留、监视居住、劳动教养等),也应当经本级人大主席团或常委会许可。

现行《代表法》还规定,乡级人大代表如果被逮捕、受刑事审判、或者被采取法律规定的其他限制人身自由的措施,执行机关应当立即报告乡级人大。

人大代表的人身特别保护权,与"公民在法律面前一律平等"并不矛盾。它有利于维护人大代表的崇高地位,防止对人大代表打击报复等事件的发生,有利于人大代表正常开展工作。

(九)物质帮助权

人大代表在执行代表职务时,有权依照法律规定享受国家给予的补贴和物质上的便利。中国的人大代表除少数成为人大常委会专职成员外,绝大部分是兼职代表,平时不脱离本职工作。他们从自己原有的工作中获得劳动报酬,不因为担任人大代表而另取薪金。人大常委会专职委员,一般也在当选人大代表前的原单位领取工资。但是,考虑到代表在执行职务时需要一定的活动经费,而且可能付出一定的劳动时间,影响个人经济收入,法律规定,各级人大代表在出席人大会议和执行其他属于代表的职务时,国家根据实际需要给予适当的补贴和物质上的便利。人大代表享有物质帮助权,有利于从物质上保障人大代表切实履行职责。

上列九个方面中,提案权、提名权、建议批评权、询问权、质询权、视察权连同前述的与会权、审议权和选举权,属于人大代表的职权;发言表决免责权、人身特别保护权和物质帮助权则属于人大代表的保障权。

三、义务

人大代表的权利和义务是统一的。从一定意义上讲,前述的某些"权利",如提案、质询、发言、表决、视察等,本身又都可以构成人大代表应尽的"义务"。

除此之外,法律规定人大代表有以下一些义务。

1. 模范地遵守宪法和法律,在自己所参加的生产、工作和社会活动中,协助宪法和法律的实施　宪法和法律是全国人民意志和利益的体现,任何组织和个人都必须严格遵守。在强调"依法治国",逐步走向法治国家的当今中国,人大代表更应该带头知法、守法,并且自觉地带头依法办事,成为遵守宪法和法律的模范。人大代表在平时的工作岗位上,在生产和社会活动中,应积极宣传和贯彻执行宪法、法律以及人大的有关决议,协助宪法和法律的实施,监督和推动各类国家机关的工作。

2. 出席代表大会会议,参加代表活动,遵守本级人大会议的议事规则及有关规定　人大代表应当出席本级人民代表大会会议,参加大会全体会议、代表团全体会议和小组会议。出席本级人大会议和参加代表的各项活动,是人大代表应尽的基本义务,也是人大代表履行职责的主要形式。人大代表必须按照有关法律和本级人大议事规则、规定,按时出席人大会议,参加闭会期间的各项代表活动,除因病或其他特殊情况确实无法出席者外,都不得缺席。《代表法》规定,未经批准两次不出席本级人大会议的,由本级人大代表资格审查委员会报本级人大常委会(乡级则报本级人大),由本级人大常委会(乡级则由人大)发布公告,宣布其代表资格的终止。实践中,已有这方面的先例①。

3. 保守国家机密　人大代表作为国家主人的代表,直接参与行使国家权力,必然会不同程度地涉及到有关国家机密,而有些机密可能会关系到国家的安全和社会的安定团结。为了国家和人民的利益,人大代表应该提高警惕,注意保守国家机密。

4. 密切联系群众,经常听取和反映人民的意见和要求　人大代表要真正地代表人民,最根本的一条是密切联系广大人民群众,经常听取和反映人民群众的意见和要求。人大代表通过广泛联系群众,也便于了解国家法律、法规的贯彻实施情况,及时沟通人民群众与本级国家机关之间的联系。

---

① 1995年6月中旬,上海市某区人大常委会发布公告,终止了本级人大1名代表(原某歌舞团演员队队长)的区人大代表资格。原因是这位人大代表两次以上未经批准不出席本级人大会议。

人大代表大多数是兼职的,在他们日常的生产和生活中,自然而然地和周围群众发生联系,获得某些意见和要求。但这只是一种小范围的“自然联系”。作为人大代表,应有意识地通过各种途径,积极主动地广泛联系本选区或原选举单位所属地区的人民群众,坚持“自觉联系”。

人大代表听取人民群众的意见和要求后,可通过人大常委会(乡级人大主席)转交有关部门,也可以由代表直接向有关部门反映,或者在下次人大会议或人大常委会会议上,通过“质询”、“议案”、“批评、建议和意见”等形式提出。但人大代表不宜直接干预政府或其他国家机关的工作,不直接处理问题。

5. *接受选民或原选举单位的监督*　人民选出自己的代表,目的是为了让代表能代表人民的意志和利益去直接行使国家权力。但是,代表是否真正地、始终地代表人民,这一点只能通过对代表的监督来检验。通过监督,还能警醒代表,使他们牢记人民的委托,当好人民的公仆。因此,对人民来讲,监督代表是一种不可或缺的权利;对于代表而言,接受选民或原选举单位的监督是一种不可推卸的义务。宪法和《选举法》、《代表法》均规定,全国和地方各级人大代表受原选区选民和原选举单位的监督。

监督中最严厉的手段是罢免或撤换。《选举法》和《代表法》规定,选民或选举单位都有权罢免自己选出的代表。罢免由选民直接选出的代表,须经原选区过半数的选民通过;罢免由各级人大选出的代表,须经该级人大过半数的代表通过,在大会闭会期间,须经该级人大常委会组成人员的过半数通过。被罢免的代表可以出席上述会议或者书面申诉意见。罢免的决议,须报送上一级人大常委会备案。

第九节　继续完善人大制度

如前所述，人民代表大会制度是中国的根本政治制度。自1977年起，它进入了一个恢复、健全的新阶段。第六届全国人大以来，尤其是近年来，各级人大及其常委会(乡级即为乡级人大，下同)的作用有了较好的发挥，其权威性也在日趋增强。但是，从政治体制改革的目标，从社会主义民主政治的要求看，人民代表大会制度还必须进一步健全和完善。

一、坚持与完善党对人大的领导

坚持与完善党对人大的领导，并且逐步走向制度化，这是健全人民代表大会制度的关键所在。在我国，共产党与人大之间到底是一种什么样的关系？江泽民《在庆祝中国共产党成立70周年大会上的讲话》中指出："党的路线、方针、政策是体现人民利益的，应该通过法定程序和法律形式，把党的主张变为国家意志。要加强党对人大工作的领导。各级党委要支持各级人民代表大会依法行使职权。"由此可见，要坚持和加强党对人大的领导，人大必须接受党的领导。共产党领导国家政权，人大行使国家权力，两者是完全一致的。在理顺党与人大关系的基础上，做到既坚持党的领导，又保证各级人大及其常委会独立行使职权。

1. 党组织对人大实行政治领导　中国共产党必须领导各级人大(及其常委会)，这是人民代表大会制度必须坚持的一项重要原则。这种领导主要是政治领导。其实质内容是支持和组织人民群众通过人民代表大会这种政治形式实现当家作主，是支持各级人大及其常委会的工作，保证他们积极主动、独立负责地行使各项职权。其主要表现是：党经常分析和把握国家发展的形势，适时地指明政治方向、政治原则。中共中央就全国的重大问题，地方党组织就地方性的重大问题,提出决策,经过全国或地方人大审议通过,变成国家意志;党组织经常培养和发现德才兼备的人才,作为各级国家政权机关的重要干部人选,向人大推荐;党组织经常指示和监督在人大中的本党党组和党员,要求他们忠实地代表人民,并团结非中共人士合作共事;党组织经常向人民群众,首先是自己的党员宣传人民代表大会制度,要求本党党员带头支持人大工作,维护人大的权威性。各级人大及其常委会应自觉接受党组织的领导。人大及其常委会内的中共党组,在重大问题上应事先请示中共党组织。

2. 党组织不包办人大工作　党组织不是国家政权机关,不具有直接行使国家权力的功能,因此,不能代替人大的工作;党组织与人大之间的领导与被领导关系,不同于中共党内上下级或行政系统内上下级的隶属关系,因此,党组织不能直接向人大发号施令。中共党组织向人大提出决策、推荐干部,人大按照严格的法定程序审议、修改并通过后,中共党组织的建议(主张)即变为国家权力机关的决议(或法律),变为国家意志,对全社会产生普遍的约束力(法律效力)。

3. 党组织带头尊重和遵守人大所制定的法律和决议　各级党组织不仅应在全国人大及其常委会制定的宪法、法律范围内活动,而且应当带头尊重和遵守全国人大以及同级地方人大作出的各项决议。在中国,一切国家机关和武装力量、各政党和社会团体、各企事业组织,以及每一个公民都必须遵守宪法和法律。人大的权力是人民委托、宪法赋予的,尊重民意,遵守宪法,就必须同时尊重和遵守人大制定的法律和决议。

二、强化人大的立法与监督职能

为了进一步健全人民代表大会制度,还必须强调各级人大及其常委会本身应敢于行使宪法和法律所赋予的各项职权,不断提高自身的权威性。当前,尤其应该强化人大及其常委会的立法职能和监督职能。

根据形势需要,近年来,中国加快了立法步伐,尤其加快了与社会主义市场经济体制相适应的经济立法的步伐。据统计,第八届全国人大及其常委会在任期内,共审议法律和有关法律问题的决定草案129个;通过法律85个、有关法律问题的决定33个,共计118个。目前,在国家的政治生活、经济生活和社会生活的基本方面已经有法可依,以宪法为基础和核心的有中国特色的社会主义法律体系已初步形成。但是,中国的法律还不尽完备,各级人大及其常委会的立法任务还相当繁重。随着社会主义市场经济的不断推进,许多重要的法律有待制定。为了进一步做好立法工作,应注意解决好这样一些问题:一是,既要加快立法步伐,又要提高立法质量。二是,通过总结与研究,进一步划清中央与地方、人大与行政之间的立法权限。三是,继续完善立法程序。

人大对其他国家机关的监督职能主要包括法律监督和工作监督两个方面。前者是指监督国家行政、审判、检察等机关以及下一级国家权力机关实施宪法、法律、行政法规和地方性法规的情况;后者是指监督国家行政、审判、检察等机关在工作中执行国家权力机关决议、决定的情况。行使监督职能实际上是对权力的制约,其目的是确保国家机关能依法办事,能始终如一地代表人民,为人民服务,防止其腐败变质。

强化人大及其常委会的监督职能,需要进一步解决认识上的一些问题。例如,如何看待"监督"与"支持"的关系?曾经有一种观点认为,应该是"寓监督于支持之中",相反的观点则提出应该"寓支持于监督之中"。其实,应对此作具体的分析。在总体上讲,人大及其常委会与其他国家机关的总目标是一致的,在工作上应互相支持。前者对于后者的监督,可以说是在这一前提下进行的,故可称"寓监督于(总体的)支持之中"。但是,就具体而言,对于政府的某一项工作不能笼统地提“支持”,而必须首先加以监督、鉴别。凡是合法的、正确的工作,应支持;凡是不合法的、不正确的工作,不仅不能支持,而且应该加以纠正(或撤销)。从此意义上讲,支持又是以监督为前提的,也可以说,“寓支持于监督之中”。

有一种看法认为,已经有了党组织的监督、检察机关的监督等监督形式,何必再多此一举要人大来监督政府。事实上,在中国的政治、经济、文化和社会生活中,有多种形式的监督,但每一种监督都有其特定的功能。共产党组织的监督限于共产党内部成员和组织之间,是党纪监督;政协的民主监督、群众的社会监督和大众传媒的舆论监督,虽然对象十分广泛,但均没有法律效力;行政机关的政纪监督、检察机关的司法监督,虽然具有法律效力,但也不能与人大及其常委会的监督相提并论。国家权力机关的监督,在同级国家机关中具有最高的法律效力,是任何其他形式的监督所不能替代的。

另一种看法认为,强调人大监督会搞坏国家权力机关和其他国家机关的关系。这里,首先要辨清什么是两者的正常关系。按照宪法规定,国家权力机关与其他国家机关的关系主要是,前者产生并监督后者,后者对前者负责。可见,强调人大对其他国家机关的监督,完全符合宪法所规定的两者的正常关系。相反,若人大放弃对其他国家机关的监督,那才是“搞坏”了两者的正常关系。当然,国家权力机关与其他国家机关的正常关系,还应包括两者之间的合理分工。因此,对于国家行政机关的具体行政事务,对于国家审判、检察机关的具体司法事务,人大不宜过多干预。

在提高认识的基础上,人大及其常委会应充分运用各种监督方式。目前,有些方式,如审议工作报告、评议、视察等用得较为普遍,问题是要进一步讲究实效;另一些方式,如质询、撤销不适当的决议或决定、组织特定问题调查委员会等,用得很少,有的甚至从未运用过。今后在必要的时候,不仅应该加以运用,而且要用得有力度、有深度、有广度。

三、密切人大与人民群众的关系

为了进一步健全人民代表大会制度,很重要的一条是,密切人大及其常委会与人民群众之间的关系,使人民群众切实地关心和监督自己的代表机关,使人大真正成为代表人民的国家权力机关。

1. *各级人大代表应经常联系本选区选民或原选举单位的人民群众,注意倾听和反映他们的意见、要求* 近年来,不少人大代表更加注意在会前会后广泛接触群众,并且创造了一系列的联系方式。因为作为整个选区选出的代表,不能仅仅局限于联系个人身边的一小部分选民,也不能只联系与自己同一职业(或同一党派、团体)的那部分选民,而应广泛联系本选区的各个方面、各个层次的选民。这样,才能较为全面、准确地了解和反映选民的意见、要求。

2. *要向人民群众宣传人民代表大会制度的理论知识,公开各级人大及其常委会的活动情况* 由于封建主义残余的影响,加上过去在一个较长时期中宣传社会主义民主、法制不够,人民群众的民主意识总的来说还很缺乏,对人民代表大会制度的性质、地位等基本知识不甚了解。针对这种情况,需要通过多种形式,广泛进行宣传、教育,使人民群众真正认识到自己是国家的主人;人民代表大会是人民选出的、代表人民行使国家权力的机关;人民代表大会制度是关系到人民当家作主的根本政治制度。只有这样,广大人民群众才会切实地关心、支持和监督人大及其常委会,人民的代表机关才会建筑在更加坚实的基础上。此外,人民对人大工作和代表活动的实际情况知之甚少,也是妨碍人民群众关心与监督人大的原因之一。一个典型的事例是,法律虽规定,选民有权监督和罢免自己选出的代表,然而,选民很少了解他们的代表在人大会议中的发言、表决和提案、质询等情况，也不清楚代表在平时的活动情况，监督、罢免就无从入手。近年来，全国人大及其常委会的透明度已有所增强(进行电视现场转播、实况录像剪辑等)，但尚可继续改进。如完善公民旁听会议的制度、及时发表会议记录(机密除外)等。地方人大也应通过各种方式，增加透明度，让人民知道人大工作的情况，便于关心和监督人大。尤其需要指出的是，应当通过立法，尽快建立人大代表报告制度，规定代表定期向选民报告自己执行代表职务的情况，选民可以提问、评议，也可以提出要求。必要时，可按照法律程序撤换或罢免自己选出的代表。这样，既利于保障人大及其代表始终对人民负责，也利于激发人民群众关心、支持、监督人大的政治热情。

四、加强人大的自身建设

人民代表大会制度健全与否，在很大程度上取决于各级人大及其常委会的自身建设，即自身是否具备了行使各项职权的条件。这种条件主要体现在组成人员、组织机构和工作制度等方面。所谓加强自身建设，主要应从这三方面着手。

1. 组成人员方面　近年来，适当减少了代表名额，这有利于人大会议的召集，有利于深入细致地审议议案。人大代表不在于多而在于精。要求每一名代表都应具备较好的素质，包括政治素质、道德素质、文化素质、能力素质和身体素质。同时，要求人大及其常委会的组成人员，在年龄、专业等方面有一个较为合理的结构。为此，要把好选举关。在选举中必须坚持发扬民主，同时向选民宣传人大代表所负有的职责和应有的素质，让选民充分行使民主权利，选出各方面素质较好，尤其是具有一定社会活动能力和参政能力的人当代表。在继续坚持按地区选举代表的同时，可以辅之以按界别选举和其他方式产生部分代表，也就是说，在各级人大中除了地区性的代表外，还应增大职业性代表的比重(目前仅有解放军选出的职业性代表)。这样做,有利于将各界优秀人物选入人大之中,既能提高代表的素质,又能优化人大代表的整体结构。除了改进选举工作外,还应加强对人大代表的培训。新当选的代表应着重学习有关人民代表大会制度的知识、有关如何当好人大代表的法律规定等,其他代表也应定期学习各种政治法律知识,交流当好人大代表的体会与经验,以此不断提高代表的素质。

2. 工作制度方面　宪法和有关组织法对各级人大及其常委会的工作程序,规定得较为原则。现在需要总结实践经验,制定出各类具体的工作规程,以利于人大及其常委会的各项工作有章可循,逐步走上制度化、科学化的轨道。例如,要细化与完善各级人大的议事规则。议事规则在规定会议召开日期时,应注意使人大会议的召开日期与会计年度相吻合。若以自然年为会计年度,则人大会议应规定在年底召开,以充分审议与批准下一年的国民经济与社会发展计划以及预算;若人大会议规定为每年年初召开,则会计年度应从人大会议结束后算起。又如,要制定监督制度。包括进一步完善提议案与质询等程序;具体规定撤销有关国家机关不适当的决定的程序以及罢免国家机关工作人员的程序。

进一步健全人民代表大会制度,是政治体制改革和社会主义民主建设的一项十分重要的内容。必须在中国共产党的领导下,从中国的实际出发,切实地推行。既要积极从事,防止停滞不前,又不可操之过急,指望一蹴而就。从根本上说,人民代表大会制度的完善,乃至整个社会主义民主政治的建设,都有赖于社会经济、文化的发展,都是一个逐步积累的渐进过程。

第三章　选 举 制 度

第一节　概　　述

一、选举与选举制度

选举,是指某一社会群体中的全体或部分成员,按照既定的方式和程序,根据自己的意志,选择若干人员担任某项公职的行为。

这一定义包括五层含义。第一,所谓“社会群体”,包括国家、政党、社会团体、企事业单位和基层群众组织等,它们都可能通过其成员的选举行为产生自己的代表或领导,这表明选举的适用范围非常广泛,尤其在现代社会中。第二,所谓“全体或部分成员”,涉及到在一个社会群体中哪些人有资格参加选举,亦即选举主体问题。第三,任何选举都必须预先设定某种方式(如投票、举手、鼓掌、起立等)和某种程序(如划分选区、提出候选人、投票、计票、宣布投票结果等),否则,选举便无法进行。第四,选举,就其词义上讲,即选择与推举。选举人有权根据自己的意志,选择有被选举权的人员中的任何人,这是任何选举的必要条件和关键所在。至于所谓“选举人意志”,是否所有选举人都有自己的意志,以及怎样形成选举人的意志,是值得进一步分析研究的问题。但是,选举若不能反映选举人的意志,就称不上真正的选举。第五,任何选举,都是有目的的行为,即为了选择若干人员担任某项公职。所谓“某项公职”,可以是国家元首,可以是国家代议机关的组成人员,国家行政机关和司法机关的官员,也可以是公司的董事长、经理,工厂的厂长、工会主席,学校的校长、系主任或学生会主席、班长等等。由此可见,选举的基本要素是主体(选举人)、客体(被选举人)、目的、方式、程序、结果;选举的根本特征是实现选举人的意志,从而实现公民的选举权这一现代民主社会中基本的政治权利。

选举制度的涵义,可以从三个不同的层面上加以理解。从广义上说,指有关选举一切公职人员的制度(其中制度是法律、法规、章程、规则和惯例等等所有规范、准则的总和);从中义上说,指有关选举各类国家机关(代议机关、行政机关、司法机关等)组成人员的制度;从狭义上说,专指有关选举国家代议机关组成人员的制度。本章讲的是狭义上的选举制度,其内容包括选举权和被选举权的确定、选举所遵循的原则、选举的组织机构、选举的方式和程序、代表与选民的关系等,这些内容一般都在各国的宪法、选举法和有关法律中得以明确的规定。

现代社会里,大多数国家宣布"主权在民",或"一切权力属于人民"。只有人民才能行使国家权力。但是,人民又不可能事事亲自行使国家权力,于是,必须通过选举,将属于全体人民的国家权力委托给由人民选出的代表(议员)所组成的国家代表(议)机关去直接行使,或委托给人民选出的立法机关、行政机关和司法机关去分别行使。从这一意义上说,选举是人民进行权力委托的行为,是国家代表机关,从而也是国家行政和司法机关获得合法性的途径,是现代代议民主政治的基础。没有选举便没有代议制,便没有现代民主政治。选举制度无疑是现代国家政治制度的一个重要组成部分。

二、当代中国选举制度的形成

当代中国的选举制度是从新民主主义革命时期革命根据地的选举制度发展而来的。在土地革命时期、抗日战争时期和解放战争时期，中国共产党领导中国人民创建了革命根据地和革命政权，实行了革命政权的选举制度，为新中国选举制度的形成提供了宝贵的历史经验。

革命根据地的选举制度虽然还不完善，但当时所采取的某些原则和方式仍然是引人注目的。例如，在不同历史条件下尽可能地追求选举权的普遍性；坚持男女平等；直接选举与间接选举相结合；对少数民族的选举权利给予特殊照顾；抗日政党与团体间的竞选；土地革命时期的候补代表制；实行差额选举等。

在总结新民主主义革命时期民主选举的历史经验基础上，在确定实行人大制度的同时，1949 年 9 月，第一届中国人民政治协商会议制定的建国大纲——《共同纲领》中规定，新中国实行普选制度。但是，建国伊始，由于军事行动在大陆还没有完全结束，土地改革未曾全部实现，人民群众尚未充分组织起来，在这种情况下，不可能立即开展普选，以产生各级人民代表大会。为此，在政权组织形式和选举制度方面都采取了一些过渡性的措施。在中央，由中国人民政治协商会议全体会议代行全国人民代表大会的职权；在地方，由地方各级各界人民代表会议，逐步代行地方各级人民代表大会的职权。当时的有关法规规定：凡反对帝国主义、封建主义、官僚资本主义，赞成共同纲领，年满 18 岁之公民，除患精神病及被褫夺公权者外，不分民族、阶级、性别、信仰，均得当选为代表。同时，还规定了各级各界代表会议产生的程序和方法。这就构成了建国初期带有过渡性质的选举制度。当时，各级各界人民代表会议的代表主要由下一级人民代表会议协商推选产生，或者由各民主党派、人民团体、当地驻军自行协商推选产生，或者由军管会、地方人民政府共同商定邀请而来。限于历史条件，当时一般都采取举手表决的方式。

1952 年底，全国军事行动已经结束，土地改革彻底实现，人民群众已经组织起来，三年的国民经济恢复工作基本完成，开展普选产生各级人大的条件逐渐成熟。1953 年 1 月 13 日，中央人民政府委员会通过的《关于召开全国人民代表大会及地方各级人民代表大会的决议》指出："必须依照共同纲领的规定，及时地召开由人民用普选方法产生的全国人民代表大会代替现在由中国人民政治协商会议的全体会议执行全国人民代表大会职权的形式，用普选的地方各级人民代表大会，代替现在由地方各界人民代表会议代行人民代表大会职权的形式，俾能进一步地加强人民政府与人民之间的联系，使人民民主专政的国家制度更加完备，以适应国家计划建设的要求。"与此同时，建立了选举法起草委员会。1953 年 2 月，中央人民政府委员会通过了当代中国第一部选举法，即《中华人民共和国全国人民代表大会和地方各级人民代表大会选举法》，根据当时的实际情况，《选举法》对中国实行普选的基本原则、程序和方法等作了具体规定，从而标志着中华人民共和国选举制度的正式形成。这一制度继承了革命根据地民主选举的历史传统，吸取了解放初期新中国政权建设的新鲜经验，也借鉴了国外选举制度的某些有益因素。

形成于 1953 年的中国选举制度，有一个明显的指导思想，即既强调发扬民主，又坚持从实际出发。选举制度作为人民当家作主的重要体现与保障，自然必须强调发扬民主。然而，民主的实现程度又离不开经济的、政治的、文化的、历史的条件。无视诸条件的制约，急于追求"高度的民主"，只能流于形式而于实质无益，甚至会陷于形式主义而有碍民主实质的体现。正如周恩来当年所言，"关于直接选举的问题，中国是全世界人口最多的国家，直接选举目前实在不容易办到。至于平等这一项，假如按人口比例也不行，农民占全国人口的 80%，那么选出来的代表就会大多数是农民，这种情况还不能够适应于今天革命的形势和要求。不记名的秘密投票方式，依照目前人民的文化程度来说，也是做不到的，许多地方只能用举手或投豆的方式。”[①]为此，在强调发扬民主的同时，还必须坚持从实际出发。这一指导思想其实至今仍然是适用的。

1953 年的《选举法》颁布后，全国开展了中华民族有史以来的第一次普选活动。全国进行基层选举的地区共有人口 571 434 511 人，登记选民有 323 809 684 人，占选举地区 18 周岁以上的人口总数的 97.18%。实际参加投票的 278 093 100 人。实际参加投票的选民数与选民总数之比，即参选率，为 85.88%。全国共选出基层人大代表 5 609 144 人。在此基础上，组成了各基层人大，并进而选举产生了地方各级人大和全国人大。

三、当代中国选举制度的发展

自 1953 年选举法实施后的最初十余年间，中国选举制度的贯彻还比较正常。总的来说，各级人大尚能按期改选。但在“文革”时期，中国的选举制度受到了严重破坏，全国几乎没有进行过真正的选举，人大制度亦名存实亡。

十年内乱之后，中国的工作重点转移到社会主义现代化建设上来，并迅速恢复和发展了社会主义民主与法制。与 1953 年相比，中国的政治、经济形势已发生了极大变化，如生产资料所有制的改造早已结束，剥削阶级作为阶级已经被消灭，国民经济有了较大的发展，全国人民的组织程度和文化水平也有了明显的提高。

当经济、政治、文化等客观条件有了一定改善后，应该从完善制度着手，促进民主程度的提高，只有这样，才能使民主的实质在新形势下得到更好的体现。经历了“文革”动乱的中国人深深认识到了这一点。为此，1979 年 7 月，第五届全国人大第二次会议关于修改宪法若干规定的决议中，规定将直接选举的范围扩大到

---

① 《周恩来统一战线文选》，人民出版社 1984 年版，第 140 页。

县级,并规定选举各级人大代表,一律实行无记名投票。与此同时,在全面修改1953年的《选举法》的基础上,颁布了新的《选举法》,即当代中国的第二部《选举法》。与1953年的《选举法》相比,新《选举法》主要有以下9个方面的变化:(1)将直接选举的范围扩大到县级;(2)规定一律实行差额选举;(3)将原规定的无记名投票和举手表决并用,改为一律实行无记名投票;(4)将原规定的按选民居住情况划分选区,改为按生产单位、事业单位、工作单位和居住状况划分选区;(5)将原规定的只有不属于党派、团体的选民或代表才能联合或单独提出代表候选人,改为任何选民或代表只要1人提出,3人以上附议,都可推荐代表候选人;(6)规定如果所提候选人名额过多,难以确定正式候选人时,可以进行预选;(7)将原规定的候选人以获得出席选民或代表的过半数票始得当选,改为须获全体选民或全体代表的过半数票始得当选;(8)规定每个少数民族至少要有1名全国人大代表;(9)规定可以采用各种形式宣传候选人,等等。新《选举法》进一步扩大了中国选举制度中社会主义民主的程度。

1982年12月,第五届全国人大第五次会议根据刚通过的新宪法的有关内容以及实践中积累的新经验,对《选举法》作了一次局部性的修改。主要是:(1)把“人民公社”改为“乡、民族乡”,“人民公社管理委员会”改为“乡、民族乡人民政府”;(2)将原规定“华侨代表的产生办法另订”改为“全国人民代表大会和归侨人数较多地区的地方人民代表大会,应当有适当名额的归侨代表”;(3)将原规定的“另行选举”的当选票数同样须过半数改为不少于1/3票即可;(4)对少数民族的选举,在每一代表所代表的人口数方面,作出进一步有利于民族平等的规定;(5)对候选人的介绍方式,也作了新规定。

1983年3月5日,全国人大常委会根据《选举法》的基本精神,颁布了《关于县级以下人民代表大会代表直接选举的若干规定》(以下称《关于直接选举的若干规定》)。它具体规定了选举委员会的职权、选区的大小、选民推荐的代表候选人的限额,并提出了被提名的代表候选人都应列入候选人名单而不得增减,等等。

1986 年 12 月 2 日,第六届全国人大常委会第十八次会议在总结多年来选举工作实践经验的基础上,通过了关于修改《选举法》的决定,主要就以下方面对《选举法》又作了进一步修正:(1)规定经登记确认的选民资格长期有效;(2)将选民或者代表 1 人提出、3 人附议推荐代表候选人改为选民或者代表须有 10 人以上联名方可推荐代表候选人;(3)取消预选;(4)直接选举中正式代表候选人应多于应选代表的差额,由"1/2—1 倍"改为"1/3—1 倍";(5)全国人大代表名额改为不超过 3 000 人;(6)规定每一选民接受代为投票的委托不得超过 3 人;(7)规定直接选举时,选区全体选民过半数参加投票,选举有效。将直接选举中代表候选人获得全体选民过半数的选票始得当选,改为获得参加选举的选民过半数的选票,始得当选,等等。

1995 年 2 月,第八届全国人大常委会第十二次会议根据宪法、《选举法》的基本原则和近年来选举工作的实践经验,又一次对《选举法》作了修改与补充。主要涉及以下方面:(1)规定地方各级人大的代表总名额主要由"基数"与按人口情况而定的"增加数"构成,并具体规定了各级的"基数"与"增加数"的标准;(2)规定香港、澳门两个特别行政区均应选出全国人大代表,应选代表的名额和代表产生的办法,由全国人大另定;(3)调整了农村每一代表所代表的人口数与城市每一代表所代表的人口数之间的比例;(4)规定各级人大中应有适当数量的妇女代表,并应逐步提高妇女代表的比例;(5)调整了选民名单与(初步)候选人名单公布的日期;(6)恢复了间接选举中的"预选";(7)完善了"另行选举"、"代表辞职"及"罢免代表"的具体程序;(8)调整了乡级选举委员会的隶属关系。

总之,1979 年以来《选举法》的几次修改和补充,使中国的选举制度在民主性、科学性、可操作性方面逐步有了发展,从而有利于坚持和完善人民代表大会制度,保障人民充分行使国家权力。随着选举经验的进一步积累以及经济、文化等各方面条件的进一步成熟,我国选举制度还会继续向前发展。

第二节 选举制度的主要原则

一、普遍原则

所谓"普遍原则",即指选举权和被选举权的普遍性。选举权是指公民选举国家代表机关代表的权利;被选举权是指公民被选为国家代表机关代表的权利。这是公民参加国家管理的最基本的政治权利。

宪法和《选举法》明确规定:中华人民共和国年满 18 周岁的公民,不分民族、种族、性别、职业、家庭出身、宗教信仰、教育程度、财产状况和居住期限,都有选举权和被选举权。依照法律被剥夺政治权利的人没有选举权和被选举权。这里,"中华人民共和国公民"是指有中华人民共和国国籍的人。中华人民共和国的任何一名公民均不得因其财产的多寡,在一地居住时间的长短、民族、种族、宗教信仰的不同,性别、职业和家庭出身的差异及教育程度的高低等因素而被剥夺选举权和被选举权。法律还规定,各级人大应当有适当数量的妇女代表,并应逐步提高妇女代表的比例;全国人大和归侨人数较多地区的地方人大,应有适当名额的归侨代表。即使是旅居国外的中华人民共和国公民,只要在县级以下人民代表大会代表选举期间在国内的,按《选举法》规定也可以参加原籍地或者出国前居住地的选举。这些都充分表明,在中国,享有选举权和被选举权的范围是十分广泛和普遍的。宪法和《选举

法》对中国公民享有选举权和被选举权的限制仅有两条:

(1) 中国公民,只有年满18周岁,方可成为选民,享有选举权和被选举权。这是因为享有选举权和被选举权即意味着参与国家政治生活,需要有一定的社会经验和政治行为的能力。根据中国青少年成长的情况,一般须满18周岁,才比较成熟,基本上具备政治行为能力。因此,宪法和法律规定享有选举权和被选举权的年龄标准为满18周岁,是较为合适的。

(2) 依法被剥夺政治权利的人没有选举权和被选举权。选举权和被选举权是公民政治权利的重要内容,因而依照法律被剥夺政治权利的人自然也包括被剥夺选举权和被选举权。1953年的《选举法》根据当时的情况对这类人的范围作了具体规定,他们主要是依法未改变成分的地主阶级分子,依法被剥夺政治权利的反革命分子,其他依法被剥夺政治权利者。由于中国社会发展的特有历史条件,新中国成立后,民族资产阶级一直被作为人民的范畴,享有政治权利。这样,被剥夺选举权和被选举权的公民,只是一个相当微小的数字。据统计,第一次普选时,依法被剥夺选举权和被选举权的人共计868万,约占当时18周岁以上的总人数的2.6%。在1979—1980年的普选中,全国依法被剥夺选举权和被选举权的人(主要是敌视和破坏社会主义制度的反革命分子、敌特分子和严重危害社会治安的刑事犯罪分子),只占18周岁以上总人口的0.03%,(上海市只占0.01%)而享有选举权和被选举权的人占18周岁以上总人数的99.7%。

可见,从法律到实践,中国的选举权和被选举权均具有极大的普遍性。

二、平等原则

所谓"平等原则",即指每个选民,都在平等的基础上参加选举,不允许任何选民有任何特权,也不允许任何选民受到任何歧视。前述年满 18 周岁公民的选举权和被选举权不因民族、种族、性别、职业、家庭出身、宗教信仰、教育程度、财产状况和居住期限等因素而受限制,既体现了普遍原则,也体现了平等原则。就选举权而言,《选举法》规定:“每一个选民在一次选举中只有一个投票权。”就被选举权而言,在选票面前,人人平等。严格按照得票情况决定当选者。

然而,在某些问题上,中国的选举制度并不强调形式上的绝对平等,而是从本国的实际情况出发,作了一些变通性规定。比如,现行《选举法》规定,全国人大,省、自治区、自治州、县、自治县人大代表的名额,均由本级人大常委会按照农村每一代表所代表的人口数 4 倍于城市(镇)每一代表所代表的人口数的原则分配。按照这一规定,如农村每 4 万人口可分到 1 名代表,那么,城市(镇)是每 1 万人口就可分到 1 名代表。这样,由城市(镇)选出的 1 名代表,代表 1 万人口;农村选出的 1 名代表,则代表 4 万人口。《选举法》还规定,人口特少的乡、民族乡、镇,至少应有县级人大代表 1 人。直辖市、市、市辖区的农村每一代表所代表的人口数,应多于市区每一代表所代表的人口数(但未规定具体比例)。

又如,在少数民族代表方面,《选举法》规定,人口特少的民族,至少也应有全国人大代表 1 人。有少数民族聚居的地方,每一聚居的少数民族都应有代表参加当地的人民代表大会。聚居境内同一少数民族的总人口数不足境内总人口数 15% 的,每一代表所代表的人口数可以适当少于当地人民代表大会每一代表所代表的人口数,但不得少于 1/2;实行区域自治的民族人口特少的自治县,经省、自治区的人大常委会决定,可以少于 1/2。人口特少的其他民族,至少应有代表 1 人。聚居境内同一少数民族的总人口数占境内总人口数 15% 以上、不足 30% 的,每一代表所代表的人口数,可以适当少于当地人大每一代表所代表的人口数,但该少数民族的代表名额不得超过代表总名额的 30%。散居的少数民族应选当地人大的代表,每一代表所代表的人口数可以少于当地人民代表大会每一代表所代表的人口数。

以上规定,在形式上似乎不平等,但却反映了中国现实的城乡发展状况和民族状况。中国人口绝大多数居住在农村,如果城、乡的人民代表所代表的人口数完全相同,那么,各级人大的绝大多数代表必将是农民。这样,无法体现各方面的代表性,也难以保障工人阶级在国家中的领导地位。从目前的实际情况看,城市是政治、经济、科学文化的中心,是工人阶级(包括知识分子)密集的地方。让城市每一代表所代表的人口数低于农村,有利于保证工人阶级的领导和人民代表大会的广泛代表性。当然,随着经济的发展,城乡差别的日趋缩小,这方面的具体规定会有所变化。例如,原来规定农村每一全国人大代表所代表的人口数应 8 倍于城市每一全国人大代表所代表的人口数;农村每一省(自治区)人大代表所代表的人口数应 5 倍于城市每一省(自治区)人大代表所代表的人口数。经过十多年改革开放,不少地区的乡镇企业蓬勃兴起,农村商品化日益发展,工农之间、城乡之间的差别较以前有了明显的缩小。为此,全国人大常委会将县级以上各级人大中城、乡每一代表所代表的人口数之间的比例一律改为 1∶4。经过更长一个历史时期,当工农差别、城乡差别基本消失后,有关这一“比例”的规定也必将随之撤销。另外,中国有 55 个少数民族,他们的人口在全国总人数中占很小的比例。如果不作前述特殊规定,各少数民族在各级人大中的代表就难以保证。《选举法》对汉族与少数民族每一代表所代表的人口数作出不同规定,是对少数民族的必要照顾,使各级人大中都有一定名额的少数民族代表,从而保证各民族都能通过各级人大平等地讨论、决定和管理国家事务。

当然,这种实质上的平等以形式上的不平等来体现,只是我国社会主义初级阶段进程中的阶段性现象。随着经济政治文化的发展,我国将逐步实现城市化并通过大力发展生产力来逐步减小城乡差别、民族差别，社会主义民主也将在内容和形式、理论与实践上不断趋于统一。

三、直接选举与间接选举相结合的原则

就选民的角度讲，由选民直接通过投票等方式，选举产生国家代表机关的代表，称直接选举；由下一级代表机关代表选民的意志，选举产生上一级国家代表机关代表的，称间接选举。前者是选民意志的直接表达，后者是选民意志的间接表达。从理论上讲，前者的民主程度更高。但对于民主方式的选择绝不可脱离现实的条件。当代中国从实际出发，一直采用直接选举与间接选举相结合的方式。不过，两种选举的适用范围曾有过变化。

1953 年选举法规定："全国人民代表大会之代表，省、县和设区的市人民代表大会之代表，由其下一级人民代表大会选举之。乡、镇、市辖区和不设区的市人民代表大会之代表，由选民直接选举之。"也就是说，各基层人民代表大会代表由直接选举产生，县和县级以上的各级人民代表大会代表均由间接选举产生。这是因为，新中国成立初期，经济相当落后，交通极为不便，群众觉悟与文化水平尚待提高，并缺乏全国普选的经验，直接选举的范围不能过大。经过 20 多年的社会主义革命和建设，中国的经济、政治、文化和交通条件都有了较大发展，人民的民主意识和组织程度亦有了提高，并且积累了从 1953 年以来多次全国普选的经验，这些都为扩大直接选举的范围创造了条件。鉴于此，1979 年选举法扩大了直接选举的范围，规定县（自治县）人大代表也由直接选举产生。这对于发展社会主义民主，加强地方政权建设有着重要意义。

首先，广大选民直接选举县人大代表，比起以往只是直接选举乡、镇人大代表来，明显扩大了直接参与政治生活的权利。这就有利于增强人民当家作主的意识和责任感，激发人民群众的政治热情，同时也有利于人民群众在较大范围的政治参与中提高政治素

质和政治才能。

其次，以往县人大代表由乡、镇人民代表大会选举产生，他们对乡、镇人大负责，受乡、镇人大监督。现在，他们由选民直接选举产生，则应该直接对选民负责，直接受选民监督。为此，县人大代表应该经常深入选民，直接听取选民的呼声和意见，并向选民报告自己的和县人大的工作情况。选民也可以直接向自己选出的县人大代表反映意见，而对于那些违法乱纪或严重失职的县人大代表，经过一定程序，还可以直接罢免。这样，便于加强县人大及其代表与群众的直接联系，有利于加强县一级政权的建设。

再次，县一级政权在中国整个国家政权的组织系统中是一个承上启下的重要环节，加强了县一级政权的建设，就能推动乡、镇一级的政权建设。同时，各个县的直接选举搞好了，能为省级和全国人大代表的选举奠定坚实的基础，有助于省和全国一级政权的建设。

扩大直接选举的范围至县一级，也是政治体制改革的一项重要成果。至 1998 年为止，已在全国范围内进行了 6 次县级人大代表的直接选举。从实践来看，总的情况是成功的。但调查表明，有些地方由于缺乏经验，直接选举中尚有某些不足之处，有待于在实践中进一步改进。

直接选举能达到哪一级，要根据国家的经济、政治、文化、交通、通讯等各方面的实际条件来决定。当代中国选举制度的发展方向，应该是实行直接选举的级别越来越高，直至全国人大的代表都由直接选举产生。但是，现阶段中国还不具备直接选举全国人大代表的条件。就全国大多数地区来讲，直接选举省级人大代表的条件也未具备。因而，需要经过一个时期，在各方面条件基本成熟后再作决定。

四、秘密投票(无记名投票)原则

秘密投票即无记名投票，是指选举人采取不公开的方式，在选票上只注明自己选中的人，而不签署自己的姓名，并亲自将选票投入密封的票箱。任何人不得在任何时候采取任何方式追查选举人的选举行为。无记名投票能使选民在填写选票时，不受外界的干扰和影响，从而可以消除顾虑，真正按照自己的意愿挑选自己满意的人当代表。同无记名投票相对的，是记名投票或者以起立、欢呼、举手等公开方式代替投票。这些公开表明自己意愿的方法，有较大的局限性，只能在少数特定的情况下采用。

按照1953年的《选举法》规定，乡、镇、市辖区和不设区的市人大代表和乡、镇出席县人民代表大会代表的选举，采用以举手代替投票的方法，也可以采用无记名投票的方法；县以上各级人大的选举，采用无记名投票方法。当时作出这样灵活的规定，主要是考虑到群众中有大批文盲，如果一律采用无记名投票，只会给选举带来困难。后来，随着扫除文盲运动的展开和中小学教育的普及，大众的文化水平已普遍提高。从1958—1963年的几次基层选举中，大多数地区已采用了无记名投票方法。时至1979年，中国已基本具备一律采用无记名投票进行选举的条件。因而，新的《选举法》规定："全国和地方各级人民代表大会代表的选举，一律采用无记名投票的方法"。这一规定，使中国选举制度在民主程度上又前进了一大步。但是，鉴于中国一些农村，尤其是边远地区，至今仍有不少文盲，因此《选举法》同时规定："选民如果是文盲或者因残疾不能写选票的，可以委托他信任的人代写。"实践中，即使在部分城市，也仍然有少数选民由于文化程度等原因不能写选票，委托他人代写选票，因此投票站设有"代写选票处"。

无记名投票虽是一种投票方式，但它直接关系到人民群众自由表达自己的意愿这一重大问题，因而，它也成为选举制度的原则之一。

五、差额选举原则

差额选举,实际上是多额选举,即指提供投票的候选人数多于应选代表数的一种选举方式。差额选举给选举人提供了较大的选择余地,其民主程度较等额选举(提供投票的候选人数等于应选代表数)更高。现代民主国家一般都实行差额选举,且视之为选举制度的一项原则。中国从1979年起确立差额选举原则,由《选举法》规定各级人大代表的选举,一律采用差额选举方式。既然是差额选举,必然出现有人当选、有人落选的现象,也就是说,每一个候选人都面临着两种可能。这有利于候选人增强“接受选民选择”的观念,也有利于避免某些领导人按照个人意志,安排人选、保证当选的现象。

为了确保上述各项原则的贯彻,《选举法》作出两项保障性规定:第一,经费保障。全国人大和地方各级人大的选举经费,由国库开支。从而为广大选民和代表行使选举权和被选举权提供了物质条件。第二,司法保障。《选举法》专章规定,对有下列破坏选举的违法行为的,应依法给予行政处分或者刑事处分:(1)用暴力、威胁、欺骗、贿赂等非法手段破坏选举或者妨害选民和代表自由行使选举权和被选举权的;(2)伪造选举文件、虚报选举票数或者有其他违法行为的;(3)对于控告、检举选举中违法行为的人,或者对于提出要求罢免代表的人进行压制、报复的。在实践中,给予上述行为以刑事处分时,可援引《刑法》第一百四十二、第一百六十七、第一百四十六条的规定,对上述第1类行为“处3年以下有期徒刑或者拘役”;对上述第2类行为“处3年以下有期徒刑、拘役、管制或者剥夺政治权利;情节严重的,处3年以上10年以下有期徒刑”;对上述第3类行为“处2年以下有期徒刑或者拘役;情节严重的,处2年以上7年以下有期徒刑”。这就为选民和代表自由行使选举权和被选举权，为选举工作的顺利开展，进一步提供了法律保障。

第三节 主持选举的机构与选举程序

一、主持选举的机构

1953 年的《选举法》曾规定，从中央到基层各级都设立选举委员会，作为办理全国和地方各级选举事宜的机关。按照现行《选举法》规定，从中央到基层分两种情况，即直接选举由本级选举委员会（以下简称“选委会”）主持，间接选举由本级人大常委会主持。这是因为，直接选举从宣传选举法、培训骨干、划分选区、登记选民、提出候选人，一直到进行投票等，工作量极大，必须设立一个专门机构来主持；而间接选举不存在划分选区、登记选民这些任务，相对来说，工作量较少，由本级人大常委会主持即可。例如，全国人大常委会主持选举全国人大代表的工作；某省人大常委会主持本省选举省级人大代表的工作。

选委会就其性质而言，是主持和办理选举工作的临时性机构。选举工作一旦完成即行撤销。根据现行《选举法》和 1983 年 3 月 5 日通过的《关于直接选举的若干规定》，不设区的市、市辖区、县、自治县的选委会，其组成人员由本级人大常委会任命，并受其领导。乡、民族乡、镇的选委会，其组成人员由不设区的市、市辖区、县、自治县的人大常委会任命，受不设区的市、市辖区、县、自治县的人大常委会领导。实践中，各地多以地方性法规规定选举委员会组成人员的来源与数额。例如，《上海市区县及乡镇人大代表直接选举实施细则》规定，“区、县选举委员会由 15 人至 29 人组成，由各政党、各人民团体和有关主管部门的负责人参加。乡镇选举委员会由 9 人至 13 人组成。”《选举法》还规定，省、自治区、直辖市、设区的市、自治州的人大常委会指导本行政区域内县级以下人大代表的选举工作。

选委会主要职权是:(1)主持本级人大代表的选举;(2)规定选举日期;(3)进行选民登记,审查选民资格,公布选民名单;受理对于选民名单不同意见的申诉,并做出决定;(4)划分选举本级人大代表的选区,分配各选区应选代表的名额;(5)汇总并公布代表候选人名单,根据较多数选民的意见,确定和公布正式代表候选人的名单;(6)委派人员主持投票站或选举大会的选举;(7)确定选举结果是否有效,公布当选代表名单。此外,还有拟订选举工作计划、培训选举工作人员、宣传《选举法》受理对选举中违法行为的检举和控告等。

选委会可以设立办事机构。实践中,一般都设办公室,由有关部门派人参加。办公室通常含秘书组、联络组、宣传组、组织组、选民登记及选举事务组等,各组负责办理选举中的某项具体事务。有些地方的选委会还设立它的派出机构。比如上海市规定,各(市辖)区的选委会可以按照街道、企业事业单位或者系统设立精干的选举工作组,作为区选举委员会的派出机构,负责指导所辖选区的选举工作。而各个选区则成立选举工作小组,负责本选区内的有关选举事务。

二、划分选区与选民登记

在直接选举中,选委会建立后,即应拟订选举工作计划、规定选举日期,并着手划分选区。

所谓选区,是指选民进行直接选举,产生代表的基本单位,亦是代表联系选民,开展经常性工作的基本单位。1953 年《选举法》规定,“按居民居住情况来划分选区”。当时的中央选举委员会还具体规定:“划分选区时,须照顾路程的远近。每一选区的大小,一般以直径不超过 20 里为原则,特殊情况者例外。”这一规定适合于建国初期的实际情况。经过20多年,中国城镇就业人员大为增多,大多数选民都属于一定的工作或学习单位,其中不少人的居住地点与工作(学习)地点并不一致。他们对本单位的人事比较熟悉,而对居住地区的情况了解甚少。因而,1979年通过的《选举法》改为:“选区应按生产单位、事业单位、工作单位和居住状况划分。”1986年底,则修改为:“选区可以按居住状况划分,也可以按生产单位、事业单位、工作单位划分。”据此,城镇中有生产(工作、事业)单位的选民一般在本单位所属的选区参加选举,无生产(工作、事业)单位的选民应在其居住地的选区参加选举。这样,便于选民提出代表候选人,选出自己满意的人当代表,也能使代表在任期内便于联系选民,接受选民的监督。此外,以生产(工作、事业)单位划分选区,还便于各选区统一安排选举。按照法律规定,选区的大小,应“按照每一选区选1至3名代表划分”。城镇中各选区每一代表所代表的人口数应当大体相等。农村中各选区每一代表所代表的人口数也应当大体相等。在实践中,农村选县级人大代表时一般由几个村联合划为一个选区,人口特多的村或者人口少的乡,可单独划为一个选区;选乡级代表时,一般由几个村民小组合为一个选区,人口多的村民小组或人口少的村,也可以单独划为一个选区。在城镇,一般出现3类选区:(1)由1个生产(工作、事业)单位或1个居民区单独建立的选区,称独立选区;(2)由几个生产(工作、事业)单位联合组成的选区称联合选区;(3)由1个居民区与该地区内的若干生产(工作、事业)单位联合组成的选区称混合选区。一个选区往往又划为若干选民小组,由选民推选产生小组长。选举活动中的有些内容,如学习文件、提出与介绍候选人等,一般都在选民小组中进行。

选区划定后,一般由选委会主持培训各选区的选举工作人员,并向选民宣传《选举法》。然后,按选区进行选民登记。选民登记是一项非常严肃的工作,它是对每一个选民,予以法律上的认可,

首长作出最后决策,并由其单独签署。

第四节　行政监督体制

行政监督是指对国家行政机关及其工作人员的职务行为是否合乎宪法和法律而实施的全面监察与督促。行政监督的目的在于确保国家行政机关及其工作人员依法正确使用行政权力,防止对行政权力的滥用。

一、地位

行政监督是民主政治的本质特征。任何国家的行政权力从实际运作的意义上说都是掌握在少数人即行政官员手中,而任何行政官员都有其自身相对独立的利益,这就存在着从私利出发滥用公共权力、滋生腐败的可能。在民主政治下,按照主权在民的原则,人民将国家行政权力赋予行政机关及其行政官员,是权力的委托而非丧失,因此人民始终应当掌握对国家行政的最后控制权,这在制度上就表现为行政监督制度。

中国正处于从计划经济体制转向社会主义市场经济体制的社会转型时期,行政腐败是一个比较突出的政治现象。一方面政府作为社会发展的主导力量,在很大程度上掌握着资源的垄断权,拥有广泛而实际的权力,对社会经济事务的某些方面仍习惯于计划经济体制下的管理模式——过于深入、具体的干预,从而为权力与私人经济利益的结合提供了可能;另一方面由于经济体制尚在转型过程中,难免出现体制上的“漏洞”,客观上也为行政腐败提供了机会。在此情况下,通过加强行政监督对政府行政活动进行监控以抑制行政腐败,促进行政活动规范化,就成为一个更为必要的任务。

二、外部监督

行政系统外部监督是指以非行政组织的力量为主体对国家行政机关及其工作人员所实施的监督行为。它主要包括以下途径。

1. 权力监督 这是指各级人大及其常委会即国家权力机关对本级国家行政机关及其工作人员实施的监督。从法理上说,中国各级国家行政机关都是各级国家权力机关的执行机关,必须由它产生并对其负责,接受其监督。权力监督包括法律监督和工作监督。前者是针对国家行政机关执行宪法、法律的情况所实施的监督,后者是针对行政机关执行人大决议、决定情况所实施的监督。国家权力机关有权通过撤销国家行政机关不适当的决定、命令,罢免行政机关领导人员以及视察、审议、质询政府工作来实施监督。近年来,一些地方人大在人大及其常委会闭会期间,组织部分代表或全体代表,对本级政府职能部门及其领导人员进行"评议"(包括"述职评议"),在一定程度上弥补了国家权力机关对国家行政机关及其工作人员经常性监督不足的缺陷。

2. 司法监督 这是以各级人民法院、人民检察院等司法机关为主体,针对国家行政机关及其工作人员的违法行为所实施的侦查、审判等监督行为。其中,人民法院专门设立行政审判庭审理行政案件。1989 年 4 月通过的《行政诉讼法》进一步明确了法院受理行政诉讼的权限与程序。人民检察院设立法纪检察部门受理国家行政机关及其工作人员的违法案件,开展调查并向法院提出公诉。1988 年 7 月,最高人民检察院法纪检察厅正式成立。另外,人民检察院又设立经济检察部门,许多人民检察院还专设反贪局,受理行政机关工作人员的贪污案、行贿受贿案等。

3. 政党监督 中国共产党作为执政党,是整个国家的领导力量,一方面它有权对政府机关执行党的路线、方针、政策的情况进行监督,另一方面政府机关的行政首长大部分是中国共产党党员,以党的组织、党的纪律对其进行监督,往往具有明显的权威和效力。中国共产党通过党的各级纪律检查委员会和设在国家行政机关内部的党组,检查和处理行政机关中党组织和党员的违法乱纪行为,同时也设立信访部门接受群众信访,核实后由党内作出处理决定或转交有关政府部门处理。另外,各民主党派作为参政党,也有权通过各级政治协商会议、人民政府参事会等方式对国家行政活动进行监督。

4. 社会监督 中华人民共和国公民有权利通过工会、共青团、妇联等人民团体和群众组织,向政府工作提出批评和建议,也可以通过信访活动对政府机关及其工作人员的问题进行批评和检举,还可以申诉、控告、举报行政违法违纪行为。据报道,人民检察院有关贪污贿赂案的立案、侦查,不少缘于人民群众的举报。社会监督的一个重要方面,是发挥报刊、广播、电视等新闻媒体和社会舆论工具的作用,揭发国家行政机关及其工作人员的违法失职行为,引起社会与政府的广泛重视。在此方面,中央电视台每日播放的“焦点访谈”节目是一个范例。不少地方的新闻媒体也在不同程度上发挥社会监督的功能。为了排除干扰,保障与规范舆论监督的开展,有关方面正在拟订《新闻出版法(草案)》。

三、内部监督

行政系统内部监督是指以行政系统内部的特定层次和特定机关为主体,对其他行政机关及其人员所进行的监督。具体而言,它又包括三种主要形式。

1. 上级监督 上级行政机关或行政领导有权对下级行政机关及其人员实施监督。一般上级行政机关通过撤销下级不适当的决定、命令,考核、奖惩下级人员和指导、检查、督促下级工作来实施行政监督,另外又可以通过行政复议撤销下级错误的行政决定。

2. 审计监督 这是指专门的国家审计机关通过对行政机关

的财政、财务和经济活动进行全面监督和评价的方式，监督国家预算的分配与使用是否合法、合理和有益，以预防和纠正国家财政经济活动中的违法行为。在国家行政机关承担大量经济管理事务的条件下，审计监督成为最重要、最有效的行政监督方式之一。1983年9月，国家审计署正式成立，县级以上地方各级人民政府相继设立审计局或科。各级政府中的审计机关由本级政府行政首长直接领导，依照法律规定独立行使审计监督权，不受其他行政机关、社会团体和个人的干涉。审计机关在监督过程中对违法违纪的机关或个人具有一定的处理权，必要时可以依法移交监察或有关部门处理，情节严重构成犯罪的，可提请司法机关追究法律责任。

3. 监察监督　这是指专门的国家行政监察机关通过检查、调查与处理等方式，对国家行政机关及其工作人员所实施的监督。现在的国务院监察部成立于1987年。到1988年4月前后，地方各级人民政府的监察机关相继成立。地方政府中的行政监察机关实行双重领导体制，既接受所在人民政府领导，又受上级国家行政监察机关领导。监察机关有权对监察对象进行调查和检查，并根据结果，提出监察建议或监察决定。1993年1月，根据中共中央和国务院的决定，中纪委和监察部"合署办公"，实行一套机构、两项职能（党的纪律检查和行政监督）的体制。地方各级均仿照中央实行合署制度，目的是加强行政监察的权威。合署后监察部仍属国务院序列，地方监察机关的双重领导体制不变。1997年公布实施的《行政监察法》，明确了行政监察机关的权限，标志着监察监督开始走上规范化的轨道。

从总体上看，中国国家行政监督迄今为止已经形成了一个相对完整的、内外结合的体制。问题是，如何充分发挥行政监督的有效性？这首先有赖于进一步完善内外结合的这一行政监督体制，进一步开掘这一体制的潜能，同时还有赖于行政监督体制外各类相关因素的支持和配合。

第五节　国　务　院

一、性质与地位

中华人民共和国国务院,即中央人民政府,是最高国家权力机关的执行机关,是最高国家行政机关。这就是国务院的性质以及它在国家机构体系中的地位。具体而言:

1. 国务院即中央人民政府　这就明确规定了国务院不同于其他国家机关。"政府"这一概念,有狭义与广义两种解释。狭义仅指国家行政机关,而广义则泛指国家的立法、行政、司法等各种机关。根据1949年《共同纲领》和《中央人民政府组织法》的规定,当时的中央人民政府,指的是对外代表中华人民共和国,对内领导国家政权的中央人民政府委员会以及由它统辖的四大机关:作为国家政务最高执行机关的政务院,作为国家军事最高统辖机关的人民革命军事委员会,作为国家最高审判机关的最高人民法院和作为国家最高检察机关的最高人民检察署。可见,当时我国对"政府"作广义上的解释,其中的政务院仅作为中央人民政府的一个部分存在和行使职权。1954年,第一届全国人民代表大会通过了我国第一部社会主义类型的宪法。根据宪法规定,政务院改称国务院。国务院与政务院的最大区别在于:政务院不管军事行政,不设国防部,而国务院则下设国防部,以担负原人民革命军事委员会的国防建设和军事行政方面的职能。国务院正式独立成为"中央人民政府",作为全国人大及其常委会的执行机关,行使国家的最高行政权力,"政府"一词在我国宪法、法律上也因此转为狭义上的解释。此后,在中国宪法上一直沿用"国务院即中央人民政府"的规定,国务院同全国人民代表大会、国家主席、中央军事委员会、最高人民法院、最高人民检察院等,共同构成中央一级国家机构。

2. 国务院是最高国家权力机关的执行机关　这就明确规定了国务院对于全国人民代表大会及其常务委员会的从属地位。国务院由最高国家权力机关产生,它对最高国家权力机关负责,并受其监督。与此相对应,国务院的主要职责体现在:贯彻执行全国人大及其常委会通过的宪法、法律和决议。国务院对全国人大及其常委会负责并报告工作;在全国人大上,由国务院总理作政府工作报告,提请大会审议;在全国人大常委会的会议上,国务院及其有关部门也经常就某些重大事项作工作报告,请求常委会审议。并且,依据宪法规定,全国人大常委会有权撤销国务院制定的同宪法、法律相抵触的行政法规、决定和命令。

3. 国务院是最高国家行政机关　这就明确规定了国务院在整个国家行政机关体系中居于最高的领导地位。我国的国家行政机关体系由最高国家行政机关和地方各级国家行政机关组成,而各级国家行政机关均由其同级国家权力机关产生。也就是说,全国人大和地方各级人大分别设立各自的执行机关,形成了从中央到省(自治区、直辖市)、市(自治州)、县(自治县、市、市辖区)、乡(民族乡、镇)完整的国家行政机关体系。在这个体系中,国务院居于最高地位,作为最高国家行政机关,统一领导各部、各委员会的工作和不属于各部委的全国性行政工作,并统一领导全国地方各级国家行政机关的工作,全国各级地方政府都必须服从国务院的统一领导。因此,国务院既有权改变或撤销各部、各委员会颁布的不适当的命令、指示和规章,又有权改变或撤销地方各级国家行政机关的不适当的决定和规章,以保证全国行政工作的统一。

二、组成与任期

(一) 组成

国务院的组成曾经有过变化。1954 年前,作为国务院前身的中央人民政府政务院，由中央人民政府委员会任命总理一人、副总理若干人、秘书长一人、政务委员若干人组成。政务委员必须兼任政务院所属委员会的主任委员或部长，不是由政务委员兼任的主任、部长，就不属于政务院的组成人员。按照1954年宪法规定，国务院不再设政务委员。国务院组成人员包括：总理、副总理若干人、各部部长、各委员会主任和秘书长。1975年和1978年宪法，又从国务院组成人员中取消了秘书长一职。按照1982年制定的现行宪法规定，国务院由总理、副总理若干人、国务委员若干人、各部部长、各委员会主任、审计长和秘书长组成。

在国务院的组成人员中，总理占有显要的地位。自现行宪法规定国务院实行总理负责制后，总理的地位尤为突出。

国务院总理由中华人民共和国主席提名，全国人民代表大会决定，国家主席任免。在国务院组成人员中，国务院副总理主要协助总理工作；国务委员一职是1982年上半年国务院机构改革中为减少副总理人数而设置的，地位相当于副总理，有的兼任部长或委员会主任。国务委员受总理或国务院常务会议的委托，负责某些方面的工作或重大的专项任务，并且可以代表国务院进行外事活动；国务院秘书长在总理领导下负责处理国务院的日常工作；审计长则负责国家财政和财务收支活动的监督工作。国务院各部、各委员会实行部长、主任负责制，各部部长、各委员会主任领导本部门的工作，召集和主持部务会议或委员会会议，签署上报国务院的重要报告和下达的命令、指示。

在总理负责制下，副总理和国务委员协助总理工作，并与秘书长、各部部长、各委员会主任、审计长一起，向总理负责。国务院副总理、国务委员、各部部长、各委员会主任、审计长、秘书长的人选均由总理提名，全国人民代表大会决定，国家主席任免。在全国人民代表大会闭会期间，根据总理的提名，全国人大常委会有权决定部长、委员会主任、审计长、秘书长的人选，由国家主席任免。

（二）任期

根据现行宪法规定，国务院每届任期与全国人民代表大会每届任期相同，均为五年一届。总理、副总理和国务委员连续任职不得超过两届。

三、职权

国务院作为我国最高国家权力机关的执行机关和最高国家行政机关，担负着全面领导和组织我国一切重大国家行政事务的管理职责，拥有宪法赋予的广泛的职权。

现行宪法在恢复1954年宪法所列国务院职权的基础上，作了进一步的扩大，共计18项。其中，新增加的职权有：制定行政法规；批准自治州、县、自治县、市的建置和区域划分；批准省、自治区、直辖市的区域划分；决定省、自治区、直辖市的范围内部分地区的戒严等。

根据宪法规定，国务院的职权大体可归纳为以下九个方面。

（一）行政立法权

国务院有权根据宪法和法律，制定在全国具有普遍法律效力的规范性文件，即行政法规。1982年，现行宪法赋予国务院行政立法权，是适应社会主义法制建设需要的重要举措，也是适度扩大国务院职权范围的显著标志。

（二）行政制令权

国务院有权根据宪法和法律，规定行政措施，发布决定和命令。规定行政措施、发布决定和命令是国家行政机关针对特定的、具体的事项而采用的经常性的行政行为。它不同于行政法规，不属于行政立法。

（三）行政提案权

国务院有权向全国人大及其常委会提出属于它们职权范围内

的议案。通过这项职权,国务院可以及时充分地向最高国家权力机关反映在行政活动中出现的新情况、新问题,并就此提出建议,经由立法机关的法律程序,转化为国家法律、决议。

(四)行政领导权

国务院作为最高国家行政机关,统一领导全国各级国家行政机关的工作。其一,国务院有权规定各部和各委员会的任务与职责,统一领导各部和各委员会的工作,并且领导不属于各部和各委员会的全国性的行政工作;其二,对地方各级国家行政机关,国务院统一领导其工作,规定中央和省级国家行政机关之间职权的具体划分。全国地方各级国家行政机关,都应服从国务院的统一领导。

(五)行政监督权

国务院有权改变或撤销各部、各委员会发布的不适当的命令、指示和规章,有权改变或撤销地方各级国家行政机关的不适当的决定和命令,以保证全国各级国家行政机关忠实地贯彻执行宪法、法律和国务院的行政法规等。

(六)管理权

国务院统一领导和管理全国内政外交等各项事务。其主要内容包括:(1)经济方面。如:编制和执行国民经济和社会发展计划和国家预算;领导和管理经济工作和城乡建设。(2)社会方面。如:领导和管理教育、科学、文化、卫生、体育和计划生育工作;领导和管理民政、公安、司法行政和监察等工作;领导和管理民族事务,保障少数民族的平等权利和民族自治地方的自治权利;保护归侨和侨眷的合法权利和利益。(3)国防方面。如:领导和管理国防建设事业。(4)外事方面。如:管理对外事务,同外国缔结条约和协定;保护华侨的正当权利和权益。(5)行政区划方面。如:批准省、自治区、直辖市的区域划分;批准自治州、县、自治县、市的建置和区域划分。

（七）戒严权

国务院有权决定省、自治区、直辖市的范围内部分地区的戒严。

（八）人事权

国务院有权审定行政机构的编制，依照法律规定任免、培训、考核和奖惩行政人员。

（九）全国人大和全国人大常委会授予的其他职权

第六节 国务院的行政机构

一、沿革

为了有效地发挥国家的行政职能，国务院必须按照需要、精简、统一和效能的原则，依法设置一整套办事高效、运转协调、行为规范的行政机构。

建国以来，随着我国社会主义建设事业的发展，国务院连同其前身政务院的行政机构经历了几次大的调整与变动。

建国初期，政务院设35个行政机构，其中包括1个秘书厅，30个部级机关（部、会、院、署、行）以及政治法律委员会、财政经济委员会、文化教育委员会、人民监察委员会这四个存在于政务院与部级机关间的一级组织实体。在四个委员会中，前三者分别指导各有关部门工作，并有权向它们颁发决议和命令，审查执行情况，而人民监察委员会则负责监察国家行政机关和公务人员是否履行职责。当时，政务院工作人员共1万多人。

1952年，恢复国民经济的任务提前完成，有计划的大规模的经济建设即将开始。为了加强中央的集中统一领导，从重工业部中分出一机部、二机部、建设工程部和地质部；从教育部中分出高等教育部、体委、扫盲工作委员会等，加强了政务院组织机构建设。

至1953年,政务院行政机构增加到42个[①]。

1954年9月,政务院改为国务院,撤销了政治法律、财政经济、文化教育、人民监察四个委员会,增设了政法、文教、重工业、轻工业、财贸金融、交通、农林水利、对私改造等8个办公室,作为国务院所属35个部、委的归口管理单位。此外,还第一次设立国家统计局、国家计量局等20个直属机构(副部级),主办各项专门业务。是年,国务院行政机构包括秘书厅已达到64个。

此后两年又调整、增设了一些部、委和直属机构,至1956年底,国务院行政机构达86个,其中部、委48个,工作人员5万余人。当时,国务院的许多经济管理部门是按行业、按产品经济管理原则设置的,既指导地方政府有关机构的工作,又直接管理企事业单位,权力日益集中,自上而下开始形成一整套部门对口管理的体制。这样,随着工农业生产的分工越来越细,政府的行政机构也就越设越多。国家行政机构日益臃肿庞大,办事效率低,不能适应生产力发展的矛盾逐渐突出。为改变这种状况,根据毛泽东同志1956年《论十大关系》讲话精神,国务院决定把中央一部分管理权下放给地方和企业,以便发挥地方和企业的主动性和积极性。为此,1958年2月,第一届全国人大第5次会议作出了《关于调整国务院所属组织机构的决定》,国务院开始对所属机构进行精简和调整,撤销、合并了20个工作部门。1959年,第二届全国人大召开时,国务院设立的行政机构降为60个,其中部、委39个,直属机构14个,办公室6个、秘书厅1个。工作人员也裁减到3.6万人。

三年"大跃进"运动加上其他一些因素,给国民经济带来严重困难。1961年开始对国民经济实行"调整、巩固、充实、提高"的八字方针,中央重新强调集中与统一,把1958年以来下放给地方管

① 1952年增设的国家计划委员会,其地位与政务院平列,故不能作为政务院的行政机构。

理的企事业单位又陆续收归中央部门管理，国务院因此恢复并增设了一些行政机构。到1964年底，国务院共有行政机构79个，其中包括49个部委、22个直属机构、7个办公室和1个秘书厅，工作人员达4.1万人。

1966年“文化大革命”开始后，国家行政工作陷入混乱状态。在“斗、批、改”的过程中，国务院大量裁并机构和下放人员。到1970年底，国务院只设32个部门，其中还有的归军委办事组、中央文革小组领导，实际上国务院只领导19个部门，1万名工作人员。这是建国以来国务院行政机构数的最低点。1971年至1973年和1975年，我国经济体制进行两次整顿，国务院行政机构得到一定程度恢复。至1975年底，国务院设部委29个、直属机构19个、办公机构4个，共52个行政机构，工作人员2.3万余人。

1976年“文革”结束后，国务院基本上按照“文革”前的管理体制设置行政机构。至1978年第五届全国人大召开时，国务院共设机构75个，包括37个部、委，31个直属机构，7个办事机构。至1981年底，国务院行政机构增至100个，包括52个部、委，5个办公机构，43个直属机构，工作人员达5.1万人，达到建国以来最高峰。

1980年邓小平在《党和国家领导制度的改革》一文中，针对高度集权、机构臃肿、官僚主义等弊端，提出进行政治体制改革的任务。1982年邓小平又强调指出，精简机构是一场革命。同年，五届全国人大常委会23次会议通过了《关于国务院部委机构改革实施方案的决议》。根据重叠的机构撤销，业务相近的机构合并的原则，撤委并部，大大减少直属机构。经过改革，国务院部委减为43个，直属机构减为15个，办事机构减为2个，加上1个办公厅，共61个工作部门。工作人员缩减为3.9万人。这次改革中，唯一新设的机构是国家经济体制改革委员会，由国务院总理兼任主任，负责进行国家经济体制改革的研究、规划、设计和实施，为中央和国务院的决策提供参考。

1982年的国务院机构改革取得了一些成果,但总的来说,仍是以“精简机构,减少编制”为目标,着眼于机构本身的撤减与合并,以及隶属关系上的变更,并未从转换政府职能着手。随着改革开放的深入,政府需要处理的事务也随之增多,精简后的政府机构出现了新一轮的膨胀,至1987年底,国务院行政机构又增至72个,其中部、委45个,直属机构22个,办事机构4个,办公厅1个。工作人员5万余人。

总结以往政府机构“精简—膨胀—再精简—再膨胀”的教训,中共十三大提出了“机构改革必须抓住转变职能这个关键”。1988年召开的第七届全国人大第一次会议,批准了以转变政府职能为核心的国务院机构改革方案。按照转变职能、政企分开的原则,把直接管理企业的职能转移出去,把直接管钱、管物的职能放下去,把决策、咨询、调节、监督和信息等职能加强起来,使政府对企业由直接管理为主逐步转到间接管理为主。同时,把原来行政机关的部分职能转移到各种行业协会去承担。按照这个方案,国务院撤销了原国家计委、国家经委、煤炭部、石油部等12个部委机构,新建国家计委、人事部、能源部、航空航天部等9个部委机构。在对部委机构的建设上,减少政府直接干预企业经营活动的职能,增强其宏观调控职能。例如:新组建的国家计委,是在撤销原国家计委和国家经委的基础上设立的,它是国务院管理国民经济和社会发展的综合部门,是一个高层次的宏观管理机构。与原来的两委不同,它不再承担微观管理和行业管理的职能。这次机构改革,在突破口的寻求上,从原来单纯的精简人员、机构转移到转变职能上来,政府从微观管理走向宏观管理,是一项新的探索与尝试。经过这次改革,国务院行政机构减少至65个,包括41个部委、18个直属机构和5个办事机构、1个办公厅。精简幅度不大,但在性质上发生了变化。

1988 年机构改革的新尝试，在当时处于经济体制刚刚开始转轨的过程中，客观条件不成熟的社会环境下，对政府管理职能的界定仍很模糊，无法“一步到位”地完成机构改革的目标。在这次机构改革之后，国务院机构仍呈膨胀趋势。至 1992 年底，国务院部委 41 个、直属机构和办事机构 44 个、加上办公厅，又达到 86 个工作部门，此外，还有 85 个非常设机构。政企不分、机构臃肿、效率低下以及政府机构内部存在的关系不顺已成为进一步深化经济体制改革的障碍。

1992 年，党的十四大明确提出要建立社会主义市场经济体制。与这一经济体制的改革相配套，1993 年 3 月，第八届全国人大第一次会议批准了新的国务院机构改革方案。这次改革，以适应社会主义市场经济发展的要求为目标，坚持以转变政府职能为重点，根本途径是政企分开，把属于企业的权力放给企业，政府的行政职能主要是统筹规划、掌握政策、信息引导、组织协调、提供服务和检查监督。为此，加强了综合经济部门。如，新组建国家经济贸易委员会，其职能是对国民经济运行中重大问题进行协调。此外，一些专业经济部门也进行了重大改革，如，撤销航空航天工业部，分别组建航空工业总公司和航天工业总公司，作为经济实体；撤销轻工业部、纺织工业部，分别组建中国轻工总会、中国纺织总会，主要职能是搞好行业规划，实施行业政策，进行宏观指导和为企业提供服务。1993 年的机构改革使综合经济部门的重点置于加强宏观调控体系，专业经济部门的重点由部门管理转向行业管理，打破部门界限和所有制界限，实行以经济、法律手段为主的间接管理，在适应建立社会主义市场经济体制需要，转变政府职能方面，迈出了关键的一步。同时，对国务院的直属机构和办事机构也进行了改革，不再设置部委归口管理的国家局。通过改革，国务院行政机构由原来的 86 个减少至 59 个，其中部委 40 个，直属机构和办事机构 18 个，加上办公厅 1 个。非常设机构由 85 个减少至

26 个。

由于历史条件的制约,在市场经济体制仍不成熟,政企关系仍未理顺,产权关系仍不明晰的客观环境下,1993 年的机构改革仍是有限的。虽然取得了一定的成绩,提出了以适应社会主义市场经济发展的要求为目标,但对政府职能的定位仍很笼统、模糊,并未从根本上改变政府机构的规模,政府机构的设置在很大程度上仍遵从计划经济体制下的一套做法。随着建立社会主义市场经济体制的逐步推进,机构设置同社会主义市场经济发展的矛盾更趋突出,新的社会主义市场经济体制呼唤新的政府。继续加快政府机构改革,成为深化经济体制改革以促进经济发展的迫切需要。1997 年召开的党的十五大提出"继续推进政治体制改革"的任务,以适应经济体制改革的深入和社会主义现代化建设跨越世纪的发展。其中,再一次强调要"推进机构改革"。1998 年 3 月,第九届全国人大第一次会议审议通过了 1998 年国务院机构改革的方案。根据这一方案,1998 年机构改革的目标定为:建立办事高效、运转协调、行为规范的行政管理体系;转变政府职能,实现政企分开,要把政府职能切实转变到宏观调控、社会管理和公共服务方面来,把生产经营的权力真正交给企业;按照精简、统一、效能的原则,调整政府组织机构,实现精兵简政,加强宏观经济调控部门,调整和减少专业经济部门,适当调整社会服务部门,加强执法监管部门,发展社会中介组织;完善国家公务员制度,建设高素质的专业化国家行政管理干部队伍,建立适应社会主义市场经济体制的有中国特色的行政管理体制。1998 年机构改革中,将煤炭工业部,机械工业部,冶金工业部,国内贸易部,轻工总会和纺织总会分别改组为国家煤炭工业局,国家机械工业局,国家冶金工业局,国家国内贸易局,国家轻工业局和国家纺织工业局,由宏观调控部门国家经济贸易委员会加以管理。国家经贸委及其管理的各国家局负责制定行业规划和行业法规,实施行业管理。这些国家局不再直接管理企业,所制定的行业规划、行业法规以国家经贸委的名义加以发布,更好地发挥国家经贸委对经济活动的综合协调和宏观管理作用。这次机构改革将国务院部委由40个减少至29个,同时设15个直属机构和6个办事机构。

社会主义市场经济体制的逐步形成,要求中国政府管理体制作出相应的变革,首当其冲的就是政府机构改革。政府机构的改革,也是政治体制改革和社会主义政治建设的重要内容,是深化经济体制改革和加快社会主义现代化建设步伐的重要条件。1998年的政府机构改革,坚持适应社会主义市场经济体制,建立一个新的、高效的、精简的政府的方向,在总结以往机构改革的经验教训的基础上有了进一步的深入发展。尽管经济体制改革深度尚不够、事权划分会引起利益冲突、精简人员的安排有一定难度等现实问题会使机构改革存在一定的阻力,使本次机构改革具有一定的过渡性,但它仍是一场体制创新力度大、涉及面广的机构改革,对中国最终建立一个适应社会主义市场经济体制要求的,具有中国特色的办事高效、运转协调、行为规范的行政管理体系会产生重要的推动作用。

二、类别

1998年3月召开的第九届全国人民代表大会第一次会议通过了关于国务院机构改革的方案。依据方案对国务院组成部门进行调整、精简、整顿后,国务院共设置29个部、委、行、署,1个办公厅,15个直属机构和6个办事机构。

(一)部、委、行、署

部、委、行、署是国务院的职能机构。在国务院统一领导下,负责领导和管理政府某一方面的行政事务,并相对独立地行使这一方面的国家行政权力。也称国务院组成部门,其行政首长均为国务院的组成人员。部与委员会之间存在某些区别:一般而言,部所管理的业务比较专门,其涉及面较集中;而委员会则具有综合管理的职能,其管理对象通常涉及多个部门。因此,往往在委员会中设立兼职委员,由有关部门的负责人参加,以便于各有关部门共同讨论、协商有关本委员会工作的重大问题。国务院组成部门的设立、撤销或合并,都必须经总理提出,由全国人大决定;在全国人大闭会期间,由全国人大常委会决定。而其行政首长应由总理提名,全国人大或全国人大常委会决定,由国家主席任免。1998 年机构改革之后,列入国务院组成部门序列的部、委、行、署共有 29 个,其中包括 22 个部、5 个委员会、1 个中国人民银行和 1 个审计署。国务院组成部门的名称一般冠以"中华人民共和国"字样。如:中华人民共和国外交部,简称为外交部。各部、委员会内部一般实行部长、主任负责制。

部、委、行、署,按照其担负的职能和管理领域的不同,可作如下分类:

1. 宏观调控部门　包括国家发展计划委员会、国家经济贸易委员会、财政部和中国人民银行。其主要职责是:保持经济总量平衡,抑制通货膨胀,优化经济结构,实现经济持续快速健康发展,健全宏观调控体系,完善经济、法律手段,改善宏观调控机制。

2. 专业经济管理部门　包括铁道部、交通部、建设部、农业部、水利部、对外贸易经济合作部、信息产业部和国防科学技术工业委员会。其主要职责是:制定行业规划和行业政策,进行行业管理,引导本行业产品结构的调整,维护行业平等竞争秩序。

3. 社会保障和资源管理部门　包括劳动和社会保障部、人事部、国家计划生育委员会、国土资源部。其中,劳动和社会保障部的主要职责是:管理城镇职工社会保险、机关事业单位社会保险、农村社会保险、各行业部门统筹的社会保险以及医疗保险。人事部的职能是:综合管理专业技术人员和国家公务员,承办国务院监管的大型企业领导人员的任免事宜,承办国务院向重点大型企业派出稽查特派员的管理工作。国土资源部的职能是:土地资源、矿产资源、海洋资源等自然资源的规划、管理、保护与合理利用。

4. 国家政务部门 包括外交部、国防部、司法部、公安部、国家安全部、国家民族事务委员会、民政部、监察部和审计署。

5. 教科文卫管理部门 包括教育部、科学技术部、文化部、卫生部。

(二) 国务院办公厅

国务院办公厅,是国务院的综合性日常办公机构。它一般不直接主管政府某一方面的业务,其主要职责是在总理领导下,负责处理国务院的日常工作,如:协助总理密切与国务院各部门、各省、自治区、直辖市人民政府的联系,为国务院领导提供信息、反映情况、传达政令、办理文电和会议事务,承办不属于部委业务范围的交办事项,处理人民来信来访等。办公厅由秘书长领导,并设副秘书长若干人,以协助秘书长的工作。国务院办公厅与部、委、行、署同属于国务院组成部门,国务院秘书长作为总理领导国务院工作的行政助手,属于国务院的组成人员,有权参加国务院常务会议。

(三) 直属机构

直属机构,是在国务院统一领导下,主管某项专门行政业务的机构。直属机构的业务具有独立性、系统性和专门性的特点,不便于划归各部委,需要专设机构加以管理。1998 年机构改革之后,共设有 15 个直属机构,其名称不一。一般来说,涉外的均冠以“中华人民共和国”或“中国”字样。如:中华人民共和国海关总署、中华人民共和国国家旅游局、中国民用航空局等;比较而言,凡涉及业务范围较广泛的,机构独立性大的,均冠以“国家”字样,如:国家统计局、国家物价局、国家气象局等;凡业务范围较窄,机构独立性较小的,均冠以“国务院”字样,如:国务院参事室、国务院宗教事务局等。

国务院直属机构的行政地位低于部、委、行、署,依据《国务院组织法》的规定,其设立、撤销或变动由国务院常务会议讨论决定。直属机构的行政首长(一般相当于副部级)经国务院常务会议讨论决定,由总理任免,他们不是国务院的组成人员。

(四) 办事机构

办事机构,是国务院内部设立的,以协助总理办理专门事项为职责的工作机构。在名称上,办事机构均冠以"国务院"字样。经过1998年机构调整,国务院共设有国务院外事办公室、国务院港澳事务办公室、国务院研究室等6个办事机构,办事机构的设立、合并及撤销,由国务院决定,其行政首长的任免由国务院总理负责。

(五) 国家局

国家局其全称为国务院部委归口管理的国家局。1988年机构改革中设立的部委归口管理的国家局,如:分别由原轻工总会、原纺织总会、原煤炭工业部、原冶金工业部改造而来的国家轻工业局、国家纺织工业局、国家煤炭工业局、国家冶金工业局等,既接受有关部委的领导,又具有相对的独立性,它们不是部委内部的职能司局。国家局在来源上,有的原来是国务院的直属机构,转为国家局后,不再直属国务院领导。这些国家局不再直接管理企业,而转为负责制定行业规划和行业政策,进行行业管理。

综上所述,国务院部、委、行、署,国务院办公厅,直属机构和办事机构,均是根据宪法、《国务院组织法》的有关规定而设立的,因而列入国务院行政机构序列之内。除此之外,国务院还有法律上未作明确规定,而根据实际工作需要而设立的机构。这些机构一般有三种类型。

1. *直属事业单位*　经过1993年机构改革,国务院共设有8个直属事业单位,它们分别是:中国轻工总会、中国纺织总会、新华通讯社、中国科学院、中国社会科学院、国务院发展研究中心、中国气象局和中国专利局。1998年机构改革,又对此作了变动,新增国家体育总局为直属事业单位，同时将原有的中国轻工总会、中国纺织总会分别改组为国家轻工业局、国家纺织工业局，作为国家局，由国家经贸委加以管理，不再属于直属事业单位。

2. 议事协调机构和临时机构　非常设机构在1993年机构改革之后，改称为议事协调机构和临时机构。按照其设立原因的不同，分为以下三类：(1)国务院为指导某些专门性工作而设立的办事机构，一般称为国务院某某办公室或某某领导小组，如：国务院技术改造办公室、国务院第五次全国人口普查领导小组；(2)协调或调节性的机构，一般称为某某委员会或某某领导小组，如：国务院残疾人工作协调委员会；(3)邀请有关专家或部门负责人组成的咨询性机构，一般称为国务院某某委员会，如：国务院环境保护委员会。

议事协调机构和临时机构的工作涉及范围广。一方面往往牵涉到两个以上的工作部门，另一方面往往承担跨部门或跨地区的具综合性、协调性的工作任务。一般由总理、副总理、国务委员或秘书长牵头，组成专门委员会或领导小组开展工作。这些委员会或领导小组，大部分没有单设的办事机构，其日常工作只能由相关的其他常设部门来承担。议事协调机构和临时机构的设立，也应本着需要和精简的原则，避免在行政实践中出现因议事协调机构和临时机构设置过多过滥，造成机构重叠，从而影响常设机构职能发挥的现象。1993年机构改革大刀阔斧地将非常设机构由原来的85个减为26个，其余59个撤销后的非常设机构的工作移交给各部委及直属机构、办事机构。

3. 全国性大型工业公司　国务院原则上不直接管理企业(公司)，但有些关系国计民生的大公司，或由国务院工作部门改制而来，或由国务院批准成立和任用干部。国务院有关部门按照政企分开的原则，对其进行规划、指导、监督和协调。主要有：中国石油化学工业总公司、中国石油天然气总公司、国家核工业总公司等。

这些全国性大型工业公司作为经济实体,不再承担政府行政职能,并朝着进一步企业化的方向发展。它们的出现是围绕建立现代企业制度,为深化国有企业改革创造条件的一种尝试和探索,使政府的经济管理职能真正转变到制订和推行宏观调控政策,搞好基础设施建设,创造良好的经济环境上来,是经济体制和政治体制改革的新成果。

第七节　国务院及其部、委的行政立法

现代意义上的国家行政最重要的特征之一就是依法行政,即以法律来规范与制约政府的行政行为,避免行政机关滥用国家行政权力,同时,也以法律保障行政权的正当行使。这也是我们“依法治国,建设社会主义法治国家”的题中应有之义。依法行政的前提在于有法可依,这就需要通过行政立法为行政提供具体法律依据。狭义的行政立法仅指国家行政机关制订、发布有关国家行政方面的规范性文件,而广义的行政立法,除此之外,还包括国家立法机关制订有关国家行政方面的法律、法规。在我国,国家行政机关的行政立法又可分为国务院行政立法、国务院各部、委行政立法和部分地方政府行政立法。随着社会主义市场经济体制的建立和发展,国家进一步加强了行政立法工作。依据 1998 年向九届全国人大一次会议所作的政府工作报告所述,仅在 1993 年至 1997 年间,国务院制定行政法规 197 个。另据统计,从 1983 年到 1998 年 10 月止,国务院共制定行政法规 700 多个。

现行宪法规定,国务院有权根据宪法和法律,制定行政法规。国务院各部、各委员会有权根据法律和国务院的行政法规、决定和命令,在本部门的权限内,制定规章。

一、制定行政法规

（一）概念与特征

“行政法规”这一概念，在1982年以前泛指有关国家行政方面的各类法律与规章。按照1982年宪法规定，则特指最高国家行政机关国务院为领导和管理国家各项行政事务，根据宪法和法律，按照法定程序制定和发布的规范性文件。其主要特征是：

第一，行政法规的制定者是最高国家行政机关国务院，其他国家行政机关都无权制定。

第二，行政法规是指国务院发布的规范性文件，效力仅次于宪法和法律，在所有国务院文件和其他国家行政机关制定的规范性文件中地位最高，对所有国家行政机关、企事业单位、社会团体、公民具有普遍的约束力。

第三，行政法规所制约和保障的是国家行政权力的运用，调整的是国家行政机关在行政活动中所发生的种种关系。

第四，行政法规对于法律来讲，具有从属性，行政法规的内容不得与宪法和法律相抵触。如有抵触，全国人大常委会有权撤销之。

第五，行政法规的制定和发布，必须依照法定的行政立法程序进行。

（二）名称

依照《行政法规制定程序暂行条例》的规定，行政法规的名称有“条例”、“规定”和“办法”之分。

所谓“条例”，是指对某一方面的行政工作作出比较全面、系统规定的行政法规，如1997年9月国务院发布的《国务院行政机构设置和编制管理条例》。条例是国务院发布的最高级别的行政法规，它具有严格的条文形式，国务院其他文件都不得与之相冲突。所谓“规定”，指的是对某一方面行政工作的某些问题作出规定的行政法规,如1987年1月发布的《国务院关于进一步推进科技体制改革的若干规定》。值得注意的是,作为行政法规的"规定",在名称上均冠以"国务院"字样,以区别于行政规章中的"规定"。所谓"办法",指的是对某一项行政工作作出比较具体规定的行政法规。如1993年国务院发布的《中华人民共和国归侨侨眷权益保护法实施办法》。

一般说来,凡涉及外交事务的"条例"、"规定"和"办法",均冠以"中华人民共和国"字样,如:1997年10月发布实施的《中华人民共和国契约暂行条例》、1987年8月发布的《中华人民共和国国务院关于来华工作的外籍人员工资、薪金所得减征个人所得税的暂行规定》等。

(三) 分类

行政法规按照其目的和制定的根据不同,可划分为以下四种。

1. *授权性行政法规*　是指全国人大或全国人大常委会授权国务院并经全国人大常委会批准的行政法规,是授权行政立法所产生的行政法规。1982年宪法颁布以来,全国人大及其常委会通过了两个"授权决定":1984年9月,全国人大常委会通过的《关于授权国务院改革工商税制和发布试行有关税收条例(草案)的决定》,1985年4月全国人大通过的《关于授权国务院在经济体制改革和对外开放方面可以制定暂行的规定或者条例的决定》。根据这些规定,国务院可以在授权范围内制定行政法规。在中国的立法实践中,当全国人大和全国人大常委会制定某项法律的条件还不成熟时,往往先授权国务院制定行政法规以适应社会生活的需要,待条件成熟之后,再由最高国家权力机关加以立法。这种授权性行政法规效力上相当于国家法律,法律地位高于其他的行政法规。如:《中华人民共和国消防条例》。

2. *执行性行政法规*　是指国务院为执行全国人大常委会的某项法律、决定、决议而制定的行政法规。如1997年11月为执行

《中华人民共和国合伙企业法》而制定的《中华人民共和国合伙企业登记管理方法》。一般说来,执行性的行政法规在其第一条中,须说明制定本行政法规的法律依据。如《中华人民共和国进出口关税条例》第一条规定,“根据《中华人民共和国海关法》的有关规定,制定本条例。”如果所依据的法律变更或废止时,执行性行政法规也随之发生变化或废止。

3. 补充性行政法规　是指为了补充法律或其他行政法规的未尽事项而制定的行政法规。如国务院对原来的《关于劳动教养问题的决定》所作的《关于劳动教养的补充规定》。制定补充性行政法规,是因为法律或其他行政法规对于某些情况不能预料或不宜详细规定,当实际情况发生变化后,就需要及时加以补充。

4. 自主性行政法规　是指针对那些尚未由法律或行政法规规定的行政事务而制定的行政法规。如《国库券条例》。自主性行政法规的依据在于宪法和法律赋予国务院的职权,这一点无须在法律条文中进行说明,但其内容不得与宪法、法律相抵触。

除此之外,根据行政法规调整关系的不同,也可将行政法规分为:规定国家行政机关法律地位的行政法规,规定国家工作人员法律地位的行政法规,规定企事业单位、社会团体法律地位的行政法规,规定公民及外国人法律地位的行政法规;根据行政法规内容的不同可分为:外事方面的法规、教育方面的法规、民政方面的法规等。

(四) 制定程序

根据《行政法规制定程序暂行条例》规定,国务院制定行政法规必须按照法定的程序进行,其具体步骤如下:

1. 规划　是指国务院法制局根据国民经济和社会发展五年计划所规定的各项任务,编制制定行政法规的五年规划和年度计划,报国务院审定。

2. 起草　列入五年规划和年度计划需要制定的行政法规,其起草部门是国务院各主管部门。在行政立法的实践中,如果起草的行政法规的主要内容与几个主管部门的业务有密切关系时,便由国务院法制局或者主要的部门负责,组成由各有关部门参加的起草小组进行工作。

3. 征求意见　一方面,是指行政法规起草前和形成草案后,都需征求有关部门的意见,应当与有关部门协商一致;经过充分协商不能取得一致意见的,应当在上报审查时提出并说明情况和理由,由上级机关出面协调,裁决;另一方面,是指在国家行政机关内部充分协商取得一致意见的基础上,通过公告刊登消息、公布某些法规草案、召开座谈会等多种方式广泛征求公民、法人、专家和其他社会组织的意见。

4. 审查　是指行政法规草案,由起草部门主要负责人签署之后,送国务院法制局审查,并由国务院法制局向国务院提出审查报告。

5. 审定　行政法规草案由国务院常务会议审议,或者由国务院总理审批。授权性行政法规,经国务院常务会议审议后,还要以国务院总理的名义,提请全国人大常务会议批准。国务院发布的行政法规,均由国务院总理签署。

6. 发布　经国务院常务会议审议通过或者经国务院总理审定的行政法规,凡由国务院发布的,由国务院总理签署发布令;由国务院批准,国务院主管部门发布的,由部门主要领导人签署发布令。行政法规发布后,一律在《中华人民共和国国务院公报》及《人民日报》上刊登,使行政法规能及时为社会知晓。

二、制定行政规章

(一) 概念与特点

所谓行政规章,指的是国务院各部委以及各省、自治区、直辖市的人民政府和省、自治区的人民政府所在地的市以及国务院批准的较大的市的人民政府根据宪法、法律和行政法规等制定和发布的规范性文件。国务院各部委制定的可称为部门行政规章，其余的可称为地方行政规章。

部门行政规章具有下列特点。

第一，行政规章的法律地位低于行政法规。行政法规作为国务院发布的规范性文件，在全国范围内具有法律效力，而国务院各部委制定的行政规章只在自己主管的专门领域内有效。制定行政规章应以法律或行政法规作为依据，若无相应的法律或行政法规为依据，又急需制定时，应报请国务院批准。在不与现行宪法、法律和行政法规相抵触的前提下，依据客观实际需要，在职权范围内加以制定；部门行政规章若与宪法、法律、行政法规相抵触，国务院有权改变或撤销之。

第二，部门行政规章与地方行政规章的效力等级相同，居于平行地位。《行政诉讼法》第 53 条规定："人民法院认为地方政府制定、发布的规章与国务院部、委制定、发布的规章不一致的，由最高人民法院提请国务院作出解释或裁决"。《法规、规章备案规定》第 8 条规定，"地方政府规章同国务院部门规章之间或国务院部门规章相互之间矛盾的，由国务院法制局进行协调；经协调不能取得一致意见的，由国务院法制局提出处理意见，报国务院决定"。

虽然宪法与法律未对部门行政规章与地方行政规章的效力等级作出明文规定，但根据以上法律、法规条文的规定，可以看出两者在效力等级上的平行地位。当部门规章与地方政府规章发生效力冲突时，若在司法实践中发生，一般依据《行政诉讼法》的规定来加以解决；若在行政活动中发生，则往往依据《法规、规章备案规定》，通过备案的途径加以解决。

（二）制定程序

国务院各部委的行政规章的制定程序与行政法规的制定程序大体类似，一般都要经过规划—起草—征求意见—审查—审定—

发布等步骤。如果某项行政规章的内容涉及到其他工作部门或者其他国家机关的职权范围,须上报国务院,或与相关工作部门联合发布,如1997年5月国家教委、国家计委、农业部、财政部联合颁发《农村教育集资管理办法》。部门行政规章,由部长或委员会主任签署,且由本部门报国务院备案。几个部门联合制定的规章,由主办部门负责报国务院备案。涉及行政工作中方针、政策或全局性重大事项的行政规章,一般应上报国务院,由国务院批准下发。

(三)名称

国务院各部委的行政规章,依据其不同的内容冠以"实施细则"、"规定"、"办法"等名称,但不得为"条例"。实施细则一般为执行法律和行政法规而制发的。规定与办法,一般为主管部门根据国家法律和行政法规,结合本部门或本行业的实际情况而拟定的具体规定和实施办法。

近几年,国务院直属机构也开始制定和发布规范性文件以适应开展有效管理的客观需要。但在目前,直属机构的行政立法尚缺乏相应的法律依据,人们对这些机构制定的规范性文件能否视为"行政规章"意见不一。建议全国人大常委会在调查研究的基础上,对宪法第九十条作出解释,确认国务院直属机构有制定行政规章的权力,以消弭宪法规定与现实需要之间的冲突。

第五章　国家行政制度(下)

第八节　省级人民政府

一、地方各级人民政府体制的沿革

中国是单一制国家,按照中央政府统一领导、地方政府分级管理的原则,形成了由上至下的"金字塔式"的地方政府结构。

建国初期,政务院制定的省、市、县、区、乡各级地方人民政府的《组织通则》均规定:各级行政区域的"人民行使政权的机关"为本级人民代表大会(或各界人民代表会议)和本级人民政府。在本级人大闭会期间,本级人民政府为本行政区的"行使政权的机关"。县级以上地方各级人民政府包含人民政府委员会,人民法院、人民检察署。乡政府仅含人民政府委员会。可见,当时的地方政府与中央人民政府都是广义上的"政府",实指整个一级国家机关。但存在一点差异:中央人民政府中还专门设有国家行政机关——政务院,受中央人民政府委员会领导。而各级地方政府中,人民政府委员会兼有人大常设机关与国家行政机关的双重角色与功能,没有另设专门的国家行政机关。

1954 年宪法规定,设地方各级人民委员会,即地方人民政府,它既是地方各级人大的执行机关,也是地方各级国家行政机关。而根据 1955 年 11 月全国人大常委会决定,地方各级人民委员会(政府)又兼有本级人大常设机构的某些职权。

“文革”期间,地方各级人民政府被“革命委员会”取代。1975年《宪法》规定,地方各级革命委员会是地方各级人大的常设机构,同时又是地方各级人民政府。1979年7月修改的宪法和通过的地方组织法规定,县级以上各级地方人大设常委会。由此,县级以上各级地方人民政府便不再兼有本级人大常委会的职权。现行宪法规定:“地方各级人民政府是地方各级国家权力机关的执行机关,是地方各级国家行政机关。”

二、地位、组成与任期

(一) 地位

省级人民政府即包含省、自治区、直辖市三类人民政府,建国之初,它曾受大区人民政府(或军政委员会)管辖,1952年底以来,则一直是中国最高一级地方国家行政机关①。

中国的省建制起源于元朝,当时元政府为了加强中央对地方的控制,将山东、河北等毗邻京师之地直隶于中央,并由中书省直接管理,形象地称之为“腹里”。此外,又在其他区域设置了11个行中书省,分别管理若干路、府、州等行政单位。行中书省简称为“行省”,后来又略称为“省”。从此,行省(省)就逐渐成为我国最高一级地方行政区域。明朝基本沿袭元代行省制度,一度曾设北直隶(北京)、南直隶(南京)两京以及十三省。清康熙年间,全国共设26个省级行政区域,其中,省18个。清末之时省增加到22个。民国期间(1929年)增设西康、青海、宁夏、绥远、热河、察哈尔6个新省,共28个省。抗战胜利后,全国调整为35个省。中华人

① 1952年11月15日,中央人民政府委员会决定,将原作为最高一级地方政权机关兼中央人民政府代表机关的各大行政区人民政府(军政委员会)改为行政委员会,仅作为中央人民政府代表机关。此后,省级人民政府便成为最高一级地方国家行政机关。

民共和国成立，全国共设省 32 个。后几经调整与变动，1997 年 3 月，八届全国人大五次会议批准了设立重庆直辖市的议案，至此全国共有 32 个省级行政单位，包括 23 个省、5 个自治区、4 个直辖市。

地方各级人民政府是地方各级国家权力机关的执行机关，是地方各级国家行政机关。作为地方一级国家行政机关，省级人民政府具有双重从属性质，它在国家行政组织体系中的地位具体表现在以下三个方面。

第一，作为省级国家权力机关的执行机关，省级人民政府除了必须执行宪法、法律与行政法规以及最高国家权力机关与最高国家行政机关通过的决议、决定外，还必须执行本级人大及其常委会制定的地方性法规和决议，向本级人大及其常委会负责并报告工作。省级人大及其常委会有权监督本级人民政府的各项工作，改变或撤销本级人民政府的不适当的决定、命令。这表明，省级人民政府从属于本级人大及其常委会。

第二，作为隶属中央人民政府的地方国家行政机关，省级人民政府必须服从国务院的统一指挥和领导。这主要体现在，省级人民政府必须严格执行国务院制定的行政法规、命令与决定，向国务院负责并报告工作。作为最高国家行政机关，国务院有权规定中央和省级国家行政机关的职权的具体划分，并有权改变或撤销省级人民政府作出的不适当的决定和命令。

第三，省级人民政府是最高一级的地方国家行政机关，有权统一领导辖区内的市、县、乡、镇等各级人民政府的工作，统一管理辖区内的经济、社会、文化建设等行政事务。我国幅员辽阔，人口众多，每个省级人民政府平均要领导 90 多个县级人民政府，管辖 4 000 多万人口。中央要在全国实施统一、有效的领导，就必须合理界定中央与地方的权限，理顺中央与地方的关系，充分发挥省级人民政府这个最高一级的地方国家行政机关的作用。

(二)组成与任期

省级人民政府的组成,建国以来经历过多次变化。在新中国成立的初期,“省人民政府”是广义的“省政府”,它不但包含“省人民政府委员会”,而且还包含省人民法院、省人民检察署。省人民政府委员会由省各界人民代表会议选举主席1人、副主席若干人和委员若干人组成,呈报中央人民政府批准任命,任期为每届2年。省人民政府委员会实行合议制,由主席主持委员会会议并领导委员会工作。省政府所属各厅长、局长、委员会主任,凡不是由省人民政府委员兼任的,即不为省政府组成人员。1954年宪法颁布后,省政府的行政首长改称“省长”(自治区仍称“主席”)。省政府称“省人民委员会”,由省人民代表大会选举省长、副省长、委员组成,每届任期4年。法律规定省人民委员会的组成人员为25—55人,人口特别多的省,必须超过55人的时候,须经国务院批准。此外,省人民法院、省人民检察院不再是省政府的机构。“文革”期间,省革委会作为省人民代表大会的常设机关和省人民政府,由主任1人、副主任若干人、委员会若干人组成,每届任期3年。

1979年7月通过的《地方组织法》规定:省、自治区、直辖市的人民政府分别由省长、副省长,自治区主席、副主席,市长、副市长和秘书长、厅长、局长、委员会主任等组成。正、副省长,正、副自治区主席,正、副市长,由省级人民代表大会选举产生。新的一届省级政府领导人员依法选举产生后,还应当在2个月内由正职领导人员提请本级人大常委会任命人民政府秘书长、厅长、局长、委员会主任,并报国务院备案。在本级人大闭会期间,省长、自治区主席或市长因故不能担任职务时,由本级人大常委会从本级人民政府副职领导人中决定代理人选,直到省人大下次会议时再进行补选;在本级人大闭会期间,副省长、自治区副主席、副市长的个别任免由省人大常委会决定。省级人民政府的任期与同级人民代表大会相同,每届为5年。

三、职权

按照现行《地方组织法》规定，省级人民政府的职权大致可以归纳为以下五个方面。

（一）执行权

即执行本级人大及其常委会的决议，执行国务院下达的决定和命令，并保证其在本行政区域内有效、顺利地贯彻实施。

（二）管理权

即全面管理本行政区域内的各项行政事务。如执行国民经济和社会发展计划和预算，管理本行政区域内的经济、教育、科学、文化、卫生、体育事业、城乡建设事业和财政、民政、公安、民族事务、司法行政、监察、计划生育等行政工作。

改革开放以来，尤其是在提出建立社会主义市场经济体制之后，中央与地方的关系得到重新界定，对省级人民政府在财政经济管理方面的职能和权限也进行了适当的调整与扩大。第一，主要是由过去的一灶吃饭改为分灶吃饭，财政分配由过去的条条为主，改为块块为主，通过各种财政包干，省级政府在财政收入和支出方面，拥有更大的自主权。第二，在计划经济体制下，全社会的生产、流通、建设、消费、价格和社会发展各领域，基本由中央统一计划规定，层层分解，地方很少有决定权。改革之后，省级政府可以自行决定几千万元的固定资产投资，广东等经济发达的省还可以决定2亿元以下的项目等。第三，主要是处于经济开发区的省级政府，被赋予较大的经济活动权限，在外贸上扩大了权限，放宽了进出口商品经营权与外汇使用限制等。

（三）地方行政立法和制令权

即根据法律、行政法规和本级人大及其常委会制定的地方性法规，制定行政规章，以及规定行政措施，发布决定和命令。

1979年以后，省级人民政府被赋予制定地方行政规章的职权。这是改革开放以来,省级人民政府职权得到扩大的一个重要标志。行政规章与行政措施、决议和命令不同,它是一种规范性文件,具有普遍适应性和稳定性。因此,制定地方行政规章,可视为一种地方行政立法权。行政规章的制定程序须经过比较严格的既定程序。一般先由主管部门或专门起草小组提出草案,经省政府办公厅与法制办公室研究,列入省级人民政府常务会议或全体会议议程;经充分讨论或修改后,由省长(自治区主席、市长)签发,并在本地权威性报纸或专门性刊物上发表,同时报国务院和本级人大常委会备案。国务院和本级人大常委会如果认为省级人民政府颁布的行政规章不适当,有权予以改变或撤销。

(四)领导与监督权

即全面领导所属各工作部门和下级人民政府的工作;依据法律的规定,任免、培训、考核和奖惩国家行政机关工作人员;改变或者撤销所属各工作部门的不适当的命令、指示和下级人民政府的不适当的决定、命令。

(五)保护权

即保护社会主义的全民所有的财产和劳动群众集体所有的财产,保护公民私人所有的合法财产,维护社会秩序,保障公民的人身权利、民主权利和其他权利;保护各种经济组织的合法权益;保障少数民族的权利和尊重少数民族的风俗习惯,帮助本省各少数民族聚居的地方实行区域自治,帮助各少数民族发展政治、经济和文化的建设事业;保障宪法和法律赋予妇女的男女平等、同工同酬和婚姻自由等各项权利。

四、行政机构

按照中央政府统一领导和垂直管理的原则,省级人民政府参照国务院职能部门的设立情况和根据本行政区域的实际需要,设置与国务院基本相应的行政机构(主管外交、国防等全国性重大事务的行政机构除外)。

建国以来,随着地方经济文化建设的迅速发展,省级人民政府的职权范围不断扩大,其所属的行政机构也与日俱增。1950 年政务院公布的《省人民政府组织通则》规定,各省人民政府应根据其所辖行政区域范围的大小与行政工作的需要,分别设置行政机构。当时,省人民政府的行政机构一般为 25 个左右,相对而言,兵精政简、富有成效。1954 年的《地方组织法》进一步补充规定,省人民政府可以根据实际需要设立各厅、局、处或委员会以及办公厅。直辖市政府尽管不设省政府专属的交通、农业、水利等行政机构,但增设城市管理需要的税务、市政建设和公用事业等局、处或者委员会。1956 年,为防止省级行政机构的膨胀,国务院明令规定:省级人民政府行政机构的设立、增减或者合并,一律由国务院编制委员会统一负责审批。尽管如此,由于经济建设及其他方面的原因,省级行政机关仍有增无减。1957 年,各省级人民政府的行政机构增至 45 个左右,并实行厅(局)和处(科)两级管理体制。

随着我国经济建设步伐的不断加快,省级人民政府的行政机构也随之不断膨胀。1982 年,省级人民政府的行政机构猛增至 80 个左右,有的省居然多达 90 个以上。为此,中共中央、国务院发出了《关于省、市、自治区党政机关机构改革若干问题的通知》,严令省级政府的行政机构要压缩到 35 至 40 个,并明确规定小的省级政府应少于 35 个,大的省级政府可略多于 40 个。这次省级党政机构改革的主要措施在于:对职能重复的机构坚决予以撤销,对业务相近的机构进行适当合并,对有条件改为经济组织的经济管理机构转为经济实体,不再列入政府行政机构编制的序列。改革在一定程度上有效地控制了机构和人员的急剧增长与膨胀,行政机构之间的关系也得到了进一步理顺。但是,在此之后,被撤销或经合并的机构又纷纷以各种形式重新恢复,由于受机构编制规定的限制,许多不得列入政府序列的行政机关变相成为“二级机构”。

转为经济实体的政府经济管理部门,因为各方面条件不成熟,实际上只是所谓的“翻牌公司”。到1985年,各省级政府的厅、局、委员会一级的行政机构一般都增加到60—70个,此外还有一些临时性的机构。

现行《地方组织法》规定:地方各级人民政府根据工作需要和精干的原则,设立必要的工作部门。省、自治区、直辖市人民政府的厅、局、委员会等工作部门的设立、增加、减少或者合并,由本级人民政府报请国务院批准,并报本级人大常委会备案。省级人民政府的各工作部门受本级人民政府统一领导,并且依照法律或者行政法规的规定受国务院主管部门的业务指导或者领导。概而言之,省级政府行政机构的管理和归属主要存在三种情况:一是受省级人民政府的统一领导,同时接受国务院相应部门的业务指导,如商业、卫生、财政等局;二是接受省级人民政府和国务院有关部门的双重领导,如审计、监察、国家安全等局;三是受省级人民政府和国务院有关部门的双重领导,但以国务院有关部门的领导为主,如邮电、铁路等局。

由于至今尚未制定出新的《省人民政府组织法》,当前各省、自治区和直辖市人民政府的行政机构无论是在名称上,还是数量上,都不尽相同。一般地讲,省、自治区人民政府设有50多个行政机构,除办公机构以外,其他行政机构大体可以归为以下四类。

1. 政治与行政综合管理机构　如监察、民政、公安、司法、国家安全、外事、人事、编制、民族事务、宗教事务、侨务、机关事务等厅、局、委员会或办公室。

2. 财政经济综合管理机构　如计划、经济、外贸等委员会,审计、财政、劳动、税务、统计、物质、城乡建设环境保护等厅、局。

3. 财政经济专业管理机构　如冶金、化工、机械工业、机电工业、纺织工业、物资、农业、林业、水利、粮食、商业、工商行政等厅、局、委员会。

4. 科学、教育、文化、卫生管理机构　如科学技术、体育运动、计划生育委员会、教育(高等教育)、卫生、文化、广播电视、电影、新闻出版等厅、局、委员会。

一般而言,省、自治区人民政府是单纯的省级行政区域政府,管理全省事务,不管理所在城市的具体行政事务(这由所在城市政府负责)。而直辖市政府自从 1958 年开始领导县以后,就具有了双重身份。作为省级行政区域政府,它要管理全市包括郊区各县的行政事务;作为城市政府,它还要直接承担管理所在城市的职责。为此,直辖市人民政府除了设立前述与省、自治区人民政府大体相同的机构外,还必须设立市政建设与管理的工作部门,主要有:城市规划建设、房地产、园林管理、公用事业、市政工程、环境卫生、建筑工程等管理局。

1993 年中央政府推出的省级机构改革方案规定:省级政府应根据其经济发展和人口、面积等情况,规定其行政机构设置的限额。省级机构设置可分为两类,一是必设机构,由中央机构编制委员会统一确定;二是因地制宜设置的机构,尤其是专业经济管理部门,由各省根据实际需要设置。与此同时,省级政府要重新核定人员编制总数,对现有人员进行精简。经过改革,省、自治区政府的行政机构一般控制在 45 个左右,人员精简 20%;直辖市政府机构则一般控制在 60 个左右,人员精简 15%。

在 1998 年国务院机构改革的推动下,各省级人民政府正在酝酿以转变职能为核心,深入进行机构改革。

五、派出机关

这里所说的派出机关也应属于省级人民政府的行政机构。但它又有不同于前述各类机构的特点,故专列一点,加以简述。

现行《地方组织法》规定:“省、自治区的人民政府在必要的时候,经国务院批准,可以设立若干派出机关。”这主要在于省的区域太广,省、自治区政府管辖县级政府的行政幅度过大。为了既避免增加政府层级,又能使地方政府的上下管理相互衔接,在有些省、自治区政府与县级政府之间设立不是一级政府的派出机关是必要的。这种派出机关一般被称为“行政公署”(行署)。

在中国历史上,除秦、隋两代中的五十余年曾实行郡(州)、县两级制外,县以上的地方行政组织在其他时间均不少于三个层级。1928年以后,国民政府开始在全国普遍推行省、县两级制。然而,随着地方管理的实际运行,就发现省、县之间层级远离、幅度太大,省政府深受鞭长莫及、呼应不灵之苦,遂在省、县两级之间设“行政专员监察区”,作为省政府的辅助机关。抗日战争、解放战争期间,中共领导的根据地和解放区也建有以“行署”命名的地方政权机构。建国初期,成立了与今天行署性质基本一致的“专员公署”。《省人民政府组织通则》规定:各省根据需要划为若干专员区,各设专员1人,副专员1—2人。专员公署为省人民政府委员会之派出机关。依照1954年《地方组织法》规定:省、自治区的人民政府(人民委员会)在必要的时候,经国务院批准,可以设立若干专员公署,作为它的派出机关。1975年宪法取消了省级政府派出机关的设置,并由地区人民代表大会和革命委员会取而代之,成为省、县之间的一级地方政权机关。1978年宪法则根据地方政府行政实践的需要,重新恢复了行政公署的设置,作为省级人民政府的派出机关。此后,行政公署的建制一直沿袭至今。

就性质而言,行政公署是省、自治区人民政府的派出机关,而不是一级政府。它所管辖的区域(称“地区”,简称“地”,在内蒙古自治区称“盟”),同样也不是一级行政区域。从法理上讲行政公署不拥有一级政府所必需的、完整的财政权、计划权和行政决策权,其基本职责是代表派出它的省级人民政府指导、协调县、市的工作。但是在实践中,行政公署大多已担负接近于一级政府的职责,并且设有一级政府的工作机构,在省和县及县级市之间实际起着接近于一级政府的作用。行政公署一般设专员一人、副专员、顾问若干人，其人选由省人民政府任免。行政公署实行专员负责制，专员对本行署工作全面负责。行署成员无法定任期，人员变更根据工作需要和干部工作的有关规定而定。行署由专员、副专员、顾问、专员助理、正副秘书长组成行署专员办公会议，讨论行署工作中的重大事项，由专员最后决定。行署所属工作机构称为局，大致在 40—50 个之间。

行署作为省级政府的派出机关，管辖若干个县（市）构成的区域内的各类行政事务，而省级政府的厅（局）等机构，管辖全省（区）某一专业领域内的行政事务。两者不同在于，前者管“块”，后者管“条”。

改革开放以来，随着中国城乡经济的发展和行政体制改革的深化，行政公署的改革也逐渐提上日程。早在 1983 年，全国就开始推行“地市合并”的地方管理体制改革，将设在同一地区的行政公署与地级市政府实行合并，而由市政府统一领导周围各县。在率先实行市领导县体制的地方，如江苏省和辽宁省，已经全部形成了省—地级市—县（县级市）—乡（镇）四级地方行政体制；在有些地方，如浙江舟山等，则直接将地区行政公署改为地级市政府。1982 年，全国共有行政公署 170 个，而到了 1994 年底，已减少到 89 个。目前，地市合并及地改市的地方在全国约占三分之一。可见，作为省、自治区政府派出机关的行政公署目前仍在许多省、自治区存在。

第九节　地级市人民政府

一、中国的城市政府体系

城市是社会经济发展的产物，随着现代经济的飞速发展，城市日益显现出其不可替代的重要地位和作用。中国城市的产生与发展,有着近 4 000 年的漫长历史。早在西周,黄河流域就出现了京城都会和大小城邑,成为当时的政治、经济和文化中心。到了明清,长江流域和东南沿海形成了一批工商业城市,成为资本主义萌芽的象征。但是,总体而言我国商品经济发展一直比较缓慢,它直接导致了具有现代特征城市的晚起。历史步入 20 世纪以来,尤其是新中国诞生之后,我国的城市得到较大发展。1989 年 12 月,按照七届全国人大常委会通过的《城市规划法》解释,我国的城市"是指国家按行政建制设立的直辖市、市、镇。"可见,在我国,"城市"与"市"两个概念是有区别的。前者指直辖市、市及建制镇,而后者则不含建制镇。

城市的产生与发展,是人类社会物质文明与精神文明发展的结晶,而城市政府体系的形成,又是社会政治制度与行政体制走向现代化的特征。中国古代的城市并没有设立城市政府,随着城市的发展以及社会的需要,才逐渐建立起单独的城市政府。清末民初,政府行政建制上开始实行城乡双轨制,"市"的名称由此应运而生。随着城乡区别的出现,城市的行政地位日渐提高。1921 年,北洋政府颁布《市自治制》和《市自治施行细则》,把市划分为普通市和特别市两种,普通市属县领导,特别市属省领导,地位相当于县。1926 年秋,国民革命军光复汉口后,成立了中国第一个直属中央政府管辖的汉口特别市政府。1928 年 7 月南京国民政府成立后,先后公布了《特别市组织法》和《普通市组织法》,设立南京、上海、北平、天津、青岛、西安 6 个特别市,直属于中央政府管辖,普通市则属于省政府领导,不列入县行政范围。1930 年,国民政府颁布新的《市组织法》规定,市的行政地位分为直隶于行政院的与直隶于省政府的两种,省辖市的地位相当于县,院辖市的地位相当于省。中华人民共和国成立前夕,全国的市共计 69 个,其中院辖市 12 个,省辖市 57 个(其中台湾省占 9 个)。

建国以来,在总结以往行政建制经验的基础上,中国逐渐形成了比较科学和完整的城市政府体系。1954年通过的《中华人民共和国宪法》实际上已明确规定城市人民政府行政地位依次分为四个层次：即省级的直辖市政府、省级与县级之间的较大的市（即地级市政府）、县级的市政府及镇政府①。这一规定符合我国城市政府管理的实际需要，因而为以后各部宪法所沿用。1955年6月《国务院关于城乡划分标准的规定》和《国务院关于设置市、镇建制的规定》，对市、镇设置的标准作了更加具体的规定：第一，除直辖市外，其他市均属于省、自治区、自治州领导的行政单位。聚居人口10万以上的城镇，可设置市建制；人口在20万以上的市，确有分设区的必要的，可设置市辖区。第二，镇是属于县、自治县领导的行政单位，县级或县级以上地方国家机关所在地，以及聚居人口在2 000以上，有相当数量的工商业居民，确有必要的可以设置镇。第三，工矿基地，规模较大，聚居人口较多，由省领导的可以设置市建制或市辖区。此后的各个时期，设市标准又有过部分调整。进入80年代，为适应经济建设发展和行政体制改革的需要，我国的建市标准逐渐放宽，出现了撤县建市、撤县并市、地市合并、以市管县的建市热潮。1979年到1997年间，新增城市475个，至1997年底，我国的城市政府共有668个，其中直辖市4个，地级市222个，县级市442个。

中国城市的规模分类，一般以辖区内非农业人口的数量为标准：100万以上的为特大城市；50万—100万为大城市；20万—50万为中等城市；20万以下为小城市。地级市一般为大、中城市。据统计，全国大中城市（含特大城市）政府，除去北京、天津、上海、重庆四个直辖市政府外，其他均为地级市政府。地级市人民政府是中国城市政府体系中的骨干与主体。

---

① 镇的行政地位一般相当于乡级。但实践中有的相当于副县级，有的相当于县与乡之间的"区"一级。曾经还存在过少量的县级镇（现已改制）。

我国正在全力建设社会主义现代化。而城市化是现代化的重要标志之一。

80 年代初,国家确立的推进城市化发展的方针是,“控制大城市规模,合理发展中等城市,积极发展小城市。”实践中产生了一些问题,如“控制”不严而“积极”过头等。在总结经验的基础上,1989 年 12 月 26 日由全国人大常委会通过的《城市规划法》则规定:“国家实行严格控制大城市规模,合理发展中等城市和小城市的方针,促进生产力和人口的合理布局。”

此后,我国城市化发展的成就显著。但在某些地方仍存在“过热”的现象。例如,不少地方的县级市纷纷要求升格为地级市,而其中有些是不顾条件“赶浪头”的。为此,1993 年 8 月,国务院批准民政部《关于调整设市标准的报告》,规定县级市升格为地级市必须具备下列标准:市区从事非农业生产的人口 25 万以上,其中市政府驻地具有非农业户口的从事非农业生产的人口 20 万以上;工业总产值在 20 亿元以上;第三产业发达,产值超过第一产业,在国内生产总值中比例达 35% 以上;地方本级预算内财政收入 2 亿元以上,并已成为若干市、县范围内的中心城市。其中财政收入指标将根据全国零售物价指数上涨情况而适时调整。确立这样的设置标准,旨在保障中国地级市规模的健康发展,便于国家城市体系的组织与管理。

二、地位、组成与职权

(一) 地位

地级市人民政府既是本级人大的执行机关,又是地方国家行政机关。作为地级市人大的执行机关,地级市人民政府必须向本级人大及其常委会负责并报告工作;作为地方国家行政机关,地级市人民政府又必须向省级人民政府负责并报告工作,并同时接受国务院的统一领导;作为拥有非农业人口几十万、上百万的城区政府,它必须领导整个城市的经济文化建设和市政工作;作为下辖若干县级政府的部分地级市人民政府,还必须担负起领导整个行政区域内工农业生产和各项行政事务的职能,并领导县级人民政府。

(二)组成与任期

现行《地方组织法》规定,地级市人民政府由市长、副市长和秘书长、局长、委员会主任等组成,每届任期为5年。其中市长、副市长由市人民代表大会选举产生。在市人大闭会期间,副市长的个别任免,由市人大常委会决定。地级市人民政府的其他组成人员如秘书长、局长、委员会主任的人选,应在市长、副市长产生后的2个月内根据市长的提名,由市人大常委会决定,并报省、自治区人民政府备案。地级市人民政府的任期与同级人大相同,每届5年。

(三)职权

地级市人民政府的职权,随着建国后中央与地方关系的变化,经历了较大的调整与变动。按照现行《地方组织法》规定,地级市人民政府的职权主要有:(1)执行权。即执行本级人大和它的常委会的决议,执行国务院和省、自治区人民政府的决议和命令。(2)制令权。即规定行政措施,发布行政决议和命令。省、自治区人民政府所在地的市和经国务院批准的较大的市的人民政府有权根据法律、行政法规和本省、自治区的地方性法规制定行政规章。(3)管理权。即执行国民经济和社会发展计划、预算。全面管理本行政区域内各项行政事务。(4)保护权。即保护社会主义的全民所有的财产和劳动群众集体所有的财产,保护公民私人所有的合法财产,维护社会秩序,保障公民的人身权利、民主权利和其他权利;保护各种经济组织的合法权益;保障少数民族的权利和尊重少数民族的风俗习惯,帮助本行政区域各少数民族聚居的地方实行区域自治,帮助各少数民族发展政治、经济和文化的建设事业;保障宪法和法律赋予妇女的男女平等、同工同酬和婚姻自由等各项权利。(5)领导与监督权。即领导并监督所属各工作部门和区、县人民政府的工作,依法任免、培训、考核和奖惩国家行政机关工作人员,改变或撤销它们不适当的命令、指示和决定。

根据不同城市在国民经济和社会发展的不同作用,国家赋予各个地级市人民政府的行政职权也有所不同。据此,又可以将地级市人民政府区分为以下三个类别:第一类是计划单列市的人民政府。80 年代以来,为了充分发挥特大城市在经济建设中的作用,中央人民政府先后决定将沈阳、大连、长春、哈尔滨、南京、宁波、厦门、青岛、武汉、广州、深圳、西安、成都、重庆(现已升为直辖市)14 市作为国家计划单列市,即将这些城市的国民经济计划从省的计划中单列出来。尽管计划单列市的行政地位仍然属于省辖地级市政府,但是在经济管理方面已经拥有省级人民政府的职权。我们可以认为,计划单列市是指在现行行政隶属关系基本不变的情况下,其国民经济等计划被单独越级列入更高一级国家计划之中的市。[①] 第二类是能够制定行政规章的城市人民政府,即省、自治区人民政府所在地的市和经国务院批准的较大的市的人民政府。《地方组织法》规定,它们可以根据法律和国务院的行政法规,制定行政规章。当然,计划单列市政府因其本来就属省会市或国务院批准的较大的市,或有地方立法权的经济特区,故均拥有制定行政规章的职权,但第二类城市却不一定拥有计划单列权。第三类是除去第一、二类外的其他地级市人民政府。它们既不拥有计划单列权,也不拥有制定行政规章的职权。

三、行政机构

建国以来,随着地级市人民政府职权的变化,其下属的行政机

---

① 随着一部分地级市被国务院列为计划单列市后,有些省(如江苏)也在省内确定了若干县级市为计划单列市,使这些县级市在经济管理方面享有地级市的职权。

构也屡经变迁。特别是下辖若干县级政府的地级市人民政府不仅要全面负责城区市政工作,而且还要领导大片农村地区。因而其行政机构的设置,也有了相应的变化。1950年的《市人民政府组织通则》规定,应根据市区之大小及工作需要设立各部门工作机构,原则上规定设立民政、公安、财政、建设、文教、卫生、劳动等局、处、科,并设财经委员会和人民监察委员会等。这大都是城市综合管理机构,而很少有工商行业管理机构。此后,随着社会主义改造的完成特别是部门管理体制的形成,地级市人民政府的行政机构便迅速膨胀起来,而其中占相当多数的则是按行业、按产品管理工业生产的部门。近年来,为了适应经济体制改革和发展社会主义市场经济要求,我国展开了以转变政府职能为核心的政府机构改革。根据加强宏观控制和减少直接管理的要求,地级市人民政府的行政机构分为必设机构和因地制宜设置的机构,分别由中央编委统一确定和各市根据需要设置,人员精简幅度为20%左右。

地级市人民政府行政机构的设立、增加、减少或者合并,必须由本级人民政府报请省或自治区人民政府批准,并报本级人大常委会备案。地级市人民政府的行政机构,受本级人民政府的统一领导,并且依照法律或者行政法规的规定,受上级人民政府主管部门的业务指导或者领导。对于设在本行政区域内而又不属于自己管理的国家机关和企业、事业单位,地级市人民政府应当协助它们进行工作,并且监督它们遵守和执行法律、法规和政策。

我国的地级市人民政府因具体管理的范围和内容不同,其所设立的行政机构,无论在名称上还是数量上都不尽相同。一般而言,都设有局、委员会和办公室等四五十个工作部门。

四、地级市领导县的体制

所谓“地级市领导县的体制”,是指地级市人民政府领导县人民政府的行政体制。这种体制的形成,经历了从方便城市经济发展与经济管理,到简化城乡双轨制的行政体制而使之一体化的两个阶段,是城乡经济一体化和行政一体化的两个过程同步进行的结果。

市领导县行政体制的萌芽最早产生于建国初期。1949 年底实行市领导县体制的有无锡市、徐州市、兰州市。此后,北京、天津、旅大(今大连)、本溪、杭州等市曾实行过市领导县体制。当时的出发点是为了保证城市的蔬菜、副食品供应[①]。按照 1954 年宪法规定,直辖市和较大的市分为区,无论是地级市还是直辖市都不领导县,但实际上市领导县的特例并未中断。1958 年国务院又先后批准北京、上海、天津三市和辽宁省全部(后又恢复了几个专区)实行市领导县体制。1959 年 9 月,第二届全国人大常委会通过了《关于直辖市和较大的市可以领导县、自治县的决定》,第一次以法规形式肯定了市领导县行政体制,推动了市领导县体制的发展。至 1960 年底,全国已有 48 个市领导 234 个县、自治县,代管 6 个县级市,最多的是武汉市领导 16 个县[②]。由于这次市领导县的行政体制产生的主要原因是大跃进和人民公社运动,缺乏客观的经济文化基础,很快就“降温”了。至 1965 年底,全国领导县的市下降到 25 个,领导县的数目还不到 1960 年的三分之一[③]。1978 年宪法明确规定:“直辖市和较大的市分为区、县。”市领导县行政体制历史性地载入我国宪法。

1982 年底,随着农村经济实力的日益增强,城乡经济一体化的趋势迅速发展,中央首先在江苏省实行地市合并,由市领导县的试点,逐渐形成了以城市为依托的各种规模和各种类型的经济区。中央很快肯定了这一经验并进一步决定:将推广市领导县行政体

① 参见靳尔刚、张文范主编:《行政区划与地名管理》,中国社会出版社 1996 年 9 月,第 118—199 页。

②③ 参见浦善新:《中国行政区划概论》,知识出版社 1995 年版,第 400—401 页。

制,实行地市合并或地改市,作为当时地方行政机构改革的一项重要内容。从此以后,市领导县的行政体制如同雨后春笋,在全国范围内广为展开,辽宁、江苏、广东三省已全面实行了市领导县体制。截至1994年底,全国已有196个市管辖741个县、31个自治县和9个旗、2个特区,另代管240个县级市。领导县的市占直辖市、地级市总数的93.77%;市领导的县占县(不包括县级市、市辖区)总数的45.13%。

地级市领导县蕴涵了经济体制改革与行政体制改革双重内容,其主要模式有以下三种:第一种是地市合并,即将地区行政公署与该行署驻地的地级市政府合并,建立新的地级市政府以领导周围各县。例如,湖南的岳阳地区与岳阳市合并,浙江的温州地区与温州市合并,贵州的遵义地区与遵义市合并,河南的商丘地区与商丘市合并等等。这一变革解决了长期以来两个同级行政级别机构并立一处的城乡分割现象,有利于城乡一体化战略的实施。第二种是划县入市,即从周围地区划入一定数量的县归地级市政府领导。例如,武汉、长沙、无锡等市原来并不领导县,随着城乡经济一体化的发展,现将周围部分县划归其管辖与领导;第三种是建市领县,即该地区原来并无地级市,现在或将县级市(甚至一些重要城镇)升格为地级市,或将地区行署机关直接改为地级市政府机关,并由新建的地级市政府领导周围各县。例如,1984年辽宁省将铁岭市升为地级市,撤销铁岭地区,把铁岭、开源、西丰、昌图、康平、法库六县划归铁岭市管辖;同年,江苏省将淮阴市升级为地级市,划淮阴、洪泽等11县归淮阴市管辖。

地级市领导县的行政体制,是我国地方行政体制改革的一项重要成果。它比较成功地打破了多年来市、县之间形成的行政壁垒和城乡分割,有效地促进了城乡经济发展的一体化,使中心城市在带动周边地区发展方面发挥了作用。同时,市领导县的体制对中国地方行政组织体制也产生了较大的影响。首先,在省与县人民政府之间正式构建起了一级国家行政机关。至1990年底,全国受地级市领导的县,加上受自治州领导的县已经接近我国县数的一半。江苏、辽宁、广东三省已经在全省范围内正式建立起省—地级市—县—乡(镇)四级地方行政组织体制,打破了传统的省—县—乡(镇)行政体制。其次,地级市人民政府在国家行政组织体系中的地位得到较大改变。领导县之前,绝大部分地级市政府主要是城区政府,仅担负城市管理职能;而领导县之后,它不仅要继续担负城区政府职能,还必须承担管理大片农业区域的职能。简而言之,地级市政府已经开始担负双重管理职能。

但是,也有一些地方不顾实际情况盲目进行改制,强行用行政手段将市、县捆绑在一起,使本来是帮助县,推动县经济发展的市领导县体制变成了"市卡县"、"市挤县",其结果不但没有实现城市带动农村的目标,反而产生了市、县经济摩擦与经济对立等问题。因此,今后必须从市与县的实际情况出发,因地制宜地推行市领导县的体制,防止一哄而上、盲目改制的现象,将实行市领导县体制引导上一个科学、合理的发展轨道。①

第十节　县级人民政府

一、地位、组成与职权

(一) 地位

县级人民政府,主要是指县、自治县、县级市、市辖区②、旗、自治旗以及特区、林区人民政府。县级人民政府大体可分为三类:一是以农业区域为主要辖区的县人民政府,是县级人民政府的主体

① 参见浦善新:《中国行政区划概论》,知识出版社1995年版,第405—409页。

② 市辖区的行政地位一般相当于县级,直辖市的市辖区相当于地级或副地级。

部分;二是以城市为主要辖区的县级市人民政府和大中城市下辖的区人民政府;三是少数民族自治区域的自治县、旗、自治旗人民政府。

县作为一种地方行政区域,是随着秦朝在全国推行郡县制而正式形成的。二千多年以来,县在我国行政组织体系中的地位,相对比较稳定,没有发生大的变化。县级以上行政区域的名称及范围,都曾经历多次变动,唯独县级行政区域的名称,一直沿用至今。据1997年底的统计资料表明,全国(台湾省除外)共有1 520个县、117个自治县、442个县级市、727个市辖区、49个旗、3个自治旗、4个其他县级单位,共2 862个县级行政单位。①

县级人民政府同地方各级人民政府一样,具有双重身份和地位,它既是县级人大的执行机关,又是地方国家行政机关。作为县级人大的执行机关,县级人民政府必须对产生它的本级人大负责并报告工作;在人大闭会期间,则对本级人大常委会负责并报告工作。作为地方国家行政机关,县级人民政府对上一级人民政府(省、自治区、直辖市政府或地级市、自治州政府)负责并报告工作,并接受国务院的统一领导;同时县级人民政府还要指导乡、镇人民政府的工作。当前,中国县级人民政府在国家行政组织体系中的隶属关系,大致可以分为以下三种情况:(1)受省、自治区人民政府的直接领导,并受地区行政公署的监督指导,主要是指仍设有地区行政公署地方的县级人民政府;(2)受省、自治区、直辖市人民政府的直接领导,主要是指未设或不再设立地区行政公署的地方的县级人民政府,以及北京、上海、天津、重庆四个直辖市下辖的区、县人民政府;(3)受省与县之间的一级国家行政机关即地级市、自治州人民政府的领导,主要是指地级市所辖的区人民政府和地级市领导的县人民政府,自治州下辖的县级人民政府。随着地

---

① 见《中国统计摘要》,中国统计出版社1998年版,第1页。

级市领导县行政体制的发展,将有更多的县级人民政府逐步由受省级人民政府的领导(并受地区行政公署的指导)而演变为受地级市的领导。

(二) 组成与任期

建国初期,县级人民政府委员会由本级各界人民代表会议或人民代表大会选举县长(市长、区长)1 人(必要时得设副职)及委员若干人组成,并报请省人民政府呈报中央人民政府政务院批准任命。按照 1954 年《地方组织法》规定,县级人民政府(人民委员会)由县级人大选举县长(市长、区长)、副县长(副市长、副区长)若干人和委员若干人组成。

按照现行《地方组织法》规定,县、自治县、县级市、市辖区、人民政府分别由县长、副县长,市长、副市长,区长、副区长和局长、科长等组成。县长、副县长,市长、副市长,区长、副区长均由县级人民代表大会选举产生。在县级人大闭会期间,其常委会可以决定副县长、副市长、副区长的个别任免。县级人民政府局(科)长的任免,则根据县长或市长、区长的提名,由本级人大常委会决定,并报上一级人民政府备案。每届县级人民政府的任期为 5 年。

(三) 职权

县级人民政府的职权也经过多次变动与调整。按照现行《地方组织法》规定,县级人民政府的职权有 10 项,概而言之,大体分为以下 5 个方面:(1)执行权。即执行本级人大及其常委会的决议,以及上级国家行政机关的决议和命令。(2)制令权。即规定行政措施,发布决定和命令。(3)领导与监督权。即领导所属各工作部门和下级人民政府的工作,依照法律的规定任免和奖惩国家机关工作人员,改变或撤销它们的不适当的决议和命令。(4)管理权。即执行经济计划和预算,管理本行政区域内各项行政事务。(5)保护权。即保护社会主义的全民和集体所有的财产,保护公民的私有合法财产,保护各种公益设施,维护社会秩序;保障公民的人身权利、民主权利和其他权利；保障各种经济组织的合法权益；保障少数民族的各项权利；保障妇女的政治权利、劳动权利和同工同酬权利等各项权利。

二、行政机构

县级人民政府的行政机构称局或科，其设立、增加、减少或者合并，由本级人民政府报请上一级人民政府批准，并报本级人大常委会备案。县级人民政府的行政机构受本级人民政府统一领导，并且依照法律或者行政法规的规定受上一级人民政府主管部门的业务指导或者领导。

1950 年《县人民政府组织通则》曾规定，县人民政府应根据县区域范围的大小和工作需要，设立民政、财政、教育、公安等科或局，并设县人民监察委员会。此后的组织法均不再列举人民政府的工作机构。随着我国经济建设的大规模展开，政府的经济管理职能得到不断加强，县级人民政府的工作机构也日益增多。80 年代以来，由于各县管理范围的大小不同以及经济发展的不平衡，各地县级人民政府所属行政机构的多寡和名称也不尽相同。但就其性质而言，大体可分为三类：(1)直属工作部门。包括计委、经委、农委、科委、体委、民政、财政、公安、劳动、教育、税务、工商、卫生、交通、工业等局或科。(2)直属办事机构。包括政府办公室、财贸办公室、外事办公室、计划生育办公室、人防办公室、林业(或渔业、畜牧业)办公室等。(3)其他直属机构。如“双重领导单位”，包括各银行支行、保险公司支公司、电力局、邮电局、外贸局、气象站以及供销社等。县级市、市辖区人民政府除了设有县级人民政府的一般工作部门外，还设有市政管理所需要的工作机构，如公用事业局、城市建设局、房地产局、环境保护局、住宅办公室等。

1993 年 8 月，中央政府推出了县级机构改革方案。该方案将全国的县根据经济发展和人口、面积等因素划分为四类，分别规定了机构设置和人员编制数。一类是经济发达、人口众多的县,其党政机构设置30个左右,人员编制为750个;二类是经济比较发达、人口比较多的县;三类是经济和人口居中的县,这两类县的机构设置为25个左右,人员编制控制在650人和500人左右;四类是经济不发达或人口较少的县,其机构设置20个左右,人员编制控制在350人左右。对经济特别贫困或人口特别少的县作为特殊情况对待,其机构设置可以精干一些。

县级机构改革的总方向是“小机关,大服务”,核心在于转变政府职能。因而,必须理顺县与乡镇、政府与企业的相互关系,属于乡镇或企业的职权要彻底下放给它们。截至1993年底,全国实行县级机构改革的试点县已达350多个,并出现了多样化的改革模式(如隰县模式、卓资模式、顺德模式、石狮模式等)。山东省县级机构改革,已扩展到79个县(市、区)。内蒙古卓资县,积极适应转变政府职能的趋势,将政府机构从直接管理中解脱出来,成为管理社会、引导市场、实施监督的宏观调控者。四川邛崃县坚持“小机关、大服务”的原则,对政府机构从根本上进行“转、并、改”,现在党政机构比改革前减少24个,机关工作人员减少600余人。近年来,中央和各地正在酝酿新的县级机构改革方案,并将大大精简县政府行政机关。

三、撤县建市与县级市领导乡、镇的体制

县级市建制在中国可以说是由来已久。但我国宪法和法律并没有县级市之下再设立行政分治区的规定。《地方组织法》规定,不设区的市人民政府经上一级人民政府批准可以设立若干街道办事处,作为它的派出机关。由此可见,县级市政府原本是最后一级的城市区域政府。但是,近十多年来由于撤县建市与市领导乡、镇体制的发展,县级市政府的原有行政地位已经大为改变。

撤县建市最早始于50年代末期,如1957年黑龙江省撤销伊

春县设立伊春市，1958年内蒙古自治区撤销赤峰县设立赤峰市，1960年吉林省撤销临江县设立浑江市等。1961年以后，撤县建市同市领导县一起停止发展。直到80年代初才得以恢复。1981年国务院批准浙江省湖州、嘉兴、绍兴、金华、衢州五县改为市；1982年黑龙江省绥化县改为绥化市，安徽省滁县改为滁州市，山东省泰安县改为泰安市、新汶县改为新汶市。1986年4月，国务院批准了民政部关于调整设市标准，其具体规定：总人口50万以下的县、县人民政府驻地所在镇的非农业人口10万以上、常住人口中农业人口不超过40%、年国民生产总值3亿元以上的；总人口50万以上的县、县人民政府驻地所在镇的非农业人口12万以上、年国民生产总值4亿元以上的；以及自治州人民政府或地区行政公署驻地所在镇，非农业人口虽不足10万、年国民生产总值不足3亿元，若确有必要的，可以撤县建市，由市领导原县行政区域内的乡、镇。设市标准的调整，极大地推动了中国县级市建制的发展。1986年至1988年形成了撤县建市的第一次高潮，其中1988年撤县建市达48个。后因经济治理整顿，撤县建市的规模有所缩小。1992年，又掀起了第二次撤县建市的高潮，这一年比1991年增加了34个县级市。

撤县建市是顺应城市化的历史趋势，为“合理发展小城市”，促进城乡经济协调发展而采取的一项重要的行政改革战略。实践证明，撤县建市有力地推进了城乡经济体制和政治体制改革，促进了我国经济文化建设的发展。然而，也有少数县不顾本地经济、社会发展的实际情况，采取拔苗助长的方法，盲目进行撤县建市，其结果只能是事与愿违，起不到促进工业化、城市化和县域经济繁荣的作用。针对撤县建市发展过快这一情况，1993年8月，国务院批准民政部《关于调整设市标准的报告》，再次调整了撤县建市的标准。该报告将不同的县、区分为人口密度每平方公里400人以上，400人以下、100以上，100人以下共三种状况，从辖区内非农产业人口、一二三产业和城区公共设施状况等方面详细规定了撤县建市的标准。并且规定,国家和部委以及省、自治区确定予以重点扶持的贫困县和财政补贴的县,在原则上不设市;撤县建市后,不设区和区公所,原区所辖乡镇由市管辖。在今后一个时期,我国在不断推进撤县建市工作的同时,仍然需要从宏观上科学合理地把握这股历史潮流。首先,要严格按照国家规定的设市标准、程序进行报批和审查,将达到设市标准的县改为市;其次,要充分发挥撤县建市的推动作用,带动县域城乡经济发展,缩小城乡差别,加速我国城市化的进程;最后,通过县级市的发展,促使行政区域同经济区域趋于一致,逐步克服地区分割、城乡分立的局面。

撤县建市是地方行政体制改革的重大举措,对我国的地方行政组织结构产生重要影响。它至少从以下两个方面改变了县级市的行政地位:第一,县级市政府不再仅仅是城区政府,而成了既领导城区、又领导农业区域的地方政府;第二,县级市政府不再是最后一级人民政府,而成了乡、镇人民政府的上级政府。

四、派出机关

县级人民政府在必要的时候,经省、自治区、直辖市人民政府批准,可以设立派出机关。县、自治县人民政府的派出机关称区公所,县级市 、市辖区人民政府的派出机关称街道办事处。

(一) 区公所

《地方组织法》规定,县、自治县人民政府在必要的时候,经省、自治区、直辖市政府的批准,可以设立若干区公所,作为它的派出机关。

据此,由区公所管辖的区域称为“区”(县以下的区,不作为一级行政区域)。

1950 年 12 月,政务院公布的《区人民政府及区公所组织通则》规定:“凡不需要作为一级政权的区,设区公所,为县人民政府的派出机关。”“凡需作为一级政权的区，得由县人民政府呈请省人民政府批准设区人民政府。”简而言之，建国初期，县辖区有两种类型：其一，设一级政府，即区人民政府，是低于县而高于乡的一级国家行政机关；其二，不设一级政府，只设区公所，是县人民政府的派出机关。1954 年宪法、地方组织法不再规定区政府一级。以后，各地普遍撤销区人民政府，而保留区公所。区公所设区长一人，副区长、秘书及助理员若干人，由县人民政府委派。县人民政府在区公所设有公安派出所、财政所、税务所、供销社等工作机构，这些机构同时受区、县双重领导。作为县人民政府的派出机关，区公所向县人民政府负责并报告工作。其主要任务是，执行县人民政府交办的各种事项，并受县人民政府的委托指导、监督并协助所辖乡、镇人民政府的工作。

1986 年，国务院作出规定：为了加强农村基层政权建设，减少管理层次，提高工作效率，“除边远山区、交通不便的地区外，县以下一般不再设立区公所。”从此以后，区公所的数量大幅度减少。辽宁、宁夏、浙江、安徽、吉林、天津等 10 多个省（自治区、直辖市）全部撤销了县辖区。不少地方在撤区的同时，进行了并乡工作。一些地方则根据本地区行政的实际需要，逐步推行区公所与区级镇合并的行政体制。例如，安徽省人民政府规定：区、镇同在一处的，可合并为一套机构。在实行区、镇合并的地方，区公所已经不复存在，而出现了区级镇领导乡的新型行政体制。

（二）街道办事处

现行《地方组织法》第六十八条规定：“市辖区、不设区的市的人民政府，经上一级人民政府批准，可以设立若干街道办事处，作为它的派出机关。”据此，由街道办事处管辖的区域，称为“街道”。它不是一级行政区域。

1954 年第一届全国人大常委会第四次会议通过的《城市街道办事处组织条例》，对街道办事处的设立标准作出以下规定：“10

万人口以上的市辖区和不设区的市,应当设立街道办事处;10 万人口以下 5 万人口以上的市辖区和不设区的市,如果工作确实需要,也可以设立街道办事处;5 万人口以下的市辖区和不设区的市,一般不设立街道办事处。”此后,法律尚未对这个标准作出新的规定,各地的做法也不尽相同。截至 1995 年底的统计,城市基层政权的派出机构——街道办事处共有 5 596 个。

街道办事处设主任 1 人、副主任 1 人和专职干部 3—7 人,由市辖区或县级市人民政府委派。1954 年规定了街道办事处的三项任务:(1)办理市、市辖区的人民委员会交办的有关居民工作的各种事项;(2)指导居民委员会的工作;(3)反映居民的意见和要求。

随着我国城市政治、经济和社会文化事业的发展,街道办事处地区性、社会性的工作不断增多,其综合服务功能大大增强,街道承担的任务也前所未有地加重,已经远远超过 1954 年条例规定的内容。目前,我国有些城市,特别是大城市的街道办事处实际上发挥了接近于一级政府的作用。这一发展趋势要求街道的工作转向综合管理、综合服务型,转向为全社会服务。正因如此,街道办事处的组织机构近年来得到充分扩展,并按其所管的行政工作,形成了比较健全的管理体制。当前,部分城市的街道已经形成党、政、经三个组织系统:党委系统设有书记、副书记、党委办、组织、宣传、纪检以及团委、妇联等组织;行政系统设有主任、副主任、街道办公室、经济科、居民科、民政科、文教卫生科、城建管理科、劳动知青科等(也有不设科设办公室的,有行政办公室、经济办、民政办、司法办、居民办、计划生育办、工商企业办、城建办等);经济系统设有街道联社、公司、街道企业等,管理街道集体经济和居办经济。

根据目前街道办事处所处的地位、所承担的任务、所发挥的作用,其主要功能包括以下 4 个方面:(1)执行职能。即执行市辖区或不设区的市的人民代表大会和人民政府的决议和命令,根据本街道的实际情况,贯彻落实这些决议和命令、指示,承办市辖区或不设区的市的人民政府交办的各种事项。(2)管理职能。即市政管理,集体、个体经济管理,民政、司法、治安、文书、卫生、教育、计划生育等项行政事务的管理。(3)协调职能。即协调辖区内各部门、各单位开展社会治安综合治理,开展社会主义精神文明建设活动,完成紧急的工作任务,如防火、防震、防汛、防灾、抢险救灾等。(4)指导职能。即指导居民委员会的工作。1995 年以来,随着街道办事处在城市管理中地位和作用的日益提高,全国许多城市纷纷探索街道体制改革的新方向。上海、杭州等城市还制定出《街道办事处工作条例》,通过地方性法规或地方行政规章明确了街道管理的一系列问题,对于加强街道建设起到了重要作用。有些特大城市还提出"两级政府,三级管理"的思路,即在现行市—区两级政府的前提下,扩大街道办事处职权,使之成为"一级管理"。目前,对于街道管理体制改革,有的主张继续扩大街道办事处的权限,将其建设为一级政府;有的主张维持街道办事处的现状,而把城市的区划小;还有的主张根据城市规模分别对待,大城市实行市、区、街道"三级政权,三级管理",中小城市则把区改为市政府派出机构,街道调整规模后建为一级政权,变为市—街"两级政权、两级管理"。这些意见是否切实可行,还有待于进一步研究和探索。

第十一节　乡级人民政府

一、历史沿革

乡级人民政府包括乡、民族乡和镇的人民政府。它们中的乡、民族、乡政府是农村基层政府,而镇政府——按照《城市规划法》的逻辑——应属于城市基层政府。它们与市辖区政府以及不设乡、镇的县级市政府一起,构成中国的基层政府体系。

作为基层行政区域,乡在中国地方行政制度史上历史悠久、源远流长。乡制萌芽于春秋战国之际,定型于秦王朝时期。春秋时期,管仲在齐国就推行乡制:五家为轨,十轨为里,四里为连,十连为乡。秦始皇统一中国后,则把全国划分为郡、县、乡三级行政区域,乡作为基层行政区域得以确定。在以后的二千多年历史中,乡建制的发展又经历了多次变化[①]。具体而言,它的发展可以分为三个时期:从公元前221年秦王朝建立到隋文帝开皇15年(公元595年),实行乡亭制,以官派乡官为主,民间推选人员为辅,乡为基层行政区域;从隋文帝开皇16年(公元596年)至公元1640年前的清王朝,实行乡里制和保甲制,县为基层行政区域,乡不再是基层行政区域;从清末经北京政府到国民政府时期,乡正式成为县辖的基层行政区域,并一直沿袭至今。

中华人民共和国成立后,政务院于1950年12月颁布了《乡(行政村)人民政府组织通则》,为乡(行政村)一级地方基层政权的建设,建立了初步基础。行政村也是当时的基层行政区域,它一般由一个较大的自然村或几个自然村联合组成,设村人民代表会议和村人民政府。1954年1月,中央人民政府内务部发出了《关于健全乡政权组织的指示》,规定乡人民政府应设立生产合作、文教卫生、治安保卫、人民武装、民政、财粮、调解等工作委员会,进一步加强了乡的行政体制建设。1954年宪法和《地方组织法》撤销了行政村建制,乡、民族乡作为农村基层行政区域,乡、民族乡人民政府和产生它的人民代表大会是我国农村基层政权,是我国政权体系的有机组成部分。然而,1958年人民公社化运动广泛展开,全国除云南、四川等省的少数民族地区外,普遍撤销乡、民族乡政府而成立"政社合一"的公社管理委员会。此时,人民公社既是基

---

① 参见谢庆奎:《当代中国政府》,辽宁人民出版社1991版,第310页。

层政权组织，又是集体经济组织，从而使乡政府这一基层政权长期无法正常履行其法定职能。历史表明，人民公社既削弱了农村基层政权的建设，也不利于农村经济的发展。按照1982年宪法规定，乡、民族乡人民政府为农村基层政权组织。1983年10月，中共中央、国务院联合发出的《关于实行政社分开建立乡政府的通知》规定：乡规模一般以原有公社的管理范围为基础，如果原有公社的范围过大的，也可适当划小。据此，各地普遍进行了恢复建立乡政权的工作。至1988年底，全国共建立了45 195个乡，其中包含1 571个民族乡。此后，不少地方开始把乡改为镇，乡的总数日益减少。1989年底全国共有乡42 869个，1995年底为29 502个乡，其中包括1 330个民族乡①。

镇②是随着商品经济的发展而建立起来的，它与乡的形成相比则远为迟晚。唐朝到清朝时期的坊（城镇）和村里（乡镇）可以称之为近代镇的雏形。作为正式地方行政建制，镇政权则直到清朝末年才得以建立。清末宣统元年（1909年）颁布的《城镇乡地方自治章程》规定，城厢以外的市镇、村庄、屯集，人口满5万者设镇，余皆设乡。1928年南京国民政府颁布《县组织法》，将县以下的市改为里，由县管辖。此后，又将里改为镇，镇同乡作为同级的基层行政建制。建国以后，国务院对市镇进行了多次调整。1955年11月制定的《关于城乡划分标准的规定》明确规定，镇又称集镇，是工商业和手工业的集中地。县级以上人民政府驻地或常住人口在2 000以上，居民百分之五十为非农业人口的居民区，可以设立镇建制，少数民族地区可适当放宽。到1958年，全国共有镇

① 参见勒尔刚、张文范主编：《行政区划与地名管理》，中国社会出版社1996年版，第11,149页。

② 镇的行政地位一般相当于乡级，但也有介于县与乡两者之间的，相当于县辖区地位。原来还有少数相当县一级的镇（如云南省畹町镇），现均已改制。

3 621 个,后来因为全国人民公社化运动,不少镇建制同乡建制一样被人民公社所取代。近 10 年来,随着改革开放的不断深化,中国的城镇建设得到空前的发展与完善。1984 年国务院颁布了《关于调整建镇标准的报告》,进一步促进城镇建设趋向规范化、合理化、科学化,从而有力地推动了我国建镇工作的深入开展。1983 年,全国的建制镇[①]仅有 2 800 个,1985 年猛增至 9 140 个。截至 1991 年底,全国共设镇 12 455 个,1995 年为 17 532 个[②]。随着我国市场经济的发展,镇对周围乡村经济的辐射和带动作用与日俱增,乡镇的建设不断地得到完善与加强。与此同时,为了适应城乡经济发展的需要,区、镇合并而由镇领导乡和改乡建镇而由镇领导村的行政体制改革也正式提上日程,并正在全国各地进行着积极的探索与发展。

二、地位、组成与职权

(一) 地位

乡级人民政府直接面向我国大片农村地区,是国家和政府联系广大农村人民群众的桥梁和纽带,它在中国行政组织体系中占有极为重要的地位。乡级人民政府是本级人民代表大会的执行机关,是中国的基层国家行政机关。作为乡级人大的执行机关,乡级人民政府必须对产生它的本级人大负责并报告工作;作为基层国家政权机关,乡级人民政府必须对上一级人民政府负责并报告工作,完成其交办的各项行政工作,并同时接受国务院的统一领导。此外,乡级人民政府还负责指导所辖行政区域内的村民委员会和

---

① 所谓“建制镇”,是指设有一级人大与政府的镇,实即宪法所指的作为一级行政区域的镇,也即本书所讲的镇。使用“建制镇”概念,是为了避免与“非建制镇”混淆,后者是指受乡政府领导的、不设一级人大与政府的农村小集镇。

② 参见勒尔刚、张文范主编:《行政区划与地名管理》,中国社会出版社 1996 年版,第 11 页。

居民委员会的工作。

（二）组成

乡、民族乡人民政府设乡长1人,副乡长若干人;镇人民政府设镇长1人、副镇长若干人。民族乡的乡长由建立民族乡的少数民族公民担任。乡长、副乡长,镇长、副镇长由本级人民代表大会选举产生。乡级人民政府实行乡长、镇长负责制,乡长和镇长有权领导和管理乡、镇政府所属行政机关和工作人员,全面负责政府的各项工作。副乡长、副镇长协助乡长、镇长进行工作,并具体分管若干方面的工作。乡、镇政府每月举行1—2次乡长、镇长办公会议,必要时可临时召开。会议参加者除正副乡长、正副镇长外,还包括各部门负责人。乡、镇人民政府的工作部门配有一人一职的民政、司法、财政、文教卫生、计划生育、生产建设监察等助理员。现行《地方组织法》规定,乡、民族乡、镇人民政府的任期同本级人大相同,即每届为3年。

（三）职权

根据现行《地方组织法》的规定,乡、民族乡、镇人民政府的职权主要包括4个方面:(1)执行权。即执行本级人民代表大会的决议和上级国家行政机关的决定和命令;(2)制令权。即制定行政措施,发布决定和命令;(3)管理权。即执行本行政区域内的经济和社会发展计划、预算,管理本行政区域内的经济、教育、科学、文化、卫生、体育事业和财政、公安、司法行政、计划生育等行政工作;(4)保护权。即保护社会主义的全民所有的财产和劳动群众集体所有的财产,保护公民私人所有的合法财产,维护社会秩序,保障公民的人身权利、民主权利和其他权利;保障各种经济组织的合法权益;保障少数民族的权利和尊重少数民族的风俗习惯;保障宪法和法律赋予妇女的男女平等、同工同酬和婚姻自由等各项权利;(5)其他职权。办理上级人民政府交办的其他事项等。

三、行政机构

20 世纪 90 年代以来,为了适应我国乡镇经济的快速发展,许多地区开始在乡、镇人民政府原有助理员(即乡、镇政府的工作干部,按一人一职的原则设立,如民政、司法、财政、文教卫生、计划生育、生产建设等助理员)的基础上,设立起分管某方面工作的行政机构。乡级政府的工作部门接受乡级人民政府的统一领导。乡级政府行政机构的设立,已经成为我国加强基层政权建设的重要途径与措施。

一般而言,乡级人民政府的行政机构按照所属关系,大体可以分为以下三类:(1)直属办公机构。包括乡(镇)政府办公室、工交财贸办公室、农村办公室、民政司法办公室、文教卫生办公室、计划生育办公室、城镇规划建设与管理办公室等。有的将委、办、科并置,如乡(镇)办公室、计划生育办公室,城镇建委、计经委、农委、民政科、文教科、司法科等;(2)企事业机构。包括县政府设在乡镇的农技站、经管站、兽医站、水利站、农机站、林业站、物质供应站、食品站、文化站、广播站、学校、卫生院等,这些机构正在逐渐交由乡、镇人民政府领导;(3)双重领导机构。包括县人民政府职能部门设在乡、镇的派出机构,如公安派出所、工商所、税务所、财政所、粮管所、信用社、农业银行营业所等,其工作对象是乡镇,接受县人民政府职能部门的领导,在一定程度上也接受乡、镇人民政府的领导或指导。

随着我国社会主义市场经济体制的建立,乡级人民政府承担的农村经济发展和社会文化建设任务不断增加,而乡镇机构设置不适的问题也日渐突出,其主要矛盾在以下几方面:首先,乡镇政府职能不全,无法有效地管理本行政区域内的各项事业。尤其是县政府职能部门的派出机构与乡级政府管理的“条块分割”问题,在很大程度上影响了乡镇政府职能的充分发挥;其次,乡镇政府不分规模大小、人口多少、情况差异，其机构设置基本如出一辙。这种模式越来越不适应农村经济发展和社会管理的需要；最后，随着乡镇行政机构的设立，也出现了有些地区的乡镇不顾实际情况盲目增设机构，扩招编外人员等问题。这一现象不仅大大加重了乡镇的财政负担，而且还造成了工作机关人浮于事、效率低下。

针对乡级人民政府存在的种种问题，1993 年 8 月，中央政府推出乡镇机构改革方案，根据经济发展、人口和面积等因素，将全国的乡、镇分为三类：经济发达，规模较大的乡镇，其机关人员编制控制在 45 人以内；经济发展水平和规模大小居中的乡、镇，人员编制控制在 30 人以内；经济不发达和规模小的乡、镇，其机关人员编制控制在 15 人以内。有些乡特别是经济贫困、规模很小的乡，其机关人员编制还可以更少一些。全国乡镇机关的编制总数控制在 200 万人左右，精简 42% 左右。目前，全国各地的乡镇政府依据“健全功能、强化服务、精兵简政”的原则，正在进行着以转变职能为核心的机构改革。

第十二节　继续推进国家行政体制改革

中国国家行政体制的改革是政治体制改革的一项重要内容。确立于计划经济条件下的中国国家行政制度面临着众多的矛盾，政企职能不分，政府机构和人员编制高度膨胀，人浮于事，行政效率低下。同时，由于行政制度化水平低，行政权力缺乏有效的监督，不依法行政的现象和权力腐败的现象十分严重。为了适应经济体制改革和整个社会的全面发展，中国国家行政体制已经进行过多次改革，现在是需要加强行政改革力度的时候了。正是在这样的背景下，中共十五大报告明确指出行政改革的目标是“建立办事高效、运转协调、行为规范的行政管理体系”，为推进国家行政体制改革提供了方向。

一、转变政府职能,合理界定行政权限

这是中国国家行政制度改革的关键,意味着在国家和社会之间进行合理的分权。长期以来,中国国家行政制度最大的缺陷就在于政企职能不分,一方面导致政府负担过重、政府机构过分庞大、行政效率低下,另一方面导致企业无活力,经济体制僵化。这主要是从传统计划经济体制下发展而来的。在社会主义市场经济条件下,市场机制将取代政府成为配置社会资源的主要机制,相应地,政府职能本身就面临着转变的问题。

政府职能转变,从某种意义上说就是政府管理社会经济文化的具体方式的转变。政府要逐步由直接管理为主转变为间接管理为主,由指挥微观经济活动为主转变为宏观调控活动为主,由行政命令手段为主转变为经济手段和法律手段为主,辅以行政手段,形成“国家调节市场,市场引导企业”的社会经济运行机制。通过进一步明晰政企之间的产权关系,政府将逐步退出社会经济的微观管理领域,形成国家与社会之间合理的权力界定。

在社会主义市场经济条件下,政府职能本身要形成新的定位,这主要包括:第一,为经济和社会健康、稳定、持续发展提供有效的公共政策;第二,通过财政、金融、货币等宏观经济调控手段调节市场,引导社会经济发展;第三,通过经济立法、执法等法律手段规范市场主体的行为,维护市场秩序;第四,扩大政府的社会控制和社会服务功能,维持社会秩序,提供社会福利;第五,优化政府本身的管理,实现政府行政的法制化和高效化。

值得注意的是,政府职能转变并不简单等同于政府职能的普遍缩减。一方面,在市场体制尚未发育成熟的条件下,政府从市场的退出是一个渐进的过程。政府不仅仍要承担必要的管理职能,同时由于我国市场经济体制的不成熟,政府又必须承担起培育市场的艰巨任务。为此政府在转变职能的同时,必须提高其政策能

力,通过制定公共政策的途径来培植市场。另一方面,政府宏观调控和社会管理职能必须强化。在计划体制下形成的原有的管理方式以及管理水平远远不能适应市场经济体制的要求,必须按照市场经济的要求加强政府的宏观管理。因此,政府职能转变是一个复杂的过程,而不能加以简单化的认识和处理。

二、深化政府机构改革,提高行政效能

中国长期存在着政府机构过度膨胀,以及由此导致的机构重叠、人浮于事、效率低下的现象,这是国家行政体制最为显而易见的缺陷之一。因此中国历次的国家行政体制改革都把政府机构改革列为核心内容。纵观整个行政过程,不难发现,最近二十年中,政府机构改革经历了两个明显的阶段。

精简机构阶段(1982—1987 年)。根据 1982 年宪法和有关组织法,全国从上到下精简了政府机构,其中国务院各类内设行政组织总数减少近 40 个。但是此后不久,政府机构再度膨胀,至 1987 年底,国务院的行政组织又增加 11 个,达 72 个之多,从而仍然陷在"膨胀—精简—再膨胀"的循环之中。究其原因,主要是在传统计划经济体制下,政府对社会经济采用行政手段进行直接管理,从而导致只有通过增加相应的经济管理部门来实现经济增长的畸形现象。可见,在政府职能没有实现根本性转变的条件下,单纯地进行精简机构工作,并不能从根本上解决国家行政制度长期存在的不合理状况。相反,在旧体制下,大幅度地硬性裁并机构,不仅不能抑制政府机构不断膨胀的恶性循环,同时还不可避免地影响经济的发展。

转变政府职能阶段(1988 年至今)。1987 年中共十三大提出行政机构改革的关键是转变政府职能。根据这一思路,国务院机构于 1988 年进行了精简,同时在 1 省(河北省)4 市(哈尔滨、青岛、武汉、深圳)、9 县进行了地方行政机构改革的试点。但是在传

统计划经济体制没有取得根本突破的条件下,这些机构改革的效果都是有限的。1992 年邓小平同志南方视察之后,中共十四大明确提出建立社会主义市场经济体制的目标。建立社会主义市场经济体制必然要求转变政府职能、实行政企分开,这就为深化机构改革提供了坚实的基础。围绕转变政府职能、实行政企分开所进行的政府机构改革,可望取得根本性的突破。

1998 年的我国政府机构改革和调整主要体现为:一是把综合经济部门改组为宏观调控部门,加强政府的社会事业管理职能,调整与完善社会管理体制,深入加强银行信贷、货币发行、财税收支和国有资产投资等方面的机构改革;二是把政府专业经济管理部门逐步减少,或调整为不具有政府职能的经济实体,或改为国家授权经营国有资产的单位和自律性行业管理组织;三是加强执法监控部门。1998 年九届人大一次会议通过了国务院机构改革方案,进一步完善了我国政府宏观调控体系。

三、理顺中央与地方关系,建立合理集—分模式

中国是实行单一制的社会主义国家,同时中国又是一个超大规模的社会,因此中央与地方关系就成为一个突出的问题。建国以来的中央与地方关系主要是在计划经济体制影响下形成的,基本上是中央高度集权的模式。行政制度改革的过程中,中央与地方关系调整的总体趋势是中央逐渐向地方放权,试图从传统的中央高度集权模式转变为中央集权与地方合理分权相结合的集—分模式。这一过程经历了两个阶段。

放权—收权阶段。这是以非制度化形式进行中央与地方关系调整的阶段。为了克服中央高度集权条件下集中过多、统得过死的矛盾,中央政府向地方下放一部分权力,例如财政权、计划投资权和外贸权等,尤其是从 1985 年起,实行“划分税种、核定收支、分级包干”的预算管理体制,“分灶吃饭”,调动地方增加财政收入的

积极性。但是由于中央与地方之间并没有形成制度化的分权,各自的权责关系并不明确,这种权力下放只是单方面地增强了地方的权力,而中央政府对地方政府所要求的责任却没有得到真正的落实。这一状况直接导致中央政府宏观调控能力弱化,不可避免地重新需要中央收权。于是,在诸如计划权、财税权、投资审批权等方面权力不断地在中央与地方之间进行再分配和再调整,形不成稳定、规范的分权模式。

分税制阶段。1994 年 1 月开始实行的分税制,标志着中国的中央与地方关系开始进入制度化阶段。通过分税制这种新的财政税收制度,合理划分中央与地方的财政收入:关系到维护国家权益和实施宏观调控的税种(消费税、增值税)划归中央;与地方经济和社会发展关系密切、税源分散、适宜地方征管的税种(所得税、营业税等)划归地方;收入稳定、数额较大的主体税种划归中央与地方共享(国有土地税等)。实行分税制的目的,一方面是为了保证中央政府的财政收入,另一方面也以此规范地方政府行为,调动地方政府的积极性。但是分税制只是在一定程度上解决了中央与地方的财权划分问题,而中央与地方事权划分不明确的状况并没有因此得到根本解决,同时地方政府之间利益的相对封闭性和经济结构的趋同性并没有根本性改变,加上分税制本身还不够完善,因此分税制只是一个开端,建立制度化、规范化的中央与地方关系需要作进一步的努力。

理顺中央与地方关系,存在着两个基本的前提性问题:一是政企关系问题。中央与地方关系之所以长期得不到解决,主要原因是在政企不分的条件下,政府直接管理经济,地方政府与地方经济存在着很深的利益关系,只要这一利益关系得不到改变,地方政府片面追求地方利益的行为取向就很难转变。中央与地方的矛盾实质上变为利益矛盾,而非简单的权力划分问题。因此政企不分无形中增加了解决中央与地方关系问题的难度。二是党政关系问题。在党政不分的条件下,各级政府权力实际上集中于党委,只有实现党政分开,使政府成为相对独立的行政系统,才能为理顺中央与地方关系提供必要的基础。

四、健全行政监督制度,抑制行政腐败

腐败是中国社会当前所面临的一个严重问题。如果任由腐败滋生、蔓延,那么,对于经济的健康发展,国家的长治久安都会构成严重的威胁,后果将是不堪设想的。腐败的发生在很大程度上是行政监督体系不健全,缺乏对行政权力有效监督所导致。抑止腐败的主要途径就是健全行政监督体制,加强对行政权力的监督。尽管从总体上中国已经形成了较为完整的行政监督体系,但是监督不力、违法不究的现象还十分严重,主要原因是监督形式缺乏强有力的具体制度的支撑。所以,行政监督系统的功能还有待于通过进一步的制度改革、创新来加以开发。

第一,健全制度性监督。制度性监督主要是指以立法机构、司法机构、政党机构和行政机构等规范性权力主体所进行的监督。目前制度性监督重点应集中在以下方面:一是监督机制要从单纯的自上而下监督转变为自上而下、自下而上以及平行监督三者的结合,从而实现对行政权力的全方位的制约机制;二是监督主体要实现权力的相对独立化。行政监督不力一个重要的原因是执行行政监督的机构往往与监督对象存在密切的利益关系,甚至是监督对象的下级部门,使得行政监督有名无实。行政监督机构必须拥有相对独立的权限,才能独立地进行监督工作,这都需要通过制度的完善来加以明确和规范;三是监督的具体制度要进一步创新和完善。例如各级人大及其常委会对本级政府实施的监督,需要通过具体制度的完善来加以彻底落实。

第二,充分发挥社会舆论的监督功能。社会舆论监督并不是制度性监督,缺乏规范性权力的强制性,但是由于社会舆论主要以

电视、广播和报刊等大众传播媒介为手段,容易在社会中造成广泛的反响,这种反响本身作为政治资源输入政治系统又会对政府及其官员构成一定压力,从而影响政府行为,因此社会舆论往往成为一种十分重要的监督资源,它在一定程度上可以弥补制度性监督的不足。充分发挥社会舆论监督的功能,一方面政府对社会舆论要加以足够的重视,把它作为政府决策的重要资源;另一方面政府要主动采取各种有效的措施,如通过立法,保障和进一步鼓励新闻媒体与公民行使社会舆论监督的合法权利。

第三,加强领导干部的廉洁自律。即,领导干部既要保持政治上的坚定性,又要保持思想道德上的纯洁性。对于反腐败工作而言,这是一个根本性的问题,因为只有在头脑中杜绝以权谋私的观念,才能有效地根除腐败现象。

五、完善国家公务员制度,规范行政人员管理

行政活动归根结底是由人来实现的,具体而言,它是政府官员的个人或集体行为,因此对行政机关工作人员的管理,也是国家行政制度的一项重要内容。目前中国正着力于建设并推行国家公务员制度,以此规范行政人员管理,提高行政人员素质,进而提高国家整体行政水平。

由于国家行政的范围覆盖整个社会,中国国家行政体制的改革无疑是一个规模浩大的系统工程,也是一个长期的渐进过程,其难度与深度是可想而知的。同样,这项深刻的体制改革,对中国社会、政治的影响意义也必然是十分深远的。

第六章　国家公务员制度

第一节　概　　述

一、干部管理制度及其改革

（一）干部管理制度的改革势在必行

长期以来，在我国广泛使用“国家干部”（或“干部”）这一概念。但一直没有给予科学、准确的定义。大体上说，所谓“国家干部”是指列入干部编制、享受干部待遇，从事各种公务管理工作的公职人员。它主要包括以下6类人员：(1)国家机关干部，即国家权力机关、行政机关、审判机关和检察机关的领导人员和工作人员；(2)党的工作干部，即在中共的中央和地方各级委员会及其所属机构中从事党务工作的人员以及各民主党派的领导人员和机关工作人员；(3)军队干部，即在人民军队中担任排级以上职务的现役军人；(4)社会政治团体与群众组织干部，即各级政协，工、青、妇以及各种学会、协会、联合会等团体的领导人员与工作人员；(5)专业技术干部，即专门从事教育、科学、文化、卫生、财会等专业技术工作的人员；(6)企事业行政干部，即在全民企业及事业单位中从事管理工作的人员。

我国的干部管理制度，最初萌芽于新民主主义革命时期的根据地。那时，由于战争环境的限制，不可能制定系统的干部管理法规，也难于严格按照常规办事。但是，经过20多年的实践，已形成了一些初步的规范，如任人唯贤的干部路线，德才兼备的干部标准，党管干部的根本原则，以及从战争中学习战争的培养方法等等。这些初步的规范，对于贯彻党的组织路线和建设根据地政权，发挥了重要作用，并为建国后干部管理制度的确立奠定了基础。

综观建国后我国干部管理制度的发展历程，大致可分三个阶段：新中国成立后的17年——形成与探索阶段；"文化大革命"的10年——混乱与干扰阶段；中共十一届三中全会后——恢复、发展、改革阶段。

新中国成立后的17年，我国在干部管理制度方面主要做了三方面的工作：首先，总结我党在新民主主义革命时期积累的有关党政军干部管理工作的经验教训，继承适用的方法和原则，摈弃过时的干部管理办法。如，战时采取党政军融为一体的领导体制，解放后逐步确立党政军干部分开设立的单独的管理体制。其次，根据社会主义革命和建设对干部的实际需要，重新制定一系列干部管理制度和政策，并逐步形成由组织部门统一管理、人事部门具体协助执行的干部人事管理体制。如，1949年11月成立的政务院人事局，直属政务院领导，主要负责办理政务院直属政府工作人员的审核、调配、工资、福利、培训等事项。1950年11月成立的中央人民政府人事部，负责综合管理全国政府机关的人事工作。此外，还制定公布了《中央人民政府任免国家机关工作人员办法》、《县以上人民委员会任免国家机关工作人员条例》、《科技干部条例》、《国务院关于国家行政机关工作人员的奖惩暂行规定》等法规、制度，使我国干部管理逐渐步入制度化、正规化的轨道。最后，随着政治经济形势的发展，党中央决定逐步建立中央及各级党委的分级管理干部的体制，确立各自管理的范围是下两级机构中担任主要领导职务的干部。1954年9月，根据《国务院组织法》，撤销中央人事部，成立国务院人事局，属国务院领导。由此，政府干部工作成为党的干部工作的重要组成部分，人事部门协助组织部门做好管理干部的工作，各级党的组织部门对政府人事部门加以支持、指导。从而，形成了我国干部人事管理体制的基本格局。

文化大革命10年中，我国组织、人事部门成为“重灾区”。党的组织原则、干部路线乃至整个国家的干部管理工作都遭到破坏，并陷入极度混乱之中。

中共十一届三中全会以来，干部人事制度得到恢复与发展。1979年，中央组织部发布了《关于实行干部考核的意见》；1980年，经全国人大常委会通过，颁发了《国务院关于老干部离职休养的规定》；1982年，中共中央作出了《关于建立老干部离休制度的决定》；同年，劳动人事部颁布了《吸收录用干部的若干规定》；1986年，中共中央发出《关于严格按照党的原则选拔任用干部的通知》等等。这些规定，进一步推动了干部管理制度的改革与完善。

众所周知，现在仍在部分实行的干部管理制度，是在民主革命时期干部制度的基础上建立起来的，曾起过积极作用。但随我国社会经济的发展和形势的变化，其弊端也日益暴露出来：

1. 管理对象庞杂，“国家干部”概念模糊，缺乏科学分类　无论是党务工作者、政府工作人员，还是企事业管理人员、专业技术人员，一律被称为“国家干部”。整个干部队伍极为庞杂，缺乏科学分类。

2. 管理方式陈旧单一，严重阻碍人才成长　所有被称为“国家干部”的人员，不论其工作性质、职业特点和社会责任如何，毫无区别地套用党政机关干部的管理模式，致使干部管理严重僵化、缺乏活力。在干部使用上，依靠统一的渠道吸收、增补；在干部调配上，统由组织部门计划调配；在干部职级上，一概以政府级别去规范。结果是，机关、企事业单位冗员无法及时调整，用非所学的人员不能合理地流动。

3. 管理权限过分集中，责权分离，管人和管事相脱节　凡“国家干部”，都由各级党委组织部门统一管理，不分党政，不分政企；管得过多，管得过死。一方面，干部的使用部门即各业务部门，无权对干部进行全面考察与管理；另一方面，组织部门又往往是通过间接的手段了解干部，因而容易凭片面的印象提拔和使用干部而忽视真正的优秀人才，也不利于对干部工作的监督。

4. 管理制度不健全，用人缺乏法制，主观随意性大　干部的录用、任命、考核、升降等方面缺乏规范化、科学化的标准和程序，必然导致用人主观随意、缺乏法制的现象，使各类优秀人才难以脱颖而出，平庸无为者难以淘汰，从而使得干部的积极性、主动性和创造性受到严重挫伤。

干部人事制度的这些弊端，导致干部队伍能进不能出、能上不能下、机构臃肿、官僚主义泛滥、行政效率低下，严重阻碍整个社会主义建设事业进程。这一切充分说明，传统的干部管理制度改革已刻不容缓，势在必行。

（二）干部管理制度改革的进展与局限

针对我国干部管理制度中存在的上述弊端，邓小平明确指出，必须对我国的干部管理制度进行改革。1980 年，邓小平在论述党和国家领导制度的改革时指出：“关键是要健全干部的选举、招考、任免、考核、弹劾、轮换制度，对各级领导干部（包括选举产生、委任和聘用的）职务的任期，以及离休、退休，要按照不同情况，作出适当的、明确的规定。”[①]在邓小平关于改革干部管理制度思想的引导下，近二十年来，我国在干部管理制度改革方面取得了不少成绩，主要表现为：

（1）确立并贯彻执行干部队伍革命化、年轻化、知识化、专业化的“四化”方针；（2）废除领导职务终身制，建立干部的离退休制度；（3）下放干部管理权限，将原来的上级机关下管两级干部改为

① 《邓小平文选》（第二卷），人民出版社 1983 年版，第 331 页。

下管一级干部；(4)按照公平法则，不少地方和部门在补充一般工作人员和选拔一定层次的领导人员时，贯彻平等竞争、择优录用的精神，并取得了好的社会效果；(5)在干部任用方式上，打破了单一的委任制，试行了多种任用形式，如考任、选任、聘任等；(6)在管理方式上，破除了人事工作中的神秘化做法，通过民意测验或民主评议来选拔、任用和考核干部。此外，在领导干部的调动与交流，干部培训的规范化、制度化，后备干部制度的建立和发展，目标管理责任制的推行等方面也取得了重要成果。

上述这些改革成果多是局部和单项的。实践提示我们，单项制度的改革毕竟难以发挥整体的效应，也无法实现干部管理的科学化、法制化。要从根本上解决问题，就必须进行系统配套改革，全面改革现行的干部管理制度，在此基础上建立起一种科学的干部管理制度。总结干部管理制度改革的经验，中共十三大决定建立和推行国家公务员制度，并把它作为干部管理制度改革的重点与突破口。中国的干部管理制度改革进入了一个新的阶段，国家公务员制度正逐步形成与完善。这是近二十年来我国干部管理制度改革所取得的最重要、最突出的成果。

二、国家公务员制度的建立

我国国家公务员制度形成的主要标志是《国家公务员暂行条例》和相关重要法规的颁布。这一过程主要经历了三个发展阶段。

1. 酝酿阶段，从 1984 年到 1987 年 10 月　1984 年 8 月和 9 月，中央书记处召开了两次会议，都提出要根据实际需要，尽快起草一部《国家机关工作人员法》，以改变和消除国家机关中用人方面的人治现象，并使机关的一切工作在法制的轨道上运行。为此，中央组织部和原劳动人事部从 1984 年 11 月开始，组织了一批专家学者和实际工作者，成立起草小组，开始了《国家机关工作人员法》的起草工作。1985 年 4 月,中央书记处会议对第一稿进行了专门讨论,考虑到当时人大立法的条件还不具备,决定把《国家机关工作人员法(草案)》改为《国家机关工作人员条例(草案)》。这样,就从实际出发把由人大立法转变到先由国务院制定行政法规。同时,书记处又认为,“国家机关工作人员”这一概念既包括了国家权力机关、司法机关,又包括行政机关,范围太广,不便于形成具有各自特点的管理制度。从总体上看,这一阶段,建立国家公务员制度的提法还不甚明了,但建立适应经济体制发展需要的人事制度的目的已十分明确。

2. 决策阶段,从 1987 年 10 月到 1988 年 4 月　1987 年,在邓小平倡导下,各方面改革进一步加快了步伐。此年下半年,由中央组织部牵头,原劳动人事部的同志参加,组成了干部人事制度改革专题小组,着手研究、制定我国干部人事制度改革的总体规划。此间,重大的突破体现在,专题组提出了建立国家公务员制度的建议。经向中央政治体制改革研讨小组汇报并经其原则同意后,正式把《国家行政机关工作人员条例(草案)》更名为《国家公务员暂行条例(草案)》。这样“国家公务员”的名称在国家政治生活中才正式出现。1987 年 10 月召开的党的十三大决定在国家行政机关建立和推行国家公务员制度。次年 4 月召开的七届人大一次会议进一步确认要“抓紧建立和逐步实行国家公务员制度”,要尽快制定《国家公务员条例》,进而研究拟定《国家公务员法》。

3. 制定阶段,从 1988 年 5 月至 1993 年 8 月　按照七届全国人大一次会议的决定,组建了国家人事部。国家人事部重要任务之一,就是建立和推行有中国特色的国家公务员制度。人事部成立后,一方面不断深化对建设有中国特色公务员制度的认识,对《条例(草案)》又进行了多次修改。在修改过程中,曾广泛征求了各部门、各方面的意见,其中全国性征求意见就有 4 次。党中央、国务院也多次召开专门会议进行讨论研究。与此同时,人事部还起草了一些与《条例(草案)》配套的单项法规细则。另一方面,人事部提出了一套试点方案,并从1989年4月开始,在国家审计署、海关总署、国家统计局、国家环保局、国家税务局和原国家建材局6个部委开展推行国家公务员制度的试点工作。次年又在深圳、哈尔滨两市开展了地方试点工作。在试点的过程中,各试点单位严格按照《国家公务员暂行条例(草案)》及有关配套的实施细则开展试点工作。与此同时,全国各地一些政府机关也按照《条例(草案)》中某一方面要求,开展单项试点工作(如,录用、考核、培训等)。几年中,通过试点,不仅使机关的面貌、工作作风、工作效率、法制观念等得到了加强,而且也检验和完善了法规,并取得了推行工作的操作经验。试点结果证明国家公务员制度是符合中国国情的,对于促进政府行政转变作风、提高效率是有成效的。

1992年秋召开的中共十四大,再次提出要"尽快推行国家公务员制度"。1993年春召开的八届全国人大一次会议进一步明确提出:"在完成机构改革的地区和部门,实行国家公务员制度。"新一届中央人民政府把推行国家公务员制度作为一项基本任务。1993年4月24日,国务院第二次常务会议审议通过了《国家公务员暂行条例》。1993年8月10日由总理签署国务院令予以发布,自1993年10月1日起施行。这标志着中国的公务员制度正式建立。

三、国家公务员制度的初步推行

建立和推行国家公务员制度,是对我国干部人事制度的一项重大改革。其基本要求是:通过制定法规,对政府机关中行使国家行政权力、执行国家公务的人员进行科学的管理,使政府人员更为精干,办事更有效率,使政府人事制度的各个管理环节实现科学化、法制化,从制度上堵住滋生不正之风的漏洞。实施这项改革,不仅有利于培养一批精干、廉洁、忠于职守、富有活力的国家公务员队伍，提高政府工作效率，推动社会经济文化发展，而且还将带动整个干部管理制度的改革，逐步建立起我国国家权力机关、司法机关、政党机关和企事业单位等各具特色的干部管理制度。

在《国家公务员暂行条例》颁布之初，国务院便要求，从1993年10月1日起，争取用3年或更多一点时间，在全国范围内基本建立起国家公务员制度。当时，全面推行国家公务员制度的条件已经成熟：一是已制定了《国家公务员暂行条例》这个比较成熟的行政法规，使推行公务员制度有可以遵循的法定依据；二是有了4年多来在国务院6个部门和全国2个城市进行试点的经验，以及在全国范围内推行录用、考核、晋升、交流、培训等单项制度的实践，为全面推行公务员制度打下了基础；三是已展开的推行公务员制度的培训工作，为推行这一制度准备了一批骨干力量。

推行国家公务员制度这项全新的工作是一项艰巨复杂而又十分细致的社会系统工程。它关系到千百万机关干部的切身利益，关系到国家公务员队伍的质量和政府工作效率的提高，甚至还关系到社会的稳定和国家经济文化的发展，因此，必须精心组织，总体设计，有领导、有步骤地进行。

在我国，推行国家公务员制度是同机构改革、工资制度改革结合起来、配套进行的，并注意把握好三项改革之间的联系和衔接。已经开始机构改革的单位，结合了“三定”方案（定职能、定机构、定编制），进行职位分类，完成了现有人员向公务员的过渡。在推行过程中，还注意杜绝借推行国家公务员制度之机增加编制、扩大领导职数、提高机构规格等不当做法的发生，切实达到精简机构、精干人员、提高工作效率的目的。

再者，也很注意保持推行工作的稳定性和连续性。在推行公务员制度的全过程中，注重保证政府机构高效率的工作，不以任何借口贻误行政工作，使人们站在改革的全局上认识个人的去留；安排好富余人员，疏通渠道，使他们转移到现代化建设需要的新岗位上各展其才，各得其所。

此外，推行国家公务员制度也注意同勤政廉政建设和反腐败结合起来。反腐败是一个关系到党和国家政权生死存亡的重大问题。《国家公务员暂行条例》明确规定了公务员必须履行的义务和遵守的纪律，并且通过建立健全的监督制度、回避制度，为廉政建设提供了约束机制。正是据于此，党的十五大报告进一步强调，要"深化行政体制改革，实现国家机构组织、职能、编制、工作程序的法定化，严格控制机构膨胀，坚决裁减冗员。深化人事制度改革，引入竞争机制，完善公务员制度，建设一支高素质的专业化国家行政管理队伍"。

截止 1997 年 8 月，历时 4 年的公务员制度推行工作在《国家公务员暂行条例》的法规指导下，从中央政府到省、地（市）、县、乡五级政府机关稳步展开①。公开、平等、竞争、择优的用人环境，能上能下、能进能出、充满活力的管理机制，法制完备、纪律严明的监督体系，正在逐步建立和形成。此间，《国家公务员暂行条例》不仅已经正式施行，而且在实施的过程中，还继续制定与完善与之相配套的具体法规——如国务院发布的《国家公务员制度实施方案》和《国家公务员非领导职务设置办法》（1993 年 11 月 15 日）、国务院人事部印发的《国家公务员职位分类工作实施办法》（1994 年 1 月 11 日）、《国家公务员考核暂行规定》（1994 年 3 月 8 日）、《国家公务员录用暂行规定》（1994 年 6 月 7 日）、《国家公务员奖励暂行规定》（1995 年 7 月 3 日）、《国家公务员辞职辞退暂行规定》（1994 年 7 月 18 日）、《国家公务员申诉控告暂行规定》（1995 年 8 月 11 日）、《国家公务员职务升降暂行规定》（1996 年 1 月 29 日）、《国家公务员任职回避和公务回避暂行办法》（1996 年 5 月 27 日）、《国家公务员培训暂行规定》（1996 年 6 月 5 日）、《国家公

---

① 参见 1997 年 8 月 15 日《人民日报》。

务员职位轮换(轮岗)暂行办法》(1996年7月31日)、《人事部关于国家公务员纪律惩戒有关问题的通知》(1996年9月12日)、《新录用国家公务员任职定级暂行规定》(1997年3月28日),等等——使《条例》本身也在不断完善。

第二节 国家公务员制度的运行机制

一、职位分类

在我国,国家公务员是指各级国家行政机关即各级政府中除工勤人员以外的依法行使国家行政权力、执行国家公务的工作人员。其中包括在其他行使国家行政职能、从事行政管理活动的单位中除工勤人员以外的工作人员(诸如那些在国家行政机关中从事党群工作的人员)。根据《国家公务员暂行条例》的规定,我国国家行政机关实行"职位分类制度"。也就是,"在确定职能、机构、编制的基础上,进行职位设置;制定职位说明书,规定每个职位的职责和任职资格条件,作为公务员的录用、考核、培训、晋升等的依据。"

职位分类是适应社会化大生产的发展而兴起的一种科学的人事分类制度,它在现代人事管理中占有基础性和决定性地位,并且是现代公务员制度的基本运行机制。它依据规范化标准,按工作性质、责任、难易程度等,对国家行政机关的常任职位分类划等,从而构成考选、任用、工资、考核、升降、奖惩、培训等人事行政的基础。职位分类是现代社会经济文化发展的产物。西方国家对文官职位的传统分类,最初以英国的品位分类为典型,即以担任公职的人为中心,依其身份和资格决定其地位高低、待遇厚薄,而不考虑其所任职位的工作性质、数量与质量。随着政府职位专门化和技术化的发展,职位分类应运而生。与品位分类不同,职位分类以

"事"为中心,着眼于职位的工作、责任和所需资格,待遇随着工作和责任加重而提高,具有较大的科学性。职位分类最初是在美国芝加哥市政府实行,并于1909年制定了《职位分类法》,1912年起正式实行。1923年,美国国会通过第一部《职位分类法》;1949年,又通过新的《职位分类法》。随后,职位分类机制逐渐被西方各国所采用。

职位是一定职务和相应的责任的集合体,并由符合一定标准的人员所担任。它首先要求依照国家有关规定,在确定职能、机构、编制的基础上,对政府公职的每个职位进行设置,或称"职位调查";其次,按职位的职责与任职资格,制定职位说明书,作为国家公务员录用、考核、培训、晋升的依据;其三,再根据职位分类设置国家公务员的职务和等级序列;其四,国家公务员的级别依据所任职务、职责、工作难易程度以及德才表现、工作实绩和工作经历确定。

职位分类要求对国家行政机关的职位进行分类。西方一般意义上的公务员,仅指业务类公务员,不包括与政党政府共进退的政府组成人员,强调"文官常任"、"政治中立"。而中国的公务员,既包括所有各级政府的组成人员,也包括各级国家行政机关中除工勤人员以外的其他工作人员。中国公务员制度非但不强调"政治中立",而且必须坚持以经济建设为中心,坚持四项基本原则,坚持改革开放的基本路线,坚持共产党的政治路线。各级各类公务员都是人民的勤务员,以全心全意为人民服务为最高宗旨。

依照《国家公务员暂行条例》的规定,中国的国家公务员在职务设置上分为领导职务和非领导职务。公务员的领导职务是指在各级国家行政机关中,具有组织、决策、指挥职能的职务。它包括从副科长到总理的10个层次,含政府组成人员与其他工作人员。非领导职务是指在各级行政机关中不具有组织、决策、指挥职能的职务,具体包括办事员、科员、副主任科员、主任科员、助理调研员、

调研员、助理巡视员、巡视员。国家公务员的级别分为15级。职务与级别的对应关系是:(1)国务院总理:1级;(2)国务院副总理、国务委员:2—3级;(3)部正职、省正职:3—4级;(4)部副职、省副职:4—5级;(5)司正职、厅正职、巡视员:5—7级;(6)司副职、厅副职、助理巡视员:6—8级;(7)处正职、县正职、调研员:7—10级;(8)处副职、县副职、助理调研员:8—11级;(9)科正职、乡正职、主任科员:9—12级;(10)科副职、乡副职、副主任科员:9—13级;(11)科员:9—14级;(12)办事员:10—15级。职务与级别的对应关系中有一定的浮动幅度。每个公务员的具体级别,按照其所任职务及所在单位职位的责任大小、工作难易程度以及个人的德才表现、工作实绩和工作经历来确定。

职位分类一经确定,就不得随意变更。各级人民政府工作部门因工作需要增设、减少或变更职位时,应按照规定程序重新确定。《国家公务员职位分类工作实施办法》还进一步规定:"对列入国家公务员范围的职位实施分类,必须在单位机构改革方案已经批准,其职能、机构、人员编制正式确定后进行。"而且,为了合理确定新录用国家公务员的职务、级别,规范新录用国家公务员任职定级工作,国务院人事部在1997年3月28日还专门印发了《新录用国家公务员任职定级暂行规定》,对有关新录用国家公务员的任职定级的条件、标准、程序等作出了具体详尽的规定。

二、竞争激励

《国家公务员暂行条例》在总则中规定:国家公务员制度贯彻公开、平等、竞争、择优的原则。竞争激励,是不断优化国家公务员队伍,提高公务员素质,提高行政效能的重要机制。

竞争是通过相互比较而优胜劣汰的一种机制。公务员制度的竞争机制是指:国家行政机关将其所需补充的职位空缺和任职资格向社会公开,凡符合资格的自愿任职者在相同的条件下通过同等竞争，择优录用。竞争的基本原则是：(1)公开原则，即任职资格和竞争程序、评判尺度和竞争结果一律向社会公开。公开，是公平竞争的先决条件。(2)平等原则，即在空缺职位和任职资格面前人人平等，机会均等。除任职资格外，不附加任何其他条件。(3)客观原则，即对参与竞争者的德才表现按照客观真实的标准进行评判，不得附加任何个人主观因素。评判的客观性要通过科学地设置竞争程序、竞争方式来实现。评判的标准越客观，评判的结果也就越公正。(4)择优原则，即根据竞争的结果按名次排序，从高到低录用或任用。这是竞争机制的必然要求，也是竞争机制贯彻上述各项原则的归宿。

中国公务员制度的竞争机制主要表现为录用和任用竞争两个方面：(1)录用竞争，是公务员队伍"入口"上的竞争。以往，补充新的国家干部主要靠分配(应届大学毕业生及转业、退伍军人)和选调(社会上或下级机关的优秀人员)。引入竞争机制以后，国家行政机关录用主任科员以下非领导职务的国家公务员，采用公开考试、严格考核办法，按德才兼备的原则择优录用。因此，录用竞争很大程度上表现为"考试竞争"。(2)任用竞争，是公务员在内部职、级阶梯上"流程式"的竞争。国家规定了公务员的不同职、级和不同待遇。当上一级职位出现空缺时，必须选拔新人去补缺。补缺者便表现为职、级的晋升。在过去的条件下，晋升的资格与程序都比较神秘。引入竞争机制后，任用竞争在两个层面上展开。其一，各级政府的组成人员通过选举制度来实现竞争，其中包括候选人的提名、介绍和差额选举等。特别是差额选举，是实现竞争的有效途径。其二，除政府组成人员以外的其他公务员则主要通过考核工作实绩选优晋升。这种竞争，也可称之为"考绩竞争"。考绩制或功绩制是现代公务员管理的基本方法。它以公务员的工作能力、特别是工作实绩为标准，通过科学考核给予晋升、奖励和报酬。

激励与竞争密切相关。中国公务员制度的激励机制主要表现为对竞争优胜者的褒奖与鼓励。“激励”是激发人们的工作动机并鼓励其作出一定成就的行为。人们的行为是为实现一定的目标愿望所驱动的。为此,必须不断地设置新的激励机制贯彻于录用、考核、奖励、职务升降、职务任免、培训、交流、工资保险福利、退休等一系列环节中。国家通过职位分类,设置了国家公务员的职级阶梯,并通过一系列环节的激励,鼓励公务员忠诚地履行政府职能,发奋为国家为人民工作。中国公务员制度的激励,坚持物质激励与精神鼓励相结合的原则。公务员为国家为人民做出了突出贡献,不仅可以得到相应的物质利益,而且还可获得各种荣誉称号,受到社会的尊敬。

在国家公务员制度中,竞争激励机制的主要功能是:(1)优化公务员队伍。通过竞争选优和优胜劣汰,不断吸引社会上的优秀人才补充公务员队伍。这是公务员队伍永远充满生气活力的重要条件。(2)提高公务员素质。竞争激励,也就是奖勤罚懒。它使人们即使坐上公务员职务的“交椅”,也不敢有丝毫懈怠。还要不断勤奋学习,努力工作,才可能跟上时代的步伐。只有不断提高自身素质,才可在竞争中立于不败之地。(3)提高行政效能。行政效能是行政的灵魂,也是公务员制度竞争激励机制追求的目标。公务员队伍的优化,素质的提高,最后都表现为行政效能的提高。激励每个公务员都发挥自己的最大潜能为国家为人民服务,这正是建立国家公务员制度的基本目标。

三、义务与权利

义务与权利相统一,这是中国公务员制度的又一重要运行机制。

国家公务员的身份一经确立,就与国家产生了一定的义务与权利的法律关系。公务员既要忠实地履行一定的义务,同时又依法享有一定的权利。明确国家与公务员的法律关系,既促进和保证了公务员更好地履行职责,同时又有利于对公务员的依法管理。

(一) 义务

所谓公务员的义务,是指国家法律基于公务员的职责和身份,对国家公务员必须做出某种行为或不得做出某种行为的限制和约束。即国家通过法律规定公务员所必须履行的责任。与此相对应,所谓公务员的权利,是指国家法律基于公务员的职责和身份,对公务员有资格享受其某种权益和有权做出或不做出某种行为以及要求他人做出或不做出某种行为的许可和保障。

为防止公务员滥用职权侵犯公民的基本权利,或者搞“权钱交易”、“以权谋私”,《国家公务员暂行条例》特意将公务员必须履行的8项义务放在所应享有的权利之前:(1)遵守宪法、法律和法规;(2)依照国家法律、法规和政策执行公务;(3)密切联系群众,倾听群众意见,接受群众监督,努力为人民服务;(4)维护国家安全、荣誉和利益;(5)忠于职守,勤奋工作,尽职尽责,服从命令;(6)保守国家秘密和工作秘密;(7)公正廉洁,克己奉公;(8)宪法和法律规定的其他义务。

(二) 权利

与此相对应,国家公务员在必须履行上述8项义务的同时,还享有下列8项权利:(1)非因法定事由和非经法定程序不被免职、降职、辞退或者行政处分;(2)获得履行职责所应有的权力;(3)获得劳动报酬和享有保险、福利待遇;(4)参加政治理论和业务知识的培训;(5)对国家行政机关及其领导人员的工作提出批评和建议;(6)提出申诉和控告;(7)依照《国家公务员暂行条例》的规定辞职;(8)宪法和法律规定的其他权利。

义务与权利统一的最佳结合点在于:国家公务员能够拥有依法行使履行职责所应有的权利(包括权力),而不侵害公民的合法权利;能够认真履行自己的义务,而决不利用职权牟取私利;能够充分享有应有的权利，而不受到打击、报复。为此，国家规定了保障公务员履行义务和享受权利的监督制度。

国家公务员滥用手中权力而侵害公民合法权利的，公民可通过行政诉讼来维护自己的权利，并追求当事人的法律责任。第七届全国人大第二次会议于 1989 年 4 月通过的《行政诉讼法》，对此已有明确规定。

国家公务员未能履行应尽义务的，即视为违纪行为。对于公务员的违纪行为，轻者进行批评教育，重者给予行政处分；触犯刑律构成犯罪的，依法追究刑事责任。《条例》设“纪律”专章，对此也有明确规定。

国家公务员享有的权利受到侵害时，可依法向有关机关提出申诉或控告。根据《国家公务员暂行条例》规定，国家公务员对涉及本人的人事处理决定不服的可以在接到决定之日起 30 日内向原处理机关申请复核，或者向同级人民政府人事部门申诉，其中对行政处分决定不服的，可向行政监察机关申诉。国家公务员对于行政机关及其领导人员侵犯其合法权益的行为，可向上级行政机关或者行政监察机关提出控告。受理国家公务员申诉或控告的机关必须按照有关规定作出处理。国家公务员的申诉和控告，必须忠于事实。如果国家行政机关对国家公务员的处理是错误的，应当及时予以纠正；造成名誉损害的，应当负责恢复名誉、消除影响、赔礼道歉；造成经济损失的，应当负赔偿责任。

此外，为了保障国家公务员的合法权益，促进国家行政机关依法行使职权以及公正、及时地处理国家公务员的申诉、控告，国务院人事部还于 1995 年 8 月 11 日专门印发了《国家公务员申诉控告暂行规定》，对有关国家公务员的申诉、控告作出了详尽细致的规定。

四、管理机构

国家公务员管理机构是根据管理公务员事务的需要，代表国家或政府依法对公务员的录用、考核、晋升、工资、辞职、退休等事项实施管理的组织，它由担负公务员管理任务的若干机关构成。公务员管理机构属于人事行政机关，是政府系统中的一个重要部门，因此公务员管理机构的设置，必须根据政府管理体制的特点要求进行。

（一）分类

我国的公务员管理机构，从纵向来看可以分为两类，一类是中央人民政府及其所属各部门中设立的公务员管理机构，即国务院人事部和各部委、直属机构、办公机构等内设的人事局，一类是地方人民政府及其所属各部门中设立的公务员管理机构，即县级及县级以上地方各级人民政府的人事部门，主要包括省、自治区、直辖市人民政府的人事厅（局）；计划单列市、设区的市、自治州人民政府的人事局（处）；市、县、自治县人民政府的人事科（局）等。其中，公务员管理机构又可分为综合管理机构与部门执行机构两大类。综合管理机构是指从中央到地方各级人民政府中所设立的，具有多种管理功能，管理职权涉及面不限于本级部门，管理对象主要是事务而非公务员个人，管理权限具有宏观性、间接性特征的公务员管理机构。相应地，设在各级政府各部门内部的人事机构，成为公务员管理的部门执行机构，如国务院各部委、直属机构、办公机构等内设的人事司，省、自治区、直辖市政府各部门的人事厅、局（处）。

根据我国《宪法》在中央和地方的国家机构职权划分方面所确立的“遵循在中央的统一领导下，充分发挥地方的主动性、积极性”和“地方各级人民政府对上一级国家行政机关负责并报告工作”的原则，可以看出，中央人民政府设立的公务员管理机构与地方人民政府的各级公务员管理机构之间是一种业务指导和监督关系。

（二）职能

综合管理机构的主要职能是：

1. 制定公务员管理规范　国家人事部通过国务院向全国人大及其常委会提出立法建议，起草公务员基本法和其他公务员管理的法律，提交全国人大及其常委会讨论审议，代国务院起草公务员管理的行政法规，报送国务院审议颁布；制定公务员管理的行政规章。省、自治区、直辖市人事厅（局）和具有制定地方行政规章的市人民政府人事局根据有关法律、行政法规和行政规章，结合当地的实际情况，起草地方性法规或行政规章草案，报本级地方人大及其常委会或人民政府通过颁布。

2. 对同级政府各部门的人事机构和下级人事部门进行业务指导　如对建立和推行公务员制度的工作、对公务员管理法规的实施、对公务员管理工作遇到的新情况和疑难问题等进行指导。

3. 对某些管理事务进行跨部门跨地区的组织协调　如《国家公务员暂行条例》规定，中央政府国家公务员的录用考试，由国务院人事部门组织；地方各级政府国家公务员的录用考试由省级人民政府人事部门负责组织。又如，组织各部门公务员的统一培训，组织公务员跨部门跨地区的交流等。

4. 根据管理权限的划分，综合管理机构行使审核、审批权　如对各部门录用人员名单、领导职务和非领导职务的审批、对各部门的职位设置及其工资计划和人员计划、以政府名义奖励表彰的公务员、公务员越级晋升和放宽资格条件限制等进行审核。

5. 对公务员管理工作实施监督　一方面，综合管理机构对公务员法律法规的执行富有监督责任，对违反法律、法规的现象有权作出处理和加以纠正；另一方面，它还受理同级政府各部门公务员对人事处理决定不服的申诉，并按照有关规定作出处理，这也是一种监督行为。

部门执行机构作为设立在政府各部门内部的人事机构，受本部门行政首长的领导，并对其负责，是行政首长在"用人"方面的助手和参谋，同时接受同级政府人事部门的业务指导和监督，在本部门执行公务员管理的职责。部门执行机构主要执行如下管理权:(1)录用权。依据法定条件和程序,经批准,为本部门录用公务员;(2)考核权。组织对本机关公务员的年度考核,执行诸如晋升考核等专门考核;(3)奖惩权。依法对本部门公务员实施奖惩;(4)升降权。依法定程序和条件对本部门公务员实施职务升降和级别升降;(5)任免权。根据任免机关的决定办理对本部门公务员的职务任免事宜;(6)辞退权。依法对本部门公务员予以辞退;(7)其他人事决定权,如办理本部门公务员的转任、轮换、回避、退休等事宜。

第三节　国家公务员的管理

一、录用、任免与培训

(一) 录用

录用,是指根据有关法律规定,通过考试考核方法选拔国家行政机关主任科员以下非领导职务的国家公务员。关于考试录用的原则、程序、方法、条件、对象和范围等的规定或规范即称为录用制度。

我国国家行政机关在录用公务员时,必须在编制限额内按照所需职位的要求进行。报考国家公务员应当具备以下资格:(1)具有中华人民共和国国籍,享有公民的政治权利;(2)拥护中国共产党的领导,热爱社会主义;(3)遵纪守法,品行端正,具有为人民服务的精神;(4)报考省级以上政府工作部门的应具有大专以上文化程度。报考市(地)级以下政府工作部门的文化程度由省级录用机关规定;(5)身体健康,年龄为35岁以下;(6)具有录用主管机关批准的其他条件。

对国家公务员进行考试录用的目的在于:切实保证国家公务

员队伍的优化、精干、勤政、廉洁，以形成一个具有高效能的国家行政系统，卓有成效地管理国家行政事务。为此，我国公务员的录用应遵循下列4个原则：(1)公开——即录用公务员的考试要公告通知、公开进行(公告范围有两种：面向全社会发布或在一定的范围内发布——如机关内部)；(2)平等——即具备报考条件的公民均享有竞争进入国家公务员队伍行列，担任政府公职的权利和机会，不因民族、种族、性别、出身、宗教信仰、婚姻状况、城乡户口等受到歧视和不平等、不公平的待遇；(3)竞争——即依据考核情况，对报考人员的录用，实行优胜劣汰；(4)择优——即对报考人员采取德才兼备的选拔标准，实现人与事的最佳配合。

公务员的录用须按严格的程序进行：(1)政府人事部门在考试实施之前必须在法定范围内公开公布录用公务员的报考简章，即发布招考公告。(2)主考机关在考试前还必须对报考者是否符合报考条件和职位要求方面的基本情况进行考察和了解，此即资格审查。(3)对审查合格的进行公开考试。除了通常采取笔试和面试两种主要考试方式以外，还包括针对专门技能的操作考试与考查应试者实际工作能力的模拟考试(即情景考试)。这些考试都旨在全面测试报考者的基础知识和专业知识水平，以及适应职位要求的业务素质和工作能力。(4)对考试合格者进行报考资格的复审和其他方面的综合考核。考核的主要内容包括：政治思想、道德素质、工作能力、工作实践以及需要回避的情况等。一般采取领导和群众相结合的方式。(5)根据考试、考核结果提出拟录用人员名单，报设区的市以上人民政府人事部门审批。县级以下(含县级)政府人事部门没有审批公务员录用的权力。(6)经审批同意，即发出录用通知。(7)通过考试新录用的国家公务员，试用期为1年。试用期满合格者，依其考试等级、试用期表现，予以正式任职。不合格者，取消录用资格。新录用的国家公务员在试用期内，应当接受培训。

国家公务员录用考试是按公务员管理的权限分别组织进行的。国务院人事部门是国家公务员录用的主管机关，负责全国国家公务员录用的管理工作。其职责包括：拟订国家公务员录用法规；制定有关的具体政策；指导与监督地方国家行政机关国家公务员录用的管理工作；负责组织国务院各工作部门录用国家公务员的考试和备案工作等。省、自治区、直辖市政府人事部门是本行政辖区内国家公务员录用的主管机关，负责本行政辖区国家公务员录用的管理工作。也就是说，地方各级国家行政机关国家公务员的录用考试，由省级人民政府人事部门负责组织；市（地）级以下政府人事部门按照省级人民政府人事部门的规定，负责本行政辖区内国家公务员录用的有关管理工作。

《国家公务员暂行条例》还对以下三种情况作出特殊规定：一是录用特殊职位的国家公务员，经国务院人事部门或者省级人民政府人事部门批准，可以简化程序或者采用其他测评办法；二是省级以上人民政府工作部门录用的国家公务员，应当具有 2 年以上基层工作经历。按照规定录用的没有基层工作经历的国家公务员，应当安排到基层工作 1—2 年。三是民族自治地方人民政府和各级人民政府民族事务部门录用国家公务员时，对少数民族报考者应当予以照顾。

（二）任免

任免是指国家公务员的任用和免职。

任用

任用，是指任职机关根据有关的法律规定和任职条件的要求，通过法定的程序和一定的手续任用公务员担任某一职务。我们认为，任用即授职，它与录用有所不同：任用是授予公务员一定的政府行政职务的行政行为；而录用，则是按法定程序将原来不具备国家公务员身份的公民吸收到国家公务员队伍中来，使其具有公务员身份。故而，任用可以在录用的同时进行，也可以在录用之后进行。

任用必须具备一定的条件。在我国，除了按照德才兼备和革命化、年轻化、知识化、专业化的要求规定了公务员任职的国籍、政治、能力、资格等条件外，还在《条例》的第九章中，规定公务员有下列情形之一的，应当予以任职：新录用人员试用期满合格的；从其他机关及企业、事业单位调入国家行政机关任职的；转换职位任职的；晋升或者降低职务的；因其他原因职务发生变化的。

任用采取以下三种形式：其一，选任制——通过投票选举来确定任用与否的形式，其特点是充分发扬民主，一般最后以少数服从多数来作出决定。它主要用于作为各级人民政府组成人员的国家公务员。其二，委任制——由有任免权的机关按照管理权限直接任命公务员职务的形式。它曾经是中国任用干部的最基本的方式，如今仍然是一种主要的方式。这种方式的特点是权力集中，指挥统一，任用程序简单明了，比较适合于以执行既定决策为主的工作人员。典型的委任方式是行政首长无须其他机关的同意直接任命下属行政人员。在我国，主要表现为：国务院总理有权直接任命国务院各部委的副职行政领导人员和国务院直属机构的正、副职行政领导人员；地方各级人民政府首长有权直接任命下属各工作部门的副职行政领导人员。尤其值得注意的是，现代行政往往采用选任与委任相结合的方式来任命行政人员。我国也不例外。依照法律规定，国务院总理由国家主席提名，经全国人大决定后，再由主席任命；国务院的其他组成人员（副总理、国务委员、各部部长、各委员会主任、审计长、秘书长）的人选，由国务院总理提名，经全国人大决定后，再由国家主席任命。全国人大闭会期间，根据国务院总理提名，全国人大常委会有权决定部长、委员会主任、审计长、秘书长的人选，然后由国家主席任命；县级以上人大常委会有权根据本级人民政府首长的提名，决定本级人民政府秘书长、厅长、局长、主任、科长的任命，并报上一级人民政府备案。其三，聘任制——由用人单位运用合同形式聘任工作人员的形式。这是近十多年中国人事制度改革中出现的新的任用方式。其基本特点是:用人单位与个人自愿签订合同,规定双方的责、权、利及其有效期限。合同期满,经双方同意可以续订。这种任用方式,既可保证合同期限内用人单位和受聘者个人的工作稳定性,又有助于干部的流动,有利于排除干部管理体制中实际存在的部门所有制、单位所有制和地区所有制。聘任制对于任用具有较高水平的专业技术人员和管理人员来参加政府工作特别适用。不少政府机关聘任专家担任特约研究人员和顾问人员,收到了较好的效果。为此,《条例》肯定了这种任用方式,明确规定,国家公务员的部分职务实行聘任制。

为保证国家公务员的素质,国家行政机关在任用公务员时应遵循任人唯贤、因事择人、量才使用、一人一职、合乎法定程序以及注重整体效能的原则。此外,对公务员兼职应有严格的限制,在一人一职的原则上,如果因工作需要,经任免机关批准,可在国家行政机关内兼任一个实职。但不得在企业和营利性事业单位兼任职务。任用国家公务员担任不同层次的领导职务,还有最高任职年龄的规定。

免职

免职,指有任免权的机关根据有关法律规定和任职条件,通过法定程序和形式,免去公务员所担任的某一职务。免职包括程序免职(即在任用公务员担任某一职务的同时,免去其原来所任职务)和单纯免职(它以免除公务员现任职务为目的,如公务员因退职退休,长期离职学习或由于健康原因不能坚持工作,以及因机构调整等不再留任而进行的免职)。按照《国家公务员暂行条例》规定,下列情形之一者,应当予以免职:(1)转换职位任职的;(2)晋升或者降低职务的;(3)离职学习期限超过1年的;(4)因健康原因不能坚持正常工作1年以上的;(5)退休的;(6)因其他原因职务发生变化的。免职令由主管机关发布，并在一定范围内公布。

（三）培训

培训，是指根据经济、社会发展的需要，按照职位要求，国家对公务员进行有计划、有组织、有目的的培养与训练。培训的目的在于不断提高公务员的政治思想水平、专业知识水平和管理水平，不断提高他们的实际工作能力，以适应国家行政机关高效能管理的需要。

培训与任用密切相关。培训是任用的前提与基础，任用是培训的目的。中国干部管理制度，历来是任用与培训并举的。建国前，中国共产党曾先后创办农民运动讲习所、政治院校、军事院校、抗日军政大学和各种文化院校，培养了大批优秀干部。建国后，党和政府也曾采取各种形式组织党员和干部学政治、学理论、学文化、学科学技术和经营管理理论，取得了显著成效。一些从战争时期过来的干部由此而成了经济建设的专家。但是，由于后来指导思想上的偏差，忽视了系统化培训，即使是零散的培训，也多是以阶级斗争理论为中心，以至造成中国干部队伍文化理论水平偏低。中共十一届三中全会以后，随着现代化建设高潮的到来，对干部进行系统培训的任务自然被提上议事日程。1980 年 2 月，中共中央宣传部、组织部颁发了《关于加强干部教育工作的意见》。1982 年 10 月，中共中央、国务院颁布了《关于中央党政机关干部教育工作的决定》。中国的干部教育开始走上了正规化、系统化、经常化的轨道。

根据《条例》和国务院人事部于 1996 年 6 月 5 日发布的《国家公务员培训暂行规定》的有关规定，我国国家公务员的培训有以下 4 种类型：一是初任培训，也称“入门培训”，即对新录用的国家公务员在试用期内所进行的培训。时间不得少于 10 天。通过培训，使公务员掌握职位所需的基本技能。二是任职培训，拟委任新职位或晋升上一级领导职务的国家公务员，应接受培训，以掌握新的工作岗位上的要求。任职培训一般在职前进行，培训时间不少于30天。经任免机关批准，也可先到职后培训，但必须在到职后的1年内完成。三是专业培训，即根据专项工作需要而进行的专门业务培训。如会计知识的培训、税务知识的培训等。四是更新知识培训，即指对在职人员以增新知识、补充、拓宽相关知识为目的的培训进修。每人每年参加培训的时间累计不少于7天，也可以采取集中时间培训的办法。其目的在于更新知识，掌握新的技术和技能，提高现有的管理水平。如近年来要求国家公务员学习社会主义市场经济知识，学习科学技术知识，掌握外语和计算机操作技术等等。通过培训提高国家公务员的思想素质与业务素质。

国家公务员的培训一般采取各级行政学院的正规培训、政府各级行政部门的内部培训、政府部门委托其他部门或学校进行的培训、通过社会化的教育机构（如广播、电视、自学考试、函授、夜大学等）进行的社会办学培训等多种形式。在培训内容上贯彻“少而精”的原则、强调科学性和针对性。培训课程一般分为公共必修课、专业必修课和选修课。不同类型的培训在内容上应有所侧重。培训期间的学习成绩和鉴定作为国家公务员任职或晋升职务的依据之一。

二、考核、奖励与纪律

（一）考核

考核，是指国家行政机关或行政首长按照管理权限，对所属公务员的政治思想品德、学识水平、业务能力、工作成绩、履行岗位责任情况，以及健康状况等方面进行的全面的考察、分析与评价。

对国家公务员进行考核的制度，是在革命战争年代中国共产党对干部进行考察制度的基础上发展起来的。解放初期叫考察和鉴定，后来统称为考核。1979年11月，中共中央组织部《关于实行干部考核制度的意见》,比较全面地论述了中国干部考核的原则、目标和内容。1988 年 6 月,中央决定在全国建立地方党政领导干部年度工作考核制度,并且颁布了年度工作考核方案。建立干部考核制度,对于提高干部素质,促使干部钻研业务;对于选贤举能,正确识别和使用干部;对于贯彻各尽所能,按劳分配的原则,调动干部的积极性;对于改变赏罚不明、能上不能下、能进不能出的"铁饭碗"办法;对于实行群众监督干部,防止干部特殊化,促使干部更好地为现代化建设服务,有着极为深远的意义。

《国家公务员暂行条例》和 1994 年 3 月 8 日由国务院人事部发布的《国家公务员考核暂行规定》将国家公务员的考核分为平时考核和年度考核。平时考核随时进行,由被考核人如实填写工作记录;年度考核每年年末或者翌年年初进行。平时考核作为年度考核的基础。

国家行政机关在年度考核时设立临时性的考核委员会或者考核小组,在部门负责人的指导下负责公务员的考核。年度考核先由个人总结,再由主管负责人在听取群众意见的基础上写出评语、提出考核等次的意见,经考核委员会或者考核小组审核后,由部门负责人确定考核等次。年度考核结果分为优秀、称职、不称职共三等次。对担任国务院工作部门司局级以上领导职务和县级以上地方各级人民政府工作部门领导职务的国家公务员的考核,必要时可以进行民意测验或者民主评议。此外,按考核内容还可分为工作成绩考核、工作态度考核、工作能力考核等;按考核的集中程度则可分为集中考核、分散考核、集散混合考核等;按考核目的又可分为例行考核、晋升考核、调任转任考核等。

对国家公务员的考核应当坚持实事求是、客观公正、实绩第一、民主公开的原则,实行领导与群众相结合、平时与定期相结合。

公务员考核的内容是多方面的。一般来说主要包括德、能、勤、绩四个方面,重点是工作实绩。

"德"主要包括政治品质、思想作风和职业道德等内容。考德主要看其是否认真执行党和国家的法律和政策，是否遵守党纪国法和社会公德，是否公正廉洁，努力为国家为人民服务。

"能"主要是指国家公务员从事本职工作的业务知识和工作能力。考能主要看其有无胜任工作的文化程度、专业知识和管理水平，有无分析问题、解决问题和独立工作的能力（如领导能力、组织能力、表达能力、判断能力、适应能力等），有无胜任工作的身体条件等。

"勤"主要是指国家公务员的工作态度和勤奋敬业的表现，包括积极性、纪律性、责任感、出勤率等内容。考勤主要看其是否具有强烈的事业心；是否肯学肯干、任劳任怨，勇于创新；是否充分发挥了工作积极性，具有较高的工作效率。

"绩"就是国家公务员的工作成绩和实际贡献，即完成工作的数量、质量、效益和贡献。考绩主要看其是否按时、按质、按量完成本职工作。一般说来，工作成绩是国家公务员德、能、勤的综合表现和实际结果。考核国家公务员，特别是考核主管一个地区、一个部门工作的领导者，应当主要依据其政绩。

德、能、勤、绩四个方面，是对国家公务员进行全面考核的综合性的整体要求。对各类国家公务员的考核，还应各有侧重。如考核专业技术人员应侧重其能，考核领导者应首先重其德，考核一般机关公务员应首先重其勤等等。而关于工作实绩的考核，对所有人员都是重点所在。同时，对不同层次、级别的国家公务员，德、能、勤、绩四个方面的要求也有所区别。各级国家行政机关和主管部门根据各类公务员的特点，制定具体的考核要求。

对国家公务员的考核结果，应当以书面形式通知本人。本人如果对考核结果有异议，可以按照有关规定申请复核。年度考核结果作为对国家公务员进行奖惩、培训、辞退以及调整职务、级别和工资的依据。

(二)奖励

奖励,是指国家行政机关对在工作中表现突出,有显著成绩和贡献或有其他突出事迹的国家公务员给予奖赏和激励。

对国家工作人员奖罚分明,立功者受奖,过失者受罚,这是中国干部管理中坚持的一个原则。建国以来,曾多次为此发布文件,制定各类奖惩条例。1957 年的《国务院关于对国家行政机关工作人员奖惩暂行条例》和后来的有关规定,确立了中国奖惩国家工作人员的原则与方法。《国家公务员暂行条例》以及国务院人事部于 1995 年 7 月 3 日颁发的《国家公务员奖励暂行规定》,总结建国以来干部管理的经验教训,对国家公务员的奖励作出了更为具体的明确规定。

国家行政机关对公务员的奖励是有条件的。其鲜明地体现出国家在公务员中所倡导鼓励的行为导向。为了便于整体掌握和具体衡量,根据《条例》和《国家公务员奖励暂行规定》,国家公务员有下列表现之一者,应当予以奖励:(1)忠于职守,积极工作,成绩显著的;(2)遵守纪律,廉洁奉公,作风正派,办事公道,起模范作用的;(3)在增进民族团结,维护社会稳定方面做出贡献的;(4)在社会主义精神文明建设方面做出突出贡献的;(5)在工作中有发明、创造或者提出合理化建议,为国家取得显著经济效益和社会效益的;(6)爱护公共财产,节约国家资财有突出成绩的;(7)防止或者挽救事故有功,使国家和人民群众利益免受或者减少损失的;(8)在抢险、救灾等特定环境中奋不顾身做出贡献的;(9)见义勇为,舍己救人,维护社会公德和社会治安,表现突出的;(10)同违法违纪行为作斗争,有功绩的;(11)在对外交往中,为国家争得荣誉和利益的;(12)有其他功绩的。

奖励必须按照法定程序进行,《国家公务员奖励暂行规定》就此规定的程序如下:第一步,国家公务员所在单位在征求群众意见的基础上,提出奖励意见,按照规定的批准权限,上报审批;第二步,审批机关的人事部门审核;第三步,审批机关批准,并予以公布。必要时,审批机关可以直接给予国家公务员奖励。

对公务员的奖励,坚持精神鼓励与物质鼓励相结合的原则。在奖励等级上分为:嘉奖,记三等功、二等功、一等功,授予荣誉称号。除了这些可以称为"主体奖励"的奖项以外,国家行政机关还按规定对受奖的公务员分别给予一定的奖金、奖品、晋升工资等级等附加奖励。国家公务员的奖励由国家公务员所在机关或者上级机关按照下列权限批准:(1)嘉奖、记三等功,由县级以上人民政府或者市(地)级以上人民政府工作部门批准。(2)记二等功,由市(地)级以上人民政府或者省级以上人民政府工作部门批准。(3)记一等功,由省、自治区、直辖市以上人民政府或者国务院工作部门批准。(4)国务院授予荣誉称号,经国务院人事部门审核后,由国务院批准。(5)省、自治区、直辖市人民政府授予荣誉称号,经本级人民政府审核后,由省、自治区、直辖市人民政府批准。(6)地方各级人民政府按照奖励权限的规定,给予本级人民代表大会选举任命或其常务委员会决定任命的人民政府领导人员的奖励,应当报上一级人民政府批准;对政府工作部门领导人员的奖励,由本级人民政府批准。(7)审批机关在给予国家公务员奖励时,应当按照国家公务员管理权限,征得主管机关的同意。

(三)纪律与行政处分

《国家公务员暂行条例》规定了公务员必须严格遵守的纪律,以及对于违纪行为的惩处。而国务院人事部在1996年9月12日印发的《人事部关于国家公务员纪律惩戒有关问题的通知》中,则对行政处分和处分的变更与解除问题作了更为详尽的规定。

纪律

国家公务员必须遵守纪律,不得有下列行为:(1)散布有损政府声誉的言论,组织或者参加非法组织,组织或者参加旨在反对政府的集会、游行、示威等活动,组织或者参加罢工;(2)玩忽职守,贻误工作;(3)对抗上级决议和命令;(4)压制批评,打击报复;(5)弄虚作假,欺骗领导和群众;(6)贪污、盗窃、行贿、受贿或者利用职权为自己和他人牟取私利;(7)挥霍公款,浪费国家资财;(8)滥用职权,侵犯群众利益,损害政府和人民群众的关系;(9)泄露国家秘密和工作秘密;(10)在外事活动中,其行为有损国家荣誉和利益;(11)参与或者支持色情、吸毒、迷信、赌博等活动;(12)违反社会公德,造成不良影响;(13)经商、办企业以及参与其他营利性的经营活动;(14)其他违反纪律的行为。

行政处分

国家公务员有上述违纪行为,构成犯罪并触犯刑律的,按照刑法有关规定追究刑事责任;尚未构成犯罪的,或者虽然构成犯罪但是依法不追究刑事责任的,应当给予行政处分;违纪行为情节轻微,经过批评教育后改正的,也可以免于行政处分。行政处分根据不同情况可分为6种,依次是:警告、记过、记大过、降级、撤职、开除。受撤职处分的,同时降低级别和职务工资。受行政处分期间,不得晋升职务和级别;其中除受警告以外的行政处分的,还不得晋升工资档次。

对国家公务员的行政处分,应当事实清楚、证据确凿、定性准确、处理恰当、手续完备。并且必须依照法定程序,在规定的时限内做出处理决定。一般应从发现违纪行为的立案之日起,6个月内处理完毕;情况复杂需要超时限的,应经过行政监察部门批准。但最迟不得超过1年。

给予国家公务员行政处分,也应当按照法定权限进行。具体而言就是:(1)行政处分依法分别由任免机关或者行政监察机关决定;其中给予开除处分的,应当报上级机关备案。(2)县级以下国家行政机关开除国家公务员,必须报县级人民政府批准。(3)国家公务员违法违纪,已由司法机关查处的,待司法机关作出处理结果后,国家行政机关再作出相应的行政处分;国家行政机关先行调查认为需要移送司法机关的，必要时也可以先作出行政处分。

国家公务员受到除开除以外的行政处分，分别在半年至2年内由原处理机关解除行政处分。但是，解除降级、撤职处分，不视为恢复原级别、原职务。在受处分期间有特殊贡献的，可以提前解除行政处分。解除行政处分后，晋升职务、级别和工资档次不再受原行政处分的影响。

此外，对国家公务员给予行政处分的决定和解除行政处分的决定，都应当以书面形式通知本人。本人对行政处分不服的，可在规定的时间内向行政监察机关申诉。为此，国务院人事部办公厅在1997年3月26日专门发布了《关于建立国家公务员申诉案件备案制度的通知》，以加强对公务员申诉控告工作的宏观管理，保障公务员的合法权益。但申诉和受理机关复核期间，不停止对处理决定的执行。

三、升降、交流与回避

（一）升降

升降，是指国家公务员职务的晋升与降低，属公务员职务的纵向调整。合理的职务升降，有利于激励公务员不断进取，造就优化的公务员队伍。

晋升

国家公务员职务晋升，必须贯彻革命化、年轻化、知识化、专业化的方针，坚持德才兼备、群众公认，注重实绩和公开、平等、竞争、择优的原则。晋升的方式主要有3种：(1)年资晋升，是按公务员工作年限决定晋升；(2)考试晋升，是依据考试成绩决定晋升；(3)功绩晋升，是根据工作成绩决定晋升。此外，还有一种越级晋升，是指对那些工作成绩卓著、贡献突出的公务员，不受年限等条件限制，及时给予越一级晋升，但必须按照规定报有关部门批准。

《条例》以及国务院人事部在1996年1月29日发布的《国家

公务员职务升降暂行规定》都指出，国家公务员晋升职务必须具备拟任职务所要求的必备条件与资格条件。必备条件是指政治思想觉悟和专业知识、工作能力和健康条件，缺一不可。资格条件包括年龄、文化、专业等方面合理结构的要求，其中晋升高一级领导职务的，一般规定必须具备在下一级两个或两个以上职位任职的经历。此外，公务员晋升职务必须在国家核定的职数限额内进行，同时还必须按照规定的职务序列逐级晋升。对于个别确有突出德才表现和工作实绩的公务员所作的越级晋升，必须严格按法定程序实行。拟晋升领导职务的公务员，应该接受任职培训。

国家公务员的晋升，按照下列程序进行：(1)公布职位空缺、任职条件，采取领导和群众相结合的办法，推荐预选对象。(2)按照拟任职务所要求的条件，对预选对象进行资格审查，产生考察对象。考察对象人选数一般应多于职位空缺数。(3)在年度考核的基础上对考察对象进行全面考察，择优提出拟晋升人选。在考察中应坚持群众路线，充分发扬民主，采取个别谈话、民主评议或民意测验、专项调查、实地考察、同考察对象面谈、面试答辩等方法，广泛了解情况，并进行综合分析，形成详实的考察材料。(4)按照管理权限由有关机关领导集体研究决定，并依法任命。其中，对于晋升为各级人民政府组成人员的，还必须依照法定程序，由相应的人民代表大会或它的常务委员会选举或决定后任命。

降职

公务员职务的降低，降职与“降级”不同，它不是一种行政处分，而是一种正常的职务变动，它包括：在年度考核中被确定为不称职的，或者不胜任现职又不宜转任同级其他职务的；由于所在机构发生变动或者领导人员职数减少，某些公务员需改任较低职务的；公务员本人有降职要求，且理由又较充分，而允许改任较低职务的；犯有错误，不适宜继续担任原先职务的。

公务员降职按法定程序进行：(1)公务员所在单位根据降职

条件,确定降职人员,并提出降职安排意见;(2)公务员所在单位对降职事由进行审核并听取拟降职人员意见;(3)按照管理权限由有关机关领导集体研究决定,并依法作出决定。公务员对降职不服,可提出复议要求。其中,对于不称职或不能胜任现职的各级人民政府组成人员,应当按照法定权限和程序,由相应的人民代表大会或它的常务委员会撤销其现职。

(二)交流

交流,是指在国家行政机关内部公务员之间或者行政机关公务员与其他国家机关、群众团体、企事业单位的工作人员之间实行调换任职。这一制度的有效推行,不仅有利于国家公务员开阔视野,丰富经验,交流信息,更好地发挥自己的才干,达到人与事的最佳配合;而且有利于克服经验主义与官僚主义,破除“关系网”、“裙带风”,加强政府廉政建设。

早在1962年9月,中共中央就曾发布关于有计划有步骤地交流各级党政主要领导干部的决定,规定要在全国范围内,中央与地方之间,上级与下级之间,地区之间,部门之间,对各级主要领导干部进行有计划的交流。并且规定,今后要把定期交流干部作为中共干部管理工作的一项重要制度。

在我国,公务员交流的对象主要有三类:第一类是担任县处级以上领导职务的公务员。他们负有较重要的领导重任,一方面需要较为丰富的经验和阅历,以增长才干,胜任工作,另一方面必须防止在一地区或部门任职时间太长而造成人情对工作开展的困扰弊端。因此,对这一部分干部有必要易职异地转换岗位。第二类是担任行政执法、经济监督等特殊职能的公务员,他们担负着繁重的执法监督任务,需要铁面无私的工作作风。定期轮换岗位任职可以防止由于任职过久所带来的人际关系对执行任务的干扰。第三类是以中青年公务员为主体,通过转换岗位,挂职锻炼,增加必要的阅历、经验和才干。

《国家公务员暂行条例》规定：国家行政机关每年应当有一定比例的国家公务员进行交流。公务员的交流，必须遵循工作需要与个人意愿兼顾的原则，严格执行编制员额和职位结构的原则，人事相宜、用人所长的原则，合理流动和相对稳定相结合的原则以及控制流向和照顾困难相结合的原则。

国家公务员交流采取调任、转任、轮换和挂职锻炼等 4 种形式。

调任

调任是指国家行政机关以外的工作人员经严格考核合格后，被调入国家行政机关担任领导职务或助理调研员以上非领导职务，以及公务员调出国家行政机关任职。调入者必须经过严格考核，具备拟任职务所要求的政治思想水平、工作能力及相应的资格条件。考核合格的，应当到相应行政学院或者其他指定的培训机构接受培训，然后正式任职。调出者不再保留其国家公务员的身份。

转任

转任是指国家公务员因工作需要或者其他正当理由，在国家行政机关内部（包括跨地区跨部门）的平级调动。被调动者，必须符合拟任职务规定的条件要求，经考核后，按规定的程序办理。

轮换

轮换，又称轮岗，是指国家行政机关对担任领导职务和某些工作性质特殊的非领导职务的国家公务员，有计划地调换职位任职。轮换的重点是担任领导职务的公务员。轮换与转任在形式上有些相似，但着眼点不同。转任主要着眼于发挥公务员的专长，做到人尽其才、人尽其用；而轮换一般是着眼于公务员的培训，使其更多地接受多个岗位的锻炼。国家公务员轮岗必须符合拟任职务所要求的任职条件，坚持个人服从组织的原则。此外，国务院人事部在 1996 年 7 月 31 日发布的《国家公务员职位轮换（轮岗）暂行办法》,又对有关公务员的职位轮换作了更为细致详尽的具体规定。

挂职锻炼

挂职锻炼,是指国家行政机关有计划地选派在职公务员在一定时间内到基层或者企业、事业单位担任一定职务。它是我国特有的一种交流形式。在这种交流期间,挂职公务员不改变与原机关的人事行政关系。挂职锻炼也是培养中青年公务员的有效途径。

(三) 回避

回避,是指国家行政机关为防止国家公务员利用职权为亲属谋私利、徇私情而对其任职和执行公务采取的某些限制。实行公务员回避制度,既有利于政府机关的廉政建设,促进社会稳定,又有利于公务员个人的健康成长,消除不正之风。

中国历史上曾经建立过比较完备的官员回避制度,如:东汉后期《三互法》就明确规定,婚姻之家与两州之人不得相互为官。到了隋朝,则把异地做官立为定制,连曹椽小吏也尽量使用外郡人。清朝的规定更为具体,做官必须回避原籍和宗籍,州县长官必须隔省五百里,佐僚须距本籍三百里。虽然由于封建社会宗族血缘关系深厚,回避并不能根本解决官场徇私舞弊问题。但回避制度本身毕竟有其合理因素。现在,回避制度被很多国家所采用。

建国后,在国家人事管理中对回避制度一直是重视的,也为此做了大量工作,但并未形成完备的制度。随着国家公务员制度的建立,回避才随之形成制度。《国家公务员暂行条例》以及由国务院人事部于 1996 年 5 月 27 日印发的《国家公务员任职回避和公务回避暂行办法》都对此作了明确规定。

其一,回避的范围。公务员应回避的亲属关系包括:(1)夫妻关系;(2)直系血亲(含拟制血亲)关系,包括祖父母、外祖父母、父母、子女、孙子女、外孙子女;(3)三代以内旁系血亲关系,包括伯叔姑舅姨、兄弟姐妹、堂兄弟姐妹、表兄弟姐妹、侄子女、甥子女;(4)近姻亲关系,包括配偶的父母、配偶的兄弟姐妹及其配偶、子女的配偶及子女配偶的父母、三代以内旁系血亲的配偶。

其二,回避的分类。在我国公务员回避主要包括以下三类:(1)职务回避,是指国家公务员之间有上列亲属关系的,不得在同一机关担任双方直接隶属于同一行政首长的职务或者有直接上下级领导关系的职务,也不得在其中一方担任领导职务的机关从事监察、审计、人事、财会工作。(2)公务回避,是指国家公务员执行公务时,涉及本人或者涉及与本人有上列亲属关系人员的利害关系的,必须回避。(3)地区回避,是指国家公务员担任县级以下地方人民政府领导职务的,一般不得在原籍任职。但是,民族自治地方人民政府的国家公务员除外。

其三,国家行政机关对新进入公务员队伍的人员应当按照回避规定严格审查把关;对原已形成的应回避的关系,应当制定计划,逐步调整;对因婚姻、职务变化等新形成的应回避关系,应当及时调整。国家公务员从事公务活动时,应主动报告应回避的关系。对隐瞒不报的,予以批评教育,其中因未回避而给公务造成损失或者造成恶劣影响的,应给予相应处分。

四、工资、保险与福利

(一) 工资

工资,是指国家以货币形式支付给公务员的劳动报酬。它是每个公务员及其家庭生活的主要来源,是调动公务员工作积极性和提高工作效率的动力和杠杆,也是调节国家公务员行业、部门和地区分布的重要手段。我国国家公务员的工资制度贯彻按劳分配的原则。

自建国以来,我国工资制度经过了1956年、1985年和1993年三次大的改革,最终形成了国家公务员的职级工资制。

建国初期,我国沿用革命战争年代的供给制度。所谓"供给制",就是按当时国家财政经济状况和个人生活必不可少的需要,对工作人员免费供给生活必需品的一种分配制度。随着国家经济建设的发展,供给制已是不能适应形势之需。1952 年,对工资制度进行了第一次改革,统一以“工资分”作为供给制人员津贴和工资制人员的工资标准,开始向工资制度过渡。1955 年 8 月,国务院发布了《关于国家机关工作人员全部实行工资制度和改行货币工资制的命令》。从 1956 年起,国家干部统一执行“职务等级工资制”。所谓“职务等级工资制”,就是根据德才与资历,将同一职务的国家工作人员分别归入不同的级别,按级获取相应的工资。当时,把国家工作人员(包括勤杂人员)分为 30 个等级(后改为 25 个),各级各类工作人员按照其职务在该职务工资幅度内,核定某一级别。如国务院,副总理在 1—3 级的幅度内核定工资标准,办事员在 22—25 级内,勤杂人员在 25—30 级内核定工资标准。按当时制定的方案,干部随着职务的提升,工资级别也相应提升。但后来一般都是“提职不提薪”。加之历次工资调整缺乏总体设计,致使“职务等级工资制”实际上变成了脱离实际职务、脱离实际贡献的“等级工资制”。

自 1985 年 7 月开始,我国干部实行以职务工资为主要内容的“结构工资制”。所谓“结构工资制”,就是指国家干部的工资由基础工资、职务工资、工龄工资及奖励工资四部分组成,其中每个部分分别发挥不同的职能。这是根据我国的国情和干部的劳动特点,既坚持按劳分配原则,又妥善处理上下左右关系而制定出来的新的工资制度。这一工资制度的具体设计是:(1)基础工资。它根据工作人员的最低生活费用确定。从总理到办事员,一律 40 元。(2)职务工资。按照工作人员的职务高低,责任大小,工作繁简确定,每一职务设几个工资级差,上下职务之间的工资适当交叉。如科长与副处长职务内均设 6 个工资级差,科长 4 级工资与副处长 6 级工资相同。(3)工龄津贴。根据工作人员的工作年限而逐年增长。计发工龄津贴的工作年限,从参加革命工作和社会主义建设工作时开始计算，到本人离、退休时为止，每工作1年，每月发给0.5元。领取工龄津贴的工作年限最多为40年。(4)奖励工资。对于超额完成工作任务或实现技术改进、发明创造，以及其他有突出贡献者，发给奖励工资，包括奖励升级或发给奖金。

随着社会主义市场经济体制的建立，工资制度方面的问题日益显露，主要是：工资水平偏低，工资结构不合理，缺乏正常的增资机制，机关和不同类型的事业单位执行同一工资制度，没有体现特点。这种状况，影响了人们工作积极性的发挥。因此，中共中央、国务院从改革的全局出发，明确提出必须改革现行机关、事业单位的工资制度。中共十三届七中全会指出，“党政机关、事业单位，逐步建立起符合各自特点的工资制度”；中共十四大提出，“加快工资制度改革，逐步建立起符合企业、事业单位和机关各自特点的工资制度与正常的工资增长机制”；中共十一届三中全会进一步明确指出，“公务员的工资由国家根据经济发展状况并参照企业平均工资水平确定和调整，形成正常的晋级和工资增长机制。事业单位实行不同的工资制度和分配方式，有条件的可以实行企业工资制度。”

经过改革，我国国家公务员实行职务级别工资制，简称“职级工资制”即国家公务员工资由职务工资、级别工资、基础工资与工龄工资四部分组成：(1)职务工资，是按公务员的职务高低、责任轻重和工作难易程度确定的，是职级工资制中体现按劳分配的主要部分。在职务工资标准中，每一职务层次设置若干工资档次，公务员按担任的职务确定相应的职务工资，并随着职务及任职年限的变化而变动。(2)级别工资，是按公务员的资历和能力来确定的，也是体现按劳分配的主要部分，公务员的级别共分15级，一个职务对应若干级别，上下交叉，一个级别设置一个工资标准。(3)基础工资，是按大体维持公务员本人基本生活的费用来确定的，各职务人员均执行相同的基础工资。(4)工龄工资，是按公务员工作年限来确定的，主要体现其积累性贡献，工作年限每增加1年，工龄工资增加1元，一直到离、退休当年为止。

此外，按照国家规定，公务员还享受两种津贴：一是地区津贴，即在国家制定统一的工资政策、工资制度、工资标准的基础上，根据各地的自然环境、经济发展水平、物价上涨幅度和居民生活水平的不同而制定的津贴标准；二是其他津贴，主要是指职业津贴，是指国家为了鼓励公务员长期或终身从事某种特殊条件下的工作（例如，苦、脏、累、危险岗位的工作）而发给的一部分工资或津贴。

我国国家公务员工资制度在坚持按劳分配这一总原则的前提下，还必须遵循下列具体原则：其一，定期增资原则，即国家在每年的财政预算中，按法律规定保证必要的经费用于定期增加公务员的工资。定期增资制度是国家公务员工资制度得以正常运转的重要保障。其二，平衡比较原则，即国家在确定公务员的工资时，必须参照国有企业同类人员的工资水平，使公务员的工资水平与企业单位同类人员的工资水平大体上保持平衡，这是协调公务员系统与外部系统分配关系的主要原则。其三，法律保障原则，即指公务员工资制度应以法律形式确定下来，实现公务员工资制度的法制化、规范化，保证公务员的基本权利不受侵犯。其四，物价补偿原则，即指国家根据职工生活费用价格指数变动情况，定期调整公务员的工资，使公务员的工资增长率高于或等于物价上涨率，以保证公务员的实际工资不因物价上涨而下降。

此外，对于新录用人员，在试用期内发给试用期工资；试用期满正式任职后，根据确定的职务和级别确定其工资。

（二）保险

保险，是指国家通过立法程序建立的，对暂时或永久丧失劳动能力的国家公务员给予物质帮助的一种劳动保险制度。它是社会保障制度的一项重要内容。

公务员保险制度是个人消费品分配的一种辅助形式，是公务员的一项受法律保护的基本权利。它的建立,对于保障国家公务员的切身利益,提高国家公务员的健康水平,稳定公务员队伍,调动公务员的工作积极性,具有十分重要的作用。

根据《国家公务员暂行条例》的原则性规定,结合目前我国社会保障制度改革的发展趋向,公务员保险制度的内容包括以下方面:公务员因公负伤、致残、死亡的保险;公务员非因公负伤、致残、死亡的保险待遇;公务员疾病的公费医疗和保险;公务员生育的保险;公务员待业期间的保险;公务员供养直系亲属的保险待遇;公务员退职退休的保险。

目前,我国包括社会保险制度在内的社会保障制度体系正在建立和完善的过程中。根据1998年的九届全国人大一次会议审议通过的《国务院机构改革方案》而新组建的中华人民共和国劳动和社会保障部,将进一步研究与规划国家公务员的保险事宜。随着社会保障制度的建立和完善,国家公务员将依法享受社会保险,包括养老保险、失业保险、医疗保险以及人身安全保险等等。

在社会保障制度尚未最终确立、完善之前,国家公务员的上述保险内容大都是通过社会福利形式由国家和政府单方面解决的。

(三) 福利

公务员的福利,是指国家以法律形式为公务员举办的各项优惠服务设施和直接给予公务员个人的各种福利性补贴。其目的在于给公务员提供一种生活保障和生活享受,用以满足他们带有共同性和普遍性的消费需要,解决公务员个人或者家庭难以解决的某些困难。

公务员的福利也是一种消费品的特殊分配形式,但它在性质上同社会福利、公务员工资以及公务员享有的保险是有所区别的。首先,公务员的福利属于单位福利,而不是社会福利。社会福利是指社会为改善人们的物质和文化生活而举办的一切事业和采取的一切措施,其享受对象是全体社会成员。而我国公务员的福利是国家行政机关在工资、奖金等劳动报酬和劳动保险以外通过举办集体福利设施、提供服务以及发放补贴等形式,给予公务员的一种生活保障和生活享受。可见,它主要是一种单位福利,其享受的对象仅是行政机关中的公务员。其次,公务员的工资是按劳动者所提供的劳动数量和质量进行分配的,所遵循的是按劳分配原则。而公务员的福利除用于保障部分确有生活困难的公务员的基本生活外,还有一部分福利设施(如食堂、浴室、图书馆等)是用于满足本单位全体公务员的享受和发展需要的。可见,公务员福利分配属于一种有条件、有限度、不完全的按需分配。再者,公务员的福利和保险也是不同的。公务员保险的享受对象是丧失劳动能力的公务员,其主要职能是保障丧失劳动能力的公务员基本生活需要得到满足。而公务员福利的享受对象大体上是全体公务员,它是按需要和可能进行分配的,其作用在于补充满足公务员的生活需要。

我国公务员福利与国营企事业单位职工的福利大体相同,除了幼儿园、子弟学校、职工食堂、娱乐场所等福利设施外,主要有以下内容。

1. *公费医疗制度*　即对国家工作人员实行免费治疗和免费预防疾病制度。因病门诊、住院、服药所需的诊疗费、手术费、住院费、医药费均由国库开支。同时,国家公务员所供养的直系亲属也享受家属半费医疗补贴,他们的医药费由国库负担50%。目前,伴随社会保障制度的逐步确立和完善,国家行政机关工作人员的公费医疗制度也正处于改革进程中。

2. *病假、产假制度*　包括公务员在内的国家工作人员经医疗机构证明和干部管理机构批准,可以因病请假。病假期间,第一个月工资照发;从第二个月起,根据工作年限长短发给本人工资的70%—100%不等;从第七个月起,发给本人工资的50%—80%不等。对革命和建设事业有特殊贡献者,经有关部门批准,病假期间的生活待遇可酌情提高。病假期间,继续享受所在单位的各项福利待遇。此外,女工作人员生产或流产,均给产假。产假期间,工资照发。

3. 探亲假制度　工作满1年以上的国家公务员,因父母或配偶不住在一起而又不能利用公共假日团聚的,给予探亲假。探望配偶,每年给假1次,时间1个月;未婚工作人员探望父母,原则上每年给假1次,时间20天;已婚工作人员探望父母的,每4年给假一次,时间20天。探亲期间,工资照发,并按规定报销部分车船费。

4. 福利补助制度　为了解决国家工作人员及其家属的生活困难,国家每年按照在编人数拨出一定数额的款项作为福利补助费。对于在经济收入上负担本人和家属生活有困难者,或因其他突然变故而使本人和家属生活困难者给予补助。福利补助一般由本人提出申请,群众讨论,有关部门审核批准。对领导干部的福利补助还须要上一级领导审核批准。

5. 抚恤制度　根据《革命工作人员伤亡抚恤暂行条例》和其他法规的规定,国家干部因公牺牲或病故,其家属可领取一次性抚恤金。死者遗属生活有困难者,其生前所在单位可根据"困难大的多补助,困难小的少补助"的原则,给予定期或临时补助。补助费标准以能够维持当地群众一般生活水平为准。遗属补助费的总额不得超过死者生前工资。

福利制度对于保障公务员的生活需要、提高其物质文化生活水平,从而激励国家公务员全身心地投入到为国家和人民多作贡献的本职工作中去,有着重要的作用。目前,随着社会保障制度改革的进行,公务员福利制度的改革也在进行之中。

五、辞职、辞退与退休

（一）辞职

辞职，是指由国家公务员依照法律、法规规定，申请终止其与国家行政机关的任用、录用关系。它主要有两种情况：(1)担任领导职务的公务员辞去所担任的领导职务，仍保留其公务员身份，即部分解除公务员职务关系；(2)公务员依法辞去所担任的任何公务员职务（领导职务和非领导职务），即全部解除公务员职务任用、录用关系。

辞职不是国家公务员本人单方面决定的，它必须严格按照法定程序进行办理。国务院人事部在 1995 年 7 月 18 日发布的《国家公务员辞职辞退暂行规定》中就此作出了如下的规定：(1)由本人向所在单位提出辞职申请，填写《国家公务员辞职申请表》；(2)所在单位提出意见，按照管理权限报任免机关；(3)任免机关人事部门审核；(4)任免机关审批，并将审批结果以书面形式通知呈报单位及申请辞职的公务员。而且，各级人民政府组成人员要求辞职，必须经过同级人民代表大会或它的常务委员会审议批准。国家公务员在向任免机关提出书面申请后，任免机关应当在 3 个月内予以审批。审批期间，申请人不得擅自辞职。国家机关可以根据实际情况，规定公务员 3—5 年的最低服务年限；未满最低服务年限的，不得辞职。在涉及机关安全、重要机密等特殊职位上任职的国家公务员，不得辞职。对于违反规定擅自离职的国家公务员，给予行政处分。

国家公务员辞职以后，不再保留国家公务员身份，2 年内到与原机关有隶属关系的企业或者营利性的事业单位任职，须经原任免机关批准。

从我国干部人事管理的历史和现状以及现代行政的发展趋势观之，建立国家公务员辞职制度的意义是：它既有利于保障公务员的择业权,促进人尽其才;又有利于破除人才的部门单位所有制,拓宽人才流通渠道;并且还有助于政府机关精简机构,公正合理地使用人才。

(二)辞退

辞退,是指国家行政机关对于不适合继续担任国家公务员的人员,依法取消其权利与义务,使之退出国家公务员队伍的行为。简言之,辞退就是指国家行政机关依法解除其同国家公务员的录用关系。

辞退是一种单方面的法律行为,即无论公务员同意与否,只要符合法律规定的条件,国家行政机关就可以单方面解除公务员的全部职务关系。它不属于惩戒处分的范围。《国家公务员暂行条例》和《国家公务员辞职辞退暂行规定》都对辞退条件作了规定。概而言之,国家公务员有下列情形之一者,予以辞退:(1)在年度考核中,连续2年被确定为不称职的;(2)不胜任现职工作,又不接受其他安排的;(3)因单位调整、撤销、合并或者缩减编制员额需要调整工作,本人拒绝合理安排的;(4)旷工或者无正当理由逾期不归连续超过15天,或者一年内累计超过30天的;(5)不履行国家公务员义务,不遵守国家公务员纪律,经多次教育仍无转变,又不宜给予开除处分的。而且为保证国家公务员的合法权益,《国家公务员辞职辞退暂行规定》还规定了不得辞退的情形:(1)因公致残并被确认为丧失工作能力的;(2)患严重疾病或负伤正在治疗的;(3)女性公务员在孕期、产期及哺乳期内的。

辞退国家公务员,由所在机关提出建议,按管理权限报任免机关审批,并以书面形式通知本人。被辞退的国家公务员,不再保留国家公务员的身份,但可以根据国家有关规定享受待业保险。

公务员辞退制度的实行和辞职制度一样,对于造就一支高素质、高效率的公务员队伍,具有重要的意义。首先,它有助于防止公务员队伍素质的下降,保障政府机关行政效率。其次,体现了优胜劣汰的竞争机制，促使机关工作人员从安于现状的惰性中解放出来。最后，它还适应了政府转换职能和机构改革的要求，扩大了公务员队伍的“出口”渠道。

国家公务员无论是辞职或被辞退，离职前均应当办理公务交接手续，必要时还须接受财务审计。

（三）退休

退休，是指达到一定工作年限和规定年龄，并符合有关条件的国家公务员，离开工作岗位，定期领取退休养老保险金，以安度晚年。它的建立，对于保障公务员实现老有所养的权利，对于防止和取消领导职务终身制，保持公务员队伍的生机和活力，提高政府行政效率，都具有重要意义。

干部退休制度是在建国后逐步建立和完善起来的。1955 年 12 月，国务院制定了《国家机关工作人员退休处理暂行规定》，1958 年 2 月又公布了《关于工人、职员退休处理的暂行规定》，建立了退休制度。1978 年 6 月，经全国人大常委会批准，国务院颁发了《关于安置老弱病残干部的暂行办法》。1982 年的宪法明确规定：“国家依照法律规定实行企业事业组织的职工和国家机关工作人员的退休制度。退休人员的生活受到国家和社会的保障。”从而以根本大法形式确立了中国的干部退休制度。

《国家公务员暂行条例》第十五章第七十八条规定，除国家另有规定者外，国家公务员符合下列条件之一者，应当退休。（1）男子年满 60 周岁，女子年满 55 周岁；（2）丧失工作能力的。此外，符合下列条件之一的，本人提出要求，经任免机关批准，可以提前退休：（1）男年满 55 周岁，女年满 50 周岁，且工作年限满 20 年的；（2）工作年限满 30 年的。国家公务员退休后，享受国家规定的养老保险金和其他各项待遇。

达到国家规定条件的国家公务员退出工作岗位后，可享受离职休养（简称“离休”）待遇。国家十分重视国家工作人员队伍的新老交替和老干部的妥善安置工作。1958 年,中共中央制定了《关于安排一部分老同志担任各种荣誉职务的通知》,规定对第二次国内革命战争期间及其以前参加革命工作,又因年老体弱担任实际工作有困难的老干部,可以调离现职,长期供养。这是中国干部离休制度的雏形。1978 年 6 月和 1980 年 10 月,国务院先后颁布了《关于安置老弱病残干部的暂行办法》和《关于老干部离职休养的暂行规定》。此后,中共中央和地方的各级党委或政府设立了老干部服务和管理机构,并颁发了一系列有关干部离休的政策、法规。中国的干部离休制度就正式地建立起来了。

参加革命工作的时间与现时年龄,是干部离休的两个主要条件。首先是参加革命工作时间的规定。所谓"参加革命工作时间",是指专职从事革命工作的时间。离休干部必须是 1949 年 9 月 30 日前参加中共领导的革命军队的干部、在敌占区从事地下革命工作的干部、在解放区参加革命工作并脱产享受供给制待遇的干部,或者 1948 年以前在解放区参加革命工作并享受当地人民政府制定的薪金待遇的干部。其次,干部离休还有年龄的规定:中央各部委,各省、自治区、直辖市党政领导干部及相当职务的干部,正职年满 65 岁,副职年满 60 岁;中央和地方正副司局长级干部年满 60 岁;其他干部男年满 60 岁,女年满 55 岁。高级专家或在国内外有重大影响的杰出专家,经批准可适当推迟或暂缓离休;身体病弱,不能坚持正常工作的,可提前离休;确因工作需要,身体又能坚持正常工作的,经批准可适当推迟离休时间。对应当离休的干部,各部门领导要在做好思想政治工作的基础上,按照干部管理权限,向主管的党委、党组写出书面报告,并填写《干部离休审批表》报任免机关审批。老干部办理离休手续后,中央和国家机关的部委,各省、自治区、直辖市人民政府,应当向他颁布由国务院统一制定的《老干部离休荣誉证》,以表彰其历史功绩。干部离休以后,基本政治待遇不变,生活待遇略微从优。

第四节　继续完善国家公务员制度

我国的国家公务员制度虽然已经建立并已初步推行,但还需要在推行中逐步加以完善和健全。具体而言,应当从以下几个方面着手:

一、解放思想是完善公务员制度的前提

一是要意识到推行国家公务员制度乃是国家政治体制改革的重要组成部分,它必然涉及到权力和利益的调整,矛盾冲突难以避免,为此,应以邓小平提出的“三个有利于”为根本标准来正确处理推行公务员制度进程中出现的各种矛盾;二是要从根本上认识到建立与推行国家公务员制度与党管干部的原则是高度一致的,党的领导与推行国家公务员制度有效衔接的关键就在于,要不折不扣地依法落实《国家公务员制度暂行条例》及其配套法规;三是解放思想不能脱离实际,建立和完善公务员制度不能脱离社会主义初级阶段这一基本国情。

二、健全法制是完善公务员制度的基础

建立公务员制度是实现“干部管理法制化”的重要标志,为此完善公务员制度必须在法制建设方面取得新的突破:一是要提高立法层次。在总结经验,创造条件的基础上,将作为行政法规的《国家公务员暂行条例》上升为全国人大或者全国人大常委会制定的法律。据知,《国家公务员法》已经列入全国人大立法计划,各级政府及其人事部门要积极协助全国人大完成该法的订立;二是应逐步出台空缺的单项法规。近期的重点是制定公务员纪律、聘任制、退休、监督等方面的单项法规,力争建立起较为系统完整的公务员法规体系;三是根据实施效果,对已出台的单项法规进行

修改、补充和完善。

三、深化运行机制的改革是完善公务员制度的关键

具体说来，首先，在竞争激励机制方面，应继续抓好考核、奖惩、晋级增资等制度，并重点突出公务员职务晋升中的竞争上岗；其次，在新陈代谢机制方面，应在继续巩固考录、退休、辞职、辞退等制度的基础上，重点加强聘任制的试点和完善；再者，还应从科学管理的角度，对一些亟待解决的难点问题作进一步的研究，并制定切实可行的法规或政策措施。

四、建设高素质的专业化公务员队伍是完善公务员制度的根本

就公务员个体而言，不能满足于具备某一方面的专业基础知识，更需要的是具备行政方面的专业知识和能力；就公务员整体而言，应当建设一支职能专业化和身份职业化的队伍。为此，应着重从以下两方面入手：一是要抓紧制定公务员行为规范、公务员纪律法规和惩戒规定，并接受社会、群众的监督，从各个方面对公务员严格要求；二是要加大培训力度，强化行政专业意识和服务观念的教育，重视加强政策水平、执法能力及处理公务技能的培育与训练，提高其职业素养。

1998 年春，九届全国人大一次会议审议通过的《政府工作报告》要求“完善国家公务员制度，建设高素质的专业化行政管理干部队伍”。建立与完善国家公务员制度，不仅能推动高素质专业化行政队伍的建设，而且还能促进我国干部管理制度的全面改革。推行国家公务员制度，作为我国干部管理制度改革的重点、突破口，并不等于干部管理制度改革的全部内容。我们的任务是，建立起各有特点的不同管理体制，对不同类型的干部进行科学的、有效的分类管理。现在，用于国家行政机关（政府）工作人员的公务员

制度已迈出第一步,而其他不同类型的干部管理新体制尚未出台。对于国家权力机关(人大)和群众团体等的工作人员,还只能“参照”国家公务员制度进行管理。然而,这种“参照”若由暂时措施延至为长期做法,那又会在一定程度上重走以往那种“不同类型干部,同一模式管理”的老路。其弊端是不言而喻的。因此,应当注意在继续推行与完善国家公务员制度的同时,要全面推进干部管理制度的改革。要借鉴国家公务员制度的已有经验,坚持具体情况具体分析的原则,逐步建立起管理不同类型干部的多样化的新体制。

第七章 民族区域自治制度

第一节 概 述

一、涵义与依据

(一) 涵义

民族区域自治制度,是指在国家统一领导下,各少数民族聚居的地方实行区域自治,设立自治机关,行使自治权的一种制度。这实际上是一种民族自治和区域自治的结合,是经济因素与政治因素的结合。民族与国家都是人类社会发展到一定阶段的历史现象,同属于历史范畴。民族是在历史上形成的具有四个基本特征的稳定的人类共同体。国家则是阶级矛盾不可调和的产物和表现,是维护一个阶级对另一个阶级的统治的机器。民族与国家两者之间有着天然的、极为密切的联系,它们是一对相伴而生又互相依存、互动发展的孪生体。国家在民族形成的过程中起了推动的作用,民族则构成国家发展的重要基础。因为,每一个国家的人口在一定的社会发展阶段都属于一定的民族,民族的成员同时也是国家的成员,因此,民族对于国家来说,是其生存和发展的基础。尤其是在近现代,国家中的民族及其相互关系,是决定国家结构形式、政治稳定程度、国家的统一或分裂的重要因素。国家结构形式选择过程中,各个国家都不能不考虑到这一因素。

国家结构形式,是指一个国家内部中央政权机关和地方政权机关之间，整体和部分之间的相互关系，是在纵向上划分和调节国家权力的一项基本制度，是国家政治制度的一项基本内容。根据中央与地方的不同关系，国家结构形式主要可分为单一制和联邦制两种类型①。所谓单一制，即指由若干行政区域构成单一主权国家的制度。它有单一的宪法和国籍、统一的国家立法机关和行政机关体系，在国家内部按照地域划分行政区域，各行政区域的地方政府都受中央政府的统一领导。所谓联邦制，则指由若干成员国（或邦、州、省）组成统一国家的制度。联邦制国家除了有统一的宪法和国籍外，各组成单位也有自己的宪法和国籍。联邦政府和各成员国（或邦、州、省）政府的职权范围在联邦宪法中明文规定。从国家权力的来源和运行来看，单一制国家是指一个主权国家之内人民将国家权力完全委托给中央政府；中央政府因此拥有最高权力和全部国家权力，地方政府的权力是由中央授予和规定的。联邦制国家中人民通过宪法形式，将国家权力的不同内容分别授予联邦政府和成员国政府，联邦政府和成员国政府在宪法规定的各自的权限范围内享有权力，成员国政府的权力来源于人民与宪法的授予，而不是中央政府的。

中国实行单一制的国家结构形式，但由于中国是多民族的国家，为了实现民族平等，同时实行了民族区域自治制度。民族区域自治是中国共产党运用马克思主义解决中国民族问题的基本政策，也是当代中国的一项基本政治制度。实行这种制度，能够充分尊重和保障各少数民族管理本民族事务的权利，它体现了中国坚

① 不少教科书（亦包括一些论著）将国家结构形式分为单一制与复合制两大类，又将复合制分为联邦与邦联两种。而同时又认为国家结构形式是一个国家内部中央与地方之间、整体与局部之间的关系；邦联是若干国家之集合（不是一个国家）。这样就出现了逻辑上的混乱。既然邦联不是一个国家，那怎么能将它视为一个国家内部中央与地方、整体与局部之间关系的一种类型呢？合乎逻辑的结论应该是：邦联不属于国家结构形式范畴。

持各民族平等、团结和共同繁荣的原则。中国共产党第十五次全国代表大会报告中再一次强调:“全面贯彻党的民族政策,坚持完善民族区域自治制度,切实加强民族工作,巩固和发展平等、团结、互助的社会主义民族关系,促进各民族共同繁荣进步。”报告从建设有中国特色社会主义民主政治的高度,把坚持和完善民族区域自治制度列为政治体制改革的重要内容,充分揭示了民族区域自治制度具有极其重要的现实意义和历史意义。

(二)各民族概况

中华人民共和国是全国各族人民共同缔造的统一的多民族的社会主义国家,中华民族是由56个兄弟民族共同组成的民族大家庭。根据1990年全国人口普查数据显示,汉族人口104 248万,占总人口的91.96%;其他55个民族人口合计9 120万,占总人口的8.04%,在少数民族中,人口在1 000万以上的有1个,即壮族(1 549万);1 000万以下500万以上的6个,即满族(982.1万)、回族(860.3万)、苗族(739.8万)、维吾尔族(721.4万)、彝族(657.2万)、土家族(570.4万);500万以下100万以上的11个,即蒙古族(480.7万)、藏族(459.3万)、布依族(254.5万)、侗族(251.4万)、瑶族(213.4万)、朝鲜族(192.1万)、白族(159.5万)、哈尼族(125.4万)、哈萨克族(111.2万)、黎族(111.1万)、傣族(102.5万);100万以下50万以上的2个,即畲族(63万)、傈僳族(57.5);50万以下10万以上的13个,即仡佬族(43.8)、拉祜族(41.1万)、东乡族(37.4万)、佤族(35.2万)、水族(34.6万)、纳西族(27.8万)、羌族(19.8万)、土族(19.1万)、仫佬族(15.9万)、锡伯族(17.3万)、柯尔克孜族(14.2万)、达斡尔族(12.1万)、景颇族(11.9万);10万以下1万以上的有15个,即撒拉族(8.8万)、布朗族(8.2万)、毛南族(7.2万)、塔吉克族(3.4)、普米族(3.0万)、阿昌族(2.8万)、怒族(2.7万)、鄂温克族(2.6万)、京族(1.9万)、基诺族(1.8万)、德昂族(1.5万)、乌孜别克族(1.5 万)、俄罗斯族(1.4 万)、保安族(1.2 万)、裕固族(1.2 万);1 万以下的 7 个,即门巴族(7475)、鄂伦春族(6 965)、独龙族(5 816)、塔塔尔族(4 873)、赫哲族(4 245)、珞巴族(2 312)、高山族(2 909)。而在上一次人口普查时(1982 年),汉族占全国人口的 93.33%,少数民族占 6.67%;人口在 1 000 万以上的 1 个(壮族),500 万—1 000 万之间的 4 个(回族、维吾尔族、彝族、苗族),100 万—500 万之间的 10 个(满族、藏族、蒙古族、土家族、布依族、朝鲜族、侗族、瑶族、白族、哈尼族),50 万—100 万之间的 3 个(哈萨克族、傣族、黎族),10 万—50 万之间的 10 个(傈僳族、畲族、拉佤族、水族、东乡族、纳西族、土族、柯尔克孜族、羌族),1 万—10 万的 18 个(达斡尔族、景颇族、仫佬族、锡伯族、撒拉族、布朗仡佬族、毛南族、塔吉克族、普米族、怒族、阿昌族、鄂温克族、乌克族、德昂族、京族、基诺族、裕固族),1 万以下的 9 个(保安族、门巴族、独龙族、鄂伦春族、塔塔尔族、俄罗斯族、珞巴族、高山族、赫哲族)。与 1982 年相比较,一些少数民族的人口由于生活水平的提高以及统计学原因在 1990 年人口普查中有大幅度的增加:满族由 430 万增至 982.1 万人,羌族由 10 万人增至 19.8 万人,毛南族由 3.8 万人增至 7.2 万人,锡伯族由 8.4 万人增至 17.3 万人,俄罗斯族由 2 935 人增至 13 504 人,赫哲族由 1 476 人增至 4 245 人①。由于汉族在全国人口中占绝大多数,而其他民族所占比例很少,因此,在中国,习惯上把汉族以外的各民族称为少数民族。

(三)依据

新中国成立以来,中国政府根据列宁提出的民族纲领和国家统一、民族平等、重视民族特殊性、团结互助、共同繁荣五项基本原

① 国家民委经济司、国家统计局综合司编:《中国民族统计》(1949—1990),中国统计出版社 1991 年版,第 41—42 页。高山族的人口此处只限于该族在大陆的人口,另外在台湾有将近 40 万人(1977 年)。

则,来制订和实施它的一般民族政策。具体地说,中国政府的民族政策有以下9项:(1)民族平等政策;(2)民族团结政策;(3)民族区域自治政策;(4)社会改革政策;(5)加速少数民族地区经济和文化发展的政策;(6)尊重少数民族语言文字的政策;(7)尊重少数民族风俗习惯的政策;(8)宗教信仰自由政策;(9)团结民族上层和宗教上层的政策①。这些政策可归纳成三个方面:民族平等、民族区域自治和民族团结。民族平等是中国政府处理民族问题的根本原则,是其他各项政策的统帅和灵魂;民族团结是社会主义在中国胜利的一项基本保证;民族区域自治成为在少数民族聚居地区贯彻上述各项民族政策的具体的政治形式②,进而成为中国的一项基本政治制度。

为什么中国必须而且有可能实行单一制下的民族区域自治制度呢?源于两个基本依据,其一是马克思主义关于国家问题和民族关系问题的经典论述;其二是中国历史和现实的民族格局和民族关系。

马克思列宁主义认为,解决民族问题有赖于各民族平等的联合,在一切权利完全平等的基础上,自愿地联合和团结起来。而实现平等联合的途径和形式是由不同情况所决定的。在一般条件下,无产阶级应当坚持建立集中统一的国家,原则上反对联邦制和分离制,只有在特定条件下,才把联邦制作为一种例外,作为向完全统一的国家过渡的一种形式。但是,在马克思和恩格斯的一些著作中,同时也强调地方自治的必要性。列宁和斯大林则把民族区域自治看作建立真正民族国家的前提,是解决民族问题的一个必要条件。列宁认为一个民族成分复杂的国家只有通过省的自治

① “国家民族事务委员会副主任伍精华关于中国民族政策的讲话”,《种族问题国际会议文集》,重庆出版社1988年版,第275—278页。

② 参见《民族与国家》,宁骚,北京大学出版社,1995年版,第567页。

才能实现真正的民主集中制。马克思主义坚持民主集中制的统一的多民族国家的民族区域自治,是为了照顾民族和地方的特点,调动多方面的积极性,加快发展民族的经济文化,使多民族间的团结进一步改善和加强,使统一的国家得到巩固和振兴。这对于新中国选择单一制下民族区域自治制度,发挥过重要的指导作用。

从另一方面看,中国昨天和今天的民族格局和民族关系的具体状况也决定了这种选择的必然性。关于中国的民族格局,可用“多元一体”来概括,这里的“多元”指的是中国各民族都有其自身的历史与文化;“一体”指的是统一而不可分割的中华民族的这个实体。在最近的100多年里,中国这个统一的多民族国家经受了严峻的历史考验。历史的经验证明:祖国的统一,代表了各民族的根本利益;维护祖国统一,才能使各民族的根本利益得到保障。中华民族作为一个自觉的民族实体,是在1840年以来中国与西方列强对抗中出现的。但作为一个自在的民族实体,则经历了一个从小到大,从松散到紧密的大约4000年的凝聚过程。

因而,中国实行单一制下的民族区域自治制度,是中国共产党把马克思主义基本原理同中国具体实际相结合的伟大创造,是坚持马克思主义民族理论的指导原则,同时又是由自己的历史和现实的条件所决定的,适应了中国历史发展的必然规律和现实社会发展的客观要求,这种必然性表现为:

第一,中国自古以来就是一个统一的多民族国家。早在商朝和周朝,就有许多不同的民族共同生活在祖国辽阔的大地上,并存在着政治、经济、文化上的密切联系。但是,在封建社会里,由于自然经济占主导地位,带有很大的分散性,再加上中国疆域辽阔,各民族的历史发展很不平衡,所以中国的统一和中华民族多元一体的格局的发展,经历了螺旋式上升的过程,具体表现为从统一到分裂再到统一的两个历史大循环。第一次循环是从秦汉的统一到魏晋南北朝的分裂,再到隋唐的统一;第二次循环是从隋唐的统一到五代宋辽西夏的分裂，再到元明清的统一。在两个历史大循环中，中原地区经历了三次民族大混杂、大融合，同时汉族则深入到原来视为“蛮荒异域”的边远地区的各民族当中，其他民族充实汉族，汉族也充实了其他民族。于是，中国多元一体的格局越来越巩固。中国现有疆土的规模和多民族关系就最终形成了。

自秦汉以来，中国形成了中央集权制的封建制度。尽管长期存在的压迫制度使各民族之间存在着隔阂、纷争，甚至暂时的割据和分裂现象，但从整个历史看，各民族友好相处和统一的时间明显长于割据的时间。

第二，中国各民族的发展在地区上是互相交错的，早已形成了以汉族为主体的各民族大杂居、小聚居的局面。中国各民族所处的地理环境的生态结构使它的传统经济区域呈现南北三个发展带和东西两大部。从南北方向上看，秦岭—淮河以南是以汉族为主体经营的水田农业发展带，秦长城以北是历史上以少数民族为主体经营的游牧和狩猎经济发展带。在两者间则是以汉族为主体经营的旱区农业发展带。从东西方向上看，以天水为中心，北至大兴安岭北端以南，南至云南冲腾，把中国划分为东西两部。这“三带两部”之间存在着强烈的互相依存、互相补充、互相促进的内在联系。因而，经济生活往来密切，特别是经济的发展要求各民族接近和统一。适宜实行统一国家内的民族区域自治。例如，汉族地区的造纸、酿酒、制陶、纺织等生产技术传入少数民族地区，促进了少数民族地区经济、文化的发展。少数民族地区的农作物，如高粱、玉米、花生、芝麻、葱、蒜、西红柿、胡萝卜、西瓜、葡萄、核桃、胡椒等先后传入中原地区，促进了农业的发展。少数民族地区为国家提供大批优良马匹、耕畜、役畜外，并向内地运送大量的肉食、毛皮等畜产品。而且，各民族科学、文化和文学艺术的交流也很广泛，并融为一体。历史上曾出现过许多少数民族出身的政治家、军事家、科学家和文学家。中国光辉灿烂的历史文化是各族人民共同创造的。中国各民族呈现区域不平衡发展，也是结合成统一国家的基本依据。进行社会主义现代化建设也需要一个统一的多民族的国家，实行互相帮助，共同繁荣。中国汉族人口虽多，但居住面积只占全国的百分之四十五点五七；少数民族人口虽少，其分布却十分广阔，居住面积占全国总面积的百分之五十强。由于历史等各种原因，汉族和少数民族在经济、文化发展水平和所在地区拥有的资源等方面存在着差异。汉族人口众多，文化技术先进，而少数民族地大物博，资源丰富。因此，各民族只有互相支持，互相帮助，才能共同繁荣，携手前进。

第三，中国各民族人民在同共同敌人的斗争中，自觉地结成了一个民族整体。中国多元一体的民族格局因历史演进之故已有几千年的发展过程，但是，由于当时没有一个真正足以威胁中国各民族共同利益的外部世界的力量，所以尚不能认识中华民族各个组成部分之间深刻的内在联系及其一体性。在 1840 年以前，中华民族各组成部分之间也存在着矛盾和斗争，但这都是中国的内部问题，无论哪个民族都不存在丧失独立和主权的问题。然而，在鸦片战争以后，民族矛盾和民族斗争由中国的内部问题转化为中华民族与外国侵略者及其代理人的斗争。中国各族人民在同西方列强和国内封建主义、官僚资本主义进行斗争的过程中，明确地认识到本民族是中华民族不可分割的一部分，认识到中华民族的整体利益高于一切，从而日益自觉地结成一个民族整体，共同培育了中华民族的自觉意识和民族觉悟。于是，中华民族就从一个自在的民族实体上升为一个自觉的民族实体。1949 年中华人民共和国成立，是各少数民族在中国共产党领导下共同斗争的结果。因此，建国后在民族政策的选择问题上，其首要的原则是既有利于维持大一统的局面，又注意维护各民族的特殊利益，尊重其历史、文化、宗教等等的传统。

在社会主义建设中，更加形成了汉族离不开少数民族，少数民族离不开汉族的局面,形成了中国各民族人民密切合作、不可分割的条件。江泽民同志指出:“我国历来是一个统一的多民族国家,在漫长的历史发展中,经过长期的锻炼,形成了具有强大凝聚力的中华民族。把我国各民族维系于统一的大家庭中而又世代传承的纽带,主要有三个:一是国家的长期统一;二是各民族相依共存的经济文化联系;三是近代以来各民族在抵御外来侵略和长期革命斗争中结成的休戚与共关系。”历史的发展提供了合作的条件,革命和建设的发展更创造了合作的基础。我国实行有利于民族合作的民族区域自治制度,是中国各民族人民的历史选择。

中国实行单一制,同时又实行民族区域自治制;中国的民族自治地区既是国家的一级行政单位,又是少数民族的自治地方;中国的民族区域自治机关既享有一般地方政府所享有的职权,又享有法律规定的若干自治权,这使中国的单一制结构形式具有自己的特点。它一方面珍视中国民族格局统一性的数千年历史渊源,并通过单一制的国家结构形式来体现和发展这种统一性;另一方面,它又客观地对待中国民族结构上的多元性,而不因为强调一体性而忽视甚至否认多元性。

二、历史发展

早在1931年中华苏维埃共和国宪法大纲中就指出,“中华苏维埃政权承认中国境内少数民族的自决权,一直承认到各弱小民族有同中国脱离,自己成立独立的国家的权利。蒙、回、藏、苗、黎、高丽人等,凡是居住在中国的地域内,他们有完全自决权:加入或脱离中国苏维埃联邦,或建立自己的自治区域”①。这是中国共产党第一次(在革命根据地)以根本法的形式将实行民族自决确定

① 韩延龙、常兆儒编:《中国新民主主义革命时期根据地法制文献选编》第一卷,中国社会科学出版社1981年版,第11页。

为解决国内民族问题的具体方案，包括成立自治区域作为一种可能的选择。中国共产党在领导民族民主革命的艰巨斗争中，曾提出过解决国内民族问题的多种设想和主张，其中包括用民族自决和联邦制作为解决国内民族问题的主要途径和基本政策，但最后认定这种做法在中国是行不通的。经过长期探索和实践，逐步把马克思主义关于国家结构和民族问题的基本原理与中国国内民族格局、民族关系的特点和实际情况正确地结合起来，最终选择了民族区域自治这项基本政策与制度。

各民族可以在中华苏维埃共和国之中成立"自治区域"。这是中国共产党最早作出的民族区域自治主张。这一主张在后来的二万五千里长征中付诸实践。那时，中国共产党帮助不少少数民族实行了自治。例如，在宁夏成立了预海县回民自治政府，在原西康省甘孜地区成立了中华苏维埃博巴自治政府。1938 年，毛泽东在中共六届六中全会上指出，允许蒙、回、藏、苗、瑶、彝、畲各民族与汉族有平等权利，在共同对日原则之下，有自己管理自己事务之权，同时与汉族联合建立统一的国家……各少数民族与汉族杂居的地方，当地政府须设置由当地少数民族的人员组成的委员会……管理和他们有关的事务，调节各民族间的关系。1941 年 5 月，中共中央政治局批准的《陕甘宁边区施政纲领》中规定："依据民族平等原则，实行蒙、回民族与汉族在政治、经济、文化上的平等权利，建立蒙、回民族的自治区，尊重蒙、回民族的宗教信仰与风俗习惯"[①]。这是最早用法令的形式规定在少数民族聚居地区实行区域自治。1945 年，毛泽东在中共"七大"报告中指出：中国共产党"完全同意"孙中山先生提出的"承认中国以内各民族之自决

① 韩延龙、常兆儒编：《中国新民主主义革命时期根据地法制文献选编》第一卷，中国社会科学出版社 1981 年版，第 36 页。

权”的主张[①]。根据这个精神，中共于1946年在陕甘宁边区根据地，建立了蒙、回民族自治区，虽然这些民族自治政权存在的时间不长，但产生了深远的历史影响，为以后实行民族区域自治提供了初步的经验。1947年5月建立了省一级的内蒙古自治区，它的建立标志着中国共产党在将马克思主义民族理论运用于中国的过程中，最终选择了民族区域自治作为解决国内民族问题的基本途径。在这里值得注意的一点是，在处理中国境内各民族关系问题上，如前指出，中国共产党开始是旗帜鲜明地提出“民族自决”的主张，但自1941年起，则开始强调把“民族平等”作为解决中国境内民族问题的总原则，而较少提出“民族自决”。在第三次国内革命战争时期，中国共产党就放弃了中国境内各少数民族自决的主张。中国共产党之所以在新民主主义革命时期曾坚持以民族自决的原则来解决国内民族问题，是有着特定的历史背景的。首先，当时帝国主义国家为维护其在殖民地、半殖民地国家的利益，反对各被压迫民族实行自决。因此，无产阶级的政党承认民族自决，有利于团结各被压迫民族展开反对帝国主义的斗争。其次，当时反动统治者对各少数民族推行大汉族主义，实行民族压迫。中国共产党强调民族自治，有利于争取少数民族以反对国内反动统治者。第三，共产国际坚决主张民族的自决权，中国共产党作为共产国际的一个支部，应当贯彻执行其有关民族民主革命的基本方针和政策。但是，通过民族自决来解决国内民族问题的主张毕竟是在中国共产党对民族问题缺乏深入研究和直接经验的情况下提出的，就像中国的革命政权曾借用“苏维埃”这个称号一样，“民族自决”也是借用苏联的提法。随着中国共产党在政治上的成熟，认识到在夺取了全国政权后，各民族获得了平等权利，如果再强调民族自决，那就会与由分散到集中的历史发展基本趋向背道而驰。何况，建

① 《毛泽东选集》(合订本)，第985页。

国前后,帝国主义及国内的民族分裂势力加紧破坏全国统一,“民族自决的口号则是这些反动势力用以蛊惑人心,制造分裂的重要口实。”[①]针对这种情况,中共中央指出:“为了完成我们国家的统一大业,为了反对帝国主义及其走狗分裂中国民族团结的阴谋,在国内民族问题上,就不应再强调这一口号,以免帝国主义及国内各少数民族中的反动分子所利用,使我们陷入被动的地位。”[②]

随着新中国的成立,国家通过一系列立法把民族区域自治制度以法律形式固定下来,使之成为中国的一项基本政治制度。1949 年 9 月制定的起临时性宪法作用的《共同纲领》,首先确定新中国在“各少数民族聚居的地区, 应实行民族的区域自治,按照民族聚居的人口多少和区域大小,分别建立各种民族自治机关”[③]。1952 年,中央人民政府委员会批准颁布了由政务院通过的《中华人民共和国民族区域自治实施纲要》。《纲要》根据《共同纲领》的精神,对民族区域自治制度作了较为具体的规定。按照《纲要》规定,可建立乡(村)、区、县、专区或专区以上不同行政地位的自治地方,均称之为“自治区”。1954 年通过的新中国第一部宪法第一次以根本大法规定:民族自治地方分自治区、自治州、自治县三级。县下的区、乡级少数民族聚居区不再称为自治区,而改为民族乡。民族乡不是民族自治地方,不设民族自治机关,不行使民族自治权;而是指在相当于乡的少数民族聚居地方建立的一级行政区域,它与一般的乡的区别在于:因有少数民族聚居,故应注意照顾当地少数民族的特殊需要。至此,民族区域自治理论已经成熟并初步完成政策化和法制化过程。20 世纪 50 年代民族区域自治制度发

① 郝时远著:《中国的民族与民族问题》,江西人民出版社 1996 年版,第 93 页。

② 《建国以来重要文献选编》(一),中央文献出版社 1992 年版,第 24 页。

③ 北京大学法律系宪法教研室、资料室编:《宪法资料选编》(第一辑),北京大学出版社 1982 年版,第 11 页。

展很快。从1947年内蒙古自治区成立到1958年,这是民族区域自治政策从制定到全面形成并在全国范围内获得推广的时期。但是,后来由于"左"的影响和十年动乱,民族区域自治的政策和制度一度受到影响和干扰。

中共十一届三中全会以后,民族区域自治制度得到全面恢复和发展。1982年制定的新宪法重申了民族区域自治制度,不仅恢复了1954年宪法规定的自治权利,而且根据开创社会主义建设新局面的要求,增加了重要的新规定,进一步扩大了民族自治机关的自治权。

1984年5月31日,第六届全国人民代表大会根据新宪法的规定,在总结30多年实践经验的基础上,制定了《中华人民共和国民族区域自治法》。这部法律是仅次于宪法的关于民族区域自治的基本法。它涉及政治、经济、文化各个方面,对民族自治地方的建立、自治机关的组成、自治机关的自治权、民族自治地方内的民族关系、上级机关的领导和帮助等民族区域自治中的一系列重要问题作了较具体的规定。这是中国第一部比较完善的民族区域自治法。它用基本法律的形式将民族区域自治制度确定下来,进一步实现了制度化、法律化。它标志着中国民族区域自治制度进入一个新的发展阶段。

我国民族区域自治制度的几十年实践,取得了丰硕成果,积累了丰富的经验。初步建立起了我国的民族区域自治法规体系,比较全面、系统地规范了民族区域自治权利的各个方面,形成了一套比较完整的具有中国特色社会主义民族区域自治理论和实施方法,它包括:民族区域自治是中国解决民族问题的基本形式,是各民族平等联合、共同发展的道路;民族区域自治是由少数民族当家作主,自己管理本民族本地方的内部事务;民族区域自治是我国人民民主专政在少数民族地区的具体体现和具体形式;民族区域自治是民族自治与区域自治的结合,是政治因素与经济因素的结合,既有利于自治民族的发展,也有利于自治地方内非自治民族的发展;民族区域自治的核心是自治权的落实,关键是培养、使用少数民族干部;民族区域自治必须保证宪法和法律在本地方的遵行,坚持社会主义道路和原则,致力发展少数民族的经济和文化;民族区域自治在社会主义市场经济条件下,将进一步发展和完善,等等。

三、特点和优点

(一) 特点

实践证明,将民族区域自治作为解决中国民族问题的基本国策是完全正确的,民族区域自治是当代中国一项行之有效的政治制度,它有利于实行民主集中制和巩固国家的统一,有利于中华民族的多元一体格局在社会主义条件下向着更高阶段发展。民族区域自治制度之所以具有这种功能,是因为它至少具有以下一些特点。

第一,民族区域自治制度是在国家统一领导下实行的。各民族自治地方都是中华人民共和国不可分离的部分,各少数民族都是社会主义祖国大家庭中的成员。全国各族人民都要维护国家的统一,保证中央的统一领导和国家总的方针、政策、计划在各民族自治地方的贯彻执行。如果离开了国家统一和中央的集中领导这一前提条件,民族区域自治制度就无从谈起,各族人民的利益也难以得到保证。

第二,民族区域自治制度是在少数民族聚居区实行的。它是以少数民族聚居区为基础,以少数民族为主体建立的。它是民族自治和区域自治的结合。凡少数民族聚居的地方,无论是较大的聚居区还是较小的聚居区,是单一的少数民族聚居区还是几个民族共同的居住区,只要符合相应的条件,都可以建立自治地方。一个少数民族也可以同时在不同的聚居区建立自己的自治地方。在一个民族自治地方内,其他少数民族亦可以在其聚居区内建立相应的自治地方。

第三，民族区域自治制度是通过自治机关行使自治权来实现的。少数民族人民在其聚居区内只有设立自治机关，才能使自治有组织有领导地进行，自治机关的自治权是由国家赋予并受国家领导和监督的，是管理一定区域内事务的地方性权力，是完整的国家权力系统中的一个组成部分。自治机关的自治权是民族平等原则的最重要的表现形式，它包括如下两个方面：第一，每个少数民族，不论人口多少，都有宪法赋予在自己的聚居地实行自治的平等权利；第二，每个民族自治地方的自治机关都享有宪法和法律明确规定的自治权。少数民族人民只有通过自治地方的自治机关行使国家法律所赋予的自治权，才能真正自主地管理本民族的内部事务。所以，设立自治机关、行使自治权，是民族区域自治最重要的特征。离开了这一条，民族区域自治制度就是一句难以实现的空话。

（二）优点

民族区域自治制度实施以来，尽管受到了“左”的干扰和破坏，但在党和国家的领导与帮助下，经过各族人民的团结奋斗，各民族自治地方在政治、经济、文化等各项事业中都取得了巨大发展。事实证明，民族区域自治制度具有多方面的优点。

其一，实行民族区域自治制度，有利于保障少数民族自主地管理本民族事务的权利。

民族区域自治，是以一定地区为单位的，并把民族自治和区域自治结合起来，具有很大的灵活性。它能够适应中国各民族的具体情况，照顾到中国少数民族的特点，使一个民族不仅可以在本民族聚居的主要地区单独建立自治地方，还可以根据它的其他聚居区的分布情况，在全国建立不同行政地位的多个自治地方。例如回族，除了在宁夏建立一个自治区外，还在新疆、青海、甘肃、河北、云南等地分别建立了 2 个自治州、11 个自治县（其中 5 个自治县是与其他少数民族联合建立的）。蒙古族也是如此，除了在内蒙古建立一个自治区外，在青海、辽宁、吉林、新疆等地还分别建立了3个自治州（其中一个是与藏族、哈萨克族联合建立的）、7个自治县。这样就能从制度上切实保障少数民族充分地享有民族自治的权利，保障少数民族有管理国家大事、管理本民族本地区的各项事业的民主权利。

其二，实行民族区域自治制度，有利于国家统一与安全。

祖国的统一，是中国各民族人民的共同愿望和根本利益所在，也是社会主义现代化建设事业取得胜利的根本保证。民族区域自治制度的实施，对巩固祖国的统一和保卫祖国安全起了重要的作用。中国的民族区域自治是在国家统一领导下实行的，各民族自治地方都是中华人民共和国不可分离的组成部分。各民族自治地方的自治机关，既保证国家的法律、方针、政策在本地方贯彻实行，又享有宪法和法律赋予的各种自治权利。这一制度把国家的集中统一和民族的平等、自主结合起来，从而保证了国家的统一。同时，由于民族区域自治制度的实行，大大激发起少数民族爱民族、爱祖国的深厚感情，自觉地同全国人民和人民解放军一起，担负起保卫边疆、捍卫国家统一与安全的光荣职责。事实证明，新中国成立以来，在保卫祖国统一与安全，粉碎国外敌对势力对中国的侵犯、颠覆和破坏活动的斗争中，各少数民族人民立下了汗马功劳。

其三，实行民族区域自治制度，有利于发展社会主义民族关系。

在祖国统一的民族大家庭中实行民族区域自治制度，也利于发展各民族间平等、团结、互助的民族关系，有利于保障少数民族的平等权利。这可以从各级人民代表大会代表的产生和组成中体现出来。例如《全国人民代表大会和地方各级人民代表大会选举法》规定："全国少数民族应选全国人民代表大会代表，由全国人民代表大会常务委员会参照各少数民族人口数和分布等情况，分配给各省、自治区、直辖市的人民代表大会选出。人口特少的民族,至少应有代表一人。”“有少数民族聚居地方,每一聚居的少数民族都应有代表参加当地的人民代表大会。聚居境内同一少数民族的总人口数占境内总人口数30%以上的,每一代表所代表的人口数应相当于当地人民代表大会每一代表所代表的人口数。聚居境内同一少数民族的总人口数不足境内总人口数15%的,每一代表所代表的人口数可以适当少于当地人民代表大会每一代表所代表的人口数,但不得少于二分之一;实行区域自治的民族人口特少的自治县,经省、自治区的人民代表大会常务委员会决定,可以少于二分之一。人口特少的其他聚居民族,至少应有代表一人”……这些规定保障了各少数民族参加国家大事和地方事务管理的平等权利。这一点从表7-1可以看出。

表7-1　历届全国人民代表大会中少数民族代表数

届数 项目	一届1954年	二届1959年	三届1964年	四届1975年	五届1978年	六届1983年	七届1988年	八届1993年	九届1998年
代表总数	1226	1226	3040	2885	3497	2978	2978	2978	2979
少数民族代表数	178	179	372	270	381	405	445	439	428
少数民族代表占总数的%	14.5	14.6	12.2	9.4	10.9	13.6	14.9	14.74	14.36
有少数民族代表参会的民族	30	30	53	54	54	55	55	55	55

实行民族区域自治制度,使少数民族人民在自治区域内享有充分的自治权利,又得到国家多方面的支持和帮助,使他们当家作

主的地位得到保障,历史上遗留下来的民族隔阂和不信任的心理状态能逐步消除,使各民族间平等、团结、互助的关系进一步发展。

其四,实行民族区域自治制度,有利于加快发展民族经济和文化,促进各民族共同繁荣。

中华人民共和国成立初期,少数民族地区的经济发展十分落后,生产力水平十分低下。1949 年,全国少数民族地区的工农业总产值为 36.6 亿元,只占全国总产值的 7.8%,这是少数民族地区现代化建设事业的历史起点。然而,少数民族地区的建设事业是中国社会主义现代化建设事业的重要组成部分,民族地区经济发展对整个国民经济的健康发展,对建设有中国特色社会主义伟大事业的成功有着重大意义。实行民族区域自治,能把党和国家的方针、政策同本民族、本地区的实际情况结合起来,因地制宜、因时制宜地采取适合本民族、本地区的点的方式和步骤,发展经济文化事业,达到各民族共同繁荣的目的。由于实行民族区域自治制度,各民族在祖国的大家庭中平等相处,友好合作,可以充分发挥自己的长处和聪明才智,发挥自己建设社会主义的主动性和创造性,从而促进民族自治地方和全国社会主义建设事业的发展。建国以后,特别是改革开放以来,少数民族地区在党和国家大力帮助下,在先进地区的有力支援下,经济取得较快发展。1979—1994 年民族自治地方工农业总产值平均每年增长 10.3%;基础设施和基础产业建设步伐加快,1994 年民族自治地方累计完成社会固定资产投资 1 271.5 亿元,比上年增长 29.9%,一批交通、能源、原材料重点工程相继建成投产,对外开放成就巨大。目前建立的陆地边境口岸已达 40 个(全国 43 个),地方口岸近 200 个,已和 100 多个国家和地区建立了经贸联系,外资“西进”已成为必然趋势;1994 年民族自治地方农民人均收入达 944 元,较以前有了较大幅度提高,绝大多数群众解决了温饱问题,部分群众步入了小康。

我国的民族区域自治制度实施 50 年以来,取得了举世瞩目的成就,成功地实现了我们这个统一的多民族国家内部各民族的平等、互助。特别是党的十一届三中全会,更为健全和完善民族区域自治制度开辟了广阔道路。在当今世界,许多国家和地区由于民族问题而引发社会矛盾、冲突甚至战争,而我国则呈现出民族团结和睦、经济发展、社会稳定的景象。这充分说明民族区域自治制度的强大生命力和巨大优越性。

第二节　民族自治地方

一、设置原则

民族区域自治是在国家统一领导下,以少数民族聚居区为基础的地方自治体制。所以,它离不开一定的地区单位。建立民族自治地方是实施这一制度的第一步。一个地方能不能成为民族自治地方,能够成为哪种类型的民族自治地方,取决于这个地方的民族分布状况、有关民族间的关系、经济发展条件和历史传统状况,具体地说,根据民族区域自治的特点,建立民族自治地方的基本原则有以下几点。

第一,以少数民族聚居区为基础。宪法规定:"各少数民族聚居区的地方实行区域自治。"《民族区域自治法》则进一步规定:"少数民族聚居的地方,根据当地民族关系、经济发展等条件,并参酌历史情况,可以建立一个或几个少数民族聚居区为基础的自治地方。"少数民族聚居区是少数民族相对集中、人口较多的地方。以少数民族聚居区作为建立民族自治区的基础,有利于少数民族在本民族居住的主要地区充分发挥自己的积极性,自主地管理民族的内部事务和地方性事务,以促进民族自治地区的繁荣。

根据这一原则,在建立民族自治地方时,要切实从少数民族聚居区的实际情况出发。首先,要考虑各地的民族关系。中国各民族早已形成了大杂居、小聚居的交错居住的局面。一个民族有不同范围的聚居区,有较大的,也有较小的。在少数民族聚居区内,民族成分也不是很单一的,而往往是由多民族构成的,有的以一个少数民族聚居为主,有的以几个民族聚居为主,有的在一个人口较多的少数民族聚居区内又分布着若干其他少数民族的小聚居区。因此,在建立民族自治地方时,必须充分考虑少数民族聚居区内复杂的民族关系。要从当地的民族构成、民族人口和民族分布状况出发来确定民族自治地方的类型。

其次,要考虑当地的经济发展条件。由于地理的和历史的原因,各少数民族聚居区有其特定的自然条件、经济结构和生产水平,有自己的民族经济特点。因此,建立民族自治地方,一定要充分注意到这些特点,既要方便少数民族人民的生产和生活,又要有利于少数民族今后经济建设的发展。这在建立市场经济体制过程中显得尤为重要。

最后,还要参酌历史情况。少数民族聚居区的形成非自今日始,而是有其漫长的历史发展的过程。各民族聚居区均有自己相对稳定的政治、经济区域。经济、文化的中心也是在长期的生产和生活中逐步形成的。这就产生了历史上形成的并得到少数民族世代相沿所认可的聚居区域界线。因此,在建立民族自治地方,特别是在划分民族自治地方的区域界线时,既要符合当地的民族关系和经济发展条件,又要适当考虑历史传统因素,做到把实际情况和民族习惯、民族感情结合起来。

第二,有关建立民族自治地方的重大问题,必须由国家机关和有关方面共同协商。建立民族自治地方是当地有关民族人民政治生活中的大事,与他们的切身利益息息相关。同时,民族自治地方与中国其他行政区域一样,都接受中央的领导,都是中华人民共和国不可分离的部分。因此,在确定自治地方的建立、区域界线的划分、名称与组成等一系列重大问题时,不能由某一方面独断擅行,而应由上级国家机关、有关地方的国家机关同当地有关民族的代表一起充分协商并广泛征求各有关民族的意见，兼顾有关民族的利益，从而拟定出一个符合实际情况和切实可行的方案。方案拟订后，还必须依照法律规定的程序报请有关国家机关批准。根据宪法规定，自治区的建置必须报请全国人民代表大会批准；自治州、自治县的建置必须报请国务院批准，自治区、自治州、自治县的区域划分也需报请国务院批准。

第三，保持自治地方区域界线的相对稳定。民族自治地方的区域界线标明了自治机关行使自治权的地域范围，它不仅关系到民族自治地方政治、经济的发展，而且涉及到民族利益和民族感情。关于民族自治地方的区域界线的划分，一般是根据民族原则、经济原则、便于人民群众参加管理的原则并参照历史情况来确定的。中国的民族区域自治不是单纯的以民族为自治单位，也不是单纯以区域作为自治单位，而是民族与区域的结合，在划分过程中，首先考虑民族成分的区域分布，然后考虑其他多种因素，特别注意对当地的区域界线、地理环境、资源分布，地理结构的完整性进行深入研究，既参酌相对稳定的、世代沿袭的聚居区域界线，同时也考虑到现时的需要。民族自治地方的区域界线应保持相对稳定性。这样，有利于民族自治地方的建设和发展。如果国家从全局考虑，根据实际需要对已有的区域界线作必要的调整和变动时，必须严格按照法律规定的程序，与民族自治地方的自治机关充分协商拟定，最后报请国务院审核批准。

二、类型与名称

（一）类型

民族自治地方，从民族聚居的不同情况看，大体上可分为三种类型：一是以一个少数民族聚居区为基础建立的自治地方，如西藏自治区、吉林省延边朝鲜族自治州、甘肃省张家川回族自治县等。

二是以一个人口较多的少数民族聚居区为基础，并包括一个或几个人口较少的其他少数民族聚居区所建立的自治地方，如新疆维吾尔自治区（含其他少数民族的5个自治州、6个自治县）、广西壮族自治区（含其他少数民族10个自治县）。三是以两个或两个以上少数民族聚居区为基础联合建立的自治地方，如湖南省湘西土家族苗族自治州、青海省海西蒙古族藏族哈萨克族自治州、云南省江城哈尼族彝族自治县、广西壮族自治区龙胜各族自治县等。

民族自治地方中都有相当数量的汉族人口，有的民族自治地方的汉族人口比少数民族人口还多，同时还有占一定数量的其他少数民族。因而民族自治地方依据本地方的实际情况，可以包括一部分汉族或其他少数民族居住区和城镇。大的民族自治地方内的其他少数民族的较小聚居区，也可以建立民族自治地方。如内蒙古自治区内，又有达斡尔、鄂伦春、鄂温克三个民族分别建立的三个自治旗。这样做，有利于加强各民族的团结和民族自治地方的建设。

各民族自治地方的行政地位，原则上是依据各自治地方的地域大小和人口多少决定的。自治区与省同级，自治州与地级市同级，自治县与县同级。

（二）名称

民族自治地方的名称一般按照地方名称、民族名称、行政地位的顺序组成。例如，广西壮族自治区、甘孜藏族自治州、石柱土家族自治县等。但也有特殊情况，如西藏自治区和内蒙古自治区，它们的地方名称已同时体现了实行自治的民族的名称，故不必含“藏族”、“蒙古族”字样。

三、内部各民族关系

在中国这样一个多民族国家中，民族团结、民族平等和各民族的共同繁荣，是关系到国家命运的大问题。进一步发展国内各民族之间平等、团结、互助的社会主义民族关系，是社会主义现代化建设事业的一个重要前提。也是社会主义民主建设的一项重要内容。

要维护和发展社会主义民族关系，还需要注意调整和处理好民族自治地方内的民族关系。由于中国各民族交错居住的特点，民族自治地方内的民族构成和民族关系也是很复杂的，几乎所有民族自治地方都有两个以上的民族居住，具体地表现为：联合实行区域自治的民族之间的关系；实行区域自治的民族与其他少数民族的关系；未实行区域自治的各少数民族之间的关系；各少数民族与汉族的关系等。

要加强和发展社会主义民族关系，必须反对民族主义倾向。既要反对大民族主义（主要是大汉族主义），也要反对地方民族主义，因为这两种民族主义都片面地强调本民族的利益，影响和损害各民族的共同利益，不利于民族自治地方内的民族团结，有很大的危害性。

搞好民族自治地方内的民族关系，要靠民族自治地方内各族人民和全国各族人民的共同努力，特别是上级国家机关和民族自治地方的自治机关要维护和发展各民族的平等、团结、互助的社会主义民族关系，禁止对任何民族的歧视和压迫、禁止破坏民族团结，制造民族分裂的行为，其中，领导机关的重视与以身作则是关键。

为了正确处理民族自治地方内的民族关系，必须遵循下列原则：

第一，保障各民族的平等权利。在民族自治地方内的各民族，不管他们形成历史的长短、人口的多少、经济文化发展水平的差异，他们之间绝没有高低贵贱之分，都享有平等的权利，任何民族都不能享受任何超越法律规定的特权。各民族人民都享有宪法规定的公民权利，例如平等权、自由权、受益权、参政权、保障权等，这是各民族权利平等的重要方面和具体体现。各民族人民在平等地享有公民权利的同时,也平等地负有相应的义务。平等权利也表现在对干部的使用上。民族自治地方的自治机关应团结各民族干部和群众,充分调动他们的积极性,共同建设民族自治地方。民族平等和民族团结的目的是齐心协力地把自治地方的经济文化建设搞上去,逐步缩小各民族之间还存在的事实上的不平等,实现各民族的共同繁荣和发展。在此,应主要重视以下三个方面:

1. *民族平等与民主法制建设*　民族平等属于民主的范畴,坚持和实现民族平等是建设社会主义民主、健全社会主义法制的重要条件和重要方面;同时,民族平等的有效保障是法制建设,历史证明:没有法制保障的民族平等是脆弱的,不稳固的。

2. *民族平等和经济竞争、经济效率*　民族平等权利与市场竞争、经济效率既相统一,也存在矛盾。市场竞争的法则是优胜劣汰,讲求经济效率,而民族平等原则包括在一定条件下给发展相对落后的民族给予优惠和照顾,因而必须做到对两者的统筹兼顾。

3. *民族平等与经济文化发展差距*　民族平等包括政治上和经济文化上的平等。如果只在政治上保障各民族的平等,而没有经济文化的发展,政治上的平等就没有物质保障,那样平等就不完全。所以,要促进各民族平等团结必须逐步缩小以至最后消除民族间的经济文化发展差距。

第二,帮助本地方各民族共同发展。既然一个民族自治地方内有多民族共同相处,既然各民族权利平等,就不能只是谋求一个民族的发展,不能只求实行区域自治民族的发展,而必须兼顾到民族自治地方内各民族的共同发展。民族自治地方的自治机关要帮助本地方各民族发展经济、教育、科学、文化、卫生、体育等事业,充分考虑到民族自治地方内聚居的其他少数民族的利益。此外,民族自治地方的自治机关还要照顾到本地方散居民族的特点和需要。例如,对于回族同胞,自治机关应照顾他们的特点和需要,注意开办清真食堂等；应当根据散居少数民族的具体情况，调整生产充实货源，满足他们对民族特需品的需求。

在符合条件的情况下，民族自治地方的自治机关还应当帮助聚居在本地方的其他少数民族建立下一级的自治地方。对于少数民族人口占当地人口30%左右的（个别情况特殊的，可以低于该比例）相当于乡的其他少数民族聚居的地方，自治机关应当帮助他们建立民族乡。1993年，国务院批准发布了《民族乡行政工作条例》，法规有力地保障了民族乡内散居少数民族平等权利和管理本地内部事务的权利。目前，我国已建1 401个民族乡，55个少数民族中有52个建有民族乡。

对民族自治地方中涉及各民族利益的一些特殊问题，自治机关必须慎重对待，必须与各民族的代表协商，尊重他们的意见，以求得大家都能接受和拥护的切实可行的办法，以维护和睦的民族关系。

第三，各民族都有使用和发展自己的语言文字的自由，有保持或改革自己风俗习惯的自由，各民族公民都有宗教信仰的自由。

使用共同语言是民族的一个基本特征。在我国55个少数民族中，除回族通用汉语外，其他少数民族都有自己的语言。新中国成立前，有21个民族有自己的文字。迄今为止，国家又帮助10个民族创制了文字；同时，也帮助一些民族改革和改进了文字。民族语言平等是民族平等的一个重要内容和标志。建国以后，中国从根本上改变了旧社会各少数民族的语言受歧视和限制的状况，宪法规定："各民族都有使用和发展自己的语言文字的自由。"自治机关有责任保障本地方各民族都有使用和发展自己的语言文字的自由。自治机关依照本民族自治地方自治条例的规定使用当地通用的一种或几种语言文字。有关法律规定：民族自治地方制定或者公布的选举文件、选民名单、选民证、代表候选人名单、代表当选证书和选举委员会的印章等，都应当同时使用当地通用的民族文字。民族自治地方的人民法院和人民检察院应当用当地通用的语言审判和检察案件，保障各民族公民都有使用本民族语言文字进行诉讼的权利。对于不通晓当地通用语言文字的诉讼参与人，应当为他们翻译。法律文书应根据实际需要，使用当地通用的一种或几种文字。这些都充分体现在语言文字使用上的民族平等精神。同时，还必须提倡和鼓励各民族互相学习语言文字。汉族干部需要学习当地少数民族的语言文字，少数民族在学习使用本民族语言文字的同时，也应学习全国通用的普通话及汉文，等等。尤其要鼓励民族自治地方的国家工作人员能够熟练地使用两种以上当地通用的语言文字。

民族风俗习惯是民族的另一个重要特征。它是各个民族在一定的自然环境和社会环境中相沿积久而形成的生活方式，它具有民族性、地域性、继承性、敏感性、变异性、融会性等特点。中国各民族经过长期交往，虽然有许多共同的生活习惯，但是各民族又有更多的自己独特的风俗习惯，例如在服饰、饮食、居住、生产、婚姻、生育、节庆娱乐以及礼仪等方面都有自己的爱好、风气、习俗、禁忌等等。这些习惯不管表现为民族的优良文化传统，还是同落后的生产方式和文化相联系，或者与宗教活动有关，都是在长期的民族发展过程中逐渐形成的，都有广泛的民族性和群众性。民族自治机关必须尊重少数民族的风俗习惯。各民族都有保持和改革自己风俗习惯的自由。对一些落后的风俗习惯，是否改革、怎样改革，这应由奉行这种风俗习惯的民族自己来决定，别人不能包办代替，更不能强制。在民族交往中，正确对待和尊重各民族的风俗习惯，对融洽民族关系、加强民族团结是有益的。

中国也是一个多宗教的国家。在少数民族中，信仰宗教的人很多，或者不同的民族信仰不同的宗教，或者同一个民族的公民信仰不同的宗教，或者许多民族信仰同一宗教。例如，藏族、蒙古族信仰喇嘛教，维吾尔族、哈萨克族、回族等信仰伊斯兰教。即使在汉族中也有信仰佛教、基督教、天主教或道教的。因此,宗教常常带有民族性的特点。根据这一复杂的情况,民族自治地方的自治机关必须保障各民族人民有宗教信仰的自由;允许每个公民有信仰宗教的自由,也有不信仰宗教的自由;有信仰这种宗教的自由,也有信仰那种宗教的自由;在同一宗教里面,有信仰这个教派的自由,也有信仰那个教派的自由;有过去不信教而现在信教的自由,也有过去信教而现在不信教的自由。任何国家机关、社会团体和个人都不得强制公民信仰宗教或者不信仰宗教,不得歧视信仰宗教的公民或者不信仰宗教的公民。国家保障正常的宗教活动,但是任何人不得利用宗教进行破坏社会秩序、损害公民身体健康和妨碍国家教育制度的活动。中国的宗教组织和宗教事务不受外国势力的支配。

中国的民族自治地方既是许多民族共同居住的地方,又是不同的宗教交错并存的地方,如果对宗教问题处理不好,对社会的安定团结和社会主义民族关系发展会产生不良的影响。只有各民族干部和群众互相尊重宗教信仰,才能把信教和不信教的群众都团结起来,共同推进民族自治地方的社会主义建设事业。

第三节　民族自治地方的自治机关

一、性质和组成

(一) 性质

各民族自治地方设立自治机关,是保障少数民族平等权利和自治权利的基础和前提。现行《中华人民共和国宪法》规定:"民族自治地方的自治机关是自治区、自治州、自治县的人民代表大会和人民政府。"民族自治地方的自治机关的组成和工作,根据宪法和法律,由民族自治地方的自治条例或者单行条例规定。民族自治地方的自治机关，是与自治地方的行政地位相当的一级地方政权，和一般地方的政权机关有相同的特点，例如，都实行人民代表大会制。民族自治地方的人民政府对本级人民代表大会和上一级国家行政机关负责并报告工作，在本级人民代表大会闭会期间，对本级人民代表大会常务委员会负责并报告工作。各民族自治地方的人民政府都是国务院统一领导下的国家行政机关，都服从国务院。

（二）组成

民族自治机关既然是民族自治地方的国家政权机关，自然应具有不同于一般地方政权机关的特点。首先表现在民族自治机关的组成上：

第一，自治区主席、自治州州长、自治县县长由实行区域自治的民族的公民担任；民族自治地方的人民代表大会常务委员会应当有实行区域自治的民族的公民担任主任或者副主任。人民政府实行自治区主席、自治州州长、自治县县长负责制，分别主持本级人民政府的工作。这些规定使少数民族当家作主、管理本民族内部事务的权利有了组织上的保证。

第二，民族自治地方的人民代表大会中，除实行区域自治的民族的代表外，其他居住在本行政区内的民族特别是少数民族也应有适当名额的代表，而且对人口较少的民族的代表名额和比例分配将依法给予适当的照顾。这一规定保证了代表的广泛性，使民族自治地方的各民族都能参与民族自治区域内事务的管理。民族自治地方的人民代表大会中，实行区域自治的民族和其他少数民族代表的名额和比例，根据法律规定的原则，由省、自治区人民代表大会常务委员会决定，并报全国人大常委会备案。

第三，民族自治地方的人民政府的组成人员以及政府所属工作机构中，要尽量配备少数民族的人员，即对基本符合条件的少数民族干部要优先配备。《民族区域自治法》规定：实行民族区域自治的民族人口占本地区总人口1/2或以上的，其干部构成应当与本民族人口比例大体相当，少于1/2或者更少的，一般应高于本民族人口比例。这样做，有利于加强政府机关同少数民族的联系，更好地反映少数民族的愿望和要求，也有利于在实践中培养少数民族干部，以更好地做好政府工作。

这些规定，符合各少数民族地区的实际情况和历史条件，有助于自治机关内各少数民族应有的代表性，有利于自治机关加强同当地人民群众的联系，切实贯彻执行民族区域自治制度。

二、自治权

民族自治地方的自治机关与一般地方政权机关相比，其特点还突出表现在，拥有比其他地方政权机关更大的自主权。所谓自治机关的自治权，就是自治机关管理本民族自治地方内部事务的自主权利，这种权利是由宪法和民族区域自治法所规定的，其本质是保障少数民族在本自治地方根据实际情况贯彻执行国家法律与政策的自主权，解决少数民族的特殊性问题，保护少数民族的特殊权益。

自治机关的自治权是由宪法赋予并受中央领导和监督的管理一定区域内事务的地方性权力，是完整的国家权力系统中的一个组成部分。根据宪法和民族区域自治法规定，民族自治机关的自治权，可以归纳为以下几个主要方面。

1. 民族立法权　民族自治地方的人民代表大会有权依照当地的政治、经济和文化的特点，制定自治条例和单行条例。这在1954年宪法中就已有规定，自治条例与单行条例都是在本民族自治地方具有法律效力的规范性文件。一般来说，前者规定有关本地方实行民族区域自治的基本问题；后者规定有关本地实行民族区域自治的某一方面的具体事项。自治条例、单行条例与地方性法规的重要区别有两点：第一，立法前提方面。地方性法规是以不同宪法、法律、行政法规相抵触为前提的，而自治条例、单行条例没有这一限制。这是因为宪法规定，自治机关可以根据本地方的实际情况贯彻国家的法律、政策。事实上，自治条例，尤其是单行条例中相当一部分是对国家法律和政策作出的变通性规定。第二，立法程序方面。地方性法规无需报全国人大常委会批准，只需报全国人大常委会与国务院备案。而自治区的自治条例和单行条例，须报全国人民代表大会常务委员会批准后生效。自治州、自治县的自治条例和单行条例须报省或者自治区的人民代表大会常务委员会批准后生效，并报请全国人民代表大会常务委员会备案。民族区域自治法实施以来，许多民族自治地方都积极行使这一权利。截止 1994 年底，民族自治地方共制定自治条例 119 件，单行条例 78 件。

2. 变通执行权　上级国家机关的决议、决定、命令和指示，如果不适合民族自治地方实际情况，自治机关可以报经上级国家机关批准，变通执行或者停止执行。

3. 经济自主权　包括在国家计划的指导下，根据本地方的特点和需要，制定经济建设的方针、政策和计划；根据法律规定和本地方经济发展的特点，合理调整生产关系，改革经济管理体制；根据民族自治地方的财力、物力和其他具体条件，自主地安排地方基本建设项目；自主地管理隶属本地方的企业、事业；非经民族自治地方的同意，上级国家机关不得改变民族自治地方所属企业单位的归属关系；依照法律规定，管理和保护本地方的自然资源，确定本地方内草场和森林的所有权与使用权，并对由地方开发的自然资源优先合理开发利用；自主地安排利用完成国家计划收购、上调任务以外的工农业产品和其他土特产品；依照国家规定开展对外经济贸易活动；在对外经济贸易活动中，在外汇留成等方面享受国家的优待等。

4. 财政自主权　民族自治地方的财政是一级财政，是国家财政的组成部分。民族自治地方的自治机关有管理地方财政的自治权。包括凡是依照国家财政体制属于民族自治地方的财政收入，都应当由民族自治地方的自治机关自主地安排使用；民族自治地方的财政收入和财政支出的项目，由国务院按照优待民族自治地方的原则规定；民族自治地方的财政预算支出，按照国家规定，设立机动资金，预备费在预算中所占比例高于一般地区等。

5. 文化自主权　包括根据国家教育方针，决定本地方的教育规则、学校的设置、学制、办学形式、教学内容、教学用语和招生办法；少数民族牧区和经济困难、居住分散的少数民族山区设立以寄宿为主和助学金为主的公办民族小学、民族中学；招收少数民族学生为主的小学，有条件的应当采用少数民族文字的课本，并用少数民族语言讲课；自主地发展具有民族形式和民族特点的文学、艺术、新闻、出版、广播、电影、电视等民族文化事业；自主地决定本地方的医疗卫生事业的建设规划，发展民族传统医药，开展民族传统体育活动。结合本地方的情况，制定实行计划生育的办法等。

6. 语言文字自主权　民族自治地方的自治机关在执行公务的时候，依照本民族自治地方自治条例的规定，使用当地通用的一种或者几种语言文字；同时使用几种通用的语言文字执行公务的，可以以实行区域自治的民族的语言文字为主。

7. 组织公安部队权　民族自治地方的自治机关依照国家的军事制度和当地的实际需要，经国务院批准，可以组织本地方维护社会治安的公安部队。

8. 干部任用优先权　目前，少数民族干部队伍不断扩大，从1950年的1万多人发展到1995年的248.2万人，占全国干部总数的6.4%，全国5个自治区、30个自治州、124个自治县（旗）政府的主要领导，都已由实行区域自治的民族干部担任。据1995年统计，全国党政群机关县处级以上干部中少数民族干部占11.9%，在县处级干部中占7.3%，5个自治区县处级以上干部中，少数民族干部占 32.5%，其中，省级干部占 47.5%，地厅级干部占 35.9%，县处级干部占 32.1%，并且基本上形成了以中青年干部为主的梯次、年龄结构和新老干部合作交替的格局，在社会主义建设事业中发挥着重要作用。但是，目前少数民族干部队伍无论在数量方面还是在质量方面，都还不能适应建设社会主义现代化强国，实现各民族人民共同繁荣的伟大事业的需要。少数民族的专业人才和技术工人的数量和技术水平，同少数民族地区的四化建设的要求相差更大。为了保障少数民族的平等权利和自治权利，加速发展少数民族地区的经济文化，必须大量培养少数民族干部、专业人才和技术工人。这是民族自治地方，也是整个国家一项根本性任务。为了完成这一任务，自治机关要举办民族师范学校、民族中等专业学校、民族职业学校和民族学院。民族自治地方的企业、事业单位在招收人员的时候，要优先招收少数民族人员；并且可以从农村少数民族人口中招收。

三、上级国家机关的领导和帮助

中国少数民族地区的经济、文化一般比较落后，这是历史造成的。要逐步消除这种历史上遗留下来的民族间的事实上的不平等，最根本的是要大力帮助少数民族加速经济、文化的发展，这是一个长期的根本性任务。只有经济、文化、教育发展了，少数民族干部和专业人才培养出来了，民族间的事实上的不平等才可能逐步得到解决。要完成这一历史性的任务，首先需要依靠少数民族地区人民的共同努力，依靠民族自治地方的各级自治机关领导各族人民发扬自力更生、艰苦奋斗精神，努力发展本地方的社会主义建设事业。但是由于民族自治地方基础差、底子薄、缺乏资金和技术力量，要发展经济文化，在客观上存在着困难。因此，国家仍然有必要在人力、物力、财力方面给少数民族地区以帮助和照顾。这不仅是民族自治地方发展的需要，也是国家社会主义建设全局的需要。

上级国家机关主要从以下几方面领导和帮助民族自治地方发展社会主义建设事业。

第一,上级国家机关有关民族自治地方的决议、决定、命令和指示,需充分考虑到民族自治地方的实际情况。在制定国民经济和社会发展计划时,照顾民族自治地方的特点和需要,尽可能让民族地区依据当地的情况,发挥主观能动性,搞好经济建设。在生产力布局上,注意发挥民族地区资源优势,实行产业倾斜和区域倾斜相结合的政策。中共中央书记处、国务院经常讨论民族地区工作,先后召开过西藏、新疆、云南、内蒙古、青海、海南等地区的工作座谈会,产生了相应的文件。以西藏为例,西藏是一个特殊的民族自治地方,中央对西藏的发展和进步历来十分关心,从人力、物力、财力等方面给予了巨大的帮助,并且从西藏的实际出发,制定了一系列重大的特殊政策和灵活措施。1987 年 4 月,由班禅额尔德尼·确吉坚赞和阿沛·阿旺晋美联名发起成立的"援助西藏发展资金会"筹备委员会成立,受到中央的支持。1991 年,国家又设立"西藏建设专项补助资金"用于帮助西藏地区的经济文化建设。

第二,上级国家机关在财政、经济上采取多种措施,对少数民族地区给予特殊照顾,帮助各民族自治地方加速发展经济建设和文化建设。国家设立专用资金和临时性的民族补助专款,扶助民族自治地方发展经济文化建设。1980 年,国家实行"划分收支,分级包干"的财政体制以后,对内蒙古、新疆、西藏、广西、宁夏 5 个自治区和云南、贵州、青海 3 个少数民族聚居地区较多的省实行收入全部留用、支大于收的政策,差额由中央财政贴补,补贴数额一定,5 年不变。1985 年预算管理体系改革后,除继续保留对民族贸易企业"三项照顾"(资金、利润、价格)外,对这些地区的补助,每年递增 10%。1988 年实行的大包干财政体制对民族地区实行"定额补助"的办法,仍给予照顾。根据不同地区经济发展的状况,国家对民族自治地方税收方面也实行特殊照顾，实行特殊预算，由国家贴补或实行利税返还。国家还设立多种专用资金用于帮助少数民族地区的建设，如“边境和少数民族地区教育补助费（1951 年设立）”、“边境建设事业补助费（1977 年设立）”、“支援不发达地区发展资金（1980 年设立）”、“支援四川‘三州’建设基金（1991 年设立）”等。

上级国家机关对民族贸易给予特殊照顾。国家对边远山区和边远牧区民族贸易企业，在资金、利润、价格上实行三项照顾。规定零售企业自有流动资金可占 80%；批发企业自有流动资金可占 50%，其余流动资金由银行按低息贷款照顾。民族贸易企业的利润留成比例定为 50%，而一般地区纯商业只有 27%。对民族地区的主要农牧土特产品，实行最低保护价格；对民族地区需要的主要工业品，实行最高限价（保护价），差额补贴列入省、自治区财政预算，由国家补贴。在外贸方面，扩大了民族地区对外商投资企业的审批。对民族地区优势产品的出口，国家在计划、配额、许可证等方面给予照顾；允许民族自治地区的边境城市设立边境经济合作区，合作区同样实行 24% 的所得税率；在 1995 年底以前外经贸部批准的边贸在指定口岸进口的商品，除国家规定的机电产品和烟、酒、化妆品等商品外，减半征收关税和产品税。上级国家机关组织和支持经济发达地区与民族自治地方开展经济、技术协作，帮助和促进民族自治地方提高经营管理水平和生产技术水平。开展对口支援 10 多年来，全国共签订对口支援项目 12 000 余项，投入资金 20 多亿元，新增产值 10 多亿元，培训各类专业人员 15 000 多人次，促进了民族自治地区经济社会的发展。

上级国家机关在投资、贷款以及生产、供应、运输、销售等方面，扶持民族自治地方合理利用本地资源发展地方工业，发展交通和能源，发展和改进少数民族特需商品和传统手工业品的生产。例如，在投资方面，国家尽可能保证民族地区的基本建设有一定的投资规模,规定“八五”期间,国家对民族地区的全民所有制企业固定资产投资规模总额应高于“七五”时期水平,大中型项目同等条件下优先安排在民族地区。在金融方面,实行低利率优惠政策,设立了“支持老少边地区经济发展专项低息贷款”(1983)、“扶贫专项贴息贷款”(1986)、“温饱基金人民银行贷款”(1989)等,都体现了对民族自治地方的扶持。

第三,上级国家机关帮助民族自治地方从当地民族中培养大量的各级干部、各级专业人才和技术工人。根据民族自治地方的需要,采取多种形式调派适当数量的教师、医生、科学技术和经营管理人员,参加民族自治地方的工作,涌现出一批孔繁森式的好干部。

第四,国家采取措施,帮助民族自治地方发展教育事业。(1)从财力上为发展民族教育事业提供保障。建国之初,国家就专门设置了少数民族教育事业补助费;从1985年起,国家每年拨出专款,支持老、少、边、穷地区发展教育,其中50%以上用于民族自治地区;从1990年起,国家每年又专门设置一笔少数民族教育补助专款,用以解决少数民族和民族地区一般教育经费的不足。据统计,“七五”和“八五”期间,国家设立的各种民族教育专款总额近20亿元。(2)从实际出发,采取适合少数民族特点的办学形式和教学方式。(3)对少数在校生给予优待,对少数民族学生在招收、毕业就业方面实行照顾。(4)组织发达地区与少数民族地区的教育对口支援协作。

在科技方面,国家通过普及科学知识,增加科技投入,培训、培养少数民族科技人员,改善科研条件等,帮助民族自治地区发展科技事业。

同时,国家还采取有力措施,大力发展少数民族的文化、卫生、体育等各项事业。这些措施主要包括:建立少数民族艺术团体、增加对少数民族地区的广播电视建设投资、设立少数民族语文翻译出版机构、在财政上给民族文字图书以经费补贴、采取专门措施积极抢救少数民族文化遗产、建立少数民族地区卫生医疗机构、开设少数民族传统体育运动等。

这些政策措施的实施,使民族自治地区社会事业蓬勃发展。民族教育成绩显著。1994 年,全国民族地区已建立了小学 10 万余所,中学 1 万余所,高等学校 105 所;各级各类少数民族在校学生达 1 600 余万人,已超过少数民族占全国人口的比例,少数民族地区学龄儿童入学率明显提高。少数民族科技事业日新月异,目前各自治区都建有科学院和多种研究所,全国各类少数民族专业技术人员已达 147 万人,科技水平逐渐提高,科研成果逐年增多。少数民族文化事业方兴未艾,全国已有民族出版社 37 家,民族文字杂志 180 种,民族文字报纸 100 种;民族自治地方建立广播电台 200 家,电视中心台 142 座,电视发射台和转播台 9 000 余座,用 87 种语言对国内外广播。少数民族地区的卫生、体育等事业也有了很大发展。

国家对少数民族地区的特殊照顾及其所取得的上述一系列成就,说明了中国共产党和国家的民族政策以及中国的民族区域自治制度是为各民族服务的,是团结互助的社会主义民族关系的体现。

第四节　继续坚持和完善民族区域自治制度

一、坚持与社会主义市场经济体制相结合

在建立和完善社会主义市场经济体制的过程中,坚持和完善民族区域自治制度,具有十分重要的意义。

民族区域自治必须与社会主义市场经济体制相结合、相适应,发挥民族区域自治制度在促进经济发展方面的优越性。邓小平同志在建国初期就指出:实行民族区域自治,不把经济搞好,那个自

治就是空的。而目前我国民族自治地方的经济还比较落后，与东部较发达的汉族地区相比，差距还很大，民族区域自治制度的优越性还没有充分发挥出来。因此，坚持和完善民族区域自治制度的核心，仍然是发展民族自治地方经济，提高各族人民的生活水平。不论是民族平等、民族团结问题，还是自治、自治权问题，要充分体现在少数民族的经济发展上，归结到人民生活的改善上。只有坚实的经济基础作保障，民族自治地方的各项自治权利才能更好地行使。历史进入到90年代，中国经济已从计划经济时代走向市场经济时代，市场经济能够通过“无形的手”更有效地配置经济资源，提高经济效率。民族区域自治不会排斥市场经济，但还必须有具体的措施促使民族区域自治与社会主义市场经济体制有机结合，让民族区域自治促进市场经济的发展，反过来又推动民族区域自治制度的进一步完善。这需要民族自治地方把握机遇，解放思想，更新观念，增强改革开放意识，充分发挥民族自治地方的政策优势、资源优势和地理区位优势，深化改革，扩大开放，促进资源优势向经济优势的转变。

加快民族自治地方的发展，逐步缩小民族自治地方和东部发达地区发展差距，在市场经济条件下，不仅是必要的，而且是可能的。一是少数民族地区有丰富的能源、原材料等自然资源，并且已经初步建立了一定规模的工业基础，如以成昆线为基础的西南重工业基地，以兰州、柴达木盆地、塔里木盆地为中心的化学工业基地，以西宁、乌鲁木齐、石河子、呼和浩特为中心的纺织工业基地；二是民族地区的基础设施得到较大改善，形成了以公路、铁路、航空为立体的交通网络，把民族地区同全国各地和世界联为一体，通讯状况也大为改善；三是对外开放取得进展，已经形成以14个陆地边境口岸和广西北部湾出海通道以及两条亚欧大陆桥为基本构架的对外开放格局；四是沿海地区的产业升级和经济增长方式的转变，面临着传统产业向西部民族地区转移；五是党和国家对少数民族地区的发展高度重视,采取了一系列重大政策措施,随着国民经济的发展和国家经济实力的增强,可以更多地增加投入,帮助少数民族地区加快发展;六是有发达地区和全社会的大力支持。民族地区加快发展大有希望。

二、实施国家提出的若干措施

从战略步骤上看,沿海地区先发展起来并继续发挥优势,这是一个大局,内地要顾全这个大局。发展到一定时候沿海多做贡献支持内地发展,这也是大局,沿海也要服从这个大局。现在,沿海地区已经率先达到较高的发展水平,并保持着持续快速发展的势头。从国家全局看,突出地提出和解决民族自治地区不发达问题的时机已经成熟,而且也具备了加速发展的条件。因此,党的十四届五中全会提出,从"九五"开始,要更加重视支持中西部的发展,实施有利于缓解差距扩大的政策,并逐步加大工作力度,积极朝着缩小差距的方向努力。国家已经把加快民族自治地区发展作为未来 15 年我国经济和社会发展的指导方针之一,并提出了加快发展的具体措施:

第一,实行规范的中央财政转移支付制度,逐步增加对中西部地区的财政支持。随着全国经济的发展和中央财政实力的增强,逐步提高中央财政用于支持民族自治地区的比重。

第二,优先在民族自治地区安排资源开发和基础设施的建设项目。作为全国性基地的中西部资源开发项目,国家实行投资倾斜。跨地区的能源、交通、通讯等重大基础设施项目,以国家投资为主进行建设。调整加工工业的地区布局,引导资源加工型和劳动密集型产业转移到中西部地区。

第三,理顺资源性产品价格,增强民族自治地区自我发展的能力。加大中西部地区矿产资源勘探力度。

第四,加快中西部地区改革开放的步伐,引导外资更多地投向中西部地区。提高国家政策性贷款用于中西部地区的比重。国际金融组织和外国政府贷款60%以上要用于中西部地区。

第五,加大对贫困地区的支持力度,扶持民族地区经济发展。继续组织中央各部门、社会力量和东部沿海地区,以多种形式支援民族地区。

第六,加强东部沿海地区与民族自治地区的经济联合和技术合作。鼓励东部沿海地区向中西部地区投资,组织中西部地区对东部沿海地区的劳务输出。东部经济发达地区采取多种形式与民族自治地区联合开发资源,利用中西部地区丰富的劳动力资源,发展劳动密集型产业。加强人才培训和交流。

实施上述政策措施,未来15年将是民族区域自治地区面临大好机遇,更快、更好发展的15年。民族自治地区应抓住良好的发展机遇,进一步解放思想,更新观念,发扬艰苦奋斗的优良传统,加快发展步伐。并在此基础上进一步完善民族区域自治制度。

三、突出抓好四个方面的工作

坚持和完善民族区域自治制度是新时期处理好民族问题最重要的方面。要完善民族区域自治制度有很多工作可做。在这里特别需要强调的是以下几个方面的工作:

第一,必须坚定地贯彻邓小平同志的民族工作理论。这一理论对中国的民族区域自治制度建设有着极其重要的指导作用。邓小平同志关于民族区域自治制度的论述主要观点有:(1)中国的民族区域自治制度适合中国国情,必须坚持。毛泽东同志很英明,中国没有搞联邦制。(2)发展是解决中国一切问题的关键,就像整个国家一样,民族自治地方要致力于发展。不把经济搞上去自治就是空的。(3)要加强法制建设,切实保障少数民族的平等权利和自治权利,使少数民族聚居的地区实行真正的民族区域自治。这些论述是坚持和完善民族区域自治制度的指南。

第二，要在坚持民族区域自治制度的总体原则下，重申和确立一些具体的制度。当前的重点是进一步激活和发挥民族区域自治制度在发展经济方面的功能。民族区域自治制度的作用不仅在于维护国家统一和保证少数民族的自治权利，还有一项很重要的职能是促进经济发展和社会进步，促进少数民族脱贫致富奔小康。一个制度的成功与否，最终取决于它是否有利于生产力的发展、有利于人民生活的改善。如果一个制度在政治上是好的，而并不能促进经济的发展和社会进步，那么这个制度就不可能是完美的。

第三，加强民族区域自治的法制建设。民族法已初成体系，但远未完备。突出问题是，与民族区域自治法相配套的法规较少。民族区域自治法属基本法序列，内容广泛，但条文大都比较原则（这也正是自治法的贯彻落实不太容易的主要原因），要使民族区域自治法很好地得以贯彻执行需要通过制定配套法规来解决。国务院1993年发布的《关于进一步贯彻落实民族区域自治法若干问题的通知》，明确具体地解决了一些实际问题。但还应当上升到法律、法规的高度，使之更具法律效力。

在民族立法中一个重要任务是，各自治区的自治条例应该加紧制定。现在自治州、县大都已制定了自治条例，各自治区的条例到现在无一例出台，应当努力去做。自治区的自治条例的制定直接涉及国家的管理体制、经济体制改革和利益分配，如在这方面有所突破将对中国的民族区域自治制度产生积极而深远的影响。

第四，进一步加强民族自治机关的建设。这是坚持和完善民族区域自治制度的组织保障。自治权的确立是民族区域自治制度的特色，自治权的行使则由民族自治机关来完成。民族自治机关的建设对于自治权的充分行使是极其必要的，这意味着民族自治机关应显示其民族自治特色，在机关的人员构成上、在管理职能的划分上、在服务对象的确立上都应做严格的论证，使其更为合理、更为科学。

第八章　特别行政区制度

第一节　概　　述

一、理论依据

《中华人民共和国宪法》第三十一条规定:“国家在必要时得设立特别行政区。在特别行政区内实行的制度按照具体情况由全国人民代表大会以法律规定。”1997 年 7 月 1 日,香港特别行政区已正式成立。1999 年 12 月 20 日,澳门特别行政区也将宣告诞生。台湾一旦回归祖国也将成立特别行政区。从政治制度的角度看,特别行政区的建立给中国的国家结构形式增添了新的特点。中国是实行单一制的国家。但在单一制的前提下又实行民族区域制度和特别行政区制度。

特别行政区是对单一制下地方政府传统权力范围的一种突破。它享有各省、直辖市、自治区所没有的高度的自治权,这种权力在许多方面甚至超过联邦制下成员邦的权力。特别行政区可实行与各省、直辖市、自治区不同的社会经济、政治、文化制度。在立法、行政、司法制度方面都有高度的独立性。中央政府的法律、法规除特别规定者外,一般不在特别行政区内实施。但是特别行政区是统一的中华人民共和国的组成部分,不能行使国家主权。整个国家的外交、国防等权力由中央统一行使。在国际上代表中国的只能是中华人民共和国中央人民政府。

特别行政区制度的理论依据，是为了和平解决香港、澳门和台湾问题而提出的"一个国家、两种制度"的科学构想。

"一个国家、两种制度"，简称"一国两制"，就是一个国家，根据其宪法和法律的规定，在自己国家的一部分地区实行不同于其他地区的政治、经济和社会制度。但是，这些地区仍然是统一国家的组成部分，这些地方的政府仍然是一个国家的地方政府，不行使国家主权。

"一国两制"是中国共产党和政府为了实现祖国统一大业，根据世界的现实、历史的状况和中国的实际提出来的科学构想。

1. "一国两制"的科学构想是根据世界的现实提出来的　当代世界的现实，简言之，就是一个世界市场、两种社会制度。二次大战以后，社会主义制度在十几个国家建立。由于资本主义经济、政治发展不平衡规律的作用，使得社会主义首先在经济并不十分发达的国家首先胜利，因而也就决定了在世界范围内，社会主义尚不具备最终战胜资本主义的力量。在当今世界上，资本主义国家还是占多数，并且它们的科学技术比较发达，生产力发展水平比较高。虽然资本主义的固有矛盾无法解决，但经过某些调整，有所缓和。而社会主义制度还非常年轻，缺乏实践经验，尚需在很长一段时间内进行改革与完善。这就决定了社会主义与资本主义两种制度作为一种特定历史阶段的矛盾统一体，在一个相当长的时期内和平共处，不仅是可能的，而且是现实的，世界范围内两种社会制度的共存与竞争，也就为一个统一国家内两种社会制度的共存提供了客观可能性。

世界的现实性还在于，两种不同的社会制度，拥有一个共同的世界市场。随着现代科学技术的发展，世界经济正在走向国际化。各国经济之间的互相渗透、互相依存、互相竞争已成为经济发展的不可缺少的重要因素。由此而决定，当代世界和平力量在增长，和平与发展已成为当代世界的两大主题。因而，用和平方式来解决一些国际问题，缓和国际紧张局势，推动和平与发展时代的到来，是人心所向，大势所趋。这就为用和平方式解决台湾与港澳问题提供了有利的国际背景。

2. “一国两制”的科学构想，是在尊重历史的条件下提出来的

台湾与港澳，历来是中华民族的不可分割的组成部分。它们与大陆的分离，是一定的历史条件造成的，给国家和人民带来了极大的痛苦和耻辱，是酷爱自由的中国人民所不能长期忍受的。中国应该统一，而且必须尽快统一，是炎黄子孙的共同夙愿。因为只有实现了祖国的统一，才可能最大限度地集中全民族的智慧与力量，去实现国家富强、民族振兴。

但是，必须承认这样的历史状况，即自1949年以来，大陆上已经建立起比较巩固的社会主义制度，而台湾、港澳则实行资本主义制度。两种社会制度的差异乃至对立，是实现祖国和平统一中不可回避的历史课题。从经济上看，台湾、港澳的资本主义经济发展程度比较高，人均产值超过大陆，他们担心国家统一之后会影响其生活水平；从政治上看，台湾和港澳同胞已经习惯于资本主义制度及其生活方式，他们对社会主义制度不了解，有的人也可能怀疑和反对社会主义制度。历史条件造成的这种复杂的状况表明，以某一种制度统一中国并不现实。中国必须从实际出发，寻求一个能够照顾各方面利益的、能够为各方面所接受的祖国和平统一方案，这个方案，就是“一个国家、两种制度”的科学构想。

3. “一国两制”的科学构想，又是依据中国现代化建设的客观实际提出来的 自中共十一届三中全会以来，中国进入了社会主义现代化建设的新时期，党和国家的中心任务就是进行现代化建设，实现民族振兴。为此，就必须最大限度地调动一切积极力量，创造一个有利于现代化建设的政治与经济环境。中国从20世纪80年代初，就面临着现代化建设、和平统一祖国以及维护世界和平三大任务。而这三大任务，又都同能否妥善地解决好历史上遗

留下来的台湾及港澳问题有直接关系。国际经济发展的趋势表明，环太平洋地区将日益凸现其重要地位。而台湾与港澳则处于太平洋地区的中心，经济和政治战略地位都比较重要。妥善地解决台湾及港澳问题，有利于太平洋地区和全世界的和平与稳定，也有利于中国的社会主义现代化建设。

以香港为例，二次大战后，特别是近20年来，随着世界经济的迅速发展，西方发达国家的资金、科技、人才涌入香港，大大促进了香港的经济起飞，使香港发展成为亚洲太平洋地区一个重要的轻工业制造中心和国际金融、贸易、航运和信息中心，成为一个生命力旺盛的"世界经济特区"。中国以"一国两制"的方式，在恢复对香港行使主权以后，继续保留其"世界经济特区"的现行社会经济制度与经济活动方式，对香港、对内地、对世界都是有利的。最根本的是有利于香港的稳定和繁荣，避免社会的动荡，同时，也有利于内地的建设，主要是便于中国从资本主义国家引进资金、技术、人才和管理科学，便于中国的原料、材料和产品进入国际市场。通过香港这座特殊的桥梁，使中国走向世界的道路更加宽广，这对加快中国的社会主义现代化建设步伐是有益处的。再则，还可以通过香港团结海外华侨、华人，沟通台湾海峡两岸的来往，有利于国家的统一。最后，还有利于世界各国，特别是英国等国家的利益得到照顾，使世界各国和有关国际组织在香港的经济、文化交流继续进行。

"一个国家、两种制度"的构想是在中共十一届三中全会以后逐步形成的，大体经历了和平统一祖国战略思想的确立、和平统一祖国的具体方针政策的全面阐述、最后正式形成"一国两制"的理论这样三个发展阶段。

和平统一祖国战略思想的确立，以1978年12月中共十一届三中全会为标志，全会公报指出，随着中美关系正常化，中国神圣领土台湾回到祖国怀抱、实现统一大业的前景，已经进一步摆在我们的面前。1979 年 1 月 1 日，中美两国正式建立外交关系。全国人大常委会同日发表《告台湾同胞书》，宣布了实现祖国和平统一的大政方针，指出在解决统一问题时，将“尊重台湾的现状和台湾各界人士的意见，采取合情合理的政策和办法，不使台湾人民蒙受损失”。并希望海峡两岸尽快实现“三通”，即通邮、通航、通商。同一天，中国人民解放军奉命停止了对金门、马祖、大担、二担等岛屿的炮击。不久，国民党军队也停止向大陆开炮。同年 1 月 30 日，邓小平在访问美国时明确宣布，今后不再用“解放台湾”这个提法了。只要台湾回归祖国，我们将尊重那里的现实和现行制度。这时，已有“一国两制”构想的初步阐发。

和平统一祖国具体方针政策的阐述，以 1981 年 9 月 30 日全国人大常委会委员长叶剑英向新华社发表谈话为标志。在这次谈话中，阐明了关于台湾回归祖国、实现和平统一的九条方针政策，希望国民党当局以民族大义为重，捐弃前嫌，同大陆携起手来，共同完成统一祖国大业，实现振兴中华的宏图，为列祖列宗争光，为子孙后代造福，在中华民族历史上谱写新的光辉篇章。特别指出：国家实现统一后，台湾可作为特别行政区，享有高度的自治权，并可保留军队。中央政府不干预台湾地方事务。台湾现行社会、经济制度不变，生活方式不变，同外国的经济、文化关系不变。私人财产、房屋、土地、企业所有权、合法继承权和外国投资不受侵犯等等，这就使“一国两制”的构想更加具体化。

1982 年 9 月，邓小平在会见英国首相撒切尔夫人时，第一次使用了“一国两制”的概念，并希望用之解决香港问题。他说，关于收回香港问题，可以用“一个国家、两种制度”的方案解决。这次谈话，标志着“一国两制”理论的正式形成。在此之后，“一国两制”理论又继续得到阐发。

1982 年 12 月，第五届全国人大第五次会议通过的新宪法，明确规定，国家在必要时设立特别行政区，这就为在统一的中华人民共和国内实行两种制度提供了法律依据。1983 年 6 月 26 日，邓小平在会见美国新泽西州西东大学教授杨力宇时，除了重申叶剑英所谈的九条方针外，进一步指出：中国统一后，台湾行政区可以有自己的独立性，可以实行同大陆不同的制度。司法独立，终审权不需到北京。台湾还可以有自己的军队，只是不能构成对大陆的威胁。大陆不派人驻台，不仅军队不去，行政人员也不去。台湾的党、政、军等系统，都由台湾自己来管，中央政府还要给台湾留出名额。并强调指出，制度不同，但在国际上代表中国的，只能是中华人民共和国。

1984 年 1 月 16 日，中国总理在纽约按照“一国两制”的构想阐述了对香港的基本政策：第一，1997 年中国对香港恢复行使主权后，香港仍然继续实行资本主义制度；第二，由香港人治理香港，不是北京派人治理香港；第三，对香港政策长期不变，1997 年后至少 50 年不变；第四，全国人大将通过能体现上述内容的香港特别行政区基本法，香港将按基本法办事。1984 年 5 月 15 日，中国总理在六届全国人大二次会议上所做的《政府工作报告》，进一步阐述了“一国两制”构想，并获得会议通过。这意味着“一国两制”已成为既定的基本国策。

1984 年 6 月 22、23 日和 7 月 31 日，邓小平在会见香港同胞和外国友人时对“一国两制”构想的背景、条件、依据、前景和意义等作了精辟的论述，指出这是一项重大的战略决策，并非权宜之计。邓小平满怀信心地预言，“一个国家、两种制度”是能够行得通的。

二、基本涵义

“一国两制”科学构想指导下形成的特别行政区制度，其特定涵义是：在统一的中华人民共和国的主权范围内，在大陆坚持社会主义制度的前提下，在台湾、香港和澳门设立实行资本主义制度的、享有高度自治权的特别行政区。具体说来，特别行政区制度包含以下三层内容。

第一,特别行政区是中华人民共和国的一个地方行政区域。“一个国家、两种制度”其前提与核心是“一个国家”,即中华人民共和国。“一个国家”表明了国家主权的不可分割和中华民族的统一性,中国只有一个最高国家权力机关,即全国人民代表大会;一个中央人民政府,即国务院。在恢复对香港、澳门行使主权和台湾回归祖国后,国家依照宪法规定在那里设立特别行政区。特别行政区是中华人民共和国的一个地方行政区域,特别行政区政府是一级地方政府,直接接受中央人民政府管辖。两者之间是地方与中央的关系。特别行政区的基本法,由全国人民代表大会制定。特别行政区的立法机关可以根据基本法规定,按既定程序制定法律,但须报全国人大常委会备案。特别行政区的行政长官在当地通过选举或协商产生,再由中央人民政府任命。特别行政区的外交事务,由中央人民政府统一管理,香港特别行政区和澳门特别行政区的防务,也将由中央人民政府派军队负责,但驻军军费不由特别行政区负担,负责防务的部队不干预特别行政区内部事务。这些规定表明,中华人民共和国中央人民政府是国家主权的实体,特别行政区是祖国大家庭的一员。

关于特别行政区与中央的关系。以香港特别行政区为例,香港《基本法》规定:香港特别行政区是中华人民共和国的一个享有高度自治权的地方行政区域,直辖于中央人民政府。中央负责香港的有关外交事务,外交部在香港设立机构处理外交事务。中央授权香港依照基本法自行处理有关的对外事务。中央派军队负责香港的防务,香港特别行政区政府负责维持社会治安。中央政府依法任命香港特别行政区行政长官和行政机关的主要官员。香港特别行政区享有行政管理权,依照香港《基本法》的有关规定自行处理香港特别行政区的行政事务。香港特别行政区享有立法权。所定法律须报全国人大常委会备案。全国人大常委会如认为香港立法机关制定的任何法律不符合基本法有关条款,可将有关法律发回,但不做修改。发回的法律立即失效。全国性法律除列于香港《基本法》“附件三”外,不在香港特别行政区实施。“附件三”所列法律的增删,限于有关国防、外交和其他按香港《基本法》规定不属于香港特别行政区自治范围的法律。全国人大常委会宣布战争状态或香港进入紧急状态,中央政府可发布命令将有关全国性法律在香港实施。香港特别行政区还享有司法权和终审权。香港居民中的中国公民依法参与国家事务管理。香港《基本法》还规定:中央政府所属各部门、各省、自治区、直辖市均不得干预香港特别行政区依法自行管理的事务。香港特别行政区应自行立法禁止任何叛国、分裂国家、煽动叛乱、颠覆中央人民政府及窃取国家机密的行为,禁止外国的政治性组织或团体在香港特别行政区进行政治活动,禁止香港特别行政区的政治性组织或团体与外国的政治性组织或团体建立联系。

第二,在大陆坚持社会主义制度的前提下,特别行政区实行资本主义制度。一个国家内的“两种制度”,一个是社会主义制度,一个是资本主义制度,但社会主义制度是主体。邓小平指出:“中国的主体必须是社会主义,但允许国内某些区域实行资本主义制度,比如香港、台湾。”[①]台湾是 2 000 万人口,香港是 600 多万人口,澳门是 48 万人口,全部加起来还不到全国人口的 3%;面积约占全国的 0.3%,无论那里的资本主义怎样发展,也绝不可能在全国占主体地位,不可能改变中国的社会主义性质。

“一国两制”就是在坚持大陆实行社会主义制度的同时,在台湾、香港、澳门设立特别行政区,实行资本主义制度,这是一项长时期的稳定的政策,不是权宜之计。在中英关于香港问题的《联合声明》中,中国政府声明了对香港的现行法律基本不变。

---

① 《邓小平文选》,第三卷,第 59 页。

第三,特别行政区享有高度的自治权。"一国两制"下的特别行政区享有高度的自治权。特别行政区同其他省、自治区、直辖市有相同的一面,即都是中华人民共和国的地方行政区域。所不同的是,特别行政区拥有其他省、自治区、直辖市所没有的自治权。主要包括:第一,享有行政管理权,立法权,独立的司法权力。立法机关和政府机构均由当地人组成。现行法律基本不变。全国人大及其常委会制定的法律,除了有关国防、外交的法律以及其他有关体现国家统一和领土完整并且不属于特别行政区高度自治范围的法律外,其他均不在特别行政区实施。而特别行政区的立法机关,在不与特别行政区基本法相抵触的前提下,可以制定、废除和修改法律。特别行政区的立法机关制定的法律须报全国人大常委会备案,但备案不影响该法律生效。第二,享有独立的地方财政权,实行独立的税收制度。特别行政区的财政收入全部用于自身需要,不上缴中央人民政府。中央人民政府也不在特别行政区征税。就香港而言,将继续保持其自由港和单独的关税地区的地位,保持其金融中心的地位。继续开放外汇、黄金、证券市场,资金进出自由,港币继续流通,自由兑换。第三,享有独立的外事权。特别行政区可以"中国台湾"、"中国香港"、"中国澳门"的名义单独同各国、各地区以及有关国际组织保持和发展经济、文化联系,签订双边和多边经济、文化、科技等协定,参加各种民间国际组织,还可以自行签发出入本特别行政区的旅行证件。外事权与外交权不同。外交权属于中央人民政府,即在国际上代表中国的只能是中央人民政府。中华人民共和国外交部已在香港特别行政区设立特派员公署,处理外交事务。

第二节　特别行政区制度的逐步推行

一、香港特别行政区的建立

香港地区由香港岛、九龙和"新界"等部分构成，面积1 095(含填海面积)平方公里。现有人口600多万，其中中国人占98%。在清朝时，香港归广东省新安县管辖。1842年8月，清政府签订了丧权辱国的《南京条约》。按照该条约规定，中国割让香港岛给英国。1856年，英国又联合法国发动第二次鸦片战争。1860年，英法联军攻入北京，强迫清政府签订《北京条约》，据此，英国又得到了九龙半岛界限街以南的中国领土。1898年6月，英国再次强迫清政府签订《展拓香港界址专条》，强行租借深圳河以南，九龙半岛界限街以北地区及附近的200多个岛屿(后统称"新界")，为期99年。1941年12月7日，日本偷袭珍珠港，发动太平洋战争，旋即又突袭香港。12月25日，港督宣布投降。从此，香港进入了日本人统治时期，直到1945年9月止，历时3年8个月。1947年，英国国会同意香港设立布政司，改革政制。此后，香港利用有利的国际环境和自由港地位，经济得到迅速发展。今日的香港，已由100多年前仅有3 000多人的渔村，发展成为国际性的现代化大城市。

中华人民共和国成立以后，中国政府曾多次阐述对香港问题的基本立场：香港是中国的领土，中国不承认帝国主义列强强加的三个不平等条约。对于这一历史问题，应在适当时机通过谈判和平解决，未解决前则维持现状。应中国政府要求，1972年11月，二十六届联大通过决议，从反殖宣言中适用的殖民地区名单里，删去香港和澳门。

随着1997年的日渐接近，英国据以统治"新界"的所谓法律依据将不复存在。这样，解决香港问题的时机已经成熟。对于解决香港问题,中国政府认为必须坚持两条原则:第一,一定要在1997年收回香港,恢复行使主权;第二,在恢复行使主权的前提下,要尽可能保持香港的稳定和繁荣。

1982年9月,英国首相撒切尔夫人应邀访华,并首先同中国总理举行了会谈,中国领导人正式通知英方,中国政府决定在1997年收回香港地区。撒切尔夫人则坚持三个不平等条约仍然有效,提出如果中国同意英国1997年后继续管治香港,英国可以考虑中国的主权要求。针对撒切尔夫人的言论,邓小平在同她会见时作了重要谈话。通过这次谈话,双方同意通过外交途径就解决香港问题进行商谈,从此拉开了中英两国关于香港问题会谈的序幕。经过了历时2年的22轮谈判,1984年9月26日,《中华人民共和国和大不列颠及北爱尔兰联合王国政府关于香港问题的联合声明》在北京草签,《联合声明》全文当天在北京、香港和伦敦公布,迅即得到香港各界人士、海外侨胞和国际舆论的拥护和赞赏。12月19日,中国国务院总理和英国政府首相分别代表中英两国政府正式签署《联合声明》。1985年4月10日,第六届全国人大第三次会议做出决定,批准《联合声明》。在此之前,英国议会也批准了《联合声明》。1985年5月27日,两国政府代表在北京互换批准书,《联合声明》即日起宣告生效。这是"一国两制"科学构想付诸实践的第一步。

为了保证1997年政权的顺利交接,中英两国政府决定双方各由4名小组成员(每方可派不超过20名的工作人员)组成中英联合联络小组。联合联络小组在《联合声明》生效时成立,以香港为主要驻地,工作到2000年1月1日止。小组的职责为:(1)就《联合声明》的实施进行磋商;(2)讨论1997年政权顺利交接的有关事宜;(3)就双方商定的事项交换情况并进行磋商。联合联络小组未能取得一致意见的问题,提交两国政府通过协商解决。从联合联络小组成立到1997年7月1日政权交接,小组审议的事项先后有所不同。在前半段时期,主要审议的事项包括:(1)两国政府为使香港特别行政区作为独立关税地区保持其经济联系,特别是为确保香港特别行政区继续参加关税及贸易总协定、多种纤维协定及其他国际性安排所需采取的行动;(2)两国政府为确保同香港有关的国际权利与义务继续适用所需采取的行动。在后半段时期内,由于临近政权交接,双方有必要进行更密切的合作,主要审议的事项包括:(1)为1997年顺利过渡所要采取的措施;(2)为协助香港特别行政区同各国、各地区及有关国际组织保持和发展经济、文化关系并就此类事项签订协议所需采取的行动。

联合联络小组是联络机构而不是权力机构,不参与香港或香港特别行政区的行政管理,也不对之起监督作用。小组成员和工作人员只在其职责范围内进行活动。经双方协议,联合联络小组可决定设立专家小组,以处理需要专家协助的具体事项。

我国政府在中英联合声明第三款第十二项宣布:“关于中华人民共和国对香港的上述基本方针政策和本联合声明附件一对上述基本方针政策的具体说明,中华人民共和国全国人民代表大会将以中华人民共和国香港特别行政区基本法规定之,并在50年内不变。”中英联合声明经第六届全国人民代表大会第三次会议批准后,起草中华人民共和国香港特别行政区基本法的工作随即提上了议事日程。

1985年4月,第六届全国人大第三次会议决定成立香港特别行政区基本法起草委员会。起草委员会向全国人民代表大会负责。在全国人大闭会期间,向全国人大常委会负责。同年6月18日,第六届全国人大常委会第十一次会议,通过了香港特别行政区基本法起草委员会名单。基本法起草委员会由包括香港同胞在内的各方面人士和专家组成,共59人。姬鹏飞任主任委员,副主任委员有:安子介、包玉刚、许家屯、费彝民、胡绳、费孝通、王汉斌,李国宝。秘书长李后,副秘书长鲁平、毛均年。此外. 还以香港各界人士为主体,组成了香港基本法咨询委员会。香港基本法起草委员会分为中央与香港特别行政区关系、香港居民的基本权利和义务、政治体制和教育、科学、文化、体育、宗教、劳工等专题小组。经过2年多的紧张工作,终于在1988年4月下旬写出了基本法(草案)征求意见稿,公布于报刊,征求意见,1989年2月,全国人大常委会公布了修改后的基本法(草案),在香港和内地广泛征求意见。

第七届全国人民代表大会常务委员会第十二次会议于1990年1月23日通过决议,将《中华人民共和国香港特别行政区基本法(草案)》提交第七届全国人民代表大会第三次会议审议。

第七届全国人民代表大会第三次会议于1990年4月4日通过了《中华人民共和国香港特别行政区基本法》,中华人民共和国主席杨尚昆同一天下令将该法公布。全国人民代表大会在通过基本法的同时,还通过了几个有关决定。一个是"关于《中华人民共和国香港特别行政区基本法》的决定"。该决定指出:"香港特别行政区基本法是根据《中华人民共和国宪法》按照香港的具体情况制定的,是符合宪法的。香港特别行政区设立后实行的制度、政策和法律,以香港特别行政区基本法为依据。"该决定还规定,香港特别行政区基本法自1997年7月1日起实施。

全国人民代表大会通过的另一个有关决定是"关于设立香港特别行政区的决定"。该决定包含两项内容。一项是自1997年7月1日起设立香港特别行政区。一项是明确香港特别行政区的区域包括香港岛、九龙半岛,以及所辖的岛屿和附近海域。决定还规定由国务院另行公布香港特别行政区的行政区域图。

全国人民代表大会还通过了:"关于香港特别行政区第一届政府和立法会产生办法的决定"和"关于批准香港特别行政区基本法起草委员会关于设立全国人民代表大会常务委员会香港特别行政区基本法委员会的建议的决定"。

香港特别行政区基本法的起草和制定工作,至此已全部完成。

随着回归日期日益临近，成立香港特别行政区第一届政府和临时立法会逐渐提上议事日程。它既是我国第一个特别行政区的建立，又涉及一些对外关系。因此，必须遵循一定的原则，明确一些法律问题。全国人大关于香港特别行政区第一届政府和立法会的产生办法的第一点就规定："香港特别行政区第一届政府和立法会根据体现国家主权和平稳过渡的原则产生。"这是根据我国宪法和香港实际情况确定的，符合中英联合声明精神。

全国人大常委会于1993年7月成立了香港特别行政区筹备委员会预备工作委员会，简称"预委会"。预委会前后工作两年半时间，就香港政治、经济、法律、文化、社会及保安等各个领域的有关问题进行了系统的调查研究，并同香港各界人士共同提出一些方案和建议，最后形成46份书面建议和意见。这些建议和意见为筹委会的工作打下了良好的基础。

1996年1月26日，香港特别行政区筹委会成立。筹委会由150名委员组成。其中内地委员56名，主要是负责处理香港事务或与香港事务有关的部门的负责人和专家；香港委员94名，占委员总数的63%。香港委员来自香港社会各个界别，既有商界的代表，也有专业人士、基层组织的代表，还有前港府高官等，代表性比较广泛。

筹委会成立后，围绕着第一任行政长官和临时立法会的产生做了大量的工作。筹委会首先从工商、金融界；专业界；劳工、基层、宗教等界；原政界人士、香港地区全国人大代表、香港地区全国政协委员的代表等各方面产生5 789名候选人，从这些候选人中，产生400名委员并于1996年11月2日，组成了特别行政区第一届政府推选委员会。在选举特别行政区第一任行政长官的问题上，按全国人大的有关规定，筹委会决定采取协商后提名选举的办法。在此基础上产生了3位候选人。他们是：董建华、杨铁梁和吴光正。筹委会专门组织了候选人答问大会，由候选人分别介绍各自的施政纲领和主张,并现场回答各界别推选委员会委员的提问。这种方式别开生面,既不同于西方的竞选模式,又比较民主,增进了推选委员会委员和香港社会对候选人的了解。1996 年 12 月 11 日,400 位推选委员会委员在香港会议展览中心,以无记名投票方式选出董建华为香港特别行政区的第一任行政长官。社会舆论称它"创造了香港的选举文化"。行政长官人选的产生过程,透明度很高,选举程序是民主的,真正体现了公正、公平和公开的原则。这次行政长官的选举是香港民主的一个开端。12 月 16 日,国务院召开第十一次全体会议作出决定,任命董建华为香港特别行政区第一任行政长官。李鹏总理签署了关于这项任命的国务院令。江泽民总书记也会见了董建华,重申中央对他是充分信任、全力支持的。舆论称赞董建华的当选是众望所归,有助于增强港人对香港前途的信心。

1997 年 1 月 24 日,香港特别行政区行政长官董建华公布第一届行政会议 15 名成员名单。接着,2 月 21 日,根据董建华的提名,国务院任命香港特别行政区第一届政府的 23 名主要官员,其中 22 人是当时香港政府官员。这样特别行政区第一届政府的构架已具雏形。

1996 年 12 月 21 日,香港特别行政区第一届政府推选委员会又以无记名投票方式选举产生香港特别行政区临时立法会 60 名议员,其中,11 人为非中国籍或在国外有居留权的议员,33 人为现任立法局议员。

根据筹委会 1996 年 3 月 24 日的决定,临时立法会在香港特别行政区第一任行政长官产生后组成并开始工作,并工作至香港特别行政区第一届立法会产生为止,时间不超过 1998 年 6 月 30 日。

根据该决定,临时立法会的任务是:

(1) 根据基本法的规定,制定为确保香港特别行政区的正常

运作所必不可少的法律,并根据需要修改、废除法律;

(2)根据政府的提案,审核、通过财政预算;

(3)批准税收和公共开支;

(4)听取行政长官的施政报告并进行辩论;

(5)同意香港特别行政区终审法院法官和高等法院首席法官的任命;

(6)临时立法会主席参与对全国人民代表大会常务委员会香港特别行政区基本法委员会6名香港委员的提名;

(7)其他在香港特别行政区立法会产生前必须由临时立法会处理的事项。

上述决定并规定,临时立法会在1997年7月1日之前通过的有关法律从香港特别行政区成立之日起实施。筹委会在1997年2月1日通过另一项决定,以补充前述决定。该决定规定临时立法会在1997年6月30日前根据基本法的规定,并依照筹委会先前通过的决定的规定,制定议事规则和表决程序;审议通过法案等;在香港特别行政区成立时,对已通过的法案进行确认,并报行政长官签署,公布实施,完成立法程序。

香港的回归并不是一帆风顺的。从1984年12月19日《中英联合声明》正式签署之日起,香港就进入了政权交接前的过渡时期。以1990年4月基本法颁布为界,我们又把香港的过渡期分为前半段和后半段。由于1989年春夏之交发生政治风波以后,特别是1989年至1991年东欧剧变、苏联解体后,英国政府错误地估计了形势,以为社会主义的中国早晚会瓦解,因而,在对华政策上有了变化,在香港问题上的立场大后退,发生了重大变化。1994年4月18日英国国会外交事务委员会公布的题为《1997年前后的英中关系》的报告书就是这样说的:“如果我们认为北京政权自然会维持到1997年的话,那是不明智的。”英国政府撤回前任港督卫奕信,派出彭定康任第28任港督,这是其政策调整的一个标志。

果然，彭定康到任后最大的一个动作，就是打着发展香港民主的幌子，抛出了对香港现行政治体制作出重大改变的一套政制改革方案，简称“政改方案”。实际上是要在1995年最后一届立法局选举中推行变相的全面直选。本来，基本法已经按照循序渐进和均衡参与等原则设计了香港民主逐步发展的进程，英方为何在临撤走前迫不及待地要在香港大搞所谓“民主”呢？在香港立法机关方面，本来中英双方设计了一个“直通车”安排，也就是说，如果港英1995年的最后一届立法局的组成符合基本法的有关规定，产生出来的60名议员经过一个简单的确认程序，可以直接过渡成为香港特别行政区第一届立法会的议员，任期一直到1999年。由于英方背信弃义，双方就香港1994—1995年选举安排问题举行的会谈也由于英方的蓄意破坏而破裂。这样，香港最后一届立法局的产生办法和组成违反了基本法和全国人大有关决定的规定，“直通车”安排也就被毁弃了。1994年8月31日全国人大常委会作出决定，指出港英最后一届三级政制构架，也就是立法局、市政局和区议会，将于1997年6月30日随英国对香港行政管理的结束而终止。

双方斗争的另一个焦点是“人权法案”。在基本法中写明，两个人权公约适用于香港的规定继续有效，并通过香港特别行政区的法律予以实施。但是，1989年10月以后，英方不顾中国的一再反对，匆匆忙忙在1991年6月由港英立法局通过了《香港人权法案条例》，并赋予了“人权法案”凌驾于香港其他所有法律之上的特殊地位，实质就架空了基本法。英方接着以“人权法案”为依据，大肆修改香港原有法律。例如，原来的《公安条例》规定举行游行集会必须事先向警方申请牌照，现在都改为只要事先知会警方即可。在《社团条例》中，废除了禁止香港的政治性组织或团体与外国政治性组织或团体建立联系的规定，这也违背了基本法第二十三条。

为此,中国同英方进行了坚决的斗争。预委会成立后,对香港所有现行法律进行审查。在此基础上,筹委会经过审议作出决定,向全国人大常委会提出了关于处理香港原有法律的建议。2月23日,八届人大常委会第二十四次会议通过了《全国人民代表大会常务委员会关于根据〈中华人民共和国香港特别行政区基本法〉第一百六十条处理香港原有法律的决定》,正式宣布《香港人权法案条例》中有关凌驾地位的条款以及对《社团条例》、《公安条例》的重大修改不采用为香港特别行政区法律。

英方在打出"民主"、"人权"这些政治牌的同时,还打了经济牌,最明显的就是新机场问题。英方在1989年秋天未同中方进行任何磋商,突然提出要耗资1 270亿港元(1989年价格)建一个新机场。这将用去香港大部分的财政储备,到时特区政府储备将只有50亿港元,整个工程跨越'97,而且完工后还要留下大量债务由特别行政区政府承担。那样的话,特区政府将难以承受,而且过渡期英方无权单方面就香港跨越'97的重大事务作出决定。

中英双方有斗争也有合作。事实上,在许多方面,中国通过和英方合作,解决了与香港过渡有关的一系列具体问题。例如,双方经过磋商,为1997年7月1日后香港以适当方式参加关贸总协定等30多个国际组织,一一作出了安排;我驻军进驻香港需要解决宿舍、靶场、港口、机场等军事用地问题,经过谈判,英方同意将原英军使用的14处军事用地无偿移交我驻军使用,并负责在移交前对有关建筑物和设施予以保护并及时维修。这些问题的解决,有利于政权顺利交接和平稳过渡,起到了稳定人心的作用。

二、澳门特别行政区的筹建

澳门位于广东省珠江口西侧,原属广东省香山县(今中山市)管辖。这里原来是一个小岛,现在小岛与大陆相连,成为半岛。

1553 年，葡萄牙殖民者借口曝晒水渍货物，强行上岸租占该岛。鸦片战争后又不断扩大租占范围。1887 年 12 月 1 日，葡萄牙强迫清政府签订中葡《友好通商条约》（天津条约），正式确认“葡国永驻澳门”的权利，强占澳门。现今澳门地区包括澳门半岛、凼仔岛和路环岛，面积 23.5 平方公里，人口 454 607 人，其中中国同胞占 95%，其余为葡萄牙人及其他国籍人。

澳门自古以来是中国的领土。香港考古学会在路环的考古挖掘中发现的四五千年前的彩陶，商殷的陶器残片，汉朝的五铢钱，宋元年间的青釉陶瓷碎片等，证明了我们的祖先曾不断在澳门地区栖息。另外，《明史》、《香山县志》（明嘉靖本）、《东莞县志》（清宣统本）已有澳门归属记载。中国党和政府对澳门问题一贯基本方针是，恢复对澳门主权的行使，并保持澳门的繁荣和稳定。1979 年 2 月 8 日中国与葡萄牙建立外交关系时，双方对此已有谅解。1984 年 2 月国家主席李先念访葡时，曾就澳门前途问题同葡领导人交换意见。1985 年 5 月，葡萄牙总统埃亚内斯访华，再次与中国总理就解决澳门问题进行友好磋商，并同意于 1986 年在京举行正式外交谈判。经过四轮谈判，1987 年 4 月 13 日，《中华人民共和国政府和葡萄牙共和国政府关于澳门问题的联合声明》在北京签署，宣布中华人民共和国政府将于 1999 年 12 月 20 日对澳门恢复行使主权。中国方面在签字仪式后说，“一个国家、两种制度”的方针是中国为实现祖国统一大业而制定的一项重大国策。澳门问题的圆满解决证明了并将继续证明，“一国两制”的方针是实事求是的，因此也是完全行得通的。澳门问题的解决，是继香港问题解决之后的又一具有历史意义的重大事件，再一次证明了“一国两制”的方针具有强大的生命力。经中葡两国议会的审议批准，并互换批准书，《中葡联合声明》于 1988 年 1 月 15 日正式生效，澳门从此进入过渡期。

为保证中华人民共和国政府和葡萄牙共和国政府关于澳门问

题的联合声明的有效实施,并为澳门政权的交接创造妥善的条件。两国政府同意在《联合声明》生效之日起至 1999 年 12 月 19 日止的过渡时期内进行友好合作,并组成了“中葡联合联络小组”和“中葡土地小组”。

联合联络小组为两国政府间进行联络、磋商及交换情况的机构。双方各指派 1 名大使级的组长和另外 4 名小组成员。每方还可指派必要的专家和工作人员。联合联络小组的职责为:就《联合声明》及其附件的实施进行磋商;就与 1999 年澳门政权交接的有关事宜交换情况并进行磋商;就两国政府为使澳门特别行政区保持和发展对外经济、文化等关系所需采取的行动进行磋商;就双方商定的其他事项交换情况并进行磋商。联合联络小组不能取得一致意见的问题,提交两国政府协商确定,联合联络小组不干预澳门的行政管理,也不对之起监督作用。联合联络小组从《联合声明》生效时成立,工作到 2000 年 1 月 1 日为止。那时,澳门特别行政区政府已经建立并开始正常工作。

此外,中葡土地小组依照《联合声明》的有关规定,自《联合声明》生效日起至 1999 年 12 月 19 日止,澳门政府批出土地的契约不得超过 2049 年 12 月 19 日,且每年只限批 20 公顷,批地所得收入也与日后成立的特别行政区政府平分,作为特区政府储备金存入在澳门注册的银行。

1988 年 4 月 13 日,第七届全国人大第一次会议决定成立澳门特别行政区基本法起草委员会,负责《澳门基本法》的起草工作,并与同年 9 月 5 日,通过并公布了澳门特别行政区基本法起草委员会委员名单,它以姬鹏飞为主任委员,由 48 位知名人士组成。在广泛咨询的基础上,起草委员会终于在 1993 年 1 月 15 日完成全部起草工作,3 月 31 日,《基本法》及其附件、特别行政区区旗和区徽图案,在八届人大通过并于当天由国家主席公布,于 1999 年 12 月 20 日生效。

1998 年 5 月 5 日，全国人大澳门特别行政区筹备委员会在京成立，它标志着澳门回归祖国工作进入实质性阶段。筹委会由来自澳门的 60 位委员和内地的 40 位委员组成，由钱其琛担任主任委员。筹委会的具体任务：(1)筹组澳门特别行政区第一届政府，包括制定第一届政府推选委员会和行政长官人选的具体产生办法，并按此办法产生推委会，推选第一任行政长官人选，决定第一届政府机构的设置等；(2)制定第一届立法会的具体产生办法；(3)制定澳门特别行政区司法机关的具体产生办法；(4)提出与平稳过渡有关的重大法律问题的处理办法，包括与基本法抵触的澳门原有法律的处理办法，提请全国人大常委会审议；(5)制定市政机关的过渡办法；(6)关注并提出为澳门经济、社会、文化等方面平稳过渡及治安稳定应采取的重大措施和有关政策性建议；(7)提出关于《中华人民共和国国籍法》在澳门特别行政区实施的建议，提请全国人大常委会审议；(8)提出澳门特别行政区成立庆典仪式和庆祝活动方案；(9)处理与筹备澳门特别行政区有关的其他重大事宜。随后召开了筹委会第一次全体会议，讨论通过了筹委会工作规则，组成了政务、法律、经济、社会文化 4 个工作小组。

《联合声明》的签署和澳门基本法的颁布，以及筹委会的成立和投入运作，增强了人们对前途的信心。中国政府确定的“一国两制”伟大方针已深入人心，这是澳门进入过渡期后得以保持稳定和发展的重要因素。香港的顺利回归，生动地证明了“一国两制”构想是可行的，从而极大地鼓舞了广大澳门居民，增强了顺利实现澳门回归的决心和信心。

三、台湾与特别行政区制度

邓小平曾指出，“一个国家、两种制度”这个科学构想首先是从解决台湾问题和香港问题出发的。如今，中国已经按照这个构想解决了香港和澳门问题，也一定能够按照这个构想解决台湾回归祖国问题。

台湾地处中国大陆的东南缘，是中国第一大岛，同大陆是不可分割的整体，自古即属于中国。台湾古称夷洲、流求。大量的史书和文献记载了中国人民早期开发台湾的情景。距今 1 700 多年以前，三国时吴人沈莹的《临海水土志》等对此就有所著述，它们是世界上记述台湾最早的文字。公元 3 世纪和 7 世纪，三国孙吴政权和隋朝政府都曾先后派万余人去台。进入 17 世纪之后，中国人民在台湾的开拓规模越来越大。17 世纪末，大陆赴台开拓者超过 10 万人。至公元 1893 年（清光绪十九年）时，总数达到 50.7 万户，254 万余人，200 年间增长 25 倍。他们带去先进的生产方式，由南到北，由西及东，披荆斩棘，大大加速了台湾整体开发的进程。这一史实说明：台湾和中国其他省区一样，同为中国各族人民所开拓所定居。台湾社会的发展始终延续着中华文化的传统，即使在日本侵占的 50 年间，这一基本情况也没有改变。台湾的开拓发展史，凝聚了包括当地少数民族在内的中国人民的血汗和智慧。

自宋元以来，中国历代政府在台湾先后建立了行政机构，行使管辖权。早在公元 12 世纪中叶，宋朝政府即派兵驻守澎湖，将澎湖地区划归福建泉州晋江管辖。元朝政府在澎湖设置行政机构“巡检司”。明朝政府于 16 世纪中后期，恢复了一度废止的“巡检司”，并为防御外敌侵犯，增兵澎湖。1662 年（清康熙元年），郑成功在台湾设“承天府”，清朝政府逐步在台湾扩增行政机构，加强了对台湾的治理。1687 年（清康熙二十三年）设“分巡台厦兵备道”及“台湾府”，下设“台湾”（今台南）、“凰山”（今高雄）、“诸鸡”（今嘉义）三县，隶属福建省管辖。1714 年（清康熙五十三年），清政府派员测绘台湾地图，勘丈全境里数。1721 年（清康熙六十年），增设“巡视台湾监察御史”，改“分巡台厦兵备道”为“分巡台厦道”。尔后又增设“彰化县”和“淡水厅”。1727 年（清雍正五年），复改“分巡台厦道”为“分巡台湾道”（后又改为“分巡台湾兵备道”）增“澎湖厅”，定“台湾”为官方统一的名称。1875年（清光绪元年），清政府为进一步经营和治理台湾，再增设“台北府”及“淡水”、“新竹”、“宜兰”三县和“基隆厅”。1885年（清光绪十一年），清政府正式划台湾为单一行省，任刘铭传为首任巡抚，行政区扩为三府一州，领十一县五厅。刘在任内，铺铁路，开矿山，架电线，造商轮，兴办企业，创设新学堂，把台湾社会经济文化的发展大大向前推进。

长期以来，海峡两岸的中国人为反对外国侵略者侵占台湾，进行了英勇不屈的斗争。15世纪后期起，西方殖民主义者大肆掠夺殖民地。1624年（明天启四年），荷兰殖民者侵占台湾南部。1626年（明天启六年），西班牙殖民者入侵台湾北部。1642年（明崇祯十五年），荷兰又取代西班牙占领台湾北部。两岸同胞为反对外国殖民者侵占台湾进行了包括武装起义在内的各种方式的斗争。1661年（清顺治18年），郑成功率众进军台湾，于次年驱逐了盘踞台湾的荷兰殖民者。

1894年（清光绪二十年），日本发动侵略中国的“甲午战争”。翌年，清政府战败，在日本威迫下签订丧权辱国的《马关条约》，割让台湾。在日本侵占台湾期间，台湾同胞一直坚持英勇不屈的斗争。初期，他们组织义军，进行武装游击抵抗，前后达7年之久，继而，在辛亥革命推翻清政府后，他们又汇同大陆同胞一道，先后发起十余次武装起义。及至20世纪20、30年代，岛内反抗日本殖民统治的群众运动更加波澜壮阔，席卷台湾南北。1937年，中国人民开始了全民族的抗日战争。中国政府在《中国对日宣战布告》中明确昭告中外：所有一切条约、协定、合同有涉及中日关系者，一律废止。《马关条约》自属废止之列。这一布告郑重宣布：中国将“收复台湾、澎湖、东北四省土地”。中国人民经过8年艰苦的抗日战争，于1945年取得了最后的胜利，收复了失土台湾。

中国人民的抗日战争是世界反法西斯斗争的一部分，得到了世界人民的广泛支持。1943年12月1日，中、美、英三国签署的《开罗宣言》指出："三国之宗旨，在剥夺日本自1914年第一次世界大战开始以后在太平洋所夺得或占领之一切岛屿。在使日本所窃取于中国之土地，例如满洲、台湾、澎湖列岛等，归还中国。"1945年7月26日，中、美、英三国签署（后苏联参加）的《波茨坦公告》又重申："开罗宣言之条件必将实施"。同年8月15日，日本宣布投降，10月25日，"同盟国"中国战区台湾省受降仪式于台北举行，受降主官代表中国政府宣告：自即日起，台湾及澎湖列岛已正式重入中国版图，所有一切土地、人民、政事皆已置于中国主权之下。至此，台湾、澎湖重归于中国主权管辖之下。

自中华人民共和国成立以来，157个国家先后同中国建立了外交关系，他们都承认只有一个中国，中华人民共和国政府是中国的唯一合法政府，台湾是中国的一部分。解决台湾问题，实现国家统一，是全体中国人民一项庄严而神圣的使命。中华人民共和国成立后，中国政府为之进行了长期不懈的努力。中国政府解决台湾问题的基本方针是"和平统一、一国两制"。早在20世纪50年代，中国政府就曾设想以和平方式解决台湾问题。1955年5月，周恩来总理在全国人民代表大会常务委员会会议上即提出：中国人民解决台湾问题有两种可能的方式，即战争的方式和和平的方式，中国人民愿意在可能的条件下，争取用和平的方式解决问题。1956年4月，毛泽东主席又提出："和为贵"、"爱国一家"、"爱国不分先后"等政治主张。但由于某些外国势力的干预，这些主张未能付诸实施。

自70年代末开始，国际国内形势发生了一些重要变化：中美建立外交关系，实现了关系正常化；中国共产党召开十一届三中全会，决定把党和国家的工作重心转移到经济建设上来。与此同时，海峡两岸、港澳以及海外的中国人，都殷切期望两岸携手合作，共同振兴中华。在这样的历史条件下，中国政府出于对整个国家、民族利益与前途的考虑，本着尊重历史、尊重现实、实事求是、照顾各方利益的原则，提出了“和平统一、一国两制”的方针。

1979年1月1日，中华人民共和国全国人民代表大会常务委员会发表《告台湾同胞书》，郑重宣告了中国政府和平解决台湾问题的大政方针，呼吁两岸就结束军事对峙状态进行会谈。1981年9月30日，全国人大常委会委员长叶剑英发表谈话，进一步阐明解决台湾问题的方针政策。1982年1月11日，中国领导人邓小平就叶剑英的谈话指出：这实际上就是“一个国家、两种制度”，在国家实现统一的大前提下，国家主体实行社会主义制度，台湾实行资本主义制度。1983年6月26日，邓小平进一步阐发了关于实现台湾与大陆和平统一的构想，他指出，问题的核心是祖国统一。他还就两岸统一和设置台湾特别行政区问题，阐明了中国政府的政策。

1992年10月12日，中共中央总书记江泽民指出：“我们坚定不移地按照‘和平统一、一国两制’的方针，积极促进祖国统一。”“我们再次重申，中国共产党愿意同中国国民党尽早接触，以便创造条件，就正式结束两岸敌对状态，逐步实现和平统一进行谈判。在商谈中，可以吸收两岸其他政党、团体和各界有代表性的人士参加。”

通过接触谈判，以和平方式实现国家统一，是全体中国人的共同心愿。江泽民总书记在中共十五大报告中重申对祖国统一的原则立场，再次郑重呼吁：“作为第一步，海峡两岸可先就在一个中国的原则下，正式结束两岸敌对状态进行谈判，并达成协议；在此基础上，共同承担义务，维护中国的主权和领土完整，并对今后两岸关系的发展作出规划。”两岸都是中国人，如果因为中国的主权和领土完整被分裂，兵戎相见，骨肉相残，对两岸的同胞都是极其不幸的。和平统一，有利于全民族的大团结，有利于台湾社会经济的稳定和发展，有利于全中国的振兴和富强。

鉴于两岸的现实状况，中国政府主张在实现统一之前，双方按照“相互尊重、互补互利”的原则，积极推动两岸经济合作和各项交往，推行直接通邮、通商、通航和双向交流，为国家和平统一创造条件。为了实现两岸人民正常往来和国家统一，中国政府在提出“和平统一、一国两制”主张的同时，也采取了一系列推动两岸关系发展的措施：在政治方面，调整政策措施，化解敌对情绪，最高人民法院、最高人民检察院决定不再追诉去台人员在中华人民共和国成立之前的犯罪行为；在军事方面，主动缓和海峡两岸军事对峙状态，并把福建沿海一些前沿阵地、观察所开辟为经济开发区和旅游点；在经济方面，敞开门户，促进交流，欢迎台商来大陆投资和从事贸易活动，并为之提供优惠条件和法律保障；在人员往来、邮电交通以及科技、文化、体育、学术、新闻等方面，中国政府也持积极态度，采取了相应措施，鼓励发展两岸在各个领域的交流与合作，还成立了得到政府授权的民间团体“海峡两岸关系协会”（简称“海协会”），同台湾的“海峡交流基金会”（简称“海基会”）及其他有关民间团体建立联系，共同维护两岸人民的合法权益，推动两岸关系的发展。

中国政府的对台政策和措施，得到了越来越多的台湾同胞、港澳同胞和海外侨胞、华人的理解和支持。广大台湾同胞为发展两岸关系做出了很大的努力。台湾当局近几年也相应调整了对大陆的政策，采取了一些松动措施，诸如开放岛内民众赴大陆探亲，逐步放宽对两岸民间交流的限制，扩大间接贸易，开放间接投资，简化两岸同胞通话、通邮、通汇的手续。这些都是有利于相互交往的。近年来，两岸的经济贸易迅速发展，人员往来及各项交流活动不断扩大。据台湾官方统计，两岸 1996 年贸易总额达 238 亿美元（实际数字还要大），其中台湾享有 150 亿美元的顺差。另外，台“陆委会”表示自 1987 年 11 月开放民众赴大陆探亲以来，两岸关系 10 年来的互动朝着“交流中有争论，争论中有发展”的模式迈进，两岸人员往来超过 800 万人次。1993 年 4 月举行的“汪辜会谈”签订了 4 项协议，迈出了两岸关系具有历史意义的重要一步。台湾海峡出现了 40 余年来前所未有的缓和气氛。这是有利于和平统一的。

1997 年 7 月 1 日以后，台湾“驻香港事务局”成立，《港澳关系条例》正式生效。香港的回归及其稳定与繁荣对两岸关系的发展有直接影响作用。第一，香港能顺利回归，证明“一国两制”解决祖国统一问题已迈出了成功的第一步，向世界也是向海峡两岸人民表示，中国政府有信心、有诚意、有能力在一个国家中成功地实行两种不同的社会制度。第二，香港回归后，港岛与大陆的经济发展可以更加紧密结合，取长补短，这将使台湾民众更加相信两岸合作可互得其利，大大推动两岸间进一步交流与合作。第三，香港更有效地发挥两岸间的“窗口”、“桥梁”与“管道”作用。

尽管要实现国家统一还有一段较长的路要走，但是，中国的统一是中华民族的根本利益所在。“和平统一、一国两制”的基本方针，将有利于促进中国的统一大业，从而最终结束台湾海峡两岸长期分离的局面。

第三节　特别行政区的政治体制

一、香港特别行政区的政治体制

（一）行政长官

行政长官的地位

基本法第四十三条规定：“香港特别行政区行政长官是香港特别行政区的首长，代表香港特别行政区。”“香港特别行政区行政长官依照本法的规定对中央人民政府和香港特别行政区负责。”基本法第六十条第一款又规定：“香港特别行政区的首长是香港特别行政区行政长官。”从中可以看出行政长官的法律地位是双重的,即负有重大的政治和行政责任,一方面作为香港特别行政区的首长,是香港特别行政区的最高地方长官;另一方面作为政府首长,他负责领导香港特别行政区政府。又可以看出行政长官的负责对象有三种,即(1)对中央人民政府负责;(2)对香港特别行政区负责;(3)作为政府首长对香港特别行政区立法会负责。

行政长官的资格、产生、任期和辞职

由于行政长官具有双重的法律地位,对确保香港的繁荣和稳定作用重大,所以,基本法规定:“香港特别行政区行政长官由年满 40 周岁,在香港通常居住连续满 20 年并在外国无居留权的香港特别行政区永久性居民中产生。”

行政长官的产生包括提名和任命两道程序。基本法规定:“香港特别行政区行政长官在当地通过选举或协商产生,由中央人民政府任命。”香港特别行政区行政长官代表特别行政区,并对特别行政区负责,所以其人选应当在当地通过选举或协商产生,同时行政长官是香港特别行政区的首长,应对中央人民政府负责。为体现国家主权,他应当由中央人民政府任命。

行政长官的任期根据基本法规定为 5 年,可连任一次。基本法还对行政长官作出了要求:(1)依法宣誓;(2)拥护基本法,效忠中华人民共和国香港特别行政区;(3)廉洁奉公,尽忠职守。行政长官就任时应向香港特别行政区终审法院首席法官申报财产,记录在案。

基本法规定了行政长官如有下列情况之一必须辞职:(1)因严重疾病或其他原因无力履行职务;(2)因两次拒绝签署立法会通过的法案而解散立法会,重选的立法会仍以全体议员三分之二多数通过所争议的原案,而行政长官仍拒绝签署;(3)因立法会拒绝通过财政预算案或其他重要法案而解散立法会,重选的立法会继续拒绝通过所争议的原案。行政长官短期不能履行职务时,由政务司长、财政司长、律政司长依次临时代理其职务。

行政长官的职权

根据基本法规定,行政长官的职权有:

(1)领导香港特别行政区政府;

(2)负责香港《基本法》和依照香港《基本法》适用香港的其他法律的执行;

(3)签署立法会通过的法案,公布法律;

(4)签署立法会通过的财政预算案,将财政预算、决算报中央人民政府备案;

(5)决定政府政策和发布行政命令;

(6)提名并报请中央人民政府任命各司(局)长、正副司(局)长等主要官员;

(7)依照法定程序任免各级法院法官和公职人员;

(8)执行中央人民政府就香港《基本法》规定的有关事务发出的指令;

(9)代表香港特别行政区处理中央授权的对外事务和其他事务;

(10)批准向立法会提出有关财政收入或支出动议;

(11)根据安全和公共利益的考虑,决定政府官员或其他负责政府公务的人员是否向立法会作证和提供证据;

(12)赦免或减轻刑事犯罪的刑罚;

(13)处理请愿、申诉事项。

行政长官与立法会的关系

由于立法会是香港特别行政区的立法机关,行政长官与立法会的关系,主要是行政与立法的关系。这种关系主要体现在以下三方面。(1)行政长官对立法会负责。基本法规定,“香港特别行政区政府必须遵守法律,对香港特别行政区立法会负责。”这里虽未明文规定行政长官对立法会负责,但他作为香港特别行政区政府首长，自然负有对立法会负责的法律义务。（2）互相制衡。如行政长官认为立法会通过的法案不符合香港特别行政区的整体利益，可在3个月内将法案发回立法会重议；立法会如以不少于全体议员三分之二多数再次通过原案，行政长官必须在1个月内签署公布或依法解散立法会；如果行政长官拒绝签署立法会再次通过的法案，或者立法会拒绝通过政府所提出的财政预算和其他重要法案，经协商仍不能取得一致意见，行政长官可以解散立法会。行政长官在解散立法会前，须征询行政会议的意见，并且在其一任任期内只能解散立法会一次。当然，立法会对行政长官解散立法会有相应的制约权。如行政长官两次拒绝签署原案就要自动辞职。而且，立法会有权弹劾行政长官。根据基本法规定，如立法会全体议员的四分之一联合动议，指控行政长官有严重违法或渎职行为而不辞职，经立法会通过调查，立法会可委托终审法院首席法官负责组成独立的调查委员会，并担任主席。调查委员会负责进行调查，并向立法会提出报告。如该调查委员会认为有足够证据构成上述指控，立法会以全体议员三分之二多数通过，可提出弹劾案，报请中央人民政府批准。可见，行政长官与立法会之间的相互制约基本上是平衡的。（3）相互配合。指行政与立法应有沟通、合作，共同构筑和谐、共进的关系，以求决策正确，处事高效，更好地为港人整体利益服务。制衡与配合相互补充，是辩证的统一。

行政会议

香港特别行政区行政会议是协助行政长官决策的机构。这就确定行政会议的法律地位和它的性质。虽然它本身不是决策机构，也不同于行政机关，但却是行政长官决策中必经一环。行政会议意见对行政长官决策虽有影响力，却没有约束力。

行政会议制度的主要内容是：（1）行政会议的职能是协助行政长官决策。（2）行政会议的成员由行政长官从行政机关的主要官员、立法会议员和社会人士中委任，其任免由行政长官决定，其任期应不超过委任他的行政长官的任期。(3)行政会议成员由在外国无居留权的香港特别行政区永久性居民中的中国公民担任;行政长官认为必要时可邀请有关人士列席会议。(4)行政会议由行政长官主持。(5)行政长官在作出重要决策、向立法会提交法案、制定附属法规和解散立法会前,须征询行政会议的意见,但人事任免、纪律制裁和紧急情况下的措施除外。(6)行政长官如不采纳行政会议多数成员的意见,应将具体理由记录在案。

廉政公署和审计署

两署独立工作,对行政长官负责。

廉政公署的任务是反对贪污,提倡廉洁,主要是清查政府部门的贪污行为。

审计署的职责是审核政府账目,确保政府的财政和会计账项正确适当。

(二)行政机关

香港特别行政区政府是香港特别行政区行政机关。特别行政区政府的首长是特别行政区行政长官。特别行政区政府设政务司、财政司、律政司和各局、处、署。

特别行政区政府行使下列职权:制定并执行政策;管理各项行政事务;办理中央人民政府授权的对外事务;编制并提出财政预算、决算;拟定并提出法案、议案、附属法规;委派官员列席立法会,并代表政府发言。行政机关必须遵守法律,对立法会负责;执行立法会通过并已生效的法律;定期向立法会会议作施政报告;答复立法会议员的质询;征税和公共开支必须经立法会批准。原由行政机关设立咨询组织的制度继续保留。律政司主管刑事检察工作,不受任何干扰。

特别行政区政府的咨询制度。基本法规定:“原由行政机关设立咨询组织的制度继续保留。”行政机关设立咨询组织,是香港原有政府体制的一个重要特色。按其咨询对象及其是否法定组织,咨询组织大致可分为以下5类:(1)向部门首长提供意见的法定组织,如香港事务咨询委员会;(2)向政府提供意见的法定组织,如区议会、乡议局等区域组织;(3)向部门首长提供意见的其他组织,如劳工顾问委员会;(4)向政府提供意见的其他组织,如扑灭罪行委员会;(5)负责执行某项事务的委员会,如空运牌照局。根据基本法第六十五条规定,香港特别行政区政府将保留设立上述咨询组织的制度。

(三)特别行政区的立法会

立法会的性质和地位

香港特别行政区立法会是香港特别行政区的立法机关。立法会行使立法权,立法会议员可根据法律规定并依照法定程序个别或联合提出法律草案,立法会通过的法律草案,行政长官没有否决权。如行政长官对立法会通过的法案不予签署,立法会对行政长官发回重议的法案再以全体议员的三分之二多数通过,行政长官必须签署。行政长官如按法律规定的条件再次不予签署并解散立法会,而新选举产生的立法会又以全体议员三分之二多数通过原议案,行政长官仍拒绝签署,就必须辞职。立法会除了行使立法权外,还行使一系列的重要权力。如根据行政机关的提案,审核通过财政预算;批准税收和公共开支;听取行政长官的施政报告并进行辩论;对行政机关的工作进行质询;行政长官如有严重违法或渎职行为,可按法定程序提出弹劾;同意终审法院法官和高等法院首席法官的任免等等。可见,立法会享有广泛的职权,能够决定一些重要问题,不是一个咨询机关。

立法会的产生和任期

按照基本法规定:“香港特别行政区立法会由在外国无居留权的香港特别行政区永久性居民中的中国公民组成。但非中国籍的香港特别行政区永久性居民和在外国有居留权的香港特别行政区永久性居民也可以担任香港特别行政区立法会议员,其所占比例不得超过立法会全体议员的百分之二十。”这些规定，既体现了国家主权的需要，也体现了由香港当地人管理香港的原则，有利于香港的稳定和繁荣。

香港特别行政区立法会由选举产生。立法会议员，既不是通过协商的办法产生，也不是采用过去立法局一部分议员由总督委任的办法产生，而是由选举产生的。这种选举的办法，根据基本法对香港特别行政区立法会第一届至第三届产生办法的规定，不是完全的直接选举，也不是完全的间接选举，而是直接选举和间接选举的混合。基本法规定，在香港特别行政区的直接选举，就是由全体选民一人一票选举立法会议员。间接选举，在香港就是由工商界，金融界，专业界，劳工，社会服务，宗教等界的功能团体选举立法会议员，以及一个有广泛代表性的选举委员会选举立法会议员。

关于直接选举和间接选举的比例，基本法规定：“立法会的产生办法根据香港特别行政区的实际情况和循序渐进的原则而定，最终达至全部议员由普选产生的目标。”

基本法规定：“香港特别行政区立法会除第一届任期为 2 年外，每届任期 4 年。”香港特别行政区第一届立法会，根据基本法附件二的规定，将按照《全国人民代表大会关于香港特别行政区第一届政府和立法会产生办法的决定》产生。

立法会的职权

香港特别行政区立法会享有广泛的职权：主要有以下几方面。

立法权。立法会根据基本法规定并按照法定程序可制订、废除和修改法律。立法会制订法律，在立法依据上依照基本法，凡属自治范围的事项都可立法，只要符合基本法和法定程序均属有效。但有关国际外交和其他按照基本法不属于香港特别行政区自治范围的法律，香港特别行政区立法会无权制订，必须适用中华人民共和国的有关法律。

立法会根据政府的提案，审议、通过财政预算；批准税收和公共开支。由于立法会和原来只是总督咨询机构的立法局不同,它独立行使职权,可以否决行政机关提出的预算法案。所以基本法就可能出现的情况又做了规定,如立法会拒绝批准政府提出的财政预算法案,可由行政长官向立法会申请临时拨款。如果由于立法会已被解散而不能批准拨款,行政长官可在选出新的立法会前的一段时期内,按上一财政年度的开支标准,批准临时短期拨款。行政机关还可以采取临时措施,以维持政府的实际运作。当然临时拨款是有限制的。在数额的标准上是参照上一年度的开支水平,在时间上限于短期,具有过渡性质。虽然行政长官可以临时拨款,但特别行政区的年度财政预算,最后还是要由立法会批准。立法会通过的财政预算案,须行政长官签署后生效,并报中央人民政府备案。

监督权。立法会听取行政长官的施政报告并进行辩论,对政府的工作提出质询,就有关公共利益问题进行辩论。按基本法的规定,立法会对行政机关的监督,主要体现在对行政机关的施政政策监督和对行政机关工作监督。立法会对行政机关的施政报告进行辩论,是侧重政策方面的监督,通过辩论,有利于政策更加全面,符合实际,防止和纠正偏差。对行政机关工作提出质询,是侧重于施政过程中的具体情况、具体问题的监督,纠正施政过程中的失误,以保证政策的正确执行。立法对行政的监督,目的是通过监督,协助行政机关做好工作。而行政机关通过接受立法机关监督,争取立法机关的支持。这样才不会相互扯皮,影响行政工作的效率。

弹劾权。行政长官如有严重违法和渎职行为,立法会可以进行弹劾。它分两个阶段进行。第一阶段是提出弹劾案,分三步走。首先,议员提出弹劾动机,但需具备两个条件:一是有全体议员的四分之一联合动议;二是立法会对联合动议同意通过。其次,调查弹劾事实。组成独立的调查委员会,其主席由终审法院首席法官担任,负责进行调查并向立法会提出报告。最后,提出弹劾案。如果独立调查委员会认为有足够证据证明行政长官有严重违反或渎职行为,立法会以全体议员三分之二多数通过,弹劾案成立。所以,立法会议员只是提出弹劾的动议,而经立法会通过后才提出对行政长官的弹劾案。第二阶段是审理弹劾,它不是由立法会产生的机构或其自身组成的机构审理,而是报请中央人民政府决定。因为根据基本法的规定,香港特别行政区的行政长官是由中央人民政府任命的,所以他的去留也应由中央人民政府决定。中央人民政府将在研究立法会提出的弹劾理由和证据的基础上,作出行政长官去留的决定。采取这种严格的程序,是为了体现它的严肃性,防止轻率对行政长官提出弹劾,而影响他的威望。

其他职权。包括同意终审法院法官和高等法院首席法官的任免,接受香港居民申诉并作出处理等。

立法会议员和会议

立法会议员由选举产生,享有的主要权利有提案权、质询权、辩论表决权、豁免权等。立法会活动的主要形式是举行会议,但要有一定数量的成员出席,方可议事。基本法规定立法会举行会议的法定人数为不少于全体成员的二分之一。

立法会的程序

立法会的立法程序是:(1)提出法律草案。除行政机关可以拟定并提出法案、议案、附属法规外,立法会议员也享有立法提案权,但草案内容需不涉及公共开支和政治体制或政府运作。凡涉及政府政策的法案,必须得到行政长官的书面同意,立法会议员才可以提出。(2)审议通过法案。过去香港立法局采用英国议会的三读程序,目前香港特别行政区立法会审议法案的方式,基本法只作了原则规定,即立法会议事规则由立法会自行规定,但不得与基本法相抵触。所以,香港特别行政区立法会可根据香港的实际情况,保留原来的议事规则中的一些优点,或进行一些调整。然而,立法会通过法律草案的条件，基本法规定："除本法另有规定外，香港特别行政区立法会对法案和议案的表决采取下列程序：政府提出的法案，如获得出席会议的全体议员的过半数票，即为通过。立法会议员个人提出的议案、法案和对政府法案的修正案均须分别经功能团体选举产生的议员和分区直接选举、选举委员会选举产生的议员两部分出席会议议员过半数通过。"(3)批准、公布法律。香港特别行政区立法会通过的法案，须经行政长官签署、公布，才能生效。

香港特别行政区立法会制定的法律须报全国人民代表大会常务委员会备案，全国人大常委会如发现立法会备案的法律不符合基本法或法定程序，就可以将其发回重议，但不做修改。发回重议的法律立即失效，不能继续适用。

(四) 香港特别行政区的区域组织

香港特别行政区的行政长官、立法机关和司法机关构成了政权组织。由于港英政府的市政局、区域市政局、区议会等区域组织形式在香港原来的市政管理中发挥了重要的作用，而且已经为香港居民所接受和习惯。因此，基本法规定："香港特别行政区可设立非政权性的区域组织"。这样，市政局、区域市政局、区议会等就可以作为区域组织继续存在和发挥作用。它的任务主要有两项：(1)接受香港特别行政区政府就有关地区管理和其他事务的咨询；(2)负责提供文化、康乐、环境卫生等服务。

(五) 香港特别行政区的公务人员

公务人员的范围

香港特别行政区公务人员在范围上与香港原有的公务人员不同。根据基本法规定，公务人员是指在香港特别行政区政府各部门任职的人员，不仅包括事务类公务人员，也包括政务类公务人员即政府各部门的主要官员。由于香港特别行政区的特殊的法律地位，按照基本法的规定，香港特别行政区的公务人员包括：(1)作为香港特别行政区永久性居民的公务人员;(2)在外国无居留权的香港特别行政区永久性居民中的中国籍公务人员;(3)特别行政区成立前在香港政府各部门,包括警察部门任职的公务人员;(4)原香港公务人员中的或持有香港特别行政区永久性居民身份证的英籍和其他外籍公务人员;(5)从香港特别行政区以外聘请的英籍和其他外籍公务人员。可见,香港特别行政区的公务人员制度在公务人员的范围上既保留了香港原有公务人员制度的特色,同时又适合香港特别行政区的具体情况,这对于特别行政区的政府管理具有重要的意义。

公务人员的管理

为了保障“一国两制”方针的贯彻,保证香港特别行政区政府的良好管理,基本法对于公务人员的任用规定了四项原则:(1)在香港特别行政区政府各部门任职的公务人员,必须是香港特别行政区永久性居民,但该法第一百零一条对外籍公务人员另有规定者或法律规定某一职级以下者不在此限;(2)香港特别行政区成立前在香港政府各部门,包括警察部门任职的公务人员均可留用;(3)香港特别行政区政府可任用原香港公务人员中的或持有香港特别行政区永久性居民身份证的英籍和其他外籍人士,担任政府部门的各级公务人员,但下列各职级的官员必须由在外国无居留权的香港特别行政区永久性居民中的中国公民担任:各司司长、副司长,各局局长,廉政专员,审计署署长,警务处处长,入境事务处处长,海关关长;(4)香港特别行政区政府可聘请英籍和其他外籍人士担任政府部门的顾问,必要时可从香港特别行政区以外聘请合格人员担任政府部门的专门和技术职务,这些外籍人士只能以个人身份受聘,对特别行政区政府负责。上述这些原则,既坚持国家对香港的主权,同时又着眼于香港特别行政区政府的正常运转和良好管理,对于稳定人心,保持香港的繁荣,具有重要的意义。

基本法规定了,“香港原有关于公务人员的招聘、雇用、考核、纪律、培训和管理的制度,包括负责公务人员的任用、薪金、服务条件的专门机构,除有关给予外籍人员特权待遇的规定外,予以保留”。

公务人员的待遇

基本法对公务人员的待遇作了3项重要的规定:(1)依照基本法予以留用的公务人员,其年资予以保留,薪金、津贴、福利待遇和服务条件不低于原来的标准;(2)对退休或符合离职的公务人员,不论其所属国籍或居住地点,香港特别行政区政府按不低于原来的标准向他们或其家属支付应得的退休金、酬金、津贴和福利费;(3)香港原有公务人员制度中有关给予外籍人员特权待遇的规定不予保留。这些规定充分照顾了公务人员的利益,保持了关于公务人员的薪俸和福利的连续性,有利于鼓励在原香港政府各部门任职的公务人员继续留用,从而有利于保证1997年的平稳过渡和政府管理的顺利衔接。

公务人员的宣誓

根据港英政府公务人员实行宣誓制度的经验,香港特别行政区行政长官、主要官员、行政会议成员、立法会议员、各级法院法官和其他司法人员在就职时,必须依法宣誓拥护中华人民共和国香港特别行政区基本法,效忠中华人民共和国香港特别行政区。

(六)特别行政区的司法机关

基本法规定:“原来在香港实行的司法体制,除因设立香港特别行政区终审法院而产生变化外,予以保留。”这里所说的“司法体制”,是指香港原来的审判机关、检控机关、各种司法辅助组织(如法律援助署、注册总署、廉政公署等)、律师组织等的总体而言。

特别行政区的法院与审判原则

A. 法院。特别行政区的审判机关分两类,一类是各级法院,另一类是各专门法庭。(1)终审法院。在“一国两制”的政策下,国家授予香港特别行政区高度自治权，其中包括司法方面的终审权，所以终审法院应运而生，它受理对香港各级法院的最后一级上诉，不必上诉到北京。(2)高等法院。香港特别行政区高等法院相当于香港原有的最高法院，分为原诉法庭和上诉法庭两部分，即高等法院和上诉法院，其法官均称为按察司。高等法院设有民事法庭和刑事法庭，享有民事和刑事两方面的无限制审判权。上诉法院审理对高等法院和地方法院判决上诉的民事和刑事案件与对土地审裁处的裁判上诉的案件。(3)区域法院。香港特别行政区区域法院相当于香港原有的地方法院，它是一级中层法院，在民、刑事方面都只有有限的审判权力。(4)裁判署法庭。香港特别行政区裁判署法庭相当于香港原有的裁判司署。裁判署法庭基本上是刑事法庭，所有公诉罪的诉讼程序都始于它。它与最高法院和地方法院不同之处在于，裁判署法庭一方面是国家行使审判权的机构，同时又吸收了一些非专职人员(审裁顾问、太平绅士)参加工作。(5)各专门法庭。专门法庭是专门审理某一类案件的法庭，包括土地审裁处、小额钱债审裁处、劳资审裁处、色情物品审裁处、死因裁判法院和儿童法院。基本法规定，上述各种原有的专门法庭完全保留下来，至于以后是否增设其他专门法庭，可由特别行政区立法机关决定。

B. 法官。终审法院和高等法院的首席法官，应由在外国无居留权的香港特别行政区永久性居民中的中国公民担任。关于法官的任用，基本法仍采用设立一个独立委员会的办法。

基本法还就法官的任用规定了几点原则：(1)香港特别行政区的法官和其他司法人员，应根据其本人的司法和专业才能选用；(2)香港特别行政区的法官和其他司法人员，可以从其他普通法适用地区聘用；(3)香港特别行政区成立前在香港任职的法官和其他司法人员，均可留用，其年资予以保留，薪金、津贴、福利待遇和服务条件不低于原来的标准。

对法官的免职基本法也作了严格的规定:“香港特别行政区法院的法官只有在无力履行职责或行为不检的情况下,行政长官可根据终审法院首席法官任命的不少于3名当地法官组成的审议庭的建议,予以免职。”“香港特别行政区终审法院的首席法官只有在无力履行职责或行为不检的情况下,行政长官才可任命不少于5名当地法官组成的审议庭进行审议,并可根据其建议,依照本法规定的程序,予以免职。”

C. 审判原则。特别行政区法院的审判原则包括:(1)独立审判原则。即法院独立进行审判,不受任何干涉,司法人员履行审判职责的行为不受法律追究。(2)遵循判例原则。该原则是英美法系的特点之一。按照这一原则,法官就其受理的案情事实而对某个法律要点作出的决定,对其下级法院的法官,在处理类似事实所发生的相同问题时,具有绝对的约束力。目前香港已回归,由于终审权的变化,英国枢密院在1997年后所立的判例,不再具有绝对的约束力,而只应和“其他普通法适用地的判例”一样,只具有参考的价值。(3)公平的诉讼程序原则。它包括控诉、申诉、上诉、辩护等权利及公开审判、无罪推定等原则和制度。(4)实行陪审制度的原则。香港的陪审制度承袭了英国的制度,香港法律认为陪审是公民的一项司法权利和义务。在香港的审判过程中,法律的问题由法官决定,判案定罪是陪审团的事。与审判工作密切相关的是律师制度,对此基本法只对香港律师制度中的一个问题做了规定:“香港特别行政区政府可参照原在香港实行的办法,作出有关当地和外来的律师在香港特别行政区工作和执业的规定。”原来的香港执业律师分大律师(Barrister)和律师(Solicitor)两种。大律师能在各级法院担任当事人的辩护人或受任为代理人,为当事人草拟法律文件,或依律师的请求就某法律问题提供意见。律师只能在地方法院和裁判署法庭出庭,也可在最高法院的原诉庭活动,律师的主要工作是为当事人草拟法律文件,承办各种法律事务。

特别行政区法院适用的法律

基本法规定法院判案应该依照下列几种法律：(1)基本法；(2)予以保留的香港原有法律；(3)香港特别行政区立法机关制定的法律；(4)根据基本法在香港特别行政区实施的全国性法律。同时法院还可以参考其他普通法适用地区的司法判例。

特别行政区与其他国家和地区的司法联系

香港特别行政区可以与全国其他地区的司法机关通过协商依法进行司法方面的联系和相互提供协助。在中央人民政府协助或授权下，香港特别行政区政府可与外国就司法互助关系作出适当安排。

二、澳门特别行政区的政治体制

根据基本法规定，澳门特别行政区是一个享有高度自治权的地方行政区域，直辖于中央人民政府，除外交和国防事务外，享有行政管理权、立法权、独立的司法权和终审权。它的政治体制主要包括以下内容。

行政长官是特别行政区的首长，代表特别行政区，对中央人民政府和特别行政区负责。行政长官必须是在澳门通常居住连续年满20年的澳门特别行政区永久性居民中的中国公民，在当地通过选举或协商产生，由中央人民政府任命。行政长官除行使一系列行政职权外，还可委任部分立法会议员、拒绝签署立法会通过的法案和解散立法会。

立法会维持现行制度，议员由直接选举、间接选举和委任三种形式产生。立法会议员数目逐步增加，直、间接选举产生议员所占的比例也逐步扩大。政府要对立法会负责。立法会还可对行政长官提出弹劾。行政、立法从而可互相配合和互相制衡。

司法独立。特别行政区法院独立行使审判权。各级法院的法官根据由当地律师和知名人士组成的独立委员会的推荐,由行政长官任命。

第四节　香港特别行政区的初步运作

1997 年 6 月 30 日晚 11 时 30 分至 7 月 1 日零时,在香港会议展览中心新翼 5 层大会堂前厅举行隆重的香港交接仪式,中国国家主席江泽民率领中国政府代表团和英国王储查尔斯王子率领英国政府代表团共同主持交接仪式。查尔斯王子讲话后,在英国国歌声中降下英国国旗和香港旗。晚 11 时 59 分,在中国国歌声中升起中华人民共和国国旗和香港特别行政区区旗。接着江泽民讲话,随后查尔斯王子及其他英国代表登上皇家游船"不列颠尼亚"号离开香港,这标志着英国对香港 156 年的统治完全结束,香港回归了中华人民共和国,揭开历史新的一页。

7 月 1 日凌晨 1 时 30 分,在香港会议展览中心新翼第三大厅隆重举行香港特别行政区成立暨特别行政区政府宣誓就职仪式。国家主席江泽民率领中国政府代表团出席,还有 4 000 多名各国嘉宾到会,由国务院总理李鹏致词,这标志着邓小平"一国两制"的伟大构想已变成事实,香港从此进入"港人治港、高度自治"的新时代。凌晨 4 时,香港特别行政区临时立法会举行特区成立后的首次会议,宣读通过《香港回归条例》。

1997 年 7 月 1 日,中华人民共和国国旗和香港特别行政区区旗在雄壮的国歌声中冉冉升起,标志着中华人民共和国恢复在香港行使主权,同时也标志着香港特别行政区政府开始实际运作。

一、首届香港特别行政区政府和临时立法会的运作

一年来,特区行政、立法、司法机关运作正常,以董建华为首的特区政府施政有方,积极致力于解决香港居民普遍关注的民生问

题，稳健地处理内外事务，沉着地应付各种挑战，特别是为抵御亚洲金融风波对香港的冲击进行了卓有成效的工作。5 月 24 日又顺利地进行了第一届立法会的选举，使香港民主进程向前迈出重要一步。

临时立法会自 1996 年 12 月 21 日成立，至 1998 年 4 月 8 日举行的最后一次会议通过《告别议案》，宣布“本会已完成历史使命，祝愿第一届立法会顺利产生”，此间共进行 46 次会议，处理 63 条法案及 300 多项附属法案。在监管公共开支方面，审计、通过了过渡时期 1997 至 1998 年及特区政府编制的 1998 至 1999 年两份财政预算案。临立会一直以高度透明的方式，在监察政府的政策和运作方面，体现了立法会的制衡作用，还为特区首届立法会的产生进行了立法工作。临立会至 1998 年 5 月 24 日特区首届立法会选举产生后，便正式结束了工作。

特别行政区高等法院对临时立法会的法律地位作出裁决，确认临时立法会为合法组织，巩固了香港司法制度，维系了法治精神。香港回归后，中央政府亦承担了体现国家主权的防务和外交方面的事务。外交部驻港特派员公署和驻港部队开始依法执行公务，一方面体现了国家主权，一方面是对特区政府治理香港的支持和维护。香港人民也积极参与国家管理，并于 1997 年 12 月 8 日选出了 36 位全国人大代表。

中英联络小组第四十二次会议于 1998 年 3 月 9 日在伦敦结束，这是香港政权移交后的首次会议。双方讨论的议题包括：1998 年 5 月的香港立法会选举、越南船民问题、新闻自由以及较早前达成的香港卫星登记和赔偿责任原则协议等。

二、首届立法会的选举

1997 年 7 月，特区政府即公布了第一届立法会选举的具体安排。9 月 28 日，临时立法会三读通过了《立法会条例》，规定特区第一届立法会共设60个议席,其中分区直选产生了20名议员,功能团体选举产生30名议员,由4个界别、800人的选举委员会选举产生10名议员,条例还对选民资格等法律问题作出了法律规定。10月31日特区政府颁布《选举管理委员会(选民登记)(地方选区)(立法会)规例》,对特区第一届立法会选举的选民登记、编制选民登记册等问题作出了法律规定。由行政长官委任的以胡国兴大法官为主席的选举管理委员会,独立地监察这次选举。1998年1月17日选举管理委员会派出2—3万选民登记大使,逐户上门为选民登记,拉开了这次选举的序幕。

1998年4月3日,香港特别行政区第一届立法会选举委员会界别分组选举工作结束,588名来自工商、劳工、专业、社会服务等界别分组的人士当选为选举委员会委员,他们与77位港区全国人大代表和特区临立会议员、40位宗教界别分组提名产生的委员、95位4个界别分组的候选人自动当选的委员,共同组成800人的选举委员会,于同年5月24日投票选举产生第一届立法会的10名议员。

1998年5月24日,香港特区第一届立法会选举在496个投票站同时举行。这次选举选民登记人数、投票人数和投票率都创下了历史纪录,其中选民登记人数至1998年3月13日已达279.5万,比1995年立法会选举时增加130多万,投票人数为156万,地区直选投票率达53.29%,功能界别选举投票率达63.5%,选举委员会选举投票率高达98.75%。5月25日,60名议员全部产生,按照基本法为立法会选举定下的10年时间表,这次选举产生的首届立法会任期2年。第二届立法会于2000年选举产生,任期4年,直选议席由现在的20个增加到24个,到2004年,第三届立法会的选举,直选议员将增至30个。基本法规定,立法会的产生办法根据香港特别行政区的实际情况和循序渐进的原则规定,最终达到全部议员由普选产生的目标。

香港遭受英国统治长达150多年,过去从未实行过民主选举,对港人也没有什么民主可言。香港回归祖国后,实行"一国两制"、"港人治港"、"高度自治",港人真正当家作主,香港永久性居民都拥有选举权和被选举权。在1998年5月24日,香港选民在公平、公开和公正的情形下顺利选举产生了60名议员,为发展香港民主迈出了重要而非常成功的一步,为香港今后的政制发展奠定了良好基础。

首届立法会于7月2日举行第一次全体会议,以无记名投票的方式,选举出范徐丽泰担任香港特区首任立法会主席,并于7月8日开始工作。

香港特别行政区的初步运作,说明香港同胞治理香港的宏伟事业已有了一个喜人的开端,也充分证明了香港人是可以治理好香港的。香港特区取得如此巨大成就的原因在于,中央政府和香港特区政府都坚定地执行"一国两制"的方针,严格按香港基本法办事。中央政府给予香港的支持更多地体现在做香港的强大后盾,放手让香港同胞治理香港,不干预属于特别行政区自治范围内的事务。正如江泽民总书记在十五大报告中指出:"事实必将证明,香港特别行政区政府和香港同胞一定能够依照香港特别行政区基本法治理好香港。"

第九章　中国共产党领导的多党合作制度

第一节　概　　述

一、历史发展

政党制度,是指政党执掌政权或参与政治的方式以及各政党之间的关系。当代世界绝大多数国家都是由政党来领导的,中国也概莫能外。中国共产党领导的多党合作制度,是当代中国的政党制度,是当代中国的一项基本政治制度。这种一党领导、多党合作的政治格局,是在我国长期的革命和建设中历史地形成的,是我国政党制度的一大特点和优点。

中国共产党领导的多党合作制度的首要前提是坚持中国共产党的领导。

中国共产党的领导地位不是自封的,它是历史的选择,人民的选择,是中国共产党成立以来数十年革命和建设发展的必然结果。近代中国自鸦片战争以来,许多仁人志士为救国救民提出了种种方案,进行了可歌可泣的斗争。然而由于农民阶级的落后性和散漫性,民族资产阶级的软弱性和妥协性,太平天国起义、戊戌变法、义和团运动、辛亥革命等相继遭到失败。十月革命前后,马克思主义传播到中国,经过 1919 年的“五四”运动,中国的先进人物才觉悟到,中国的革命只有在工人阶级政党的领导下才能取得胜利。因而于 1921 年 7 月组织创建了中国共产党。中国共产党诞生后,把马克思主义普遍真理同中国革命具体实际相结合,承担起反帝反封建的历史重任,使中国革命的面貌焕然一新。经过28年的艰苦奋斗,中国共产党领导中国人民,推翻了帝国主义、封建主义和官僚资本主义“三座大山”,结束了半殖民地、半封建社会的历史,摧毁了帝国主义支持下的蒋家王朝及其官僚资产阶级的“一党专政”,取得了新民主主义革命的伟大胜利,成立了中华人民共和国。中国人民,包括中国的各民主党派深切体会到:没有中国共产党,就没有新中国。众望所归,人心所向,中国共产党自然而然地成为中国人民的领导核心。

鸦片战争后的旧中国是半殖民地半封建社会。民族资产阶级、城市小资产阶级和它们的知识分子,由于身受帝国主义、封建主义和官僚买办势力的压迫和剥削,一般抱有强烈的爱国心和反帝反封建的要求。这就是中国各民主党派的社会基础。在中国革命中,民主党派反帝反封建的要求同共产党的最低纲领基本上是一致的。中国的民族资产阶级和小资产阶级的地位决定了作为他们政治代表的民主党派,不可能形成独立的强大的政治力量。在工农革命力量和反革命力量的激烈斗争中,民主党派没有独立发展的余地。他们只能在靠拢共产党或靠拢国民党之间选择道路,而不能有其他道路。在一定的历史时期,当国共合作尚未全面破裂时,各民主党派处于中间党派、中间力量的地位,在它们中间出现过右翼势力,鼓吹“走第三条道路”,幻想在中国建立一个资产阶级共和国。然而客观形势决定了各民主党派不可能走独立发展的路线。他们既然要摆脱帝国主义的压迫和封建主义的束缚,就不能不向工农阶级寻求支持和合作,就不能不靠拢中国共产党。当国民党反动派发动全国内战,国共两党关系完全破裂后,由于民主党派继续反帝反封建,反对国民党反动派的独裁统治,他们就更加遭到国民党反动派的排挤、打击和迫害,甚至连生存的余地也没有。为此,他们必然更加转向工农阶级,更加靠拢共产党。而中国新民主主义革命的反帝反封建性质以及当时的历史条件,又决定了共产党在革命过程中必须实行统一战线的政策,尽可能地争取和团结以民主党派为代表的中间力量。因此,各民主党派从其成立之日起,便和共产党建立了程度不同的团结合作关系,特别是在抗日战争和人民解放战争期间,由于共产党对各民主党派实行了正确的统战政策,这种关系得到了进一步的发展。1948 年初,各民主党派公开宣布站在人民革命一边,同共产党一道为推翻国民党的反动统治、建立新中国而共同奋斗。随后,各民主党派又发表通电、决议,响应中国共产党 1948 年 5 月 1 日发表的关于召开新政治协商会议,成立民主联合政府的号召。他们的领导人应中国共产党的邀请,陆续进入东北和华北解放区,宣布接受共产党的领导,参加筹备新政协。在中国人民政治协商会议上,他们与中国共产党、各人民团体和各方面的代表一起,选举产生了中央人民政府,庄严宣布了中华人民共和国的诞生。这标志着中共领导的多党合作制度的正式确立。这是因为,在 1948 年之前,民主党派和中国共产党的合作仅仅是同路人的合作;而在 1948 年 5 月 1 日之后,合作则发展成为各民主党派承认中国共产党领导的新型合作。从此,中国历史进入了一个新纪元,各民主党派走上了新的历史道路,民主党派和中国共产党的合作也进入了一个新的历史阶段。

建国初期,中国共产党邀请各民主党派的代表人物参加中央和地方各级人民政权工作,共同决定和管理国家和社会事务。并经常就国家大政方针、经济文化建设和统一战线中的重大问题同各民主党派进行协商、讨论。各民主党派积极参加政权建设,积极参加国家政治生活和经济建设活动。这种合作关系对当时加强全国各族人民的团结,巩固人民的政权,彻底完成民主革命的任务和反对帝国主义的侵略,恢复国民经济,发挥了重要作用。随着 1953 年党的过渡时期总路线的公布,各民主党派参加总路线的学习和宣传,引导和带动其所联系的阶级、阶层接受社会主义改造,为资本主义工商业和平改造的顺利进行,起了有益的配合作用,作出了重要贡献。对于第一个五年计划的提前完成和社会主义建设的迅速发展,也发挥了重要作用。

1956年社会主义制度在中国基本建立以后,中共中央和毛泽东同志明确肯定,多党合作比只有一个党好,并且及时提出了“长期共存、互相监督”的方针。党的正确方针鼓舞和调动了各民主党派为社会主义服务的积极性。他们分别召开了全国代表大会或中央会议,总结工作,修改章程,确定以《宪法》与政协章程总纲为政治纲领,采取为社会主义服务的政治路线。与此同时,他们的组织也有了较快的发展。到1957年前民主党派成员达10万人。

可惜的是,在1957年的“反右派”斗争中,中国共产党对民主党派的正确政策未能坚持下去。各民主党派在这场斗争中受到了很大的冲击,一些领导人和不少成员被错划为“右派分子”。然而,由于长期共同战斗中形成的合作关系,他们在“反右派”斗争以后仍然继续坚持同中国共产党一道前进。

在随后的1959年到1961年三年国民经济暂时困难时期,由于中国共产党在工作中纠正了某些“左”的错误,采取了一些正确政策措施,调整了与各民主党派的关系。各民主党派的工作也大有进步,对其广大成员和所联系的人们进行了大量的思想政治工作,这对于保持全国局势稳定和较快地克服暂时困难,起到了积极的作用。

在“文化大革命”的动乱时期,各民主党派竟被错误地作为“反动组织”而取缔,民主党派的中央和地方各级领导机构都被迫停止活动,它们的一些领导人和不少成员惨遭迫害。到1979年,全国各民主党派成员共剩下65 000人。但是,当中国共产党纠正了自己的错误,开展拨乱反正之后,各民主党派依然在中国共产党的领导下参与多党合作。

中共十一届三中全会以后,共产党领导的多党合作进入了新的发展时期。邓小平同志提出了新时期统一战线的性质、方针和任务，从而丰富和发展了统一战线理论。1979年10月，各民主党派召开代表大会期间，邓小平同志明确指出，“实行中国共产党领导的多党合作是我国具体历史条件和现实条件所决定的，是我国政治制度中的一个特点和优点。”①1989年底，中共中央发布了《关于坚持和完善中国共产党领导的多党合作和政治协商制度的意见》，全面系统地阐明了多党合作的理论政策，指出中国共产党领导的多党合作制度是我国一项基本的政治制度。中共与各民主党派团结合作，互相监督，共同致力于建设有中国特色的社会主义和统一祖国、振兴中华的伟大事业。各民主党派是接受中共领导的，与中共通力合作、共同致力于社会主义事业的亲密友党，是参政党。1993年3月，八届全国人大一次会议把“中国共产党领导的多党合作和政治协商制度将长期存在和发展”庄严地载入了宪法。从政治制度的角度看，它标志着中国共产党领导的多党合作从法外制度转化成由根本大法确认的法内制度。从此这一制度进入了更高的发展阶段，中国共产党与民主党派几十年风雨同舟，驶入了更为宽广的海洋。

二、政治基础和基本方针

（一）政治基础

中国共产党和各民主党派的合作，是建筑在深厚的政治基础之上的。这种政治基础的具体内容随着时代和历史任务的变化而变化。在新民主主义革命时期，共产党同民主党派合作的政治基础是反帝反封建，建立一个独立、民主、富强的新中国。建国初期，多党合作的政治基础则是具有社会主义过渡性质和特点的中国人民政协《共同纲领》。1954年9月第一届全国人大制定并通过了

① 《邓小平文选》二卷，第205页。

我国第一部社会主义类型的宪法《中华人民共和国宪法》。随后，第二届全国政协会议通过了《中国人民政治协商会议章程》，依据宪法原则，规定了拥护宪法，巩固人民民主专政，实现社会主义改造，加强各族人民的团结等七条准则。宪法与政协章程总纲成了这一阶段多党合作的共同政治基础。社会主义制度建立以后，共产党和各民主党派合作的政治基础是：坚持社会主义道路，坚持人民民主专政，坚持中国共产党的领导，坚持马克思列宁主义、毛泽东思想。这四项基本原则已载入现行宪法。这不仅符合中国最大多数人民的意志，同时也符合中国各民主党派多次宣布的政治主张。正因为中国共产党同各民主党派有共同的、牢固的政治基础，因此，能够长期合作，朝着共同的目标奋斗。

（二）基本方针

中国共产党与各民主党派合作的基本方针是"长期共存，互相监督"、"肝胆相照、荣辱与共"。这一方针是在多党合作的长期实践中逐渐总结出来，完善起来的。

新中国成立以后，中国共产党从中国国情出发，明确主张保留民主党派，不搞一党制，实行多党合作。这对共产党、对人民、对社会主义革命和建设都具有重要的意义。当时，九三学社等民主党派中有些同志认为，自己的党派已经完成了在民主革命中的历史使命，现在可以解散了。毛泽东同志得知后，当即表示不同意，他主张要"继续发展"各民主党派，其他中央领导同志也阐述了民主党派在新中国成立后的地位和作用，指出九三学社等不但不能解散，而且还要继续发展。所谓"继续发展"，实际上已经包含了后来提出的"长期共存"的思想。1950 年 6 月，毛泽东曾指出："只要谁肯真正为人民效力，在人民还有困难的时期内确实帮了忙，做了好事，并且是一贯地做下去，并不半途而废，那么，人民和人民的政府是没有理由不要他的，是没有理由不给他以生活的机会和效力的机会的。”[①]这里所说的，实际上也就是各党派可以长期共存的政治基础。到社会主义制度在中国基本确立后，“长期共存、互相监督”的口号就明确地提出来了。当时党内有一些同志认为进入社会主义以后，阶级状况发生了变化，民主党派“皮之不存，毛将焉附”。对此，1956 年 4 月 25 日，毛泽东在中共中央政治局扩大会议上的讲话（即后来发表的《论十大关系》一文）中指出：“究竟是一个党好，还是几个党好？现在看来，恐怕是几个党好。不但过去如此，而且将来也可以如此，就是长期共存，互相监督”。[②] 他还说：“所谓互相监督，当然不是单方面的，共产党可以监督民主党派，民主党派也可以监督共产党。为什么要让民主党派监督共产党呢？这是因为一个党同一个人一样，耳边很需要听到不同的声音。大家知道，主要监督共产党的是劳动人民和党员群众。但是有了民主党派，对我们更为有益。”[③]后来在 1956 年 9 月召开的中共第八次全国代表大会上，刘少奇代表党中央作政治报告时，再一次肯定了共产党和各民主党派“长期共存、互相监督”的方针。这个方针提出后，给各民主党派以极大的鼓舞，使更多的同志坚定了多党合作的方向。然而，从 1957 年下半年开始，“八字方针”就没有能继续得到贯彻，直到 1978 年，中国共产党重新强调贯彻“八字方针”。1979 年起，民主党派恢复了正常活动，并有了新的发展。在总结历史经验的基础上，1982 年 9 月，中共十二大报告指出，中国共产党要继续坚持“长期共存、互相监督”、“肝胆相照、荣辱与共”的方针，加强同各民主党派、无党派人士、少数民族人士和宗教界爱国人士的合作。于是，“八字方针”发展成了“十六字方针”，反映了多党合作建立在更加牢固的基础上。

---

① 《建国以来毛泽东文稿》第一册，中央文献出版社 1996 年版，第 416—417 页。

② 《建国以来毛泽东文稿》第六册，中央文献出版社 1992 年，第 94 页。

③ 同上书，第 350 页。

中国共产党的十六字方针基本上包含了三层涵义：首先，十六字方针表明了中国共产党希望同各民主党派长期合作的决心。“长期共存”即“我们党的寿命有多长，民主党派的寿命就有多长，一直要共存到将来社会的发展不需要政党的时候为止。”①这就是说，只要中国还存在不同的阶级和阶层，只要共产党存在，多党合作就会长期坚持下去。共产党同民主党派在四项基本原则的基础上长期共存，是多党合作的前提。其次，十六字方针体现了监督的双向性。长期共存的目的就是为了在共产党同各民主党派之间实行互相监督。所谓互相监督，一方面是指共产党对民主党派进行监督，即共产党通过正确的路线、方针、政策实现对民主党派的监督，保证多党合作的政治方向。另一方面是指各民主党派对共产党实行监督。作为参政党，各民主党派有权利和责任对执政党进行监督，提出意见、建议。各民主党派联系群众的方面不同，可以从不同角度反映问题；各民主党派的文化素质高、又有较强的政治分析能力，往往能够提出切中时弊的批评和建设性意见，对党和政府决策的科学性、民主化很有好处；各民主党派作为友党，同中共长期共存、互相监督，有助于执政党保持清醒的头脑，自觉地抵制、克服官僚主义和各种腐败现象，始终同人民保持血肉联系，使我们的事业永远立于不败之地。再次，十六字方针体现了共产党同各民主党派之间坦诚相见，高度信任。共产党必须加强同各民主党派的合作，经常向民主党派通报有关工作情况，扩大民主党派对国家事务的参与范围，建立健全的民主协商会、座谈会制度；同时，各民主党派应当强化政党意识，出于公心，敢于坦言，并且不断提高自己参政议政、民主监督的水平。只有这样，共产党同各民主党派才是诤友，才能知无不言，言无不尽，真正做到“肝胆相照，荣辱与共”。总之，十六字方针的根本精神是为了巩固和发展共产党同

① 《周恩来统一战线文选》人民出版社 1984 年版，第 350 页。

各民主党派的长期合作，充分发挥各民主党派在新时期的历史作用。

三、特点和优点

（一）特点

在中国社会历史发展中形成的多党合作是有其独自特点的。它在当代中国政治制度中占有重要地位，是具有中国特色的社会主义政治的一个重要特征。中国共产党领导的多党合作制度，不同于苏联的一党制，更不同于欧美资本主义国家的两党制或多党制。苏联的一党制是在十月革命后的特定历史条件下形成的。在这种政党制度下，除了苏联共产党外，不存在其他政党。中国由于前述的各种历史条件，除了中国共产党以外，尚有 8 个民主党派存在，并且与共产党长期合作。这显然与苏联有明显的不同。在西方的两党制或多党制下，各党派为了各自特殊的利益轮流执政，它们之间的关系是在掌握政权上的竞争关系。而中国根据自己的历史条件，坚持共产党领导的多党合作，则有自己鲜明的特点。

第一，一党领导、多党合作。中国的多党合作是在坚持共产党对整个国家实行政治领导这一前提下进行的。我国长期的革命和建设实践决定了中国共产党在全国各族人民和社会主义事业中的领导核心地位，决定了各民主党派必然会与共产党相互合作。这就表明中国共产党与各民主党派之间的关系，不是西方那种在朝党与在野党、执政党与反对党之间的关系，而是友党之间的合作关系。

第二，一党执政、多党参政。中国共产党是执政党，各民主党派是参政党，这是中国政党制度的基本格局。执政党与参政党在国家政治生活中的地位、作用不同。执政党在把握国家发展方向，推动国家政治生活中起决定性作用，参政党辅助执政党一起参与、补充作用。在这种制度下，执政党与参政党之间不存在西方那种轮流执政。

第三，平等独立、协商监督。中国共产党领导的多党合作制度下，各党派的关系是平等独立、协商监督的关系。各民主党派都得到宪法的承认和保护，享有宪法赋予的权利与义务范围内的政治自由、组织独立和法律上平等的地位。我国8个民主党派都是合法的政党，它们虽然在政治上接受中国共产党的领导，但在组织上却应该是独立的。中国共产党对民主党派实行路线、方针、政策的领导，并不包办代替它们作为政党应有的功能，也反对任何个人以领导者自居，任意干涉民主党派的内部事务。这是中国共产党人处理民主党派关系的一条准则。同时，共产党与民主党派之间可以民主协商、互相监督。

第四，结构多元、目标一致。我国政党制度从结构来看具有多元性：共产党代表着全体人民群众的共同利益，而各民主党派则代表着一些特殊阶层、群体的特殊利益。共产党领导的多党合作制度正是通过其多元结构使不同利益群体中的要求、政治态度及时反映上来，加以加工、整合，从而制定出代表全体人民共同利益，又顾及到某些特殊利益的正确的方针、政策。尽管各民主党派反映的是一部分人的特殊利益和要求，但是他们都是社会主义的劳动者或爱国者，因此在根本利益上他们和绝大多数人是一致的。这就决定了各民主党派同中国共产党合作的总目标也是一致的，都是以共同致力于社会主义事业为宗旨。

（二）优点

中国共产党领导的多党合作制度作为我国的一项基本政治制度，所蕴涵的优点主要是：

第一，有利于中国共产党的领导。共产党处于执政地位，党本身的素质对社会主义事业的发展有着决定性影响。这就需要各种行之有效的监督，使党时时听到不同的意见和批评，及时克服缺点和错误。各民主党派的成员，大多是知识分子，很多人是各行各业的专家学者,同时又具有较丰富的政治经验。他们的批评和建议具有代表性,而且是有组织地进行的,因而能够对中国共产党提供一种单靠共产党员所不容易提供的监督。共产党同各民主党派长期共存、互相监督、取长补短、集思广益,对于确保共产党的正确领导有着特别意义。

第二,有利于我国社会的稳步发展。中国共产党领导的多党合作制度为人民群众政治参与的扩大提供了现实渠道。民主党派参政议政,从不同的侧面反映了自己所联系的一部分劳动群众和爱国者的政治要求,既可以满足他们的参与意识,又可以及时地化解矛盾,协调各种关系。正如邓小平所指出:“共产党总是从一个角度看问题,民主党派就可以从另一个角度看问题,出主意。这样,反映的问题更多,处理问题会更全面,对下决心会更有利,制定的方针政策会比较恰当,即使发生了问题也比较容易纠正。”①因此,坚持多党合作,通过民主党派的社会联系,使得不同阶层、集团在利益表达、情绪宣泄、政治参与等方面都有顺畅的渠道,能使国家更好地解决部分与整体、部分与部分之间的利益关系,避免利益格局的冲突与失衡,保证社会的有序性和稳定性。

第三,有利于建设社会主义民主政治。建设社会主义民主,是党和人民长期奋斗的目标,也是政治体制改革的核心。由于我国封建社会的历史相当长,民主传统比较少,在国家政权机构中,容易产生权力过分集中、家长制、一言堂、官僚主义等弊病。实行中国共产党领导的多党合作,有利于集中各阶层、各不同利益群体的意志和智慧,使党和政府在把握社会脉搏、了解群众呼声的基础上,制定出符合广大人民群众要求的方针政策,从而实现重大决策的民主化和科学化。另一方面,也有利于各政党在社会主义民主政治建设中的优化组合,使各政党在多党合作的总格局中找准自

① 《邓小平文选》第一卷,第273页。

己的位置,发挥自己的作用,实现自己的价值,从而维护民主、和谐的政治局面。

第四,有利于实现祖国的和平统一。各民主党派在祖国的统一大业方面具有独特的优势。由于历史的渊源,他们同台湾、香港、澳门及海外侨胞有广泛的联系和交往,政治上有影响,社会上有声望。通过他们做工作,可以起到别人所不能代替的特殊作用。近20年来,他们通过各种渠道和多种形式,积极宣传祖国大陆各方面所取得的伟大成就,开展各种经济、文化交流和海外联谊工作。在促进香港回归祖国方面发挥了积极作用;不仅如此,他们还极大地增强了台湾同胞、港澳同胞和海外侨胞对祖国的向心力,显示了多党合作在促进祖国和平统一中的特有功效。

第二节　中国共产党的领导

一、坚持中国共产党的领导

当代中国是以工人阶级为领导的,以工农联盟为基础的人民民主专政的社会主义国家。这是我们国家的根本性质,这一性质决定了必须坚持作为工人阶级先锋队的中国共产党在国家政权中的领导地位。人民也从亲身体验中坚信,中国共产党既然能够领导他们取得革命的胜利,就一定能够领导他们取得建设的成功。而中国共产党也将此重任视为自己应该且必须担负起来的历史使命。几十年的实践证明,我国的社会主义革命和建设之所以能够逐步前进,关键是有中国共产党这个坚强的领导核心。在中国共产党的领导下,中国人民战胜了帝国主义、霸权主义的经济封锁、政治破坏和武装挑衅,维护了国家的独立和安全,巩固了人民民主专政,并在不太长的时间里,迅速完成了土地改革和社会主义三大改造,取得了经济建设方面的重大成就。所有这些成就,都是有目共睹的。当然,不可否认的是,在社会主义改造基本完成以后,由于种种复杂的原因,党的指导思想发生了“左”的错误,特别是整整10年内乱,使社会主义事业误入歧途。但是,人民看到,错误也是由中国共产党在人民群众的推动下自己纠正的。党中央领导全党做了大量拨乱反正的工作,尤其是党的十一届三中全会后,纠正了“左”的错误,提出了以经济建设为中心,坚持四项基本原则、坚持改革开放的基本路线,表现了中国共产党坚持真理、修正错误和对人民负责的巨大决心和勇气。今天,中国共产党领导全国人民继续前进,开展了大规模的经济建设和精神文明建设,进行着包括经济体制改革、政治体制改革以及其他领域体制改革在内的“第二次革命”,走上了一条有中国特色的社会主义道路。正因为如此,党继续赢得了广大人民的拥护和信任。可以说,当今中国共产党的领导地位,是在新的条件下历史和人民再一次选择的结果。

从当前中国社会发展来看,坚持中国共产党的领导,也是现代化过程中社会稳定的根本前提。当代中国是一个有着56个民族、12亿人口、8亿农民的超大社会。从整体上看,经济文化发展既落后又不平衡,国民素质不高,社会整合能力弱,社会矛盾错综复杂。少数现代化大中城市相对发达的经济同广大农村及边远地区的自然、半自然经济同时并存;最先进的科学技术同广大地区的手工操作乃至刀耕火种的落后技术同时并存;少数掌握现代科学文化知识的知识分子同近2亿的文盲、半文盲同时并存;社会主义民主建设的要求同我国缺乏民主传统的实际同时并存。在中国这种特殊历史条件和国情下建设社会主义,必须要有一个具备强大凝聚力的政党作为社会核心。而中国共产党有着长期积累的政治基础、政治经验、政治影响,有着自己稳固的组织制度、政治纪律和政策体系,有着6千多万党员和数量庞大、影响社会各个层面的基层组织,有着与各群众团体和组织广泛而密切的社会联系。所有这一切,决定了它有强大的社会凝聚力和政治动员力。尽管在推进现代化的进程中,党出现过这样那样的挫折和错误,但是,只有它在几十年的社会主义建设中成功地实现了社会控制,保持了社会稳定和发展。邓小平同志说:"中国由共产党领导,中国的社会主义现代化建设事业由共产党领导,这个原则是不能动摇的;动摇了中国就要倒退到分裂和混乱,就不可能实现现代化。"①

坚持中国共产党的领导,还是我国市场经济坚持社会主义方向的重要保证。我国所要发展的市场经济,是与社会主义基本制度结合在一起的、以公有制为基础的市场经济。它的发展只能在共产党的领导下进行。如果放弃中国共产党的领导,公有制的主体地位就会动摇乃至丧失,社会主义制度就会遭到破坏,我国的市场经济就必然要脱离社会主义的轨道,转向以私有制为基础的市场经济,这将会使中国社会发展遇到严重挫折,是与我们党和国家的初衷背道而驰的。而且,发展社会主义市场经济本身是一个极其复杂的系统工程,涉及社会的方方面面,要解决的问题层出不穷。目前我国正处在从计划经济向市场经济过渡的转型期间,利益格局面临重大调整,各种深层次的矛盾进一步暴露,如果没有用马克思主义理论武装起来的中国共产党的领导,没有党和国家按照辩证唯物主义和历史唯物主义制定出的符合实际的路线、方针、政策和有关法律、法规,那么社会主义市场经济体制的建立将无法想象,甚至有可能会把经济弄得一团糟。因此,坚持中国共产党的领导,是关系到我国的市场经济,进而关系到整个改革开放是否沿着社会主义道路健康发展的一个大问题。

祖国的统一需要中国共产党的领导。中国在社会主义建设中所面临的一个特殊历史任务是实现祖国的统一。只有中国共产党才能够高瞻远瞩地提出并通过"一国两制"来实现和平统一。在

① 《邓小平文选》二卷,人民出版社,第267—268页。

这一设想的指导下，经过多方努力，我们已于1997年7月1日成功地使香港回归到祖国的怀抱，将在1999年12月20日恢复对澳门行使主权。这对于实现海峡两岸的统一，是一个极好的范例。为此，我们党正积极采取一切措施创造各种条件。

总之，只有中国共产党才能领导中国人民取得民族独立、人民解放和社会主义的胜利，才能开创建设有中国特色社会主义的道路，实现民族振兴、国家富强、祖国统一和人民幸福。历史与现实决定了这一根本原则不可动摇。

二、领导的内容和方式

（一）领导的内容

中国共产党的领导主要是政治领导、组织领导和思想领导。它们是有机的、不可分割的统一体。

坚持党的领导，首先就是坚持共产党对整个国家的政治领导。所谓政治领导，指的是政治原则、政治方向、重大决策的领导。

政治原则的领导，是指党为了实现一定历史时期的任务而制定根本原则。在邓小平理论的指引下，我们党形成了社会主义初级阶段的基本路线，这就是：领导和团结全国各族人民，以经济建设为中心，坚持四项基本原则，坚持改革开放，自力更生，艰苦创业，为把我国建设成为富强、民主、文明的社会主义现代化国家而奋斗。概括地说，即“一个中心，两个基本点”，这也就是我们长期所要坚持的政治原则。

政治方向的领导，是根据一定的政治原则，指明一定历史阶段中的奋斗目标。如党的十四届五中全会提出的关于“九五”计划和2010年远景目标的建议，就体现了党在一定历史阶段对政治方向的领导。“九五”时期国民经济和社会发展的主要奋斗目标是：全面完成现代化建设的第二步战略部署，2000年在我国人口将比1980年增长三亿左右的情况下，实现人均国民生产总值比1980

年翻两番,基本消除贫困现象,人民生活达到小康水平。加快现代企业制度建设,初步建立社会主义市场经济体制。2010 年主要奋斗目标是:实现国民生产总值比 2000 年翻一番,使人民的小康生活更加宽裕,形成比较完善的社会主义市场经济体制。

重大决策的领导,是指党为实现一定的目标,而在政治、经济、法律、社会思想、文化、教育等各个领域提出重大决策。如为深化经济体制改革,十四大提出建立社会主义市场经济体制;为推进政治体制改革,实现国家长治久安,十五大提出依法治国。

所谓思想领导,就是坚持用马克思主义、毛泽东思想、邓小平理论来教育和武装广大党员和人民群众,使之自觉地为党所领导的社会主义事业作出贡献;就是坚持党的实事求是的思想路线,用以正确地认识和解决中国革命和建设的各种复杂问题;就是向人民群众宣传党的路线、方针和政策,把党的主张变成人民群众的自觉行动。有了正确的思想领导,才能制定和执行党的政治路线和组织路线。

所谓组织领导,就是通过党的干部、党的各级组织和广大共产党员组织和带领人民群众为实现党的任务和主张而奋斗。党的组织领导体现在两个方面:一方面,发挥党的干部在国家政权机关的骨干作用。党的组织领导的重要一环是向国家政权机关推荐重要干部,将德才兼备年富力强的干部输送到各种领导岗位上去,由他们组成坚强的领导班子,成为党在各条战线上的指挥部。只有这样,党才能确保自己的路线、方针、政策得到贯彻。另一方面,充分发挥共产党员的模范带头作用。党员的模范带头作用发挥得越好,党的战斗力就越强,党的威信就越高,就越能得到群众的信任和拥护,党也就越能发挥自己的领导作用。如果没有强有力的组织领导,党的政治领导和思想领导就会落空。从这个意义上讲,组织领导是政治领导、思想领导的组织保证。

（二）领导的方式

党的领导的主要方式是：使党的主张经过法定程序变成国家意志，通过党组织的活动和党员的先锋作用，带动广大人民群众，实现党的路线、方针和政策。

中国共产党党章总纲中规定："党必须在宪法和法律的范围内活动"。宪法的序言部分也规定了各政党"都必须以宪法为根本的活动准则，并且负有维护宪法尊严、保证宪法实施的职责。"这是党和国家总结建国以来正反两方面经验所确定的一条重要原则。我们国家的宪法和法律是以人民的根本利益和共同意志为出发点，以党的方针、政策为依据，经过最高国家权力机关制定出来的，它体现了党的主张与人民的根本利益和意志的一致性。因此，党的领导同依法办事、依法治国并不矛盾。正如十五大报告指出的："依法治国把坚持党的领导、发扬人民民主和严格依法办事统一起来，从制度和法律上保证党的基本路线和基本方针的贯彻实施，保证党始终发挥总揽全局、协调各方的领导核心作用。"党领导人民通过全国人民代表大会制定了宪法和法律，就必须带头模范地遵守宪法和法律，同全国各族人民一道，共同维护宪法的尊严和保证宪法实施。从中央到基层，一切党组织和党员的活动都不能同国家的宪法和法律相抵触，更不能违反法律。党的各级组织和所有党员，都不允许有凌驾于宪法和法律之上的特殊地位和特殊权力。党的主张本身不是国家意志，不能对全社会产生普遍的法律效力。党的主张，凡要上升到国家意志的，就必须由国家权力机关经过法定程序，使其成为法律或者成为国家权力机关的决议、决定。这样所形成的国家意志，体现了党的主张与人民利益的统一，党的领导与人民民主的统一。但是，国家意志不同于党的主张，它可以直接凭借国家政权的力量向全社会推行，对全社会产生普遍的法律效力。

党的领导是否能真正实现并取得成效，不仅要看她的主张能否经法定程序变为国家意志，在全社会推行。更重要的是，她的主张以及由此形成的国家意志是否能得到广大人民群众的普遍认同,是否能成为广大人民群众的自觉行动。关于这一点,归根到底来说,取决于党的主张是否正确,即是否真正代表广大人民群众的根本利益。而要保证党的主张的正确性,就必须坚持"从群众中来,到群众中去"的路线。凡是正确的主张,都是从群众中集中起来的。党的主张,只有反映了人民群众的根本利益,才会得到群众的拥护和支持,变成群众的自觉行动。当然,要使群众认识到党的主张的正确性,也还需要通过党的宣传工作和政治影响力。党的各级组织的活动和党员的模范作用就是党的政治影响力的主要媒介。他们不仅要积极宣传,而且要身体力行地去贯彻党的方针、政策,使从群众中集中起来的意见又到群众中坚持下去,自觉付诸行动,并在群众中考验其正确性。这是实现党的领导的正确方式和途径。

在改革开放和社会主义现代化建设的过程中,为了加强和改善党的领导,必须实行党政分开,即党政职能分开。这直接关系到党如何执政,是否善于执政的问题。邓小平同志强调:"改革的内容,首先是党政要分开,解决党如何善于领导的问题。这是关键,要放在第一位。"①

由于党和国家政权机关的性质不同,职能不同,组织形式和工作方式不同,因而不能实行以党代政。共产党处于领导地位,但主要的是政治领导,它的最重要的职能是制定和执行正确的路线、方针、政策,为国家机关的活动奠定政治基础和确立政治目标。而国家政权机关的职能是直接决定和管理国家事务。只有划清了这两者之间的不同职能,才能理顺党组织与人民代表大会、政府、司法机关、群众团体、企事业单位和其他各种社会组织之间的关系,才能充分发挥国家政权机关、社会各种组织的应有职能。

① 《邓小平文选》三卷,第177页。

长期以来,在中国共产党和国家的各级领导机构中严重地存在着党政不分、以党代政的现象。有些党组织把自己混同于国家政权组织,直接包揽人大与政府事务、社会事务和经济事务,以致给党和国家造成了不良后果。第一,削弱了党的领导。党政不分使党处于行政工作的第一线,处于直接执行者的地位,容易成为矛盾的一个方面甚至处在矛盾的焦点上,不仅使党顾不上抓自己的建设,而且还会使党没有充分精力来管有关路线、方针、政策的大事,从而在根本问题上削弱了党的领导。第二,造成党政机构臃肿、效率不高。在党政不分的情况下,党和政府的职能往往交叉,形成机构重叠。第三,党管了许多属于人大与政府范围内的工作,妨碍了各级国家政权机关建立相对独立的强有力的工作系统。因此,从长远的观点看,必须遵照邓小平同志的要求,采取切实稳妥的步骤,逐步实行党政分开原则。现代化建设需要发挥各种组织和各个方面的积极性,需要把各种组织的正常秩序建立起来。党必须加强对国家政权机关和社会组织的领导,“总揽全局、协调各方”;同时必须保证国家的立法机关、行政机关、司法机关、经济文化组织和人民团体积极主动地、独立负责地、协调一致地工作。

党政分开,能更好地实现党的领导作用,提高党的领导水平;能使党有更多的时间和精力抓好自身建设,切实做到“党要管党”;能使党驾驭矛盾,总揽全局,充分发挥协调各方的作用,调动政权组织的积极性。

党政分开,绝不是不要党的领导,恰恰是为了更好地发挥党的领导核心作用。党政不分、以党代政,才会削弱党的领导。这是我们在学习和运用邓小平理论时必须注意到的一个重要问题。

三、党的组织体系

中国共产党是根据自己的纲领和章程,按照民主集中制组织起来的统一整体,有着严密的组织体系。其中包括中央组织、地方组织、基层组织和党组四个组成部分。

(一) 中央组织

党的中央组织现有中国共产党全国代表大会、中央委员会、中央政治局和它的常务委员会、中央委员会总书记、中央书记处、中央军事委员会和中央纪律检查委员会。

党的全国代表大会

党的全国代表大会是党的最高领导机关,由选举产生的党员代表所组成。党的各级代表大会的代表和委员会的产生,应体现选举人的意志。选举采用无记名投票的方式。候选人名单要由党组织和选举人充分酝酿讨论。党章规定选举办法为:可以直接采用候选人数多于应选人数的差额选举办法进行正式选举;也可以先采用差额选举办法进行预选,产生候选人名单,然后进行正式选举。每次党的全国代表大会代表的名额和具体选举办法,由上一届党的中央委员会决定。例如,第十五次党的全国代表大会的代表,便是根据第十四届中央委员会的决定,由各省、自治区、直辖市,中央直属机关,中央国家机关,人民解放军,武警部队等 36 个选举单位分别召开党的代表大会或代表会议选举出来的。代表候选人的酝酿、提名,坚持自下而上、上下结合、反复协商,广泛听取各级党组织和广大党员的意见。全部代表 2 048 名都经过无记名投票、差额选举而产生。自十一大以来,历届全国党代会代表数额一般在 1 500—2 000 人左右。另外,从十三大开始,中央实行特邀代表的做法。十四大、十五大规定特邀代表具有与正式代表同样的权利。十三大有特邀代表 61 名,十四大有 46 名,十五大有 60 名,他们一般是 1927 年以前入党的曾担任过重要领导职务、德高望重的老党员或者是党的十一届三中全会以来,从党和国家领导岗位上退下来的老同志。

党的全国代表大会的职权是:听取和审查中央委员会和中央纪律检查委员会的报告;讨论并决定党的重大问题;修改党的章

程;选举中央委员会和中央纪律检查委员会。现行党章规定,党的全国代表大会每5年举行一次,由中央委员会召集。中央委员会认为有必要,或者有三分之一以上的省一级组织提出要求,全国代表大会可以提前举行,如无非常情况,不得延期举行。在党的历史上,全国代表大会的代表有常任制和非常任制两种。前者是指代表任职一直到选出新一届代表,并举行新一届代表大会为止。实行这一制度,一般规定,同一届代表大会每年需要召开一次全体会议。如中共八大修改的党章规定,全国代表大会每届任期5年,每年召开一次会议(但实际上,只有1956年与1958年先后召开过八大第一、第二全体会议)。后者指代表在出席过一次代表大会后,不再继续任职。实行这一制度,一般规定,每几年举行一次代表大会。如中共七大修改的党章规定,全国代表大会每3年召集一次。从九大起每次修改的党章实际上均规定了代表的非常任制。

在实行非常任制的情况下,由于两次代表大会之间相隔数年,其间会有一些重大问题需要及时讨论解决,现行党章又规定了党的中央和地方各级委员会在必要时可以召集代表会议。代表会议代表的名额和产生办法,由召集代表会议的委员会决定。党的全国代表会议的职权是:讨论和决定重大问题;调整和增选中央委员会、中央纪律检查委员会的部分成员。但调整和增选中央委员及候补中央委员的数额,不得超过党的全国代表大会选出的中央委员及候补中央委员各自总数的五分之一。根据党的十二届三中全会决定,1985年9月举行了党的全国代表会议,讨论通过了干部年轻化问题以及关于国民经济和社会发展第七个五年计划纲要的建议;调整和增选了若干名中央委员、候补中央委员、中央顾问委员会(十四大已撤销这一组织)和中央纪律检查委员会委员。根据中共中央决定,出席代表共992名,其中包括中央委员和候补中央委员343人,中央顾问委员会委员161人,中央纪律检查委员会委员127人,不是中央三个委员会成员的省、自治区、直辖市、各大军区、中央党政各部门和群众团体的主要负责人35人,另有326名是根据中央的要求推选出来的各条战线的党员代表。所有这些代表,在党的全国代表会议上都有表决权、选举权。

中央委员会

中央委员会是党的全国代表大会闭会期间党的最高领导机关,由党的全国代表大会选举产生。党章规定,党的中央委员会每届任期5年。全国代表大会如提前或延期举行,它的任期相应地改变。中央委员和候补委员必须有5年以上的党龄。中央委员和中央候补委员的名额,由全国代表大会决定。中央委员出缺,由候补委员按得票多少依次递补。党的十五大选出中央委员193人、候补委员151人。他们的产生过程是:在各省、自治区、直辖市,中央、国家机关各部门和军队各大单位党组织提名的基础上,由十四届中央政治局向十五届大会主席团提出中央委员和候补委员的候选人预备人选建议名单;经大会主席团审议通过后,提交各代表团酝酿;然后汇总、研究各代表团的意见,再经大会主席团研究,确定候选人预备人选名单;再由各代表团酝酿,然后由全体代表投票,进行差额预选产生正式候选人;最后,由全体代表以无记名投票方式选出中央委员和候补委员。预选中央委员候选人实行差额选举,是从党的十三大开始形成的制度。第十五届中央委员会成员平均年龄为55.9岁,有大专以上学历的占92.4%。自十大以来,历届中央委员会委员数额在200人左右,候补委员数额在110—150人左右。

在全国代表大会闭会期间,中央委员会执行全国代表大会的决议,领导党的全部工作;就内政、外交、经济、国防等各方面的重大问题提出决策;推荐出任最高国家政权机关领导职务的人选;对各方面工作实行政治领导;对外代表中国共产党。中央委员会全体会议由中央政治局召集,每年至少举行一次。党的十三大提出,为了使中央委员会更好地发挥集体决策作用,今后将适当增加中央全会的次数。贯彻这一精神，第十三届中央委员会共召开了 9 次全会；第十四届中央委员会召开了 7 次全会。党章还规定，党的中央委员会可以派出代表机关。现有派出机关为：中共中央直属机关工作委员会，领导中央直属机关党的工作；中共中央国家机关工作委员会，领导中央国家机关党的工作。

中央政治局及其常委会

中央政治局和它的常务委员会由中央委员会全体会议选举产生，在中央委员会全体会议闭会期间，行使中央委员会的职权。按照党章的这一规定，不难推论，中央委员会是全国党代会闭幕期间党的最高领导机关，而中央政治局和它的常委会是中央全会闭会期间党的最高领导机关。

1945 年建立的党的第七届中央委员会只设中央政治局；从 1956 年第八届中央委员会开始，中央政治局设常务委员会。中共十五届中央委员会第一次全体会议选出的中央政治局由委员 22 人、候补委员 2 人组成。中央政治局常委会由 7 人组成，他们是：江泽民、李鹏、朱镕基、李瑞环、胡锦涛、尉健行、李岚清。历届中央政治局委员数额一般在 20 人左右，候补委员 2—4 人左右，常务委员 5—9 人左右。

中央书记处

中央书记处是中央政治局和它的常务委员会的办事机构，其成员由中央政治局常务委员会提名，中央委员会全体会议通过。这是经党的十三大修改后的党章所规定的。党的第七届中央委员会由于不设中央政治局常委会，因此当时的中央书记处相当于现在的政治局常委会。建国后直到“文革”前，按照党的七大、八大修改后的党章规定，一直由中央全会选举产生的中央书记处处理中央的日常工作。“文革”开始后，书记处实际上被“中央文革”小组（1966 年成立，名义上隶属于中央政治局常委。其成员有：陈伯达、康生、江青、张春桥等）所取代。中共九大、十大、十一大修改的党章取消了中央书记处的设置。1980 年 2 月召开的党的十一届五中全会决定,恢复中央书记处的设置,在中央政治局和它的常委会领导下,处理中央日常工作。党的十二大则把这一条写进了党章,并规定,中央书记处由中央全会选举产生。中共十三大通过的党章部分条文修正案,将中央书记处的性质和产生作了前述修改,即作为中央政治局和它的常委会的办事机构,而不再作为处理中央日常事务的机构。此后,这一规定一直未有变动。中共十五届中央委员会第一次全会通过的中央书记处由书记 7 人组成。历届中央书记处成员数额一般为 5—7 人。

总书记

中央委员会总书记,是党中央负责人,由中央全会从中央政治局常委会中选举产生,负责召集中央政治局会议和中央政治局常委会会议,并主持中央书记处的工作。第十四、十五届中央委员会总书记为江泽民。

建国以来,党的中央委员会曾先后采用过"主席—总书记制"和"主席制"两种。根据 1954 年七大修改的党章规定,1956 年前,党中央不设总书记,而设中央委员会主席 1 人,同时作为中央政治局主席和中央书记处主席,此为主席制。根据 1956 年八大修改的党章规定,1956 年后,中央委员会设主席 1 人,副主席若干人;同时设中央书记处总书记 1 人,负责书记处具体工作。此为主席—总书记制。按照九大、十大、十一大先后修改的党章规定,只设主席 1 人,在取消书记处的同时,也取消总书记职务。此为主席制。1980 年党的十一届五中全会在决定重新设立中央书记处的同时,选举出中央书记处总书记,但与中央委员会主席一职并存,可见,又恢复了主席—总书记制。十二大以后至今,党章规定采用总书记制,只设中央委员会总书记,不设主席。

中央军事委员会

中央军事委员会,是党的最高军事领导机关。其组成人员由中央委员会决定，设主席、副主席和委员若干人。建国以前，党的中央军事委员会（或类似机构）长期存在。建国之初，最高军事领导机关被纳入国家政权体系，由中央人民政府所领导的人民革命军事委员会统一管辖并指挥人民武装力量。中国共产党内不再设中央军委。1954 年制定的新中国的第一部宪法规定，国家主席统帅全国武装力量。同年，中共中央重新成立了党的中央军事委员会。此后，党的中央军委一直存在，始终领导着中国人民解放军和其他武装力量。1982 年宪法正式规定设立国家中央军事委员会，由全国人大选举和决定产生。从此，党内与国家体系内两个中央军委并存。党的中央军委与国家中央军委实际上是一个机构、一套班子，只是在党内和国家机构内同时拥有两个地位。这样，既有利于坚持党对军队的领导，又明确了人民武装力量在国家政权体系中的地位。

中央纪律检查委员会

中央纪律检查委员会，是党的最高纪律检查机关，由党的全国代表大会选举产生，在中央委员会领导下进行工作。早在 1949 年 11 月，中共中央就颁布了《关于成立中央及各级党的纪律检查委员会的决定》，随后便陆续成立了党的各级纪律检查委员会。1955 年 3 月召开的全国代表会议决定，成立党的中央和地方监察委员会，以代替原来的各级纪律检查委员会。1956 年党的八大修改的党章，对党的各级监察委员会的产生、任务、职权等作出了规定。“文革”期间，党的各级监察委员会被取消。党的九大、十大先后修改的党章，均未规定党的监察机关或纪律检查机关的设置。1977 年党的十一大修改的党章重新规定设立中央和地方各级纪律检查委员会，1978 年党的十一届三中全会决定成立党的各级纪委。党的十二大修改后的党章，在原有基础上，对党的纪律检查机关作出了一些新的规定，例如，中央纪律检查委员会的产生，八大、十一大修改的党章均规定由中央委员会选举产生。十二大修改后的党章则规定由党的全国代表大会选举产生。这使中央纪律检查委员会具有更大的权威性。现行党章规定,中央纪委的每届任期同中央委员会相同,即5年。中央纪律检查委员会全体会议选举常务委员会和书记、副书记,并报中央委员会批准。中共十五大选举产生的中央纪律检查委员会由115名委员组成,中央纪律检查委员会选举产生了由15人组成的常委会。

党的中央纪委的主要任务是:维护党的章程和其他党内法规,协助党的委员会加强党风建设,检查党的路线、方针、政策和决议的执行情况。中央纪委要经常对党员进行遵守纪律的教育,作出关于维护党纪的决定,检查和处理党的组织和党员违反党的章程和其他党内法规的比较重要或复杂的案件,决定或取消对这些案件中的党员的处分;受理党员的控告和申诉。中央纪委要把处理特别重要或复杂的案件中的问题和处理的结果,向中央委员会报告。中央纪委发现中央委员有违犯党的纪律的行为,可以先进行初步核实,如果需要立案检查的,应当报中央委员会批准。中央纪委有权检查省纪委的工作,并且有权批准和改变省纪委对于案件所作的决定。如果所要改变的省纪委的决定,已经得到省级党委会的批准,那么这种改变必须经过中央委员会的批准。

中央纪委根据工作需要,可以向中央一级党和国家机关派驻党的纪律检查组或纪律检查员。纪检组组长或纪检员可以列席该机关党的领导组织的有关会议,他们的工作必须受到该机关党的领导组织的支持。1996年,中央纪委曾派出纪律检查组专项检查领导干部廉洁自律情况;另外还选派部级干部担任检查员到地方和部门巡视,负责了解省、自治区、直辖市和中央、国家机关部委领导班子的廉政建设情况。

中央顾问委员会

中央顾问委员会,作为中央委员会的政治上的助手和参谋,曾经于1982—1992年存在过。其成员是由具有40年以上的党龄,对党有过较大贡献、有较丰富的领导工作经验,在党内外有较高声望的老同志担任。中央顾问委员会在中央委员会领导下进行工作,对党的方针、政策的制定和执行提出建议,接受咨询;协助中央委员会调查处理某些重要问题;在党内外宣传党的重大方针、政策等等。中央和省一级设立顾问委员会,是从党的十二大开始的。它们是在特定的历史条件下,实现新老交接的一种过渡性组织,有利于发挥许多富有政治经验的老同志对党的事业的参谋作用,也有利于废除领导干部的职务终身制。在完成新老交替任务后,1992 年十四大批准撤消了这一组织。

中央直属机构

为使党的中央组织正常运行,有效地执行职权和任务,需要设立若干精干的直属机构。根据党的十四届二中全会确定的党政机构改革的指导思想,1993 年下半年,中央直属机构以精干、高效为目标进行了调整,现有若干中央直属部委办机构和中央议事性机构。

中央直属部委办机构包括中央办事机构和中央派出机关。中央办事机构有:中央办公厅、中央组织部、中央宣传部、中央统战部、中央对外联络部、中央政法委员会、中央党校、中央政策研究室、中央文献研究室、中央编译局、中央台湾工作办公室、中央对外宣传工作办公室、人民日报社等。中央派出机构有:中共中央直属机关工作委员会、中共中央国家机关工作委员会。

中央议事性机构有:中央财经领导小组、中央对台工作小组、中央机构编制委员会、中央外事工作领导小组、中央农村工作领导小组、中央党的建设工作领导小组、中央宣传思想工作领导小组、中央党史领导小组、中央社会治安综合治理委员会、中央保密委员会、中央密码工作领导小组、中央保健委员会。

(二)地方组织

党的地方组织有中国共产党的省、自治区、直辖市、设区的市、自治州、县(旗)、自治县、不设区的市和市辖区的代表大会、委员会及其常务委员会、纪律检查委员会。

党的地方各级代表大会

党的地方各级代表大会,是党的地方各级领导机关,由选举产生的党员代表所组成。其职权是:听取和审查同级委员会、同级纪律检查委员会的报告;讨论本地区范围内的重大问题并作出决议;选举同级党的委员会、同级党的纪律检查委员会。现行党章规定,党的地方代表大会,每5年举行一次。由同级党的委员会召集。在特殊情况下,经上一级委员会批准,可以提前或延期举行。党的地方各级代表大会代表的名额和具体选举办法,由同级党的委员会根据党章有关规定决定,并报上一级党的委员会批准。党的地方各级委员会在必要时可以召集代表会议,讨论和决定需要及时解决的重大问题。代表会议代表的名额和产生办法,由召集代表会议的委员会决定。

党的地方各级委员会

党的地方各级委员会,是同级党的代表大会闭会期间党的地方领导机关,由同级党的代表大会选举产生。每届任期5年。党的省、自治区、直辖市、设区的市和自治州的委员会的委员和候补委员必须有5年以上的党龄。党的县(旗)、自治县、不设区的市和市辖区的委员会的委员和候补委员必须有3年以上的党龄。党的地方各级代表大会如提前或延期举行,由它选举的委员会的任期相应地改变。党的地方各级委员会的委员和候补委员的名额,分别由上一级委员会决定。党的地方各级委员会委员出缺,由候补委员按照得票多少依次递补。在代表大会闭会期间,党的地方各级委员会执行中央和上级党组织的指示和同级党的代表大会的决议,保证国务院和上级政府指示在本地区的实施;对地方性的重大问题提出决策,向地方政权机关推荐重要干部;协调本地区各种组织的活动;定期向上级党的委员会报告工作。党章原规定,党的地方各级委员会全体会议每年至少召开1次。现行党章规定，党的地方各级委员会全体会议每年至少召开2次。

地方各级党委的常委会

党的地方各级委员会的常务委员会和书记、副书记，由同级委员会全体会议选举，并分别报上级党的委员会批准后产生。党的地方各级委员会的常委会，在委员会全会闭会期间，行使委员会职权；在下届代表大会开会期间，继续主持经常工作，直到新的常务委员会产生为止。

在党的地方各级代表大会和基层代表大会闭会期间，上级党的组织认为有必要时，可以调动或者指派下级党组织的负责人。

地方党委的派出机关

党的地方各级委员会可以派出代表机关。党的地区委员会和相当于地区委员会的组织，是党的省、自治区委员会在几个县、自治县、市范围内派出的代表机关。它根据省、自治区委员会的授权，领导本地区的工作。

党的地方各级纪委

党的地方各级纪律检查委员会，由同级党的代表大会选举产生，在同级党的委员会和上级纪律检查委员会双重领导下进行工作。党的地方各级纪委每届任期和同级党的委员会相同。党的地方各级纪律检查委员会全体会议，选举常务委员会和书记、副书记，并由同级党的委员会通过，报上级党的委员会批准。党的地方各级纪律检查委员会的主要任务和中央纪律检查委员会的主要任务相同。地方各级纪律检查委员会除了要把处理特别重要或复杂的案件中的问题和处理的结果，向同级党的委员会报告外，还要同时向上级纪律检查委员会报告。党的地方各级纪律检查委员会如果对同级党的委员会处理案件的决定有不同意见，可以请求上一级纪律检查委员会予以复查；如果发现同级党的委员会或它的成员有违犯党的纪律的情况，在同级党的委员会不给予解决或不给予正确解决的时候,有权向上级纪律检查委员会提出申诉,请求协助处理。地方各级纪律检查委员会根据工作需要,也可以向同级党政机关派驻纪律检查组或纪律检查员。

省级顾问委员会,成立于十二大,撤销于十四大。

(三)基层组织

党的基层组织是指中国共产党在基层单位所建立的组织。企业、机关、学校、科研院所、街道、乡、镇、村、人民解放军连队和其他基层单位,凡是有正式党员3人以上的,都应当成立党的基层组织。党的基层组织,根据工作需要和党员人数,经上级党组织批准,分别设立党的基层委员会、总支部委员会、支部委员会。一般情况下,党员超过100人的,可建立党的基层委员会,党员超过50人的,可成立党的总支部委员会。党员不足3人的,可与邻近单位的党员组成联合支部。基层委员会由党员大会或代表大会选举产生,总支部委员会和支部委员会由党员大会选举产生。现行党章规定党的基层委员会每届任期3年或4年,总支部委员会、支部委员会每届任期2年或3年。基层委员会、总支部委员会、支部委员会选出的书记、副书记,应报上级党组织批准。街道、乡、镇党的基层委员会和村党支部,领导本地区的工作,支持和保证行政组织、经济组织和群众自治组织充分行使职权。全民所有制企业中党的基层组织,发挥政治核心作用,围绕企业生产经营开展工作。保证监督党和国家的方针、政策在本企业的贯彻执行;支持厂长(经理)依法行使职权,坚持和完善厂长(经理)负责制;全心全意依靠职工群众,支持职工代表大会开展工作;参与企业重大问题的决策;加强党组织的自身建设,领导思想政治工作和工会、共青团等群众组织。实行行政领导人负责制的事业单位中党的基层组织,发挥政治核心作用。实行党委领导下的行政领导人负责制的事业单位中党的基层组织,对重大问题进行讨论和作出决定,同时保证行政领导人充分行使自己的职权。各级党和国家机关中党的基层组织，协助行政负责人完成任务，改进工作，对包括行政负责人在内的每个党员进行监督，不领导本单位的业务工作。

党的基层委员会是设立纪律检查委员会还是设立纪律检查委员，由它的上一级党组织根据具体情况决定，党的总支部委员会和支部委员会设纪律检查委员。

（四）党组

现行党章规定，在中央和地方国家机关、人民团体、经济组织、文化组织和其他非党组织的领导机关中，可以成立党组。这些组织应包括中央国家机关各部委、国务院直属局和直属经济管理机构，以及各人民团体；省、市、自治区国家机关的厅、局，以及各人民团体；省辖市国家机关的委、办、局和人民团体；州（地）、县（市）政府、人大、政协机关和政法部门，以及各人民团体。中共十二大曾对党组作了类似现行党章的规定。为了适应党政职能分开，十三大党章部分条文修正案取消了在政府机关、经济组织和文化组织中设立党组的规定。然而，实践证明，还是必须发挥党组在非党组织的领导机关中的应有作用，因此，十四大党章修正案又恢复了十二大党章对党组的规定。

党组的性质是党的各级委员会在非党组织中的派出机关。它是党为了使自己的路线、方针、政策在非党组织的工作中得到贯彻落实而设立的工作机关，是党团结非党组织的领导机关，是和非党领导人一道贯彻党的路线、方针、政策的机关。党组与其所在机关党组织是指导关系，这些机关党组织都是直接受同级直属机关党委或同级党委领导的，而不是受党组的领导。因此，党组既不是一级领导机关、权力机关，也不是机关党的基层组织。然而，非党组织领导机关中的党组，应当大力支持本单位党组织的工作，听取本单位党组织的工作汇报和情况反映，加强指导，帮助他们解决问题。

党组的任务，主要是负责实现党的路线、方针、政策，讨论和决定本部门的重大问题，团结非党干部和群众，完成党和国家交给的任务，指导机关和直属单位党组织的工作。

党组的成员，一般是在非党组织领导机关中担任负责工作的党员，由批准成立党组的党的委员会指定。党组设书记、副书记。党组必须服从批准它成立的党的委员会的领导。

第三节　各民主党派的参政

一、基本情况

中国共产党领导的多党合作，就是指共产党与各民主党派之间的相互合作共事。中国现有 8 个民主党派：中国国民党革命委员会、中国民主同盟、中国民主建国会、中国民主促进会、中国农工民主党、中国致公党、九三学社、台湾民主自治同盟。

（一）中国国民党革命委员会

中国国民党革命委员会（简称“民革”）是由原中国国民党民主派和其他爱国民主人士继承和发扬孙中山爱国、革命和不断进步的精神，在反对帝国主义和国内反动势力的长期斗争中，逐步发展联合而成的。1947 年 11 月至 12 月，“三民主义同志联合会”（简称“民联”）、“中国国民党民主促进会”（简称“民促”）和一部分国民党民主派的代表在香港召开国民党民主派第一次代表大会，并于 1948 年 1 月 1 日正式成立中国国民党革命委员会。当时主张推翻国民党的独裁统治，实现中国的独立、民主与和平。新中国成立后，1949 年 11 月举行了国民党民主派第二次代表大会，决定将民革与民联、民促以及国民党其他爱国分子进一步统一为“民革”（“民联”、“民促”随即宣告结束）。

民革的成员主要是原国民党员以及与国民党有历史联系的人士，其中包括国家机关工作人员和科技、文教卫生战线上的知识分子。截至 1997 年民革九大召开前，民革有 5 万左右党员，在绝大多数省、自治区、直辖市建立了地方组织。民革中央机关主办《团结报》。

1997 年 11 月，民革第九次全国代表大会修改通过的新章程规定其政治纲领为：在邓小平理论指引下，高举爱国主义和社会主义的旗帜，遵循以经济建设为中心，坚持四项基本原则，坚持改革开放的基本路线，动员全体党员团结所联系的人士，发扬孙中山爱国、革命和不断进步的精神，履行参政议政、民主监督的职责，为巩固和扩大爱国统一战线，维护安定团结的政治局面，健全社会主义民主和法制，推进改革开放和社会主义现代化建设，促进祖国统一，把我国建设成为富强、民主、文明的社会主义现代化国家而奋斗。民革现任主席为何鲁丽。

（二）中国民主同盟

中国民主同盟（简称“民盟”）的前身是中国民主政团同盟。民主政团同盟于 1941 年 3 月成立于重庆，由青年党、国家社会党（后改为民主社会党）、中华民族解放行动委员会（后改名为农工民主党）、救国会、中华职业教育社和乡村建设协会联合组成。当时主要主张贯彻抗日、实现民主、结束党治和实施宪政。1944 年 9 月，中国民主政团同盟改名为中国民主同盟，由团体委员制改为个人盟员制。由于坚持与国民党反动派展开斗争，1947 年 10 月被国民党当局宣布为“非法团体”，民盟总部被解散，地方组织转入地下。1948 年 1 月，民盟在香港举行一届三中全会，重建总部。

民盟的成员主要是从事文化教育以及科技工作的高中级知识分子。截至 1997 年民盟八大召开前，盟员总数为 13 多万，省、自治区、直辖市组织 30 个，市、县委员会 334 个，基层组织 7 477 个。民盟中央机关出版《群言》杂志。

1997 年 10 月，民盟第八次全国代表大会修改通过的新章程规定其政治纲领为：在邓小平理论的指导下，高举爱国主义、社会主义旗帜,坚定不移地贯彻社会主义初级阶段 以经济建设为中心,坚持四项基本原则,坚持改革开放的基本路线,为维护社会稳定,加强各民族团结服务;为推进社会主义民主和健全社会主义法制服务;为坚持“一国两制”方针,推进祖国和平统一服务。努力促进社会主义市场经济体制的建立和完善,促进政治体制改革和社会主义精神文明建设,为解放和发展生产力,巩固和发展爱国统一战线,实现有中国特色社会主义的宏伟目标而奋斗。民盟现任主席是丁石孙。

(三) 中国民主建国会

中国民主建国会(简称“民建”)于1945年12月在重庆成立,成员主要是一部分爱国的民族工商业家和所联系的一部分知识分子。当时主要是主张爱国反帝、反对独裁、实现民主政治。民建现在的成员主要是经济界人士及有关专家学者。到1997年底,民建成员总数达7.1万多人,设有地方组织近300个,基层组织近3 000个。民建中央机关出版《经济界》杂志。

1997年11月,民建第七次全国代表大会修改通过的新章程规定,民建在社会主义初级阶段的政治纲领是:在邓小平理论指导下,坚定不移地贯彻执行中国共产党的以经济建设为中心、坚持四项基本原则、坚持改革开放的基本路线,提高本会的组织程度和会员的觉悟程度,致力于发展社会生产力,为把我国建设成为富强、民主、文明的社会主义现代化国家,为统一祖国、振兴中华,为维护世界和平而奋斗。民建现任主席是成思危。

(四) 中国民主促进会

中国民主促进会(简称“民进”)于1945年12月成立于上海,主要由一批从事中、小学教育与出版工作的知识分子发起。当时的政治主张是,结束一党专政、停止内战、保障人权,建立民主联合政府。

民进现在的成员主要以从事教育、文化、科学、出版和其他工作的知识分子为主。到1990年底，会员总数达4.7万人，在全国29个省、自治区、直辖市建立了地方组织。民进中央机关主办《民主》杂志。

1997年11月，民进第八次全国代表大会修改通过的新章程规定，在社会主义初级阶段民进的政治纲领是：在邓小平理论的指引下，高举爱国主义旗帜，坚定不移地贯彻执行以经济建设为中心，坚持四项基本原则、坚持改革开放的基本路线，为把我国建设成为富强、民主、文明的社会主义国家而奋斗。民进现任主席是许嘉璐。

（五）中国农工民主党

中国农工民主党（简称"农工"）的前身是1930年8月在上海创建的中国国民党临时行动委员会。1935年改名为中华民族解放行动委员会。1941年3月，该党参与组织中国民主政团同盟。1947年2月在上海举行第四次全国干部会议，决定改名为中国农工民主党。当时的政治主张是，全国同胞及民主党派共同推进团结，实现和平统一，建设独立富强的中国。

农工党成员主要是医药卫生和科技文教界的中、高级知识分子。截至1997年农工十二大召开前，农工党成员总数大约为6.5万人，其中医药卫生界党员占总数的62.52%。现有省级组织30个，省以下地方组织241个，基层组织3 871个。农工党中央机关主办《前进论坛》。

1997年10月，农工党第十二次全国代表大会修改通过的新章程规定，在改革开放和社会主义现代化建设新时期农工党的政治纲领为：在邓小平理论的指引下，高举爱国主义和社会主义两面旗帜，坚定不移地贯彻执行以经济建设为中心，坚持四项基本原则、坚持改革开放的社会主义初级阶段基本路线，按照"抓住机遇，深化改革，扩大开放，促进发展，保持稳定"的基本方针，解放思想，实事求是，为解放和发展社会生产力这个根本任务服务；团结党员和所联系的知识分子，同全国各族人民一道，沿着建设有中国特色的社会主义道路，为把我国建设成为富强、民主、文明的社会主义国家，为统一祖国，振兴中华而奋斗。农工党现任主席是蒋正华。

（六）中国致公党

中国致公党（简称“致公”）于1925年10月，由美洲华侨社团“致公总堂”发起在旧金山成立。1931年，致公党在香港召开第二次代表大会，决定在香港成立致公党总部。1947年5月致公党在香港举行第三次代表大会，谴责国民党当局发动内战，实行独裁的政策，主张为中国政治的民主化而奋斗到底。新中国成立后，致公党中央于1950年初由香港迁至广州，把工作转到面向国内的归侨、侨眷。

致公党成员以归侨、侨眷中的中上层人士为主。截至1997年致公党十一大召开前党员总数大约有1.5万人，在16个省、自治区、直辖市建立了地方组织。致公党中央机关主办《致公通讯》。

1997年11月致公党第十一次全国代表大会修改通过的新章程规定，致公党现阶段的政治纲领是：在邓小平理论指引下，坚定不移地接受中国共产党的领导，坚决贯彻执行以经济建设为中心，坚持四项基本原则，坚持改革开放的基本路线，高举爱国主义和社会主义两面旗帜，团结全体党员和所联系的归侨侨眷及海外侨胞，为振兴中华、祖国统一，把我国建设成为富强、民主、文明的社会主义现代化国家而共同奋斗。致公党现任主席是罗豪才。

（七）九三学社

九三学社（简称“九三”）的前身是由一批爱国的学术人士于1944年在重庆成立的“民主科学座谈会”。1945年9月3日，为纪念抗战胜利，改名为“九三座谈会”。1946年5月正式成立九三学社。主张继承“五四”运动的民主与科学传统，反对内战，实现民主。

九三学社的成员以科学技术界高、中级知识分子为主。截至1997年九三学社召开七大前，共有社员6.8万人，省级组织30个，市级组织216个，基层组织3 437个。九三学社中央机关主办《民主与科学》杂志。

1997年11月，九三学社第七次全国代表大会修改通过的新章程规定，九三学社在社会主义初级阶段的政治纲领是：在邓小平理论指引下，坚定不移地贯彻以经济建设为中心，坚持四项基本原则，坚持改革开放的基本路线，高举爱国主义、社会主义旗帜，团结全体社员和所联系的知识分子，为维护团结稳定的政治环境和社会秩序，为推进决策的民主化、科学化，发展社会主义民主政治，健全社会主义法制，实行依法治国，为实施"一国两制"促进祖国统一，全面推进建设有中国特色社会主义的伟大事业贡献力量。九三学社现任主席为吴阶平。

（八）台湾民主自治同盟

台湾民主自治同盟（简称"台盟"），是在1947年台湾人民"二·二八"起义后，由一部分从事爱国民主运动的台湾省籍人士发起，于同年11月在香港成立的。主张反对帝国主义侵略中国，反对企图把台湾从中国分裂出去的一切阴谋活动，反对独裁，要求实现人民民主。

台盟的成员主要是居住大陆的台湾同胞。到1997年台盟六大召开前成员总数大约有2万人。1997年11月，台盟第六次代表大会修改通过的新章程规定，台盟现阶段的政治纲领是：高举爱国主义、社会主义旗帜，团结广大盟员和所联系的台湾同胞，为加快改革开放和社会主义现代化建设步伐，为维护安定团结的政治局面，为健全社会主义民主法制，为促进祖国完全统一的实现而奋斗。台盟现任主席为张克辉。

中国各民主党派大多是在抗日战争或解放战争时期成立的。它们在民主革命时期的政治主张，主要是反帝、爱国和要求民主。

这同中国共产党在新民主主义革命阶段的纲领基本一致。正因为如此,在抗日战争和国共两党决战时刻,各民主党派能与中国共产党风雨同舟,并肩作战,为民主革命的胜利共同作出了贡献。1948年5月,各民主党派又热烈响应中国共产党关于召开新的政治协商会议,成立民主联合政府的“五一”号召。1949年9月,各民主党派的代表都参加中国人民政治协商会议第一届全体会议,参与制订具有临时宪法性质的《共同纲领》,选举中央人民政府。中华人民共和国成立后,各民主党派都接受中国共产党的领导,先后以《共同纲领》和《宪法》为自己的政治纲领,为社会主义革命与建设,作出新的贡献。民主党派原来是以民族资产阶级、城市小资产阶级以及同这些阶级相联系的知识分子和其他爱国民主人士为主体的具有阶级联盟性质的政党。随着社会主义改造的基本完成,他们已成为各自所联系的一部分社会主义劳动者和一部分拥护社会主义的爱国者的政治联盟,是接受中国共产党领导的,同中共通力合作、共同致力于社会主义事业的亲密友党,是参政党。

二、组织结构

根据各民主党派的章程,各民主党派的组织制度是民主集中制,其主要特点是:党(会、社、盟)的各级领导机关都由选举产生;党的各级委员会向同级党的代表大会及上级组织负责并报告工作;党的各级委员会实行集体领导和个人分工负责相结合的制度;党员个人服从组织,少数服从多数,下级组织服从上级组织,地方组织服从中央组织。

各民主党派的机构由中央组织、地方组织和基层组织三部分组成。

(一)中央组织

中央组织一般有:全国代表大会、中央委员会及其常务委员会、主席会议和中央参议(监察)机构。

全国代表大会(台盟是全盟代表大会)是各民主党派的最高领导机关,一般每5年举行一次,由中央委员会召集,必要时可提前或延期举行。各民主党派均规定在必要时可召开全国代表会议。除台盟和致公党未作规定外,大多数民主党派均规定它的全国代表大会的名额和产生办法由中央委员会或中央常务委员会决定。全国代表大会的职权一般为:讨论并决定本党派的方针、任务和重大事项;听取和审议中央委员会的报告;修改本党派的章程;选举中央委员会。另外,农工党还规定推举中央名誉主席;九三学社规定推举中央名誉主席、名誉副主席、顾问。

中央委员会每届任期均为5年,每年召开一次全体会议,由中央常务委员会召集。必要时可提前或延期举行。除台盟未对中央委员会的性质、地位、职权作规定外,其余各民主党派的章程大多规定,在全国代表大会闭会期间,中央委员会执行全国代表大会的决议,领导全党工作。有的还规定中央委员会"对外代表全党"。中央委员会的职权为:听取和审议中央常务委员会报告;讨论并决定本党派的重大事项;选举中央委员会主席、副主席和常务委员;任命中央委员会秘书长;另外,民革、民盟、民建、民进、致公党还规定,中央委员会推举中央名誉主席、名誉副主席、顾问;农工党规定其中央委员会推举中央名誉副主席和顾问。

中央常务委员会在中央委员会闭会期间,行使中央委员会的职权,领导本党派工作。中央常委会由中央委员会选举产生,任期5年。

主席会议由主席、副主席和秘书长组成,在常委会闭会期间或根据中央委员会和中央常委会的决定,负责主持中央日常工作或重大事项。

此外,不少民主党派还先后建立了中央参议(监察)机构,如民革的监察委员会,民盟、民进、九三学社的参议委员会,民建的咨议委员会,农工党的咨监委员会以及台盟的评议委员会,其成员均由全国代表大会选举产生。

（二）地方组织

各民主党派的地方组织多数分为三级：省级（省、自治区、直辖市）的代表大会（或盟员大会、会员大会，下同）和由它产生的委员会；地级（地级市、自治州）的代表大会和由它产生的委员会；县级（县、旗、县级市、市辖区）的代表大会和由它产生的委员会。台盟的地方组织为两级：省、直辖市盟员大会及委员会；地级市、市辖区的盟员大会及委员会。

地方各级代表大会每5年召开一次，由同级委员会召集，一般来说是各党派的地方最高领导机关。

地方各级委员会在其代表大会闭会期间，领导本党派地方组织的工作，每届任期5年。地方各级委员会（民盟为市级以上委员会）选举主任委员1人，副主任委员若干人。

地方各级委员会可以根据工作需要，选举常务委员若干人和秘书长1人，组成常务委员会。在地方各级委员会全体会议闭会期间，行使其职权。

（三）基层组织

基层组织为支部党员大会和所产生的支部委员会（九三学社为支社委员会，下同）。各党派的基层组织按党员（盟员、会员、社员）所在单位、系统或地区建立。建立支部的最低人数各党规定不等。有的规定为5人以上，有的规定7人以上。支部以下，按照需要，3人以上可设立小组；支部以上，若工作需要，可设立总支部。

支部委员会、总支部委员会、基层委员会由相应党员大会选举产生。支部委员会、总支部委员会、基层委员会通常设主任委员、副主任委员及委员若干人，由相应的委员会互选产生，每届一般任期为3年（九三学社规定任期为5年；民革规定任期2至3年；致公任期规定为3至5年。）

三、参政方式

在我国多党合作制度中，各民主党派作为参政党发挥着重要的参政作用。他们通过多种方式积极参与政权，参与国家的政治生活，参与国家社会主义建设。这些活动方式概括起来有下列三种。

（一）参政议政

所谓参政议政，是指在共产党领导下，各民主党派成员参加国家政权，参与国家大政方针和国家领导人选的协商，参与国家事务的管理，参与国家方针、政策、法律、法规的制定执行。这是各民主党派活动的一种重要形式。

从新中国成立以来，这方面曾有过成功的实践。如，建国初期各民主党派的许多领导人分别担任了从中央到地方的各级人民政府的领导职务。1949 年到 1954 年的中央人民政府委员会的 56 名委员中，党外人士约占 50%；政务院 30 个部级单位的正职负责人中，党外人士 13 名，约占 43%；副职负责人中，党外人士 31 名，约占 47%。中央人民政府 6 位副主席中，党外人士有 3 名；政务院 4 名副总理中，党外人士 2 名。1954 年召开的第一届全国人民代表大会的 1 226 名代表中，党外人士有 558 名，占 45.52%；79 名全国人大常委中，党外人士有 39 人，占近 50%；13 名副委员长中，党外人士 8 名，占 61.5%。所谓党外人士，大部分是民主党派的成员。历史已证明了这种结构的必要性和有效性。可以说，建国初政治生活中所以会形成那种较好的民主气氛，同当时比较重视民主党派的参政议政作用有一定关系。可是，在 1957 年“反右派”斗争以后，民主党派领导人在政府、人大中的职务被取消了，民主党派的地位、作用被抹杀了，国家的政治生活相继出现了许多不正常的现象，造成了众所周知的损失。

改革开放 20 年来，各民主党派的参政议政作用又日益显示出来。其形式多样,成效显著。在各级人大、人大常委会和人大专门委员会中,在政协常委和政协领导人员中,各民主党派人士均占有一定比例;民主党派成员被推选到国务院有关部委和县级以上地方人民政府及其有关部门,还有各级司法机关担任领导职务或参加咨询工作;有关民主党派成员被邀请列席各级人民政府召开的全体会议或有关会议,商讨重要问题。据统计,截止1997年9月,全国担任地方县(处)级以上人民政府及司法机关领导职务的党外人士共计8 300人左右。其中,担任省、自治区、直辖市的副省长、副主席、副市长、省长(主席)助理的党外人士23人;16个副省级市有党外副市长、市长助理13人;全国359个市(地、州、盟、区)政府机关中有党外人士171人担任副地级领导人(或助理);全国省级人民政府担任正、副局长的党外人士181人;地方各省直厅(局)及市(地、州、区)政府机关中担任正、副处长的党外人士6 274人。在这些党外人士中,各民主党派成员占大多数。

中国共产党同各民主党派进行协商,是各民主党派参政议政的一个重要组成部分,这一活动正逐渐走向制度化、规范化。协商的主要形式是:(1)民主协商会。中共中央主要领导人邀请各民主党派主要领导人和无党派人士举行民主协商会,就中共中央将要提出的大政方针问题同他们进行协商。这种会议一般每年举行1次。(2)高层谈心会。中共中央主要领导人根据形势需要,不定期地邀请各民主党派主要领导人和无党派人士举行高层次、小范围的谈心活动,就共同关心的问题自由交谈、沟通思想、征求意见。(3)双月座谈会。由中共中央召开各民主党派、无党派人士座谈会,通报或交流重要情况,传达重要文件,听取各民主党派、无党派人士提出的政策性建议或讨论某些专题。这种会议大体每2个月举行1次。重大事件随时通报。有的座谈会亦可委托中共全国政协党组举行。除三种会议之外,各民主党派和无党派人士也可就国家大政方针和现代化建设中的重大问题随时向中共中央提出书面的政策性建议,还可以约请中共中央负责人交谈。

近年来,中国共产党就重大问题与各民主党派协商的制度,得到了较好的贯彻。十四大后的5年(1992—1997年)中,中共中央、国务院领导同志召开或委托有关部门召开的协商会、座谈会、谈心会、情况通报会达55次,协商水平不断提高。各级地方党委同各民主党派、无党派人士的协商也有很大进展。在有民主党派组织的基层单位里,中共党组织经常召开座谈会,认真听取各民主党派的意见,发挥他们的作用。许多党政主要领导同志带头与各民主党派、无党派人士交朋友,建立起深厚的友谊。通过协商,中共和各民主党派平等讨论、畅所欲言,有利于促进决策的民主化、科学化。

民主党派的参政议政,是我们党和国家充分发挥民主党派在国家政权建设和国家事务管理中的应有作用,而不是在党派之间分配席位。民主党派成员中的人大代表在人大中以人民代表身份,和其他代表一样依照《宪法》及其他有关法律进行活动。

(二)民主监督

所谓民主监督,这里主要是指各民主党派对共产党和国家机关的监督。在国家政治生活和各项事业中,由于中国共产党居于领导地位,党的路线、方针、政策正确与否,工作开展得如何,关系着国家的前途和社会主义事业的成败;同时,由于党的执政地位,党内的一些同志很容易沾染上主观主义、官僚主义和宗派主义等习气。在这种情况下,各民主党派本着诤友的责任,通过监督,加强合作。发挥各民主党派监督作用的总原则是:在四项基本原则的基础上,发扬民主,广开言路,鼓励和支持各民主党派与无党派人士对党和国家的方针、政策、各项工作提出意见、批评、建议,做到知无不言、言无不尽。

各民主党派监督的主要渠道有:各民主党派成员在中共中央、国务院及中共各级党委和政府召开的民主座谈会上提出意见和批评;人大组织和政协组织中的民主党派成员参加有关问题的调查;

民主党派成员参加政府监察、审计、工商等部门的重大案件调查和财政税收检查；一批符合条件和有专门知识的民主党派成员被聘为特约监察员、特约检察员、特约审计员和教育督导员。

自1989年颁发的《中共中央关于坚持和完善中国共产党领导的多党合作和政治协商制度的意见》以来，民主党派的民主监督作用得到进一步发挥。目前，全国监察、检察、审计和教育系统已建立起特约监察员、特约检察员、特约审计员、教育督导员制度，国家税务总局和国家土地管理局也聘请各民主党派部分成员担任特约税务检查员和土地监察专员。全国各地积极开展这方面的工作，并有创新和发展，形成了一支可观的特约人员队伍，其中各民主党派成员占了相当比例。1993年中央统战部与中央纪委下发了《关于发挥民主党派工商联在反腐败斗争中的作用的意见》，据此，中央有关部门每年都吸收各民主党派成员参加反腐败的检查工作。各省、自治区、直辖市在开展这项工作时，也普遍重视发挥各民主党派的作用。

由于各民主党派人才聚集，具有一定的代表性和影响力，提出的意见和批评通常切中时弊，因而它的民主监督往往具有很大的社会效应，对于保证党和国家重大决策的正确性和贯彻执行起到了很好的作用。

（三）服务沟通

所谓服务与沟通，是指各民主党派积极开展为社会主义物质文明和精神文明建设，为祖国统一大业服务的各类活动，以及通过各种渠道沟通它们所联系的一部分人民群众同党和国家机关之间的关系。

各民主党派由于其自身特有的优势，决定了它们在物质文明建设、精神文明建设和祖国统一大业的服务活动中大有作为。例如，各民主党派中不少人有较高的文化技术知识和丰富的实践经验，他们充分发挥人才智力优势，在技术咨询、人才培养等方面成效显著。中共十四大召开后的5年中,各民主党派中央和地方组织共成立咨询服务机构近2 000个,向社会各部门提供咨询服务项目32 000多项;它们还积极开展社会办学,共开办各类学校、培训班、进修班6 500多个,培训总人数达165万人次;同时,派出专家学者和技术人员3.5万多人次到老少边穷地区,完成智力支边和开发扶贫项目2.6万多项,取得了可观的文化、经济效益。又如,民主党派中有相当一部分是归国华侨、台湾同胞、港澳同胞和原国民党军政人员等,他们充分发挥同港、澳、台和海外联系广泛的优势,近几年来共协助引进资金9.4亿元人民币,8.2亿美元,7.8亿港元;他们齐心协力,努力促进香港回归祖国,并在促进澳门回归祖国、和平统一台湾、实现"一国两制"科学构想方面继续起着不可替代的作用。

在我国现阶段,还存在着不同的阶级、阶层和利益群体,各民主党派在维护全体人民共同利益的同时,也必然代表和维护自己所联系的那部分群众的具体利益和要求。因此,各民主党派往往成为共产党和国家机关同人民群众联系和沟通的桥梁与渠道,做到上情下达,下情上达。它们还经常组织自己的成员学习、了解中国共产党和人民政府的方针、政策,积极开展思想政治工作,帮助一部分社会成员进行自我教育,推动他们做好本职工作,为祖国的现代化建设出力。

第四节　继续完善中国共产党领导的多党合作制度

继续坚持和完善中国共产党领导的多党合作制度是我国政治体制改革的重要内容之一。

一、加强与改善党的领导，是坚持和完善我国多党合作制度的关键

我国多党合作的前提是坚持中国共产党的领导。在新的历史条件下，如何加强与改善中国共产党对各民主党派的领导，是一个需要继续实践与总结的问题。毛泽东曾指出，“所谓领导权，不是要一天到晚当作口号去高喊，也不是盛气凌人地要人家服从我们，而是以党的正确政策和自己的模范工作，说服和教育党外人士，使他们愿意接受我们的建议。”[①]由此可见，善于领导，一是要求党的各项方针政策正确；二是要求共产党员发挥先锋模范作用；三是要求采用民主的方法和态度。在宪法和法律的范围内，允许民主党派在思想上可以发挥独立思考、百家争鸣的精神，鼓励它们阐述各自的主张，表明自己的态度。只有做到这几点，共产党对民主党派才具有凝聚力，各民主党派对共产党才具有向心力，党对民主党派的领导才得到加强与改善。

二、加强各民主党派自身建设，是坚持和完善我国多党合作制度的重要内容

随着中国政治体制的改革与逐步完善，对民主党派的要求也愈来愈高。为了进一步发挥民主党派在中国政治生活中的作用，必须加强民主党派的自身建设，包括政治思想和组织建设。在政治思想建设方面，各民主党派应当坚持在本组织内倡导学习马克思主义、毛泽东思想、邓小平理论，学习政治时事和中共中央及国家的重要方针、政策，认真进行爱国主义、社会主义和国情教育。还应注意对所属成员进行政党意识、参政意识、民主监督意识和服务意识的教育和培养，不断提高参政议政的能力，增强责任心。在

① 《毛泽东选集》合订本，第 700 页。

组织建设方面，继续注意新老合作交替，加强领导班子的年轻化，积极培养一批拥护四项基本原则、拥护改革开放、有一定群众基础和组织领导能力的中青年，把他们充实到领导班子中；吸收成员，必须坚持德才兼备，有一定代表性的原则，并注意在巩固的基础上发展；克服家长作风，注意民主党派内部的民主化。只有这样，才能使各民主党派在中国共产党领导的多党合作中更好地发挥应有的作用。

三、健全和疏通民主党派的参政渠道，进一步发挥其参政议政和民主监督作用

随着社会主义事业的深入发展，各民主党派参政议政和民主监督的职能日趋重要。中国共产党和各级国家权力机关、政府机关应认真听取民主党派的意见、批评和建议，以便集思广益。凡合理部分，应吸收到中央和地方的决策中去，成为中国共产党和国家机关制定政策的依据之一。为此，必须健全和疏通民主党派的参政渠道。

首先，应当进一步发挥各民主党派成员在人民代表大会中的作用。人民代表大会是我国人民行使国家权力的机关，也是民主党派成员参政议政和发挥监督作用的重要机构。在各级人大代表、人大常委会委员和人大专门委员会成员中，应当确保民主党派成员有适当的比例。其次，要继续举荐各民主党派成员担任各级政府及司法机关的领导职务。对于德才兼备、有政治活动能力的、取得人民信任的民主党派人士，应给予大胆提拔、重用。第三，各民主党派应努力组织、团结自己的成员积极投入社会主义现代化建设事业，经常开展调查研究，不断取得参政议政和协商监督的发言权。第四，中国共产党和各级国家机关应结合政务公开制度的建立与健全，为民主党派及其成员知情、知政创造更多的条件。只有知情、知政，各民主党派成员才能有效地参政议政。

四、制定和健全有关多党合作的具体法律与制度

目前已有了一些规范多党合作的制度，但从规范化、程序化和可操作性来说，还不够具体。因此，要研究如何使这种合作、协商、监督进一步制度化、法律化，形成具体的规范和程序，增强可操作性，使宪法规定的中国共产党领导的多党合作制度更好地落到实处，充分发挥其实效。这既有利于保证中国共产党的领导，保证党的国家基本路线的贯彻；又有利于保证各民主党派的民主权利，使各种利益、要求、意见都得到充分的反映。

第十章　政治协商制度

第一节　概　　述

一、涵义和特点

政治协商制度(政协制度),是指在中国共产党领导下,各政党、各人民团体、各少数民族和社会各界的代表,以中国人民政治协商会议为组织形式,经常就国家的大政方针进行民主协商的一种制度。这是中国人民根据革命历史和现实国情在政治生活中的创造,是当代中国的一项基本政治制度。

政治协商制度具有以下特点:(1)政治协商是以坚持中国共产党领导为前提条件的。首先,这是由中国的国体决定的。中国实行工人阶级领导的、以工农联盟为基础的人民民主专政。中国共产党是中国工人阶级的先锋队,它应当而且能够代表、照顾和协调现阶段中国一切爱国的和拥护社会主义的人们的利益和要求。其次,这也是由中国的政党制度决定的。中国共产党是社会主义事业的领导核心,是执政党;民主党是各自所联系的一部分社会主义劳动者和一部分拥护社会主义的爱国者的政治联盟,是接受中国共产党领导的,同中共通力合作、共同致力于社会主义事业的亲密友党,是参政党。(2)政治协商的主体是有组织的、高层次的和具有广泛代表性的,包括各政党、各人民团体和社会各界的代表人物,是中国知识层次最高的一个政治群体。(3)政治协商的内容具有政治性和全局性,包括党的路线、决策,国家的大政方针,有关民族和人民的前途和命运的重大问题,有关全国和各地区经济建设的重要问题等等。(4)政治协商的组织形式是作为爱国统一战线组织的中国人民政治协商会议。(5)政治协商的结果虽不具有法律效力,也不形成国家意志,但对党和国家的工作具有重要的建议、咨询、参考作用,在不同程度上对党和国家的决策产生影响。

二、创立

中国的政治协商制度是随着中国人民政治协商会议的创立而创立的。它是中国具体历史条件的产物,是中国共产党统一战线的伟大胜利,是中国人民进行长期革命斗争的必然结果。

抗日战争胜利结束后,中国面临如何建国的问题。全国人民和社会各界人士强烈呼吁,要求结束国民党反动派独裁统治,建立“联合政府”,共同建设民主国家。1946 年 1 月 10 日至 31 日,国民党、共产党、其他党派和无党派人士的代表共 38 人,在重庆举行了政治协商会议(即“旧政协”)。这个会议通过了五项决议:(1)关于政府组织问题的协议。(2)和平建国纲领。(3)关于国民大会问题的协议。(4)关于宪法草案问题的协议。(5)关于军事问题的协议。这些协议在不同程度上有利于人民而不利于国民党反动派的统治。国民党政府一方面表示承认这些协议,企图利用这些协议来进行和平欺骗,另一方面则积极备战,准备发动全国规模的内战。政治协商所达成的这些协议,后来都被国民党统治集团一一撕毁。中国人民在中国共产党的领导下,进行了伟大的人民解放战争。在人民解放战争由战略防御转向战略进攻的形势下,1948 年 4 月底,中共中央发布了纪念“五一”国际劳动节的口号,号召“各民主党派和各民主团体及社会贤达,迅速召开新的政治协商会议,讨论并实现召集人民代表大会,成立民主联合政府。”“五一”口号一提出,立即得到各民主党派、各人民团体、无党派人士、各少数民族和海外华侨的热烈响应。从1948年8月开始，代表各民主党派和各民主阶层的人士，从全国各地及海外陆续来到解放区。特别是大批民主党派领导人、工商业家、文化界人士，都纷纷从西南、西北、华中、上海等地转到香港，再经青岛、大沽、大连，然后到河北省平山集合。1949年3月，毛泽东在中共七届二中全会上宣布，召开新的政治协商会议和成立民主联合政府的一切条件已经成熟。1949年6月15日至20日，在北平（今北京）召开了新政协筹备会。参加的有中国共产党等23个单位的代表134人。9月17日，召开了筹备会第二次会议，决定将新政治协商会议改名为中国人民政治协商会议。

1949年9月21日至30日，第一届中国人民政治协商会议第一次全体会议在北平隆重召开。参加会议的代表分为党派、区域、军队、团体、特邀等五大类，前四类共45个单位，其中正式代表510人，候补代表77人；连同特邀代表75人在内，共46个单位662人，其中共产党员占44%。代表中非共产党员约56%，包括民主党派成员约占30%，工、农代表和无党派人士共占26%。这次会议代表的特点是：具有政治上的先进性和极其广泛的代表性；既坚持扩大与巩固统一战线，又保证共产党的领导，实现共产党同各方面人士的团结合作。这次政协会议代行全国人民代表大会职权，制定并通过了为新中国奠基的三个历史性文献：(1)《中国人民政治协商会议共同纲领》（起临时宪法作用）；(2)《中华人民共和国中央人民政府组织法》；(3)《中国人民政治协商会议组织法》。大会选举产生了中国人民政治协商会议全国委员会，选举产生了中华人民共和国中央人民政府委员会，选举毛泽东为中央人民政府委员会主席，朱德、刘少奇、宋庆龄、李济深、张澜、高岗为副主席，周恩来、陈毅等56人为委员；确定五星红旗为中华人民共和国国旗，《义勇军进行曲》（田汉词，聂耳曲）为中华人民共和国代国歌；决定改北平为北京，确定其为中华人民共和国首都，并决定采取与世界大多数国家一样的年号等。

第一届人民政协会议闭幕第二天,即1949年10月1日下午3时,在天安门广场举行了庆祝中华人民共和国中央人民政府成立典礼,即开国大典。会议向全世界宣告中华人民共和国成立。

中国人民政治协商会议的召开,标志着当代中国政治协商制度的创立,也表明了这一制度创立之初曾担负起协商筹建中华人民共和国的重任,发挥了巨大的历史作用,作出了不可磨灭的历史功绩。

三、发展

政治协商制度走过的近50年,大致可以分为4个时期:

第一,1949年9月到1954年9月。中国人民政治协商会议虽然就其性质来说,不是国家机关,但由于建国初期的特殊历史条件,作为国家最高政权机关的全国人民代表大会尚未建立,按照《共同纲领》规定,中国人民政治协商会议全体会议代行了全国人民代表大会的职权。

1949年9月通过的政协组织法规定,政协全体会议闭幕后,设立政协全国委员会。其职权主要有:保证实行政协全体会议及全国委员会的决议;协商并提出对中央人民政府的建议案;协助政府动员人民参加人民民主革命及国家建设的工作;协商并决定下届政协全体会议的参加单位、名额及代表人选,并召集之;领导地方民主统一战线的工作;协商并处理其他有关政协内部合作的事宜等。政协全国委员会不同于政协全体会议,它不代行全国人大的职权。第一届人民政协全国委员会,共召开了4次会议。第一次会议选举毛泽东为政协全国委员会主席,周恩来、李济深、沈钧儒、郭沫若、陈叔通为副主席,选举28人为全国委员会常务委员,李维汉为秘书长。第一到第四次会议,先后通过了“以十月一日为中华人民共和国开国的国庆纪念日”的建议案,请中央人民政府采纳实施;原则通过中华人民共和国土地改革法草案,建议中央人民政府委员会审核通过后颁布实施;通过中华人民共和国国徽图案,建议中央人民政府采用;作出了关于抗美援朝工作的决议等,并听取了中央人民政府、政务院、最高人民法院、人民革命军事委员会等国家机关的政治报告或工作报告。会议期间还逐步建立了各工作组、工作会议、双周座谈会、学习座谈会等工作制度以及秘书处等工作机构。

在这一阶段,政协还协助政府做了许多工作。比如,贯彻执行对民族工商业的利用、限制、改造的政策;协助政府动员人民开展土改、镇压反革命和"三反"、"五反"运动;推动和组织各界人士赴朝慰问,并为和平解决朝鲜问题作出努力;积极开展维护世界和平、促进国际合作的活动;帮助知识分子在实践中进行自我教育和自我改造;为召开全国人民代表大会作准备等等。在建国初期的5年里,人民政协对团结各族人民反对国内外敌人,实现和巩固国家的统一,恢复和发展国民经济,实现从新民主主义到社会主义的转变,巩固人民民主专政,发展人民民主统一战线,都发挥了极其重要的作用。

第二,1954年10月到1966年5月。1954年9月,第一届全国人民代表大会第一次会议在北京召开。从此,人民政协就不再代行国家权力机关的职权,而单纯作为中国共产党领导的统一战线组织而继续发挥作用。于是,政协制度进入了第二个历史时期。1954年12月召开的第二届全国政协第一次会议,制定了《中国人民政治协商会议章程》。《章程》总纲中明确指出,今后中国人民政治协商会议作为团结全国各族人民、各民主阶级、各民主党派、各人民团体、国外华侨和其他爱国民主人士的人民民主统一战线的组织,仍然需要存在。《章程》还规定了人民政协的组织机构、地方委员会的设置以及上下级的关系等重要内容。这次会议以及1959年4月、1964年12月先后召开的第三、四届全国政协的第一次会议均选举毛泽东为政协全国委员会名誉主席，周恩来为政协全国委员会主席。

这一时期，人民政协全国委员会前后经历了第二届、第三届、第四届。委员人数从第二届时的559人增加到第三届时的1 971人、第四届时的1 199人。

在周恩来的主持下，全国政协积极开展各项工作，在国家建设的各个方面都发挥了应有的作用。比如，协助政府实现过渡时期的总路线，推动工商业、农业的社会主义改造；开展政协委员视察工作；推动和贯彻党的知识分子政策以及“长期共存、互相监督”方针；调整统一战线内部关系以及团结和调动一切积极因素为社会主义事业服务等等。但是，从1957年起，人民政协工作也受到了“左”的错误的影响。

第三，1966年6月到1976年10月，这一时期人民政协的工作同党和国家的其他工作一样，受到了前所未有的挫折和损失。党的正确的统一战线政策被歪曲为“投降主义”，统战部被说成所谓“阶级投降部”。政协全国委员会于1966年8月30日起被迫停止办公。各级政协的工作也被迫陷于瘫痪。整个政协制度遭到严重破坏。在此期间，周恩来采取大量措施保护了各界民主人士。直到1971年底，人民政协工作开始有所局部恢复。

第四，1977年以后，这是政协制度发展的第四个时期，是人民政协组织上的恢复和制度上进一步发展的重要时期。

1977年12月，第四届全国政协常务委员会举行第七次会议（扩大），讨论中共中央提出的在召开第五届全国人大的同时，召开第五届全国政协会议的建议。这次会议为顺利召开第五届，也就是进入新时期以来的第一届全国政协会议作了重要的准备。

1978年2月，在北京召开了政协第五届全国委员会第一次会议，标志着中断10年之久的政治协商制度正式得到了恢复。第五届全国政协共有委员1 988人，比上届委员人数增加了三分之二，代表8个民主党派的委员(不包括代表其他方面的民主党派成员)有245名,占13%。这次会议选举邓小平为全国政协主席,并通过了新的章程。

1978年底召开中共十一届三中全会以后,随着国家在政治、经济、文化各个方面的巨大变化,人民政协的组织和工作也有了很大的发展,统一战线和人民政协的工作进入了一个新的历史发展阶段。1982年底,第五届全国人大第五次会议通过的《中华人民共和国宪法》,第一次以根本大法的形式肯定了爱国统一战线和人民政协的性质、地位和作用。同时举行的政协第五届全国委员会第五次会议通过了人民政协的第三部章程。这部章程反映了新时期统一战线的基本方针政策,规定了新时期人民政协的性质、作用、任务和组织原则,为健全政治协商制度,全面开创人民政协工作的新局面发挥了重要的指导作用。此后,人民政协在参政议政、协助党和政府落实政策,以及为"四化"服务等方面,作出了可喜的成绩。

1983年6月,举行了第六届全国政协第一次会议。第六届全国政协委员共有2 039人,组成单位增加到31个。委员的构成比第五届有了很大的变化和发展,主要体现在以下4个方面:(1)委员中共产党员的比例从60%降为40%,非共产党员占了委员的大多数;(2)委员中知识分子数量大幅度增加,而且进入了一批在四化建设中作出显著成绩的比较年轻的代表人物;(3)台胞联谊会和港澳同胞新增为政协的参加单位,台湾和港澳爱国同胞的委员人数是历届政协最多的;(4)委员中还有台湾国民党当局在大陆上的爱国亲属,有著名历史人物的后裔,有为中国革命和建设事业长期工作的中国籍的国际友人。这个新阵容,生动地体现了中国社会主义建设事业的新发展和中华民族的大团结、大统一。这次会议选举邓颖超为政协全国委员会主席。此后,人民政协在调研、视察、推动社会主义精神文明建设、贯彻"一国两制"以及开展人民外交等方面作了大量有益的工作。

1988 年 3 月,召开了第七届全国政协第一次会议。该届全国政协委员共 2 081 人,比第六届增加了 42 名。这次会议的民主空气尤为浓厚,许多委员出于爱国之心,对人民所关心的物价、教育、科技、社会风气等问题畅所欲言,对政府工作中的缺点直言不讳地提出批评,充分表现了委员们强烈的参政议政意识和为振兴中华贡献力量的政治热情。这次会议选举李先念为政协全国委员会主席。本届任期中,中共中央在广泛征求各民主党派等各方面的意见基础上于 1989 年 12 月 30 日颁布了《中共中央关于坚持和完善中国共产党领导的多党合作和政治协商制度的意见》。《意见》再一次强调指出,"人民政协是我国爱国统一战线组织,也是共产党领导的多党合作和政治协商的一种重要组织形式。人民政协应当成为各党派、各人民团体、各界代表人物团结合作、参政议政的重要场所。"《意见》的颁布对于坚持"一个中心、两个基本点",推进社会主义民主政治建设,维护安定团结,发展最广泛的爱国统一战线,坚持和完善政协制度,具有重要的现实意义和深远的历史影响。

1993 年 3 月,召开了第八届全国政协第一次会议。该届全国政协委员共 2 093 人,比上届增加了 12 人。其组成有如下特点:(1)为适应经济建设和改革开放的需要,增加了由 82 人组成的"经济界"。(2)首次增加了非公有制经济成分的代表。(3)保证新老合作和交替。2 093 名委员中,上届留任的有 1 040 人,新委员 1 053 人;委员平均年龄下降了 4 岁。(4)有更广泛的代表性。中共党员 831 名,民主党派成员和其他方面人士 1 262 名;除了上届原有组成单位外,民族成分由 46 个增加到 56 个,少数民族代表增加了 19 名;港澳同胞、台湾同胞和海外华侨的比例有了大幅度的增加。(5)委员知识层次更有提高。汇集了一大批专家、学者、能人、志士,特别是一批中青年科技业务骨干进入了政协"人才库、智力库”。全体委员中有大专以上学历的有 1 321 人，占 63.2%，有高级职称的 1 175 人，占 56.1%。该届大会选举李瑞环为政协全国委员会主席。此后的 5 年里，政协紧紧围绕经济建设这一中心，在集中民情民意民智的基础上，对国家一系列重大决策提供了有力的支持，也为贯彻“一国两制”和香港顺利回归作出了重要贡献，并努力推进政协工作制度化、规范化，逐步形成了新形势下的工作机制。本届政协全国委员会在广泛征求各界意见的基础上于 1994 年修改了《中国人民政治协商会议章程》，在政协职能方面除了原来的“政治协商”和“民主监督”以外增加了“参政议政”，并进一步完善了章程的各项规章制度，此外，还修订了《政协全国委员会常务委员会工作规则》、《政协全国委员会专门委员会通则》等规章制度。在 1998 年 1 月，八届政协全国委员会常务委员会第二十三次会议上协商通过了九届全国政协的组成单位和名单，为人民政协跨世纪交接作了准备。

1998 年 3 月 3 日，第九届全国政协第一次会议以“民主、求实、团结、鼓劲”为主题在北京隆重召开，拉开了人民政协工作跨世纪的宏伟蓝图。本届大会仍选举李瑞环为政协全国委员会主席。九届全国政协担负着承前启后、继往开来的历史使命，它在把建设有中国特色社会主义事业全面推向 21 世纪的过程中，必然会发挥更重要的作用。

第二节 人民政协的性质、任务和主要职能

一、性质和任务

（一）性质

中国人民在长期的革命和建设进程中，结成了由中国共产党领导的，有各民主党派、无党派民主人士、人民团体、少数民族人士

和各界爱国人士参加的，由全体社会主义劳动者、拥护社会主义的爱国者和拥护祖国统一的爱国者组成的，包括台湾同胞、港澳同胞和国外侨胞在内的最广泛的爱国统一战线。而中国人民政治协商会议（即人民政协或政协）就是中国人民爱国统一战线的组织。

早在1949年9月，中国人民政治协商会议第一届全体会议通过的《共同纲领》中就规定：人民政协"为人民民主统一战线的组织形式。"其组织成分包括工人阶级、农民阶级、革命军人、知识分子、小资产阶级、民族资产阶级、少数民族、国外华侨及其他爱国民主分子的代表。可见，虽然当时人民政协代行了全国人民代表大会的职权，但它本身所固有的性质仍然是统一战线组织。在以后的近50年中，特别是在70年代末以来的改革开放的20年中，中国的政治经济形势和社会历史条件发生了重大变革，人民政协的组成成分、历史任务也随之发生变化。但是，它作为统一战线组织的性质并没有改变。这可以从政协的三个《章程》和1982年的宪法中看出。

1954年12月制定的《中国人民政治协商会议章程》关于人民政协性质的提法与《共同纲领》相同，即：人民政协"为人民民主统一战线的组织形式"。

1978年3月制定的《章程》把人民政协的性质规定为"中国共产党领导下的革命统一战线的组织"。

1982年12月制定的并在1994年3月修订的《章程》规定："中国人民政治协商会议是中国人民爱国统一战线的组织"。

1982年12月制定的宪法规定："中国人民政治协商会议是有广泛代表性的统一战线组织"。

人民政协作为统一战线组织，在中国政治生活中有着重要地位，它所进行的活动、提出的建议和通过的决议，对社会主义建设和国家政权机关的建设有着重要的作用。

（二）任务

人民政协的任务，总的来说，是为实现党和国家在各个历史时期的总任务而奋斗。在新的历史时期，党和国家的总任务是领导和团结全国各族人民，以经济建设为中心，坚持四项基本原则，坚持改革开放，自力更生，艰苦创业，为把中国建设成为富强、民主、文明的社会主义现代化强国而奋斗。在现阶段，人民政协根据这一总任务和自身的实际情况，为自己规定的具体任务是，在热爱中华人民共和国、拥护中国共产党的领导和拥护社会主义事业的政治基础上，尽一切努力，进一步巩固和发展爱国统一战线，调动一切积极因素，团结一切可以团结的人，同心同德，群策群力，维护和发展安定团结的政治局面，促进社会主义民主和法制的建设，为全面开创社会主义现代化建设的新局面，实现全国各族人民的总任务而奋斗。

二、主要职能

人民政协的主要职能是政治协商和民主监督，组织参加本会的各党派、团体和各族、各界人士参政议政。1989 年 1 月 27 日，政协第七届全国委员会常务委员会通过了《全国政协关于政治协商、民主监督的暂行规定》。1995 年 1 月 14 日，政协第八届全国委员会常务委员会第九次会议通过了《政协全国委员会关于政治协商、民主监督、参政议政的规定》，对政治协商、民主监督、参政议政的目的、内容、组织等重大事项作出了明确规定。

概括起来说，人民政协的主要职能是：

（一）政治协商

政治协商是指对国家和地方的大政方针，政治、经济、文化和社会生活中的重要问题以及政协内部各方面的关系等问题进行的协商。

政治协商是建国以来中国政治生活中的一大优良传统。在代行全国人大职权的第一次政协全体会议结束后，政协第一届全国委员会的主要工作之一就是就一些有关国家大政方针和统一战线的重大问题进行协商，取得协议，再由政府制成法律、法令，公布实施。在1949年10月到1954年12月期间，第一届全国委员会共举行过4次会议，它的常务委员会共举行过64次会议，平均每年举行12次以上。除此之外，还有其他各种会议，包括由秘书长、各工作组组长、副秘书长和正副秘书处长组成的工作会议，各工作组的会议，各党派推派代表参加的双周座谈会等不同层次、不同范围、不同形式和内容的会议。这些会议也都开展了政治协商。1954年第一届全国人民代表大会召开以后，政治协商依然是人民政协的主要职能之一，是发扬社会主义民主的一种重要形式。一些重要问题，也往往被提到政协征求意见，进行协商。这种协商是政治关系，不是法律上的权利关系。其协商结果不具法律效力，仅对党和国家机关有建议、参考的作用。

政协第五届全国委员会第五次会议上，明确提出政治协商是人民政协的主要职能之一，正式确立了政治协商制度化、经常化的目标。在政协第六届全国委员会第二次会议上，再次予以肯定。此后，人民政协继承和发扬了优良传统，在实践中逐步加强政治协商职能，并使之经常化、制度化，取得了良好的效果。首先，定期召开全体委员会议和常务委员会议、主席会议，经常性地听取中共中央及其有关部门负责人、国务院及其有关部门负责人的报告，并进行讨论，提出建议和意见；恢复大会发言制度；每次会议都举行新闻发布会，并开放部分讨论小组；建立提案工作常设机构，可以随时提出提案等。其次，组织和参加各种民主协商会。这些会议主要就中共中央的大政方针和重大决策、关系到国计民生的重大问题和有关爱国统一战线的重要问题以及重要人士安排等进行协商讨论。对重要的讨论结果、意见和建议均由中共中央书记处以正式文件形式转发党内有关部门和各级组织。各地各级政协以政治协商形式为地区经济、文化、社会发展出谋划策，作出了巨大贡献。

实践证明，人民政协就有关国家的大政方针、政治生活和各项经济社会问题进行协商讨论，是中国社会主义民主政治的重要内容，不可或缺，它将不断地推动中国的社会主义现代化建设事业向前发展。

（二）民主监督

民主监督是指对国家宪法、法律和法规的实施，重大方针政策的贯彻执行，国家机关及其工作人员的工作，通过建议和批评方式所进行的监督。

人民政协对国家事务的监督，其实质是一种有组织地反映统一战线各方面意见的群众性的监督。这种民主监督虽然不同于人民代表大会的监督，不具有国家权力的性质，不具有法律效力，但却是国家政治生活中发扬社会主义民主的一种重要形式，而且正在不断地发挥重要作用。在 1998 年 3 月召开的九届全国政协会议期间，政协委员使用频率最高的一句话就是："加强政协民主监督力度。"并且明确提出今后的民主监督要和法律监督、权力监督结合起来。

人民政协实行民主监督的基本方式是提案。政协的提案，是政协委员就国家大政方针、地方重大事务、群众生活和统一战线中的重大问题提出的并经提案委员会审查立案的书面意见和建议。它是人民政协民主监督、参政议政、为两个文明建设献计出力的一种重要方式，也是协助党政部门联系各方面代表人士，听取意见，改进工作，实现决策科学化、民主化的一条重要渠道。政协委员通过提案提出了很多好的意见和建议，对于巩固人民民主政权，恢复和发展国民经济，促进社会主义现代化建设和各项事业的发展，推进改革开放，维护安定团结，发挥了积极作用。

从 1949 年到 1965 年，政协全国委员会第一至第四届期间，是提案工作的初步尝试阶段，前后共有提案 1 534 件，为推进新中国各项工作的开展起到了积极作用。其中政协全国委员会关于新中国在联合国地位的提案,被中央人民政府迅速采纳,及时实施。从1979年政协第五届全国委员会第二次会议正式恢复提案开始,到1988年七届一次会议前的9年中,政协委员共提出提案1.1189万件,为1979年以前17年间提案总数的7.3倍,而且呈逐年上升趋势。其中,第五届全国政协平均每次会议有提案882件。六届一次会议为1 085件,二次会议为1 476件,三次会议为1 500件,四次和五次会议均为1 800件。提出提案的委员人数由从前不足委员总数的15%,发展到占五届委员总数的37%,六届委员总数的65%。仅在政协七届一次会议期间就收到委员提案1 734件。据不完全统计,从1976年到1998年的22年间(1976年至1979年间提案工作尚未完全恢复),全国政协委员提出的上报提案共3万多件,其中已经得到解决、基本得到解决或被列入计划即将解决的占90%左右,部分解决或留待参考的占5%,因条件限制无法解决的占5%。1988至1993年,七届全国政协期间,共收到提案9 627件,比上届增加了25%,其中已办复提案9 608件,占总数99.8%。1993至1998年,八届全国政协期间,共上报提案11 732件,比上届增加了21.8%,办复率达到98.9%,提案委员数占委员总数73.63%。委员提案在党政部门重视和支持下,在各承办单位积极努力下,一般都得到了认真处理,做到"件件有答复,有交代"。

改革开放以来,委员提案大发展的形势下,提案工作的制度化也有了明显的发展。(1)自政协第五届全国委员会常委会第十一次会议以后,人民政协建立了提案工作常设机构——提案工作委员会,会内会外任何时候都可以受理提案,这标志着提案工作已发展成为政协的一项日常工作。(2)政协六届全国委员会三次会议提出了对委员提案实行"三不限制"原则,即内容不限,人数不限,时间不限。这个原则,大大推动了各级政协的提案工作。(3)从1985年起,绝大部分提案由全国人大常委会办公厅、国务院办公厅和全国政协办公厅联合交办,并逐步加强与承办单位的沟通协作,使办理提案的渠道更加顺畅。(4)1988年初,制定了《全国政协提案工作试行条例(草案)》。经过一段时间的实践,1994年10月8日政协第八届全国委员会常委会第八次会议通过了《中国人民政治协商会议全国委员会提案工作条例》,这标志着人民政协提案工作已经形成了一套具有特色和卓有成效的工作程序和方法。

(三)参政议政

参政议政是政治协商和民主监督的拓宽和延伸,主要侧重于选择人民群众关心、党政部门重视、政协有条件做的课题,组织调查和研究,积极主动地向党政领导机关提出建设性的意见。

从1983年到1988年,政协全国委员会各工作组(委)共举行各种活动904项(次),共组团49批,分赴26个省、自治区、直辖市考察,参加委员达2 000多人次。在调查研究的基础上,提出专题报告77件,专题建议80件,综合材料95件。专题调查和专题研讨内容极其广泛,涉及国家政治、经济、社会、文化建设等各个方面,为社会主义现代化事业作出了显著成绩。其中,有关于长江三峡水利枢纽工程,"老、少、边、贫"地区生产建设,财政金融和物价体制改革,归国留学生问题,保护生态平衡等等。1988年至1993年,七届政协全国委员会组织考察团52个、参观团3个,形成视察报告43份、简报9份,参加委员共计1 998人次,视察范围达27个省、自治区、直辖市的130多个县、市、地区。期间共进行专题调查165项,专题调研814次,提出专题报告和专题建议130件,有关情况简报700余件。近几年,这种有效的工作形式在全国范围内普遍呈上升趋势。比如,仅政协八届上海市委员会五次会议期间,上交有关提案就达1 245件,其中有大量优秀提案为本地区各项建设作出了实际贡献。

1993年至1998年,八届全国政协委员会作为20世纪最后一届政协,有效地履行了政治协商、民主监督、参政议政职能。八届全国政协明确提出,新时期人民政协最基本的工作思路和方法就是注重实践。在这5年中间,八届全国政协共召开23次常委会议,3次常委专题会议,53次主席会议,在充分协商讨论的基础上,分别就贯彻中共十四大、十五大精神,就每年的政府工作报告征求意见稿,以及对建立社会主义市场经济体制、制定国民经济和社会发展计划、加强社会主义精神文明建设等一系列关系全局的重大问题,郑重地提出意见、建议,并结合政协的实际,作出了工作安排和部署。同时,就国家经济形势、反腐倡廉、农业和农用土地、教育事业的发展、社会治安等问题,邀请中央及有关部门的领导同志进行了专题协商讨论。期间,除了提案工作以外,还围绕国家中心任务和群众普遍关心的重要问题,组织委员广泛开展专题调研和视察考察活动,先后共组团85个,形成专题调查报告或专项建议187件。八届全国政协在以往工作的基础上,初步建立了人民政协信息工作制度和运作机制,成立了全国政协信息中心,共反映各类信息10 331条,接收人民群众各种来信59 900余件,充分发挥了人民政协参政议政的作用。

第三节 人民政协的组成和组织体系

一、组成

中国人民政治协商会议,是由中国共产党、各民主党派、各人民团体等方面的代表为基础组成的。但就具体的组成单位而言,前后曾有所变化。例如,政协第一届全体会议除了包括中国共产党、各民主党派、各人民团体的代表外,还包括人民解放军、各地区、各民族和海外华侨的代表。而自政协第二届全国委员会开始,各地区和人民解放军的代表已不作为独立的参加单位。又如政协第六届全国委员会起，为进一步扩大和加强统一战线，台胞联谊会和港澳同胞也被分别列为参加单位。

根据1982年12月通过的并由政协八届全国委员会二次会议修订的《政协章程》规定，政协全国委员会由中国共产党、各民主党派、无党派民主人士、人民团体、各少数民族、各界的代表，台湾同胞、港澳同胞、归国华侨的代表，以及特别邀请的人士组成。凡赞成政协章程的党派和团体，经政协全国委员会常委会协商同意，可参加全国委员会。个人经政协全国委员会常委会协商邀请，亦可参加全国委员会。每届政协全国委员会的参加单位、委员名额和人选，由上届全国委员会常委会协商决定。每届全国委员会任期内，有必要增加或者变更参加单位、委员名额和人选时，由本届常委会协商决定。跨世纪的政协九届全国委员会的人选，是由中共中央及中共各省、自治区、直辖市党委和各民主党派中央、各人民团体先经过半年多时间的反复协商，综合平衡，提出建议名单，然后由政协八届全国委员会常委会第二十三次会议协商决定的。第九届政协全国委员会委员包括了34个单位，共2 196名委员，比政协八届一次会议的委员人数增加了103人。其中连任的委员1 045人，新任的委员1 151人，是历届委员更新率最高的一次。委员中，中共党员877人，占总数39.9%；非中共党员1 319人；8个民主党派委员共653人，占29.7%；妇女委员341人，占15.5%；55个少数民族均有自己的代表，共计257人，占11.7%。与上一届相比，本届委员平均年龄下降了近2岁，港澳人士和非公有制经济代表人士有所增加。尤为显著的是，有100多位中国科学院院士和中国工程院院士进入九届全国政协，突出展现了当代科学家在中国政治协商工作中的地位。其中中科院院士有80多位，中国工程院院士30多位，他们中有4人具有科学院和工程院双院士头衔。另外，九届全国政协委员中还有40多位大学校长、副校长，其中包括香港5所知名大学的校长，充分体现了教育在人民政协中的地位。

政协地方委员会的组成,根据当地情况,参照全国委员会的组成决定。每届的参加单位、委员名额和人选,由上届地方委员会常委会协商决定。例如,政协第八届上海市委员会参加单位与委员人选是由中共上海市委同本市各民主党派、人民团体和无党派人士协商后提出建议,然后由政协第七届上海市委员会常委会决定的。参加单位33个,它们是:中共上海市委、民革上海市委、民盟上海市委、民建上海市委、民进上海市委、农工上海市委、致公党上海市委、九三上海市委、台盟上海市委;共青团上海市委、上海市总工会、上海市妇女联合会、上海市青年联合会、上海市工商业联合会、上海市科学技术协会、归国华侨联合会、上海市台胞联谊会、对外友好团体、社会救济福利团体;经济界、文学艺术界、科学技术界、社会科学界、教育界、体育界、新闻出版界、医药卫生界、宗教界;还有无党派人士、港澳同胞、农民、少数民族以及特邀人士。委员共719人,其中常委会成员113人。

政协章程规定,参加政协全国委员会和地方委员会的单位和个人,都有遵守和履行政协章程的义务,都有遵守和履行政协会议的决议的义务(如有不同意见,在坚决执行的前提下可声明保留)。全国政协和地方政协的委员在本会会议上有表决权、选举权和被选举权,有对本会工作提出批评和建议的权利。在政协会议上,民主党派可以本党派名义发言,提出提案。(而在人民代表大会上的民主党派成员只能以人民代表的身份而不能以党派名义活动)。《章程》规定,各级政协的组成单位和个人有声明退出政协的自由。他们如果违反政协章程或政协全体会议和常务委员会的决议,由全国委员会常委会或地方委员会常委会分别依据情节给予警告处分,或撤销其参加政协全国委员会和地方委员会的资格。

二、政协全国委员会

人民政协的组织体系,前后曾有所变化。按照 1949 年 9 月 27 日通过的《中国人民政治协商会议组织法》规定,全国政协分"全体会议"、"全国委员会"、"全国委员会常委会"三个层次。1954 年 12 月 25 日通过的《中国人民政治协商会议章程》将之改为"全国委员会"、"全国委员会常委会"两个层次。这一体系延续至今。政协全国委员会(即全国政协)每届任期 5 年。如遇非常情况,由常委会以全体组成人员的三分之二以上的多数通过,可延长任期。

全国政协设主席,副主席若干人和秘书长。全国政协全体会议每年举行一次。常委会认为必要时,可临时召集。

全国政协全体会议的职权有:修改中国人民政治协商会议章程,监督章程的实施;选举全国委员会的主席、副主席、秘书长和常务委员;听取和审议常务委员会的工作报告;讨论本会重大工作方针、任务并作出决议;参与对国家大政方针的讨论,提出建议和批评。全国政协设常务委员会主持会务,常务委员会由全国政协主席、副主席、秘书长和常务委员组成。其候选人由参加全国政协的各党派、团体、各民族和各界人士协商提名,经全国政协全体会议选举产生。

根据 1994 年政协八届全国委员会二次会议修订的政协章程和 1988 年 6 月政协七届全国委员会常委会二次会议通过的《政协全国委员会常务委员会工作规则》规定,全国政协常委会的职权有:(1)解释政协章程,监督章程实施;(2)召集并主持政协全国委员会全体会议(每届第一次全体会议由会议选举主席团主持);(3)组织实现政协章程和政协全国委员会全体会议决议规定的任务;(4)在全国委员会全体会议闭会期间,审查通过提交全国人大及其常委会或国务院的重要建议案;(5)根据秘书长的提议,任免政协全国委员会副秘书长;(6)协商决定本届政协参加单位、委员名额和人选的变更以及下一届政协参加单位、委员名额和人选;(7)决定政协全国委员会工作机构的设置和变动,并任免其领导成员;(8)联系和指导地方政协工作。

常务委员会的会议按规定有常务委员会全体会议、主席会议、常务委员专题座谈会三种,每一种会议都有各自的任务。常委会全体会议由常委会全体组成人员参加。一般每季度举行一次。会议的日期、议程由主席会议决定,并于会前一个月发出通知。主席会议由主席、副主席、秘书长组成。在常委会会议闭会期间,处理常委会重要日常工作。会议一般每月一次,在月初的第一个星期二上午举行;必要时,可临时召集。会议的议程由主席提出,或由秘书长或秘书长会议提出,报主席决定。常务委员专题座谈会不定期举行。根据议题和需要,邀请有关的常务委员、专门委员会委员和政协全国委员会副秘书长,各局、室负责人参加。以上三种会议需要请中共中央、国务院领导或有关部门领导作报告或说明问题时,应当提前向中共中央或国务院提出报告题目和报告人的建议。无论哪一种会议都要发扬社会主义民主,进行充分协商讨论,全面反映各方面的不同意见和建议。需要常务委员会全体会议、主席会议作出决定的会务工作,按照民主集中制原则办理。在常务委员会全体会议上可以由小组推举代表发言,也可以由个人或几个人联合发言。以上三种会议均需作记录。常务委员会全体会议、常务委员专题座谈会简报印发中共中央、全国人大常委会、国务院、全国政协领导和常务委员以及有关部门。主席会议纪要经秘书长签署后印发主席、副主席、秘书长、副秘书长、各专门委员会主任、副主任以及各局、室。

全国政协主席主持常务委员会的工作。副主席、秘书长协助主席工作。全国政协设副秘书长若干人,协助秘书长进行工作;设立办公厅,在秘书长领导下进行工作。

全国政协根据工作需要，设立若干工作机构，由常务委员会决定。第七届全国政协常委会决定，全国政协设置 14 个专门委员会，它们是：提案委员会，学习委员会，文史资料委员会，经济委员会，教科文委员会，科学技术委员会，医卫体委员会，法制委员会，民族委员会，宗教委员会，妇女、青年委员会，华侨委员会，祖国统一联谊委员会，外事委员会。专门委员会根据自愿、协商、统筹安排的原则，由全国政协委员组成。根据需要，也可吸收少数有代表性的、有参政议政能力的非政协委员以及政府有关部门、民主党派和人民团体的负责人参加。这些委员会将作为全会闭会期间委员们经常活动的工作机构。它们在全国政协常委会和主席会议的领导下，具体组织实施全国委员会全体会议和常务委员会会议提出的各项任务，并就国家政治、经济、科学技术、教育文化、法制建设、民族、华侨、宗教、外事、社会生活以及统一战线内部的重要问题进行专题座谈或专题调查。专门委员会的重要建议可分别提交常务委员会会议或主席会议讨论。各专门委员会根据《政协全国委员会专门委员会组织通则》开展活动，每个专门委员会根据自己的特点制定工作简则。

三、政协地方委员会

政协地方委员会的设置，前后也有变化和发展。1949 年 9 月通过的《政协组织法》规定在中心城市、重要地区及省会，经政协全国委员会决议，得设立政协地方委员会，为该地各民主党派及人民团体的协商并保证实行决议的机关。但根据政协全国委员会的决定，在普选的省、市人大召开之前，由省、市人民代表会议所产生的省、市协商委员会代行政协省、市地方委员会常委会的职权。1954 年 12 月制定的政协章程，鉴于新形势，规定省、自治县、直辖市和市设政协地方委员会，其他地方有必要时也可设政协地方委员会。1978 年 3 月制定的政协章程，基本上沿用了这条规定，只是对“市设政协地方委员会”不再作硬性规定。1982年12月在制定新的政协章程时，根据政协组织的发展趋势，同时考虑到从实际出发、因地制宜的原则，将政协地方委员会的设置作了如下规定：省、自治区、直辖市设立政协的省、自治区、直辖市委员会；自治州、设区的市、县、自治区、不设区的市和市辖区，凡有条件的地方，均可设立政协各该地方的地方委员会。根据1996年的统计，全国各级地方政协组织已达4 040个，政协委员共约50余万人。政协的省、自治区、直辖市、自治州、设区的市的地方委员会每届任期均5年。县、自治县、不设区的市和市辖区的地方委员会每届任期原为3年，1994年后改为5年。

政协各级地方委员会设主席、副主席若干人和秘书长。县、自治县、不设区的市和市辖区的委员会根据具体情况，也可不设秘书长。

政协各级地方委员会全体会议每年至少举行一次。其职权有：选举地方委员会的主席、副主席、秘书长和常务委员；听取和审议常务委员会的工作报告；讨论并通过有关的决议；参与对国家和地方事务的重要问题的讨论，提出建议和批评。

政协各级地方委员会设常务委员会主持会务。常委会由地方委员会主席、副主席、秘书长和常务委员组成，其候选人由参加各该级地方委员会的各政党、团体、各民族和各界人士协商提名，经全体会议选举产生。常委会的职权有：召集并主持政协地方委员会全体会议（每届第一次全体会议由会议选举主席团主持）；组织和实现人民政协章程规定的任务和全国委员会所作的全国性决议以及上级地方委员会所作的全地区性的决议；执行本级地方委员会全体会议的决议；在地方委员会全体会议闭会期间，审议通过提交同级地方人大及其常委会或人民政府的重要建议案；根据秘书长的建议，任免地方委员会的副秘书长；决定地方委员会工作机构的设置和变动，并任免其正副职领导成员。

政协各级地方委员会的主席主持常委会工作,副主席、秘书长协助主席工作。主席、副主席、秘书长组成主席会议,处理常委会重要日常工作。政协各级地方委员会可以按照需要设立副秘书长一人至数人,协助秘书长进行工作。省、自治区、直辖市的地方委员会设立办公厅。其他工作机构的设置,按照当地实际情况和工作需要,由常委会决定。例如,政协贵州省委员会为了加强省政协与安顺地区县、市政协工作的指导和联系,1985 年 10 月建立了省政协安顺地区联络处,1989 年 6 月改为地区工作委员会(工委)。安顺地区过去全区 11 个县、市政协的情况很不相同。有的工作抓得太多,涉及面过广,设立的专门委员会多达 13 个;有的工作面过窄,放不开手脚。1993 年之后,地区工委帮助各县、市政协把专门委员会改建为“六委两办”,即:学习委员会、提案法制工作委员会、文史资料委员会、经济科技委员会、文教卫生委员会、社会联谊委员会;办公室、智力支边办公室。地区工委也相应成立了“三处两室”,负责联系、协调各县、市政协与省政协专门委员会的工作,承担省政协布置的工作任务。

政协章程规定,政协地方委员会对全国委员会的全国性决议,下级地方委员会对上级地方委员会的全地区性的决议,都有遵守和履行的义务;全国政协对地方政协的关系和上一级政协对下一级政协的关系是指导关系。全国政协自第六届起,加强了对地方政协的联系和指导。多次召开专业性工作会议,组织各地方政协交流工作情况和经验,研讨共同性问题。全国政协常委会多次就需要各级政协共同贯彻执行的重大方针政策问题作出决议。全国政协各工作机构也逐步加强了与地方政协相应机构之间的经常联系与协作,有些工作机构还同有关的地方政协联合组织活动,取得了良好的效果。这方面也正在逐步走向制度化、规范化。

第四节　继续完善政治协商制度

建国以来,政协制度虽有曲折,但毕竟有了很大的发展,尤其是在近 20 年中。1965 年全国各级政协的总数为 134 个,省以上委员总数是 5 580 人。到 1982 年,全国各级政协组织有 1 800 多个,委员人数 20 万。到 1996 年,全国各级政协组织共 4 040 个,委员总数 50.5 万人。其中全国政协委员 2 093 人;省、自治区、直辖市以及副省级市政协 46 个,委员 2.7 万多人;自治州和地级市政协 286 个,委员 8.2 万多人;县、自治县、县级市、市辖区级政协组织 2 708 个,委员 39 万多人。政协组织的扩大、委员的增多从一个侧面反映了人民政协事业的蓬勃发展,也反映了我国社会主义民主政治建设的进程。

历史和现实已经雄辩地证明,政治协商制度在中国政治生活中具有不可替代的作用,它集中体现了具有中国特色的社会主义民主。在今后的岁月中,政协制度必须坚持。为了更好地坚持,还需不断完善这一制度。

一、突出团结与民主两个主题

进一步完善政协制度,就必须抓住人民政协工作的两个主题,这就是团结和民主。这是由人民政协自身的历史、性质、职能、现实需要和发展趋势所共同决定的。要做到团结和民主,必须从以下四个方面着手。首先,要继续发扬国家主人翁精神。这是更好地开展工作的前提。其次,要强调虚心听取意见。中国共产党处于执政党地位,要带头实行“长期共存、互相监督、肝胆相照、荣辱与共”的方针,主动积极地参与协商和监督,善于采纳各种有益的意见并切实付诸实施。再次,要创造民主和谐的环境。坚持不抓辫子、不扣帽子、不打棍子的“三不主义”,以利于形成和发展生动活泼的政治局面。最后,要建立和完善规章制度。随着社会主义事业的不断发展,随着政协委员构成的变化,政协工作内容也在不断丰富,制度规范就应该跟上。

二、加强政治协商与民主监督两种职能

进一步加强政协履行政治协商、民主监督的职能,是完善政协制度的主要内容。现在的政协工作还需要逐步改善。具体表现在:(1)必须坚持和改善中国共产党对政协工作的领导,贯彻落实中共中央关于加强政协工作的有关规定,政协工作要尽职而不越位、帮忙而不添乱、切实而不表面。(2)要更充分地认识到人民政协只有履行好自己的职能,才会对国家和人民有所作为。要有组织有计划地把政治协商引向深入,纳入地方和国家的决策程序。要切实有效地开展民主监督,加强提案工作,进一步拓展参政议政的领域。(3)在政协的各种会议上,要切实保障政协委员提出批评的权利和发表不同意见的权利。(4)要进一步密切联系群众,加强反映社情民意的工作,逐步形成网络化、制度化,加强专题调研工作。(5)要善于运用经验指导、推动工作,促进政协工作更加规范化、制度化。

主要参考书目

1. 洋龙著:《政治制度论》,浙江人民出版社,1995 年。

2. 浦兴祖主编:《中华人民共和国政治制度》,上海人民出版社,1999 年。

3. 浦兴祖主编:《当代中国政治制度》,上海人民出版社,1990 年。

4. 浦兴祖等著:《中华人民共和国政治制度》,香港三联书店有限公司,1995 年。

5. 王劲松著:《中华人民共和国政府与政治》,中共中央党校出版社,1995 年。

6. 谢庆奎主编:《当代中国政府》,辽宁人民出版社,1991 年。

7. 高民政主编:《中国政府与政治》,黄河出版社,1993 年。

8. 郑谦等著:《当代中国政治体制发展概要》,中共中央党校出版社,1988 年。

9. 蔡定剑著:《中国人大制度》,(北京)社会科学文献出版社,1992 年。

10. 全国人大常委会办公厅研究室编:《论我国人民代表大会制度建设》,中国民主法制出版社,1990 年。

11. 浦善新编:《中国行政区划概论》,知识出版社,1995 年。

12. 敬延年等编著:《现阶段的地方人大》,中国民主法制出版社,1991 年。

13. 曹启瑞等主编:《地方人大是怎样开展工作的》,中国民主法制出版社,1996 年。

14. 王崇明、袁瑞良等:《中华人民共和国选举制度》,中国民主法制出版社,1990 年。

15. 周世逑、苏玉堂主编:《中国行政管理学》,中共中央党校出版社,1994 年。

16. 徐颂陶、徐理明主编:《走向卓越的中国公共行政》,中国人事出版社,1996 年。

17. 浦兴祖、竺乾威主编:《当代中国行政》,复旦大学出版社,1993 年。

18. 谢庆奎等著:《中国政府体制分析》,中国广播电视出版社,1995 年。

19. 吴佩纶主编:《我国的政府机构改革》,经济日报出版社,1990 年。

20. 王沪宁著:《反腐败——中国的实验》,三环出版社,1990 年。

21. 朱光磊著:《当代中国政府过程》,天津人民出版社,1997 年。

22. 胡伟著:《政府过程》,浙江人民出版社,1998 年。

23. 刁田丁主编:《中国地方国家机构概要》,法律出版社,1989 年。

24. 张文寿主编:《中国行政管理体制改革——研究与思考》,当代中国出版社,1994 年。

25. 张尔驹主编:《中国民族区域自治的理论与实践》,中国社会科学出版社,1988 年。

26. 林尚立、刘建军、陈玉刚著:《一国两制》,上海人民出版社,1998 年。

27. 肖蔚云主编:《一国两制与香港基本法律制度》,北京大学出版社,1990 年。

28. 朱建华、宋春主编:《中国社会主义时期政党史》,吉林大学出版社,1988 年。

29. 罗涵先主编:《中国共产党领导的多党合作》,北京大学出版社,1991 年。

30. 郭定平著:《政党与政府》,浙江人民出版社,1998 年。

31. 彭友今主编:《当代中国的人民政协》,当代中国出版社,1993 年。

图书在版编目(CIP)数据

当代中国政治制度/浦兴祖主编. —上海：复旦大学出版社，1999.8(2023.4 重印)
政治与行政学系列教材
ISBN 978-7-309-02164-6

Ⅰ. 当… Ⅱ. 浦… Ⅲ. 政治制度-中国-教材 Ⅳ. D621

中国版本图书馆 CIP 数据核字(1999)第 28889 号

当代中国政治制度
浦兴祖　主编
责任编辑/邬红伟

复旦大学出版社有限公司出版发行
上海市国权路 579 号　邮编：200433
网址：fupnet@ fudanpress. com　http://www. fudanpress. com
门市零售：86-21-65102580　团体订购：86-21-65104505
出版部电话：86-21-65642845
盐城市大丰区科星印刷有限责任公司

开本 850 × 1168　1/32　印张 13.75　字数 356 千
1999 年 8 月第 1 版
2023 年 4 月第 1 版第 46 次印刷
印数 392 401—395 500

ISBN 978-7-309-02164-6/D · 124
定价：32.00 元